국제분쟁과
전쟁특파원
Global Conflicts and
War Correspondents

Global Conflicts and War Correspondents

by

Hun Shik Kim

ILCHOKAK Publishing Co., Ltd.
1-335 Sinmunno 2-ga, Jongno-gu, Seoul, Korea 110-062
Tel 82-2-733-5430
Fax 82-2-738-5857

First published 2012
Printed in Seoul, Korea
ISBN 978-89-337-0628-2   03340

김헌식 지음
Hun Shik Kim

국제분쟁과 전쟁특파원

Global Conflicts and War Correspondents

일조각

* 이 책은 방일영문화재단의 지원을 받아 저술 · 출판되었습니다.

머리말

전쟁이란 국가 또는 정치 집단 사이에 무력 충돌이 일어난 상태를 말한다. 전쟁은 인류사가 시작되면서부터 계속 이어져 왔는데, 이해 당사자들 간에 원만한 대화와 타협이 이루어지지 않을 경우 폭력이나 군사력에 의존해 분쟁 해결을 모색하게 된다. 이러한 국가나 정치 집단 사이의 전쟁이나 분쟁은 언론의 흥미를 끄는 중요한 뉴스 주제 가운데 하나다. 폭력과 파괴, 생과 사를 넘나드는 긴박한 상황 전개, 전쟁 영웅의 출현과 휴먼 드라마, 대규모 인명과 재산 피해 등 전쟁이 가져오는 충격은 언론 수용자인 독자와 시청자, 청취자들의 지대한 관심을 불러일으키게 마련이다. 전쟁사를 연구하는 사회 과학자들의 주장에 따르면, 20세기 이후 지금까지 전 세계 인구의 5분의 1가량이 전쟁을 몸소 겪었거나 직접적인 영향을 받았다고 한다. 게다가 전쟁이 발발하면 해당 지역이나 국가뿐만 아니라 주변 지역과 인접 국가에도 영향을 미치기 때문에 엄청나게 많은 사람이 육체적·정신적 고통을 겪게 된다.

그러나 지구 반대편의 머나먼 국가에서 진행되는 이른바 '남들 간의 전쟁과 분쟁'은 우리에게 별다른 관심거리가 되지 못한다. 자국 영토 내에서 벌어지거나 인접 국가에서 벌어지는 전쟁일수록 언론의 관심을 끌게 되고 뉴스로서 영향력을 지니게 된다. 일반적으로 언론은 다른 국가들 간에 벌어지는 전쟁을 보도할 때 전쟁의 원인이나 전개 과정, 결말을 분석해 보도하기보다는 단편적인 폭력 사태와 주요 전투 상황을 위주로 하여 보도한다. 전쟁 보도를 접하는 독자와 시청자, 청취자들도 전쟁이 일어난 다원적이고 복합적인 정치, 사회적 요인을 이해하기보다 개별적인 전투 상황이나 에피소드를 이해하는 데 그치는 경우가 많다. 그런데 자국 군대가 참전하는 전쟁을 보도할 경우 언론 보도는 때때로 심각한 문제점을 드러내게 된다. 정부나 군부가 자신들이 일으키거나 참여한 전쟁에 대한 지지 여론을 조성하는 과정에서 언론을 이용하려고 하기 때문이다. 이를 거부하고 독자적인 반전 논조를 펴는 언론매체나 기자들은 매국노로 취급받아 정신적 처벌을 받는 경우가 허다하다. 실제로 미국에서는 이라크 침공 당시 전쟁에 반대한 언론매체와 언론인들이 정부뿐만 아니라 국민으로부터도 심한 비난을 받아야 했다. 이렇듯 전쟁 보도와 관련해 반전, 반정부 성향을 드러내 여론의 질타를 받게 되면 언론은 기사 자진 삭제나 자기 검열 등을 통해 정부의 입장에 동조하거나, 국익을 고려하는 방향으로 논조를 바꾸거나, 아니면 단지 관망적 입장을 취하게 된다. 객관적이고 공정한 전쟁 보도가 어려운 것도 이런 이유에서다.

이 책은 언론이 특파원을 파견해 최초로 전쟁을 체계적으로 보도하기 시작한 19세기 중반 이후 오늘날에 이르기까지 전쟁 보도 방식의 변천과 전쟁특파원들의 활동을 역사적·사회학적, 그리고 언론학적 관점에서 정리한 것이다. 특히 시대별, 주제별로 대표적인 사례들을 통해 서방 언론사와 한국 언론사 전쟁특파원들이 국제분쟁과 전쟁을 어떤 시각에서 바라보고 어떻게 보도했는가를 분석했다. 이 책에는 언론의 전쟁 보도에 관한 실증적인 학술 연구 자료와 세계 각국 전쟁특파원들과의 인터뷰 내용 등이 포함되어 있는데, 한국, 미국, 영국, 캐나다, 오스트레일리아, 이라크, 이집트 등 각국 전쟁특파원들의 증언을 통해 각국 언론의 전쟁 보도 사례를 상호 비교할 수 있도록 했다. 한마디로 다양한 국제뉴스와 전쟁 보도 관행을 소개·분석해 역사적 기록과 학술 자료로서, 또한 저널리즘 실무 지침서로 활용되기를 기대하는 것이다.

살펴보면 지난 10년 동안 미국이 주도한 '테러와의 전쟁'과 이라크 전쟁 등을 계기로 미국 등 서구 여러 나라에서는 언론의 전쟁 보도를 주제로 한 학술서적과 언론인들의 회고록이 수없이 발간되었다. 우리나라에서도 전쟁 보도와 관련된 여러 학술서적이 발간되었지만, 대체로 아프가니스탄 전쟁이나 이라크 전쟁 등 특정 국제분쟁이나 전쟁 보도 사례에 초점을 맞추고 있어 160년이 넘는 기나긴 역사를 지닌 전쟁 보도 전반에 대해 이해하고 분석하는 데에는 한계가 있다. 또 언론인들이 펴낸 전쟁 보도 관련 서적들은 베트남 전쟁, 동티모르 내전, 중동 분쟁, 이라크 전쟁, 아프가니스탄 전쟁 등 자신들이 취재했던 전쟁에 대한 단편적인 에피소드 소개나 특정 지역 분쟁에 대한 소고 형식이 대부분이어서 전반적인 국제분쟁과 전쟁 취재 보도 관행에 대한 연구서나 지침서가 되기에는 적절하지 않아 보인다.

미국이 테러와의 전쟁, 이라크 전쟁, 아프가니스탄 전쟁 등을 벌이는 와중에 미국의 전통적 동맹국인 대한민국도 자의 반 타의 반으로 비전투부대를 이들 지역에 파병했다. 따라서 미국 주도의 전쟁과 분쟁이라 하더라도 어느새 우리의 당면 과제가 되어 버렸다. 이외에도 한국군은 세계 여러 곳의 분쟁지역에 평화유지군, 다국적군 등의 명칭으로 참여해 왔으며, 지난 몇 년 사이 천안함 폭침 사건과 연평도 포격 도발 등 북한의 군사적 모험이 잇따랐다. 이에 우리 국민의 전쟁과 국가 안보에 대한 인식이 높아져 전쟁과 분쟁, 그리고 이에 대한 언론 보도와 그 영향력 등에 관한 연구 사례들을 체계적으로 정리한 책의 필요성이 절실해졌다.

이 책을 저술하는 데에는 KBS 방송 기자로 13년간 근무하면서 2002년 이후 이라크, 파키스탄, 인도, 스리랑카 등 분쟁지역을 직접 취재 보도한 필자의 개인적 경험이 원동력이 되었다. 특히 2003년 미국의 이라크 침공 당시 쿠웨이트와 이라크 전장을 누비며 KBS 뉴스를 통해 전쟁의 실상을 시청자들에게 전했던 것이 다양한 전쟁 보도 사례를 선정하고 분석하는 데 많은 도움이 되었다. 또 KBS 방송을 떠나 2005년부터 미국 콜로라도대학교에서 언론학 교수로 학부와 대학원에서 미국과 세계 각국 학생들에게 '전쟁, 분쟁 및 언론War, Conflict and Media', 그리고 '전쟁 및 재난 보도론Reporting War and Disaster' 등의 과목을 강의하면서 이를 주제로 한 학술논문들을 발표해 온 것도 귀중한 자산이 되었다. 2011년 이라크 전쟁과 아프가니스탄 전쟁을 취재한 전 세계 언론인들을 대상으로 한 설문조사와 인터뷰를 통해 서방과 중동 언론사 소속 전쟁특파원들의 체험담을 경청한 것도 전쟁 보도에 관한 언론인들의 시각을 정리하는 데 보탬이 되었다.

이 책을 읽는 독자들은 무엇보다 한국 또는 동아시아라는 좁은 울타리에서 벗어나 보다 국제적인 감각을 갖고 국제분쟁과 전쟁을 바라보는 시각을 갖길 바란다. 특히 국제분쟁과 전쟁을 몸소 취재 보도하는 언론인들의 경우, 이 책에 소개된 실증적 학술 연구 자료를 통해 분쟁지역 취재와 전쟁 보도에 대한 실무적·이론적 역사와 배경을 이해하고, 상업 언론의 이윤 추구나 정부와 군부의 국익 추구 및 홍보 전략에서 비롯된 왜곡된 분쟁 취재와 전쟁 보도 사례들을 비판적으로 해부할 수 있기를 기대한다.

이 책은 전쟁을 막고 평화를 지키기 위해 언론이 앞장서야 한다는 식의 평화 옹호론을 담고 있는 것은 아니다. 필자는 국가의 외교 정책이 실패해 다른 국가들과의 이해관계가 악화되고 갈등이 고조되면 최후의 해결 수단으로 전쟁이 일어날 수 있으며, 이 과정에서 전쟁특파원들이 나서서 활약해야 한다는 사실을 인정한다. 다만 종래의 전쟁 보도에서 강조되어 온 위기, 폭력, 파괴라는 뉴스 판단 기준에서 벗어나 국익과의 충돌을 최소화하면서도 진실을 담은 전쟁 보도가 어떻게 하면 이루어질 수 있을지 함께 모

01
국제분쟁과 국제뉴스

영국인 세 명과 파키스탄인 1백 명의 목숨

모든 사람은 평등하다는 것은 상식에 속한다. 미국 독립선언서에도 만민은 평등하게 태어났다는 구절이 있고, 대한민국 헌법에도 모든 국민은 법 앞에 평등하다는 공평의 정신이 포함되어 있다. 그렇다면 언론의 뉴스 보도에 등장하는 모든 사람에게도 이런 평등의 원칙이 적용될까? 보다 구체적으로 두 나라 또는 여러 나라 사이에 벌어지는 전쟁이나 분쟁 보도에 있어서는 어떨까? 안타깝게도 전쟁이나 분쟁 뉴스 보도는 모든 사람을 공평하게 간주하지 않는다. 단적으로 말하면 뉴스에 등장하는 인물들이 아군이냐 적군이냐, 혹은 내국인이냐 외국인이냐에 따라 각자의 목숨 가치가 달라진다.

전쟁이나 분쟁 뉴스가 사람들을 공평하게 다루지 않는다는 주장을 이해하기 위해서는 전쟁이나 분쟁을 다룬 뉴스의 어떤 요소들이 독자와 시청자, 청취자들의 눈길을 끄는지를 알아볼 필요가 있다. 첫째, 무엇보다 대규모 사상자가 생겨야 한다. 간단히 말해 사망자 한두 명만으로는 뉴스 수용자들의 관심을 끌지 못한다. 적어도 수십 명에서 수백 명의 사망자가 동시다발적으로 생기는 전투 상황이나 분쟁 보도라야 언론의 주목을 받을 수 있다. 전쟁 도중에 적군의 총격이나 포격으로 아군 병사 한두 명이 전사한 것은 신문 기사 두어 줄이나 방송 뉴스의 단신으로 취급되거나 아예 보도조차 되지 않는 경우가 허다하다. 둘째, 사상자가 아군이냐 적군이냐에 따라 뉴스 가치는 크게 달라진다. 예를 들어 미국의 이라크 침공 작전 초기, 수백 명의 이라크군 병사들이 미군의 포격과 공습으로 전사했지만 미국 언론에 이들에 관한 뉴스가 상세히 보도된 사례는 거의 없었다. 반면에 이라크군의 공격으로 미군 병사들이 전사하거나 포로가 되었다면 기사의 중요도는 높아진다. 실제로 이라크 침공 당시 나시리야Nasiriyah라는 도시에서 이라크군의 매복 공격에 전사하거나 포로가 된 미군 병사 십여 명의 모습이 이라크 국영 방송과 아랍 위성채널 알자지라(Al Jazeera, 카타르) 방송을 통해 방영되자 미국 언론은 이를 대대적으로 보도하고 이라크 정부를 맹비난했다. 특히 포로들 가운데 제시카 린치 일병이라는 앳된 모습의 여군 병사가 포함되어 있다면 언론의 보도는 더욱더 인간적인 측면에 초점을 맞추게 되고 이들 병사의 무사 귀환을 비는 가족들의 인터뷰까지 내보내면서 전 국민적 관심을 불러 모으게 된다. 역설적으로 미군에 생포된 이라크군 병사들 가운데 알리 아지즈 일병이 포함되어 있더라도 그는 미국 등 서방 언론에 아무런 뉴스 가치가 없다. 아군에 맞서다 포로가 된 적군 병사의 안위는 분쟁이나 전쟁을 보도하는 언론에게 관심거리조차 되지 못한다. 2010년 11월 서해 연평도에 가해진 예상치 못한 북한군의 포격으로 한국군 해병대원들이 전사한 경우도 마찬가지다. 우리 언론은 포격 사건과 전사한 해병대원들의 이야기, 그리고 가족들의 애타는 심경 등을 날마다 주요 뉴스로 다루었지만 미국 언론은 포격 당일부터 3~4일간 간략히 보도한 뒤 아예 관심을 끊어 버렸다. 전사한 한국 해병대원들이나 그 가족들은 미국인이 아닌 외국인들인 만큼 그들에게 관심거리가 될 수 없었던 것이다.

또 다른 사례를 찾아보자. 1989년 10월 20일, 미국 뉴욕의 라구아디아 LaGuardia 공항을 이륙하던 US 항공 여객기가 파일럿의 조종 미숙으로 활주로를 벗어나 허드슨 강에 빠졌다. 이 사고로 탑승객 두 명이 숨지고 다섯 명이 다쳤다. 미국 언론들은 일제히 이 사고를 신속히 보도했고 그 뒤 며칠간 주요 뉴스로 다루어졌다. 공교롭게도 같은 날 아프리카 차드 상공을 날고 있던 프랑스 UTA 항공 여객기가 폭탄 테러로 공중 폭발해 탑승객 171명이 한꺼번에 목숨을 잃었다. 하지만 아프리카에서 일어난 프랑스 여객기 참사 뉴스는 며칠 뒤에야 미국 언론에 간략히 보도된 뒤 대중의 관심에서 사라졌다. 프랑스 여객기 공중 폭발 사고는 프랑스 언론에서만 주요 뉴스로 다루어졌을 뿐이다.

항공기 추락 참사라는 본질적으로 동일한 이 두 가지 국제뉴스에 대한 미국 언론의 불균형 보도 관행은 전쟁과 국제분쟁 뉴스 보도에 있어서도 그대로 적용되고 있다. AP(Associated Press, 미국) 통신 기자였던 모트 로젠블럼 (Mort Rosenblum, 1979)은 자신의 저서 *Coups and Earthquakes*(『쿠데타와 지진』)에서 사망자의 국적은 분쟁 관련 뉴스의 가치를 결정짓는 중요한 요소라고 주장한다. "폭탄 테러로 숨진 파키스탄인 1백 명의 목숨은 런던 템스 강에서 익사한 영국인 세 명의 목숨보다도 하찮게 취급된다"는 식이다. 유사한 예로 "뉴욕 브루클린에서 화재 진압 도중 순직한 소방관 한 명의 목숨은 영국 경찰관 다섯 명, 아랍인 50명, 그리고 아프리카인 5백 명의 목숨과 동일하다"는 냉소적인 비유도 있다. 결국 뉴스에서 다루어지는 인물이 적군이냐 아군이냐, 또는 우리 국민이냐 아니면 외국인이냐에 따라 동일한 분쟁에서의 사망자라고 하더라도 그 뉴스 가치가 달라진다는 논리다. 이런 점에서 왜 이라크군에 포로로 붙잡힌 미군 병사 제시카 린치 일병에 관한 뉴스가 미군 포로가 된 이라크 병사의 뉴스보다 더 큰 대중적 관심을 끌게 되는지 알 수 있을 것이다. 마찬가지로 연평도 피격 당시 전사한 한국 해병대원들의 죽음이 우리 언론에게는 큰 사건이었을지 몰라도 미국이나 유럽의 언론에는 제대로 보도조차 되지 않았던 것도 쉽사리 이해할 수 있는 대목이다.

국제분쟁과 국익 고려—공정한 전쟁 · 분쟁 보도는 가능한가?

전쟁과 국제분쟁을 취재하는 언론사 특파원들이 흔히 고민하는 문제 가운데 하나로 과연 공정하고 객관적인 분쟁 보도가 가능할지에 관한 질문을 꼽을 수 있다. 이 질문에 대한 답을 알아보려면 먼저 세계 곳곳의 전쟁이나 분쟁을 다루는 국제뉴스의 본질적 특성을 이해할 필요가 있다. 국내뉴스와는 달리 국제뉴스는 공정성과 객관성 측면에서 여러 장애를 안고 있다(Kim, 2002; Louw, 2009).

첫째, 지리적 장애geographical barrier를 들 수 있다. 우리나라에서 가까운 곳, 달리 말하면 한반도 인근 지역이나 국내에서 발생한 뉴스일수록 더 큰 대중적 관심을 끌게 되고 언론의 집중 조명을 받게 된다. 유사한 성격의 전쟁이나 분쟁 뉴스라도 국내에서 발생한 천안함 피격 사건이나 북한의 연평도 포격 사건이 머나먼 아프가니스탄 산악지대에서 벌어지는 미군이나 나토군의 대규모 전투 소식보다 더 중요한 뉴스 가치를 지니며 국민적 관심을 끌게 된다는 것이다.

둘째, 경제적 장애economic barrier를 들 수 있다. 언론사에서 특파원을 파견하거나 해외 뉴스 지국을 운영하는 제반 경비가 만만치 않은 현실에서 해외 분쟁지역에 특파원과 취재 장비를 내보내 전쟁 보도를 하는 것은 상대적으로 저렴한 비용으로 국내뉴스를 다루는 것보다 훨씬 더 큰 제약을 받을 수밖에 없다.

셋째, 문화적 장애cultural barrier를 들 수 있다. 미군이나 영국군의 활약상보다는 한국군이 개입하거나 등장하는 전쟁 관련 뉴스가 우리의 주목을 더 끌게 마련이고, 미국이 주도하는 이라크 전쟁 뉴스보다는 한반도와 중국, 일본, 러시아 등 아시아 주변 국가들 간에 벌어지는 군사 충돌이나 독도나 센카쿠 열도(중국명 댜오위다오) 영유권 분쟁이 우리에게 더 중요한 뉴스로 취급되는 것이 보통이다. 달리 말해 인종적·문화적·역사적 유사성이나 지정학적 연관성을 지닌 뉴스가 더욱 중요시된다는 것이다.

이러한 원천적인 장애들 외에도 전쟁과 분쟁을 다루는 국제뉴스는 취재 보도 과정에서 또 다른 취약점을 지니고 있다.

무엇보다 전쟁과 분쟁 보도는 누가 어떻게 보도하느냐에 따라 그 실체적 진실이 서로 다르게 해석되는 것이 보통이다. 사회학자 게이 터크먼 Gaye Tuchman은 언론인들을 "세계를 바라보는 창문"을 만들어 내는 사람들이라고 칭송하면서도 이 창문을 통해서는 (왜곡된 형태의) "부분적 경치"만을 바라볼 수 있다고 주장했다(Tuchman, 1978). 언론학자 에릭 로우Eric Louw 역시 독자와 시청자, 청취자들은 국내뉴스를 접할 때에는 자신들의 경험에 의존해 나름대로 진실 여부를 확인할 수 있지만, 머나먼 외국에서 발생하는 국제뉴스에 있어서는 직접적인 접근이 불가능하기 때문에 결국 언론인들을 전적으로 의존하고 신뢰할 수밖에 없는 처지라고 말한다(Louw, 2009). 결국 전쟁과 분쟁 보도에 있어서는 절대 강자 '갑'의 위치에 해당하는 언론사와 기자들이 얼마나 정확하고 공정하게 보도하는가 여부에 따라 일반 대중의 국제 현실에 대한 인식도 달라진다. 특정 분쟁을 바라보는 기자들의 개인적 시각이나 언론사의 전반적인 논조 등에 따라 보도 내용도 천차만별인 경우가 허다하다는 것이다(Kim & Lee, 2008).

국제분쟁을 둘러싼 언론의 불공정 보도의 대표적 사례로는 1983년 소련 상공에서 일어난 대한항공 007편 격추 사건과 1988년 호르무즈해협 상공에서 일어난 이란항공 655편 격추 사건을 둘러싼 미국 언론의 상반된 보도를 들 수 있다. 정치학자 로버트 엔트먼Robert Entman은 미국 시사 주간지 『타임Time』과 『뉴스 위크Newsweek』의 두 민항기 격추 사건 관련 기사들의 내용을 분석했다. 이들 잡지는 표지에 소련이 저지른 대한 항공기 격추 사건에 대해서는 "공중에서의 살인" 또는 "의도적 사살" 등 원색적 용어를 사용한 제목을 달아 '의도적이고 야만적인 범죄 행위'로 규정지었지만, 그로부터 5년 뒤 미 해군 함정의 미사일 공격으로 격추된 이란 항공기 사건에 대해서는 "걸프만에서의 비극" 또는 "무엇이 잘못되었나" 등의 애매한 제목을 달아 미 해군의 이란 민항기 격추는 의도하지 않은 실수였다는 점을 부각시키려 했다. 결국 국제분쟁 보도에 있어서는 성격이 유사한 사건이라 할지라도 적대국의 소행일 경우 온갖 맹비난을 퍼붓다가도 우리 측 잘못으로 생긴 사건에 대해서는 파렴치한 변명이나 축소 보도로 일관하면서 국익을 지키려 하는 것이 언론의 속성이라는 것이다(Entman, 1991).

분쟁 보도의 공정성 논란과 관련된 또 다른 사례로는, 2003년 이라크 침공의 빌미가 되었던 이라크 내 대량살상무기(Weapons of Mass Destruction; WMD)의 존재 여부에 대한 미국 정치인들과 군부 지도자들의 왜곡된 정보 제공, 그리고 이에 대한 검증을 소홀히 한 채 전쟁의 북소리에 장단을 맞추었던 미국 등 서방 언론사 소속 기자들의 부정확하고 편파적인 보도를 들 수 있다. 2002년 초부터 이라크 침공의 필요성을 정당화하기 위한 미국 정부의 끈질긴 선전 공세가 이어지자 미국 내 일부 기자들과 언론사에서는 대량살상무기가 존재한다는 주장이 얼마나 허구로 가득 찬 것인지를 줄기차게 보도했다. 그러나 대다수 언론매체는 미국 정부의 일방적 주장만을 기사화하거나 확대 재생산함으로써 전쟁을 사실상 용인했다. 언론이 국제

대한 항공기 격추 사건(1983)을 보도한 『타임』과 『뉴스 위크』 표지
"의도적 사살: 소련이 민항기를 파괴하다", "공중에서의 살인" 등 미국의 적대국인 소련을 비난하
는 노골적이고 선정적인 제목을 달았다.

이란 항공기 격추 사건(1988)을 다룬 『타임』과 『뉴스 위크』 표지
그로부터 5년 뒤 일어난 이란 항공기 격추 사건에서는 "걸프만에서 무엇이 잘못되었나", "걸프만
에서의 비극: 왜 그런 일이 일어났나" 등 가해자인 미 해군을 감싸거나 기사 자체를 축소 보도하
려는 의도가 엿보이는 제목을 달았다. (출처: Entman, 1991)

분쟁의 시발점에서 본연의 임무인 권력 감시와 사실 검증을 소홀히 함으로써 얼마나 많은 미국인과 세계인에게 재앙을 가져왔는가에 대해서는 이 책의 이라크 전쟁 단원에서 보다 자세히 살펴보도록 한다.

공정성의 허구—애국자가 될 것인가, 매국노가 될 것인가?

전쟁이나 국제분쟁을 보도하는 언론은 자국 정부와 군대가 특정 분쟁에 직간접적으로 개입하거나 자국 정부가 정치·경제적 실리를 갖고 있는 지역이 분쟁지역으로 떠오를 경우 왜곡 보도라는 함정에 빠지기 쉽다. 특히 언론과 정부 간에 긴장된 상호 견제 관계가 유지되지 않고 원만한 협조 관계나 밀월 관계가 이어질 때에는 공정하고 정확한 보도는 실종된 채 서로 공통된 이해를 추구하는 쪽으로 왜곡 보도가 이루어지기 마련이다.

1898년 쿠바에서 벌어진 미국과 스페인 간의 전쟁Spanish-American War은 언론이 앞장서서 전쟁을 부추기면서 진실을 왜곡한 경우에 속한다. 당시 서구 제국주의 국가들은 세계 도처에서 영토 확장을 위해 세력 다툼을 벌이고 있었고 미국도 스페인과 한판 승부를 벌일 기회를 엿보고 있었다. 미국 내에서는 당시 스페인 영토였던 쿠바의 분리 독립주의자들을 지원해야 한다는 여론이 일고 있었다. 때마침 쿠바 아바나Havana 항구에 정박 중이던 미 해군 함정 메인Maine호가 원인 불명의 폭발로 침몰하는 사건이 일어났다. 미국 언론들은 일제히 이 사건이 스페인의 소행이라고 몰아붙였는데, 뉴욕 소재 신문들이 특히 앞장서서 스페인을 비난하고 전쟁을 부추기는 기사들을 연일 게재했다. 가장 대표적인 신문은 윌리엄 랜돌프 허스트William Randolph Hearst가 사주로 있던 「뉴욕 저널New York Journal」이었다. "전함 메인호 파괴는 적의 소행"이라는 제목을 1면에 큼지막하게 싣고 스페인 특공대가 어떤 식으로 수중기뢰를 매설해 전함 메인호를 격침했는지를 보여 주는 삽화까지 그려 넣었다. 「뉴욕 저널」은 이 사건의 범인들을 붙잡

전함 메인호가 스페인이 설치한 기뢰 폭발로 침몰했다는 주장을 담은 「뉴욕 저널」
1898년 2월 17일 자 1면 기사.

쿠바 아바나 항구에서 원인 불명의 폭발로 침몰한 미 해군 전함 메인호의 모습.
(출처: U.S. Naval History and Heritage Command)

아 재판에 회부하자며 당시로서는 거금인 5만 달러의 현상금까지 내걸었고, 한술 더 떠 "대다수 미 해군 장교는 메인호가 고의적 원인에 의해 폭발 침몰했다고 일관되게 증언했다"라고 보도했다.

스페인 정부는 전함 메인호의 폭발이 내부기관 폭발 때문이라는 자체 조사 결과를 미국 정부에 통보했지만, 이미 전쟁 여론이 들끓고 있던 미국인과 정치인들을 진정시킬 수 없었다. 미국인들의 전쟁 찬성 여론은 계속 불길처럼 번졌고, 미국 정부는 쿠바의 독립을 허용하지 않으면 전쟁을 불사하겠다는 스페인으로서는 받아들이기 힘든 최후통첩을 보냈다. 결국 미국과 스페인 간의 전쟁이 4월 말 발발했고 이 전쟁은 미국의 일방적 승리로 끝났다. 미국이 전쟁에서 승리함에 따라 쿠바는 스페인의 통치에서 벗어나게 되었고, 미국은 푸에르토리코, 필리핀, 괌 등 카리브 해와 태평양에 퍼져 있는 스페인 영토들을 차지하게 되었다. 그러나 미국 언론의 일방적이고 선동적인 보도로 전쟁의 계기를 제공한 메인호 침몰 사건은 아직까지도 정확한 원인이 밝혀지지 않았는데, 1970년대 중반 미국 의회가 주도한 조사에서는 외부 공격에 의한 폭발이 아니라 내부 기관실에서의 폭발 사고였을 가능성이 높은 것으로 잠정 결론이 내려졌다.

영국 신문 「데일리 메일Daily Mail」의 제1차 세계대전 관련 보도는 전쟁 보도에 있어서 진실만을 보도한다는 것이 얼마나 힘든 일이며, 정부와 대다수 언론 간의 협조와 유착 관계가 얼마나 진실 보도를 외면하게 만드는 것인지를 보여 주는 고전적 사례로 꼽힌다. 「데일리 메일」은 제1차 세계대전이 시작되면서 유럽의 여러 전선에서 영국군이 독일군에게 밀리고 있다는 불리한 전황을 사실대로 보도했는데, 이는 당시 영국 내 대다수 신문이 보도한 영국군의 눈부신 승리 기사들과는 완전히 상반된 내용이었다. 이 같은 상황이 벌어진 것은 영국인의 사기를 높이기 위해 영국 정부와 다수 언론사가 사실과 정반대로 전쟁 기사를 내보내고 있었기 때문이었다.

유독 「데일리 메일」만이 영국군의 패전 기사를 게재하자 이에 분노한 사람들이 날마다 「데일리 메일」 사옥 앞으로 몰려와 신문을 불태우며 "매국노 신문"이라며 거센 비난을 퍼부었다. 그러나 「데일리 메일」은 진실에 입각한 사실 보도라는 기조를 끝까지 유지했고, 그 뒤 귀국한 영국군 부상병들의 증언을 통해 영국인들은 대륙에서의 전황이 「데일리 메일」의 보도와 일치한다는 것을 깨닫게 되었다(Knightley, 2004).

1989년 중국 베이징 톈안먼天安門 광장에서 벌어진 민주화 요구 시위를 취재 보도한 미국과 일본의 언론도 각자 국익을 고려해 상반된 내용의 보도를 한 것으로 유명하다. 당시 미국 언론은 중국인들의 민주화 요구를 정의와 자유의 승리로 간주하고 시위 군중에 대한 지지 의사를 담은 논평을 곁들여 보도했지만, 일본 언론은 시위 군중의 정치적 요구나 구호는 거의 소개하지 않고 단순히 시위의 전개 상황만 간략히 보도했다. 일본 언론이 보여 준 이러한 무미건조한 사실 중심의 취재 보도는, 실제로는 중국에 진출한 수많은 일본 기업의 무역 거래 보호와 경제적 이익 등을 고려하여 나름대로 고심한 결과였다는 분석이 지배적이다(Lee & Yang, 1995).

2003년과 2004년, 아프리카 수단의 다르푸르Darfur지역에서 벌어진 일련의 집단학살genocide 관련 논란도 언론의 국익 고려에서 비롯되었다는 분석이 나오고 있다. 미국 정부와 언론은 현지 주민에 대한 학살을 주도한 것으로 알려진 수단 정부를 맹렬히 비난하고 국제사회의 개입을 요구했지만, 유럽과 중국 언론은 집단학살 주장이 극히 과장된 것이라면서 오히려 수단 정부를 두둔했다. 이와 같이 상반된 보도가 나오게 된 배경을 따져보면, 중국과 프랑스는 광산과 석유 시추 개발 사업 등을 놓고 수단 정부와 긴밀한 경제적 협력 관계를 맺고 있던 입장이어서 수단 정부를 비난할 수 없다는 실리적 이해관계를 지니고 있었다. 반면에 수단과 별다른 경제적 협력 관계가 없던 미국으로서는 수단 정부에 강경한 태도로 맞설 수 있었고, 미국 언론 역시 이 같은 정부의 외교 정책 노선을 기사에 반영했던 것이다(Kim et al., 2010).

2003년 이라크 침공을 앞두고 미국 정부는 언론을 동원한 여론 조작에 나섰다. 이라크 반정부 망명객들을 유력 언론사 소속 언론인들에게 잇따라 연결시켜 주면서 사담 후세인 정권이 생화학 대량살상무기를 보유하고 있으며 조만간 핵무기도 보유하게 될 것이라는 내용을 이들 언론과의 인터뷰에서 밝히도록 유도한 것이다. 「뉴욕 타임스New York Times」와 「워싱턴 포스트Washington Post」 등 굴지의 미국 신문들과 주요 텔레비전 방송들이 이 같은 이라크 망명객들의 인터뷰를 대대적으로 소개하면서 미국 정부의 이라크 전쟁 사전 준비 작업은 순조롭게 진행되었다. 하지만 당시 워싱턴 소재 나이트 리더Knight Ridder 신문 체인 소속 기자들은 부시 행정부가 이라크 침공의 필요성을 정당화하기 위해 신분과 경력이 의심스러운 이라크 망명객들을 동원해 거짓, 과장 증언을 하고 있다는 사실을 폭로했다(Landay, 2002). 그러나 소규모 신문 체인인 나이트 리더의 이 같은 진실 보도를 위한 노력은 대다수 미국 언론이 부시 행정부의 '이라크 정부의 대량살상무기 보유설'을 아무런 비판 없이 그대로 보도했기 때문에 중과부적일 수밖에 없었다. 대다수 기자는 정부 관리들의 말을 무비판적으로 받아 적기만 했을 뿐 이라크 침공을 준비하는 정부의 노력에는 아무런 의문도 제기하지 않았다. 정부와 마찬가지로 언론에서도 자국의 이익을 위해서라면 이라크와 같은 '불량 국가rogue nation'는 손쉽게 제거할 수 있다는 나름대로의 판단이 작용했을 것이다. 결국 이라크 침공을 앞두고 '대량살상무기' 존재 의혹을 잇따라 보도한 미국의 대다수 언론은 공정성과 진실 보도를 추구하기보다는 '국익의 고려'라는 덫에 걸려 허위 사실을 보도했다는 책임에서 벗어날 수 없다.

우리나라의 예를 들어 보자. 2010년 3월 백령도 근해에서 일어난 우리 해군 함정 천안함 피격 사건 당시 침몰 원인에 대해 북한 어뢰에 의한 계획적인 도발 공격이라고 보도한 언론사와 항행 미숙으로 인한 좌초 때문이라고 보도한 언론사의 보도 내용을 비교해 보자. 반세기 이상 계속된 분단 상황에서 북한의 대남 도발에 익숙한 우리 국민으로서는 북한이 가장 강력한 용의자로 떠오르는 것이 당연하다. 하지만 확실한 물증이 제시되지 않은 상태에서 나온 상반된 두 보도와 관련하여 조심스럽게 살펴볼 것은, 어뢰 침몰설이 아닌 좌초 침몰 가능성에 초점을 맞추어 보도한 언론사나 기자들은 북한을 옹호하면서 대한민국을 곤란한 지경에 빠뜨리는 이적 행위자로 국민으로부터 비난받게 될 것이라는 점이다. 물론 추후에 어뢰 침몰설을 입증하는 전문가 집단으로 구성된 합동조사단의 공식 조사 결과가 나오기는 했지만 좌초 침몰 가능성이 완전히 배제된 것은 아니다.

언론학자인 수잔 카루더스Susan Carruthers는 한 나라의 정부는 자신이 주도한 전쟁에 모든 언론이 애국심을 부르짖으며 동참하기를 원한다고 말한다(Carruthers, 2011). 이를 거부하고 독자적인 반전 논조를 펴는 언론매체나 기자들이 있을 경우, 권력 심층부의 정치 엘리트들은 해당 언론인들을 가차 없이 '매국노'로 규정짓고 정신적 처벌을 가하는 것이 보통이다. 이라크 침공 당시 미국 정부의 전쟁 개시 결정에 반대했던 언론매체나 기자들 역시 정부뿐만 아니라 일반 국민으로부터 '비애국적'이라거나 '매국노'라는 비난을 받아야 했다. 이렇듯 전쟁 보도를 통해 반전, 반정부 성향을 노출했다는 이유로 여론의 뭇매를 맞아본 경험이 있는 언론사는 대부분 향후 유사한 공격을 받지 않도록 자기 검열이나 기사 자진 삭제 등을 하기 마련이다. 결국 언론사와 기자들이 앞장서서 객관적이고 공정한 전쟁, 분쟁 기사를 작성하기보다는 어느새 자의 반 타의 반으로 정부의 입장에 동조하거나, 자국의 이익 추구에 부합하는 방향으로 논조를 바꾸거나, 적극적 찬반 논평보다는 관망적 입장을 취하는 식으로 선회하게 된다. 전쟁이나 분쟁을 다루면서 자국민의 개입이나 생사 여부, 국익에 대한 고려, 그리고 아군이냐 적군이냐의 이분법적 구분을 바탕으로 뉴스 가치를 판단하고 보도 여부를 결정하는 언론의 근본적 속성을 인식한다면 전쟁과 국제분쟁 보도가 항상 객관적이거나 실체적 진실을 다룬다고 주장하기 어렵다. 이 처럼 불균형적이고 일방적이며 인종 차별적인 전쟁과 국제분쟁 보도에 대해서는 앞으로 여러 단원에 걸쳐 소개되는 각종 분쟁 보도에 대한 사례 분석을 통해 좀 더 자세히 살펴보도록 한다.

02
통신기술 혁명과 분쟁 보도 방식의 새로운 변화

튀니지와 이집트의 시민혁명

2011년 초 튀니지, 이집트, 리비아를 비롯해 중동과 북아프리카를 휩쓴 시민혁명의 열풍은 전 세계인의 이목을 집중시킨 굵직한 국제뉴스였다. 전 세계 언론매체들은 날마다 긴박하게 전개되는 사태의 추이를 시시각각 전하면서 수십 년간 지속되었던 독재정권을 무너뜨린 튀니지와 이집트, 리비아 국민에게 찬사를 보내고 시민혁명의 확산에 결정적 역할을 한 페이스북과 트위터 등 새로운 매체의 영향력에 주목했다.

서방 언론들은 튀니지에 이어 이집트에서 시민혁명이 불붙기 시작하자 앞다투어 특파원들을 현지에 보내 혁명의 소용돌이에 빠진 카이로 타흐리르Tahrir 광장 주변의 시위 군중을 생방송 화면으로 보여 주며 이 지역 맹주 이집트의 정치적 격변과 새 시대의 등장을 보도했다. 미국 주요 텔레비전 방송의 뉴스 앵커들은 카이로 시가지에서 일주일이 넘도록 저녁 뉴스를 진행했고, 시민혁명 관련 뉴스가 이들 방송 뉴스 프로그램 앞머리에 배치되는 등 중동과 북아프리카 보도는 미국 등 서방 언론의 주요 뉴스로 다루어졌다.

한 달 이상 계속된 중동, 북아프리카의 민주화와 정권 퇴진 요구 시위는 호스니 무바라크 이집트 대통령이 권좌에서 물러난 2011년 2월 11일 이후에도 요르단, 시리아, 예멘, 바레인 등지로 확산되었는데, 서방 언론들은 이 같은 민주화 시위 도미노 사태를 지난 1991년 소련 해체 뒤 이어진 동유럽 공산주의 붕괴에 견주면서 "아랍의 봄"과 "중동지역 새 시대" 등의 헤드라인으로 묘사했다.

곧이어 리비아에서는 무아마르 알 카다피 정권 퇴진을 요구하는 반정부 시민군의 공세가 시작되었다. 이에 따라 이집트 카이로 등지에서 활동 중이던 서방 특파원들은 곧바로 리비아 트리폴리와 벵가지Benghazi 등지로 옮겨 가 이 지역의 격변 사태를 보도했다. 전 세계 언론매체들은 시민의 퇴진 요구에 맞서 잔혹한 무력 진압에 나선 카다피 정권과 반정부 시민군 간의 치열한 전투 상황을 날마다 상세히 보도했고, 전 세계인은 보도를 통해 시민군에 사로잡혀 처형당한 카다피의 말로를 지켜보면서 아랍 이슬람권에서 민주주의가 확산되고 새로운 질서가 자리 잡아 가는 과정을 목격했다.

페이스북, 트위터, 그리고 온라인 블로거들의 활약

중동 및 북아프리카 지역 민주화 시위를 보도한 서방과 우리나라 언론들의 취약점 가운데 하나는, 해당 매체나 소속 기자들이 평상시 이스라엘, 이라크, 이란, 이집트를 제외하고는 이 지역에 대한 전반적인 관심과 이해가 부족하다는 것이다. 예를 들어 2011년 1월 초 튀니지의 이른바 '재스민' 시민혁명이 한창 달아오르고 있는 동안에도 대부분의 언론매체는 북아프리카의 정치 변화에 무관심해 지네 엘아비디네 벤 알리 정권이 23년간 장기 집권해 왔다는 사실은 물론이고, 인구 4만 명의 소도시에서 시작된 시위가 소셜 네트워크 미디어인 페이스북과 트위터 등을 타고 급속도로 확산되었다는 사실도 모르고 있었다. 무엇보다 대규모 시위를 촉발시킨 튀니지의 극심한 경제난과 장기독재에 대한 시민의 염증 등 뉴스와 관련된 배경 설명을 생략한 채 "북아프리카 튀니지에서 시민이 독재자를 몰아냈다"는 식으로 간략한 사실 위주의 기사만을 전달했을 뿐이다. 튀니지의 반정부 시위 소식은 로이터(Reuters, 영국)나 AP 통신을 통해 간략한 몇 줄 기사로 서방 언론에 알려졌지만, 정작 제대로 된 자세한 심층 뉴스가 보도된 것은 시위가 절정에 이르러 독재자의 망명이라는 극적인 드라마가 연출되면서부터다.

사실 독재자의 일거수일투족은 항상 언론의 구미를 당기는 뉴스거리다. 2011년에 사망한 북한의 지도자 김정일 국방위원장이 서방과 한국 언론의 관심에서 벗어나지 않았던 것은 예측 불허의 행보와 21세기에 보기 드문 1인 장기 독재 및 세습 체제를 유지했다는 점에 기인한다. 하지만 그동안 국내 언론은 물론 서방 언론에도 잘 알려져 있지 않았던 튀니지의 독재자 벤 알리 대통령의 망명 소식은 국제뉴스를 취급하는 기자들로서도 예상치 못한 뉴스거리일 수밖에 없었다. 유동적인 현지 상황 이외에도 전망까지 내놓아야 하는 서방과 국내 언론의 입장에서는 스스로 정보 부재를 드러낼 수밖에 없는 이 같은 국제뉴스 아이템이 당혹스러울 뿐이다.

여기에서 독자들이 알아야 할 우리 언론의 전쟁 및 분쟁 보도의 오랜 관행은 전쟁 및 분쟁 보도를 국내에서 활동하는 기자가 서방 통신사 로이터나 AP 등 외신을 인용해 번역한 기사 내용에 거의 전적으로 의존한다는 것이다. 기사를 (번역) 작성한 기자들 역시 극히 유동적인 현지 상황을 정확히 파악하기 어렵기 때문에 서방 언론이 전한 내용을 백 퍼센트 그대로 믿고 번역 전달하는 역할에 머물 따름이다. 이런 보도 관행 속에서는 "어느 서방 통신사 또는 신문이 이렇게 말했다더라"는 수준에서 벗어나기 어렵다. 튀니지 시민혁명의 여파가 주변국에 어떤 영향을 미칠지를 전망한 한 국내 언론의 다음과 같은 보도는 언론사나 일선 국제뉴스 담당 기자들의 해외 정세 파악 능력이 어느 정도인지 여실히 보여 준다. 기사 본문에도 나왔듯이 이 기사는 자체 분석이 아니라 해외 언론과 전문가들의 말을 인용했음을 솔직히 밝히고 있다.

> 호스니 무바라크 대통령이 29년째 집권하고 있는 이집트의 카이로에서는 소규모 시위대가 튀니지 대사관 앞에서 "우리도 곧 튀니지 뒤를 따를 것이다"라고 외쳤다고 '에이피AP' 통신은 전했다. 요르단에서도 14일 5천여 명이 식료품 가격 상승에 항의하며 총리 퇴진을 외쳤다. 트위터, 페이스북 등에는 튀니지 국민을 지지하는 메시지가 이어지는 중이다. 42년 동안 이웃 나라 리비아를 통치하고 있는 무아마르 알 카다피 국가원수는 "나는 벤 알리와 튀니지에서 성취된 개혁을 알고 있다"며 "왜 당신들은 그 모든 것을 파괴하고 있느냐"며 편치 않은 심경을 드러냈다. 그러나 튀니지 사태가 소련 해체 뒤 도미노처럼 이어진 동유럽 붕괴와 같은 사태로까지 번지지는 않을 것이라는 전망이 우세하다. 인근 북아프리카와 아랍 국가들은 튀니지와 달리 군과 경찰이 정권에 충성하고 있거나 풍부한 석유자원을 바탕으로 국민을 달랠 수 있기 때문이다.
>
> (국내의 한 신문, 2011년 1월 17일)

우리 언론의 예상과는 달리 튀니지에 뒤이어 이집트에서도 대규모 반정부 시위가 발생했고, 무려 30년간 철권통치를 이어온 무바라크 대통령이 민주화 요구 시위가 일어난 지 18일 만에 퇴진하는 사태로까지 이어졌다. 시위가 절정에 달했던 2011년 2월 10일 이집트 국영 텔레비전 연설을 통해 시위대와 군부 인사들의 하야 요구를 거부했던 무바라크 대통령은 분노한 시민의 가두시위가 이집트 전역으로 확산되고 시위대가 카이로의 대통령궁까지 포위하자 하루 만에 입장을 바꿀 수밖에 없었던 것이다. 또 리비아의 카다피 국가원수도 반정부 시민군과의 오랜 전투 끝에 2011년 10월 20일 시민군에 붙잡힌 직후 처형당해 리비아에서도 시민혁명이 결실을 맺게 되었다. 미래를 내다보는 통찰력이 없었던 국제뉴스 담당 기자들을 일방적으로 탓할 수는 없지만, 현지 사정에 어두운 채 외신 보도에만 의존하는 언론인들이 전하는 국제분쟁 뉴스가 얼마나 부정확하고 근시안적인가를 보여 주는 좋은 사례다.

이렇듯 과거에는 최소한 몇 달씩 걸리던 시민혁명의 확산과 독재정권의 몰락이 불과 몇 주일이라는 짧은 기간 내에 완성되자 언론의 관심은 자연히 이와 같은 상황이 발생할 수 있었던 동력과 구심점이 어디서부터 시작되었느냐로 쏠리게 되었다. 이러한 물음에 대해 첫 번째로 등장한 답이 이른바 '소셜 네트워크 미디어 혁명'이다. 언론에서는 중동과 북아프리카 지역 민주화 시위 과정에 적극적으로 참여한 젊은이들이 페이스북과 트위터 등을 통해 정치 구호를 퍼뜨리고 현장 시위 상황을 실시간으로 알리며 국민적 공감대를 이끌어 내고 시위를 실질적으로 조직하고 전파하는 등 소셜 네트워크 미디어의 활약이 무엇보다 중요했다고 평가하고 있다. 미디어 전문가들도 대부분 소셜 네트워크 미디어의 폭발적인 영향력이 중동과 북아프리카 지역 시민혁명의 도화선이었다는 시각에 동의한다.

튀니지의 시민혁명은 비밀경찰이 페이스북과 지메일 등 인터넷 사이트를 불법 검열한다는 사실을 한 시민이 폭로하면서 시작되었다. 경찰이 이 시민을 체포하자 페이스북 이용자를 비롯한 많은 시민이 그의 석방을 요구하면서 반정부 감정이 고조되었다. 여기에 반정부 시위가 불붙게 된 결정적 계기는 한 노점상이 분신자살한 사실이 트위터와 페이스북을 타고 전해지면서 튀니지 정부의 독재정치와 심각한 경제난에 대한 시민의 분노가 터져 나오면서부터다. 곧이어 이집트의 시민혁명 과정에서도 소셜 네트워크 미디어의 영향력이 나타나기 시작했다. 2011년 1월 25일 이집트 전역에서 시민 수만 명이 참가한 대규모 시위가 벌어졌는데, 한 민간단체가 페이스북을 통해 시민에게 집회를 열 것을 제안하자 9만여 명의 시민이 참여 의사를 밝혔고 역시 페이스북을 통해 집회 장소가 최종 결정되고 통보되었다. 페이스북과 트위터 등 소셜 네트워크 미디어를 통해 민주화 열망과 반정부 감정을 확인한 시민은 점차 경찰과 군부 등 공권력에 대한 두려움을 접고 서로 집회에 참가할 용기를 북돋게 된 것이다. 시사 주간지 『뉴스 위크』는 이집트인들이 무라바크 대통령의 축출을 꿈꾸게 된 것도 알고 보면 페이스북의 역할이 컸다고 분석했다. 2010년 이집트 경찰의 마약 거래 동영상을 인터넷에 올렸다가 고문당해 숨진 칼레드 사이드라는 시민의 이야기가 소셜 네트워크 미디어에 올라오면서 이집트 시민의 분노가 들끓었는데, 이때부터 인터넷 블로거들이 무바라크 대통령 축출을 주장하는 글을 잇따라 실으면서 시민의 반정부 감정이 높아져 마침내 2011년 민주화 시위를 통해 분출되었다는 것이다.

　이렇듯 중동과 북아프리카 지역 독재국가들에서 소셜 네트워크 미디어가 커다란 위력을 발휘할 수 있었던 것은 무엇보다 기존 신문이나 방송 등 대중 언론매체들이 대부분 정부의 엄격한 통제 아래 놓여 있었던 반면에 페이스북과 트위터 등 소셜 네트워크 미디어는 개인 중심의 소통 도구로서 훨씬 더 자유로웠다는 데서 그 이유를 찾을 수 있다. 중동과 북아프리카 지역의 수많은 독재정권은 정권 안보 차원에서 특정 인터넷 사이트들의 접속을 제한해 왔는데, 트위터나 페이스북 등 새로운 소셜 네트워크 미디어의 경우 정부의 검열이 이루어지더라도 또 다른 인터넷 주소로 변경 접속이 가능해 검열의 실제 효과가 미미했던 것이다. 지난 2009년 이란의 테헤란 등지에서 벌어졌던 민주화 요구 시위에서도 트위터와 페이스북,

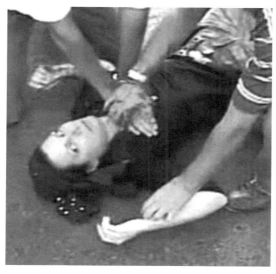

2009년 이란 반정부 시위 때 경찰의 총격으로 사망한 이란 여성 네다의 마지막 모습을 담은 비디오 화면.

그리고 유튜브 등이 이란 정부의 노골적인 인터넷 차단과 검열 속에서도 시위 현장의 생생한 모습을 전하는 동시에 시위 세력의 대외 홍보 창구로서 중요한 역할을 했다. 특히 이란 경찰 저격수의 발포로 네다 아그하 솔탄이라는 여대생이 숨지는 장면을 담은 비디오 영상이 유튜브 등 소셜 네트워크 미디어를 통해 전 세계로 확산되면서 전 세계에서 이란 정부에 대해서는 비난이, 민주화 세력에 대해서는 격려가 쏟아졌다. 네다의 죽음을 담은 비디오는 미국을 비롯한 서방 세계에서 민주화 운동의 상징으로 칭송받으며 권위 있는 미국 언론상인 조지 포크상George Polk Award 수상작으로 선정되기도 했다.

한마디로 소셜 네트워크 미디어는 시민혁명 과정에서 시위대들이 반정부 구호나 시위 정보를 공유하거나 혁명에 대한 욕구를 확대 재생산하는 필수 도구가 되었으며, 독재국가의 정치 탄압과 언론 검열을 피해 시민의 민주화 요구와 반정부 시위를 전 세계적 뉴스거리로 만들어 확산시키는 역할을 떠맡게 되었다. 이처럼 튀니지와 이집트 등지의 시민혁명 과정에서 페이스북과 트위터가 동원된 것을 가리켜 서방 언론은 '소셜 네트워크 미디어 혁명'이라고 지칭하기 시작했고, 국내 언론들도 이를 재인용해 '페이스북, 트위터 혁명'으로 부르기도 했다. 국내 한 신문의 튀니지 시민혁명 보도를 살펴보면 기사 첫 문장부터 자체 분석이 아니라 외신에 전적으로 의존했다는 것을 여실히 알 수 있다.

> 소셜 네트워크 미디어 페이스북이 아프리카 튀니지의 시민혁명을 만들어 냈다는 평가가 나오고 있다. 16일 외신에 따르면 튀니지의 독재자 엘아비디네 벤 알리 대통령이 지난 14일 사우디아라비아로 탈출하면서 23년 동안 계속돼 온 튀니지의 독재정권이 막을 내렸다.　　　　　(국내의 한 신문, 2011년 1월 16일)

지난 수년간 계속 커져 온 중동과 북아프리카 지역의 민주화 열망과 반정부 세력의 대두를 제대로 조명하지 않은 채 시민혁명이 소셜 네트워크 미디어의 힘만으로 이루어졌다고 단정하는 것은 다분히 서방 언론의 피상적인 보도에 의존한 결과다.

이러한 견해는 서방의 첨단 인터넷 통신 기술 혁명이 후진국인 중동 여러 나라에 긍정적이고 발전적인 정치 사회적 변화를 불러왔다는 맹목적인 논리로 받아들여질 가능성도 크다. 이처럼 국내 여러 언론매체에서 소셜 네트워크 미디어를 중동과 북아프리카 지역 시민혁명의 주역으로 다룬 보도가 한꺼번에 쏟아져 나온 것은 서방 통신사와 주요 언론들의 보도를 제대로 분석하거나 비판하지 않은 채 무작정 재인용하는 우리나라 국제뉴스 보도의 오랜 관행 때문이다.

범아랍 위성방송 알자지라의 활약

중동과 북아프리카 지역의 민주화 혁명에 소셜 네트워크 미디어가 커다란 역할을 했다는 것은 주지의 사실이다. 하지만 시민혁명의 확산과 정치적 민주화의 배경으로 소셜 네트워크 미디어의 존재와 역할 외에도 과거와는 현격히 달라진 시민의 높은 교육 수준과 문자 해독률, 정치 지도자와 권위주의 정권에 대한 시민의 인식 변화와 저항, 그리고 특정 정부의 통제를 벗어나 중동과 북아프리카 전역에 방영되고 있는 알자지라 등 위성 텔레비전 방송들의 영향력 등이 종합적으로 고려되어야 한다. 이와 같이 다변화된 사회 경제적 환경 속에서 민주화 시위 등 위기 상황이 발생하면서 개인 간의 정보 공유와 의사소통 수단으로 떠오른 소셜 네트워크 미디어의 영향력이 자연스럽게 부각된 것뿐이다. 소셜 네트워크 미디어의 눈부신 등장에 가려져 다소 소홀히 취급되긴 했지만 실제로 중동과 북아프리카 지역의 시민혁명에 커다란 역할을 한 것으로 중동과 북아프리카 전역에 방영되는 범아랍 위성 텔레비전 방송을 꼽을 수 있다.

튀니지와 이집트 두 나라의 시민혁명 과정에서 위성방송 알자지라의 활약은 인상적이었다. 민주화 시위 초기, 단순한 사실과 상황 전개 전달에만 치중하던 서방 언론과는 달리 아랍어를 능숙히 구사하는 알자지라의 중동 출신 기자들이 생생한 현장 취재 내용을 전 세계에 전파하면서 시청자들은 서방 언론보다 알자지라의 보도에 관심을 갖게 되었다. 미국을 비롯한 서방 언론들도 중동지역 보도에 있어서만큼은 알자지라를 꾸준히 인용 보도하면서 알자지라는 명실공히 '중동지역의 CNN'이라는 별칭에 걸맞은 활약을 보여 주었다. 카타르 도하에 본거지를 둔 알자지라는 2003년 이라크 전쟁을 계기로 명성을 높였지만, 실제로 이들이 아랍 시청자들의 사랑을 받게 된 것은 1996년 개국 이후 끊임없이 중동과 북아프리카 지역의 전제군주나 권위주의 독재정권을 비판하고 도전하는 데 주저하지 않았기 때문이다.

알자지라 외에도 중동과 북아프리카 지역에는 3백 개 이상의 위성방송사가 난립하고 있는데, 무엇보다 지역 내 대부분의 인구가 아랍어를 모국어나 공용어로 사용하고 있어서 소규모 위성방송사라 할지라도 수천만 명의 시청자를 손쉽게 확보할 수 있다는 장점을 지니고 있다(Kim, 2011; McPhail, 2010). 특히 위성방송들은 각 나라 정권의 통제로부터 비교적 자유롭다는 특성을 지니고 있다. 예를 들어 카타르에 본거지를 둔 알자지라의 프로그램 내용이나 뉴스 논조가 탐탁지 않더라도 이집트나 튀니지 정부가 중동과 북아프리카 지역 내 여러 나라 국경을 자유롭게 넘나드는 위성방송 전파를 차단하거나 송출을 방해하는 것은 근본적으로 어렵다. 한편 알자지라는 이른바 '거리의 전사street fighter' 스타일의 탐사 저널리즘 취재 방식을 적극 활용해 각종 사회 비리와 권력의 부패상 등을 적나라하게 고발하기도 하는데, 이런 것들이 정치 권력자들의 비위를 건드리는 주원인이 되고 있다. 실제로 알제리 정부는 한때 자국민이 알자지라를 시청하는 것을 막기 위해 수십만 가정에 공급되는 전기를 몇 분 동안 중단하기도 했었다(McPhail, 2010). 하지만 알자지라에 대한 더욱 손쉬운 통제 방식은 취재 기자를 추방하거나 뉴스 지국을 폐쇄하는 것이다. 실제로 알자지라 기자들은 알제리, 이라크, 아프가니스탄 등 여러 아랍 국가로부터 취재 방해나 지국 폐쇄를 당해 왔다(Seib, 2004b, 2008). 심지어 2001년에는 아프가니스탄 수도 카불의 알자지라 뉴스 지국이 미군의 공습을 받아 파괴된 적이 있고, 2003년 미국의 이라크 침공 당시엔 알자지라의 바그다드 뉴스 지국이 미군 전차의 포격을 받아 전쟁특파원 타리크 아유브Tareq Ayoub가 숨지기도 했다. 이 사건에 대해 미군 당국은 전투 중에 일어난 우발적 사고였다고 해명했지만 미국의 침공에 대해 비판적인 시각을 유지해 온 알자지라에 대한 보복 행위였다는 주장이 끊이질 않았다. 2011년 튀니지와 이집트의 시민혁명 과정에서 알자지라는 독재정권에 대한 시민의 거센 비판 내용을 아무런 제약 없이 방영하면서 시민혁명에 대한 지지가 전 세계적으로 확산되는 데 커다란 역할을 했다. 특히 알자지라 영어 방송은 서구 중심 시각으로 중동 사태를 보도하는 서방 언론들에 맞서 전 세계에 아랍권의 시각에서 바라본 튀니지와 이집트 민주화 시위를 보도했다. 하지만 알자지라나 알아라비아(Al-Arabia, 아랍 에미레이트) 등 몇 개의 위성방송을 제외한 대부분의 아랍 지상파 방송매체들은 친정부 성향으로 정부를 옹호하는 논조를 펴고 있다. 이집트의 경우를 살펴보면 민주화 시위가 절정에 달했던 2011년 2월 10일 국영 텔레비전에 무바라크가 나와 대통령직 하야를 거부하는 방송을 했으며, 몇 주 뒤에는 리비아 카다피 국가원수가 국영 텔레비전에 등장해 무바라크 대통령과 마찬가지로 하야 거부 의사를 밝혔다. 자유와 민주화를 갈망하는 시민의 요구에 페이스북과 트위터 등 소셜 네트워크 미디어와 위성방송은 절대적 지지를 보냈지만, 국영 방송매체들은 독재자들의 메시지를 일방적으로 전하거나 옹호하는 홍보 수단으로서의 한계성을 보인 것이다.

중동과 북아프리카 지역의 시민혁명 과정에서 나타난 트위터와 페이스북 등 소셜 네트워크 미디어의 눈부신 활약은 21세기 미디어 환경의 변화를 단적으로 보여 주는 사례인 동시에 전쟁, 분쟁 보도에 있어서 새로운 지평을 연 것으로 평가받을 만하다. 하지만 기존의 신문, 방송, 통신 등 대중 언론매체들에게 이 같은 소셜 네트워크 미디어의 등장은 그리 반가운 소식이 아니다. 그 이유는 다음과 같다. 첫째로 과거에는 신문, 방송 매체의 특파원들이 전쟁지역이나 분쟁지역을 직접 방문해 '역사의 관찰자' 입장에서 전쟁과 분쟁을 보도해 왔지만, 21세기에는 소셜 네트워크 미디어의 등장으로 전쟁특파원들의 보도 내용보다는 스마트폰과 퍼스널 컴퓨터를 수단으로 하는 전쟁과 분쟁 지역 거주민들의 '직접적인 목격담과 경험담' 위주로 분쟁 보도 방식이 바뀌게 될 것이다. 둘째로 소셜 네트워크 미디어를 통한 전쟁과 분쟁 보도는 기존의 대중매체가 주도해 온 '객관적 관찰과 기술'에 토대를 둔 취재 보도 방식이 전문적인 저널리즘 교육이나 훈련을 받지 않은 시민에 의해 정제되지 않은 '개인적이면서도 감상적인 보도'로 이어지면서 전쟁, 분쟁 보도의 객관성과 정확성에 대한 논란으로 이어질 가능성이 크다. 셋째로 이 같은 소셜 네트워크 미디어를 통한 전쟁이나 분쟁 보도는 그동안 대중매체들의 관심을 끌지 못했던 소규모 전쟁과 분쟁이 전 세계인의 관심 영역으로 들어서는 데 효과적인 수단이 될 것이라는 점이다. 기존 신문과 방송매체가 이런저런 정치적·경제적 이유로 외면했거나 관심을 기울이지 않았던 분쟁지역들이 해당 지역 거주민들과 관련 당사자들의 의도적이고 거듭된 노력으로 정치 상황이나 분쟁 진행 상황 등이 소셜 네트워크 미디어를 통해 전파 확산된다면 궁극적으로 대다수 언론매체의 뉴스 관심사로 떠오를 수 있다는 것이다. 마지막으로 소셜 네트워크 미디어가 주도하는 전쟁과 분쟁 보도는 궁극적으로 전쟁특파원의 역할을 더욱더 약화시키는 계기가 될 수 있다는 점이다. 이미 1990년대부터 통신위성과 인터넷 등 통신기술 혁명의 여파로 수많은 언론사가 비싼 운영 비용과 인건비를 지불해야 하는 해외 뉴스 지국을 폐쇄하고 현지에 장기간 거주하던 뉴스 특파원들의 수를 급격히 줄인 전례가 있다(Arnett, 1998; Hachten, 1999; Hachten & Scotton, 2011). 만일 중동과 북아프리카 지역에 종교, 종족 분쟁이나 시민혁명 등 굵직한 뉴스거리가 생기면 대부분의 언론사는 소속 특파원들을 국제선 항공편을 이용해 현지에 신속히 보내 취재하도록 한 뒤, 대체로 2~3주일 뒤 위기 상황이 어느 정도 해결되고 사태가 잠잠해지면 곧바로 철수시키는 이른바 '소방수 저널리즘fireman journalism' 또는 '낙하산 저널리즘parachute journalism' 방식으로 취재할 것이다. 실제로 이런 낙하산 저널리즘은 비용 대비 효과 면에서 그 타당성이 상당 부분 입증되어 요즘에는 전 세계 대부분의 언론사가 전쟁특파원들을 이런

식으로 운영해 오고 있다. 하지만 낙하산 저널리스트들이 보도하는 전쟁과 분쟁 보도는 특파원들이 현지 상황에 익숙하지 않을뿐더러 사태의 본질을 제대로 꿰뚫어 보지 못하고 현지 주민의 시각을 올바르게 반영하지 못한 채 자신들의 일방적인 해석만으로 전쟁과 분쟁의 본질과 성격을 왜곡하는 경우가 많다는 비판을 받고 있다.

중동과 북아프리카 지역 시민혁명 과정에서 부각된 소셜 네트워크 미디어의 놀라운 등장과 활약은 그동안 끊임없이 축소되어 온 전쟁 및 분쟁 지역 특파원의 역할과 규모를 더욱 위축시키는 계기가 될 것이며, 전 세계의 수많은 언론사가 전문 저널리스트들의 보도보다는 현지인 또는 관련자들의 개별적 목격담과 서술에 의존하는 속보 위주, 개인 경험담 위주의 새로운 분쟁 보도 방식에 더욱더 의존하게 만들 것이다.

03
기나긴 아랍의 봄: 리비아 내전과 전쟁특파원들

튀니지와 이집트에서 시작된 중동과 북아프리카의 민주화 혁명은 두 나라 사이에 끼어 있는 리비아로 옮겨 붙기 시작했다. 2011년 2월 15일, 북동부 해안 도시 벵가지에서 대규모 반정부 시위가 벌어지자 리비아 정부군이 시위대를 향해 발포해 많은 사상자가 발생했다. 며칠 뒤 시위가 벵가지를 벗어나 수도 트리폴리를 비롯한 리비아 곳곳으로 확산되면서 리비아도 반정부 민주화 시위가 휘몰아치는 이른바 '아랍의 봄'을 맞게 되었다. 민주화 시위가 확산되면서 국민의 압력에 못 이겨 사임한 튀니지의 벤 알리 대통령이나 이집트의 무바라크 대통령과는 달리 다혈질에다 투사 기질이 농후한 무아마르 알 카다피 리비아 국가원수는 정부군을 총동원해 반정부 시위대를 향해 무차별 발포하는 등 국제사회의 비난에도 불구하고 무자비한 학살극을 벌이기 시작했다.

무장봉기로 불타오르는 리비아

리비아 제2의 도시 벵가지에서는 카다피 정권에 대해 평소 반감을 지니고 있던 반정부 인사들과 이들에 가담한 소수의 정부군 병력이 합세해 무장봉기를 일으켜 벵가지에 주둔하던 카다피 정부군을 몰아냈다. 이들은 시민을 규합해 반정부 투쟁에 나섰는데 수천 명이 참여한 시민군이 조직되었고, 시민군은 기세를 몰아 북서부 주요 도시들을 차례로 장악하면서 트리폴리를 향해 진격해 나갔다. 그러나 곧 카다피 국가원수에 충성하는 최정예 정부군 부대들이 막강한 화력과 무장을 갖추고 반격에 나서 빈약한 무장에 오합지졸 수준인 반정부 시민군을 여러 소도시에서 쫓아내고 시민군을 벵가지 방면으로 몰아내는 데 성공했다.

중동과 북아프리카 전역에 도미노처럼 확산되고 있던 민주화 시위로 인한 유혈 사태에 우려하던 유엔 안전보장이사회는 2월 26일 결의안 1970호를 채택해 리비아 정부의 해외 자산을 동결하는 등 카다피 정권을 압박했다. 유엔은 또 3월 17일 벵가지를 중심으로 리비아 영공에 '비행금지구역'을 설정하는 안전보장이사회 결의안 1973호를 승인하고 북대서양조약기구(나토NATO) 소속 프랑스, 영국, 미국 전투기들을 동원해 카다피를 추종하는 리비아 공군의 시민군에 대한 무차별 폭격을 막았으며 카다피 지상군 병력의 진격도 차단했다.

리비아 반정부 시위가 무장봉기를 통한 내전으로 치닫게 되자 전 세계 언론들은 전쟁특파원들을 북아프리카로 급파했다. 수백 명의 기자가 수도 트리폴리에 서둘러 입국하거나 이집트-리비아 국경을 넘어 속속 전투 지역으로 쏟아져 들어갔다. 기자들 가운데 상당수는 이집트 시민혁명을 취재하다가 이웃 나라 리비아 내전을 취재하기 위해 허겁지겁 달려온 처지였다. 미국 NBC(National Broadcasting Company) 방송의 베테랑 중동 특파원 리처드 엥글Richard Engel은 빈약한 무장에 군복도 갖추지 못한 채 독재자를 몰

리비아 제2의 도시 벵가지 도심 광장에 놓여 있는 반정부 시민군이 정부군으로부터 탈취한 탱크.
(출처: 성인현 기자)

아내겠다는 신념만으로 똘똘 뭉친 시민군이 어떻게 카다피 정부군과 힘겨운 전투를 벌였는지 취재했다. 그는 막강한 화력의 정부군에 맞선 오합지졸 반정부 시민군 병사들의 혼란스러운 모습을 다음과 같이 보도했다.

화력에서 절대적으로 열세인 반정부 시민군 병사들은 카다피 정부군 병력과 마주칠 때마다 전사자가 속출하고 있다고 전했습니다.

시민군 인터뷰: 우리는 소총으로만 무장했습니다. 그러나 정부군은 전차를 보유하고 있죠.

또 다른 시민군 병사는 자신이 실은 아무런 무기도 지니고 있지 않다고 털어놓습니다.

이게 장난감 권총이라고요? 놀랍군요. 시민군 병사가 제게 건네준 권총을 잘 살펴보니 플라스틱으로 만들어진 장난감 총이었습니다. (이때 NBC 방송 취재진 주

불과 50야드 밖에서 세 차례의 폭발이 일어났습니다. 시민군 병사와의 인터뷰 도중에 저희 주변에 포탄이 떨어진 것입니다. 이제 시민군 병사들이 퇴각하기 시작합니다. 시민군 병사들은 그러나 카다피 정부군의 공격으로부터 목숨을 건졌다며 득의만만해하는 표정들입니다. 저희 취재진은 이곳의 무너진 콘크리트 방벽 뒤에 몸을 숨기고 있습니다. 잠시 뒤 이곳을 빠져 나갈 수 있기를 기대합니다.   (리처드 엥글, NBC 방송, 2011년 3월 23일)

한국 언론의 리비아 내전 취재

리비아 사태가 2011년 2월 말부터 본격적인 내전 상태로 치닫자 한국 언론사들도 리비아에 전쟁특파원들을 보내는 방안을 심각히 고려하기 시작했다. 지난 수십 년 동안 리비아와 한국의 경제적 교류 협력이 다른 아프리카 국가들보다 상대적으로 더 많았고 그곳에 우리나라 건설 및 플랜트 제조 업체들이 다수 진출해 있다는 점에서 다른 중동과 북아프리카 국가들에서 벌어진 민주화 혁명이나 내전 소식보다 리비아 내전 뉴스가 더 큰 뉴스 가치를 지닌 것으로 여겨졌기 때문이다. 당시 대부분의 한국 특파원은 이집트 카이로 등지에서 벌어진 민주화 혁명을 취재하고 있었는데, 무바라크 대통령이 사임하면서 가두시위가 사그라지자 중동과 북아프리카 취재를 머잖아 마무리 지을 예정이었다.

2월 17일, KBS 방송 보도국 국제부의 김개형 기자와 영상취재부 성인현, 민창호 촬영기자는 한 달이 넘게 계속되고 있는 중동과 북아프리카 민주화 시위 취재를 위해 두바이를 거쳐 카이로로 향했다. 이들 취재진은 그동안 이집트 현지에서 몇 주일간 민주화 시위를 보도해 온 다른 KBS 방송 취재진과 교체하기 위해 파견되었다. 하지만 리비아 내전이 점차 가열되면서 이들은 이집트 시민혁명 관련 뉴스보다 국경 너머 리비아 내전 관련 뉴스를 더 많이 보도해야 했다. 당시 민주화 혁명으로 대통령이 일찌감치 축출된 튀니지에는 KBS 방송 모스크바 주재 특파원 김명섭 기자가 들어가 현지 취재를 시작했고, 이집트 카이로에는 그동안 현지에서 취재하고 있던 황동진 기자가 계속 남아 이집트 상황을 보도하기로 했다. 김개형 기자와 성인현, 민창호 촬영기자 일행은 3월 3일 차량 편으로 카이로를 떠나 서부 국경지대를 거쳐 리비아에 입국했다. 이집트 국경을 넘어서자마자 리비아 국경검문소에서는 입국 심사도 하는 둥 마는 둥 무정부 혼란 상태라는 것을 실감할 수 있었다. 한국 언론사로서는 첫 리비아 현지 취재인 만큼 김 기자 일행은 긴장감과 흥분을 억누르며 서쪽으로 계속 차를 달려 토브룩Toburuk에 도착했다. KBS 방송 취재진은 시내 곳곳에서 벌어지는 시민의 반정부 시위와 정부군 무기고를 탈취해 무장한 시민군들의 모습을 취재했다.

시내 중심가로 들어서자 거의 모든 건물에 반카다피 구호가 적혀 있습니다. 시내 곳곳에 불에 탄 건물들이 그대로 남아 있어 당시 시민군과 카다피 보안군의 격렬했던 충돌을 생생하게 보여 주고 있습니다. 수만 명이 모여 반정부 시위를 벌였던 광장에는 천막 대여섯 개가 남아 있어 반정부 활동의 구심점 역할을 하고 있습니다. 삼삼오오 모인 시민은 서로 토론하며 앞으로의 계획을 논의하고 있습니다. 반정부 시위와 함께 시작된 천막 생활이 벌써 2주째지만 피곤함을 전혀 느끼지 못합니다. 독재와 탄압에서 해방됐다는 안도감 때문입니다.

압살람 다가하라(반정부 시위대): 42년 동안 탄압을 받았습니다. 자유를 느낀 건 이제 겨우 며칠이지만 너무나 소중합니다.

카다피의 반격이 계속되고 있는 만큼 약간의 불안감이 남아 있지만, 시민의 표정엔 다시 그때로 돌아가지 않을 것이라는 굳은 결의가 자리하고 있습니다.

(김개형, KBS 〈9시 뉴스〉, 2011년 3월 3일)

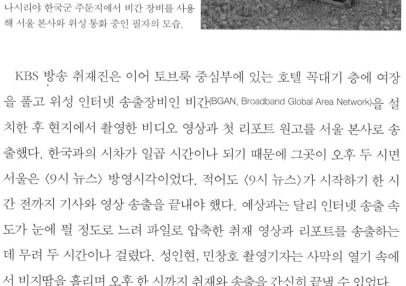

전쟁특파원들이 기사 송출을 위해 사용하는 위성 인터넷 송출장비 비간BGAN.
이 위성 송출장비에 노트북 컴퓨터나 휴대전화를 연결해 기사나 사진, 음성, 취재 영상 등을 전 세계 거의 모든 곳에 보낼 수 있다. 최대 초당 256킬로바이트의 속도로 데이터 송출이 가능하지만 분쟁지역의 열악한 환경 탓으로 실제로는 송출 속도가 크게 느려져 텔레비전 리포트 한 개를 송출하는 데 두세 시간을 보내는 경우가 허다했다. 오른쪽 사진은 2003년 9월 이라크 나시리야 한국군 주둔지에서 비간 장비를 사용해 서울 본사와 위성 통화 중인 필자의 모습.

KBS 방송 취재진은 이어 토브룩 중심부에 있는 호텔 꼭대기 층에 여장을 풀고 위성 인터넷 송출장비인 비간(BGAN, Broadband Global Area Network)을 설치한 후 현지에서 촬영한 비디오 영상과 첫 리포트 원고를 서울 본사로 송출했다. 한국과의 시차가 일곱 시간이나 되기 때문에 그곳이 오후 두 시면 서울은 〈9시 뉴스〉 방영시각이었다. 적어도 〈9시 뉴스〉가 시작하기 한 시간 전까지 기사와 영상 송출을 끝내야 했다. 예상과는 달리 인터넷 송출 속도가 눈에 띌 정도로 느려 파일로 압축한 취재 영상과 리포트를 송출하는 데 무려 두 시간이나 걸렸다. 성인현, 민창호 촬영기자는 사막의 열기 속에서 비지땀을 흘리며 오후 한 시까지 취재와 송출을 간신히 끝낼 수 있었다.

카이로에서 대여한 차를 몰던 운전사는 곧장 이집트로 되돌아갔기 때문에 리비아 현지에서 또 다른 차와 운전사를 구한 뒤 해안 고속도로를 한숨에 내달려 반정부 시민군의 본거지 벵가지에 도착했다. 벵가지에서는 한국의 대우건설이 진행 중인 발전소 건설공사 현장을 지키느라 리비아를 떠나지 못하는 건설사 임직원들의 이야기를 보도했다. 분쟁지역 보도에서는 위험한 치안 상황 외에도 숙식 문제를 해결하는 것이 당면한 급선무다. KBS 방송 취재진은 그 뒤 며칠간 벵가지 대우건설 현장 사무소에 얹혀 지내면서 악화일로로 치닫는 내전 상황을 보도했다. 3월 10일에는 라스라누프Ras Lanuf에서 벌어진 전투를 취재하다가 카다피 정부군 소속 전투기가 투하한 폭탄이 취재진으로부터 50여 미터 떨어진 곳에서 폭발하는 아찔한 순간을 겪었다.

라스라누프 외곽. 멀리서 전투기의 폭격을 받은 정유시설에서 시꺼먼 연기가 뿜어 나오고 있습니다. 시민군은 도로를 따라 양쪽으로 포진해 있습니다. 참호나 진지도 없습니다. 갑자기 시민군 한 명이 하늘을 가리키며 소리를 지릅니다. 땅이 흔들리는 충격과 함께 수십 미터 높이의 버섯 구름이 솟아오릅니다. 폭격 현장은 순식간에 아수라장이 됩니다. 라스라누프에 대한 카다피군의 무차별 공습이 다시 시작된 겁니다. 카다피군의 공습에도 시민군은 전혀 물러설 기미가 없습니다. 오히려 카다피에게 굴복하느니 죽음을 선택하겠다는 구호를 외치며 결의를 다집니다.

시민군 인터뷰: 죽음이 두렵지 않습니다. 승리할 때까지 끝까지 싸울 겁니다.

사막 한가운데서 전투기에 그대로 노출된 시민군은 절대 열세입니다. 카다피군의 공습에 시민군은 빈약한 대공화기로 맞서고 있습니다. 목숨을 걸고 전투를 하는 겁니다. 벼랑 끝까지 몰렸던 카다피는 최근 전투기와 탱크를 앞세우고 대대적인 공격에 나서 시민군에 빼앗겼던 지역을 되찾아 가고 있습

니다.　　　　　　　　　　　　　　(김개형, KBS 〈특파원 현장보고〉, 2011년 3월 13일)

　폭격 당시 생명의 위협을 무릅쓴 채 비디오 영상을 촬영한 성인현 촬영 기자와 김개형 기자는 긴박한 전투 상황을 담은 리포트를 제작해 서울 본사에 보낸 뒤 향후 어떤 취재를 해야 할지 고민하고 있었다. 그러나 이튿날 〈9시 뉴스〉에 톱뉴스로 방영될 예정이던 리비아 내전 취재물은 예상 밖의 또 다른 국제뉴스 아이템으로 인해 뉴스 맨 끝으로 밀려나고 말았다. 일본에서 진도 9의 대지진이 일어나고 거대한 지진해일(쓰나미)이 밀어닥쳐 만 5천 명 이상의 사망자와 막대한 재산 피해가 났다는 것이었다. 뉴스의 기본 상식이기는 하지만, 아무리 좋은 뉴스 아이템이더라도 그날 다른 뉴스 아이템이 어떤 것이냐에 따라 뉴스 가치가 순식간에 뒤바뀌는 경우가 많다. 공교롭게도 바로 이날 동일본 대지진과 쓰나미 소식이 전해지면서 국내 시청자들의 관심이 중동과 북아프리카 지역 뉴스에서 일본 대지진 관련 뉴스로 옮겨 가 버리고 리비아 내전은 뉴스로서의 가치가 사라져 버린 것이었다. 본사에서 이집트 카이로에서 취재 중이던 나머지 기자들도 서울로 철수시키고 일본 대지진 취재에 나서기로 했다는 소식이 전해졌다. 3월 12일, KBS 방송 취재진은 카다피 정부군이 파죽지세로 진격해 라스라누프를 시민군으로부터 빼앗고 시민군 거점인 벵가지 목전까지 이르러 위협하자 철수를 서둘러야 했다. 며칠 뒤 리비아에 고립된 한국 교민들을 대피시키기 위해 우리 해군 함정인 최영함이 벵가지에 입항했고, KBS 방송 취재진은 교민들과 함께 이 배에 승선해 숨 가빴던 리비아 취재를 무사히 마무리 지을 수 있었다. 3월 16일, 그리스 크레타 섬에 도착한 취재진은 카이로와 이스탄불을 거쳐 서울에 돌아왔다. 한 달에 걸쳐 아랍에미리트, 이란, 이집트, 리비아, 터키 등 중동과 북아프리카 지역 5개국을 넘나들었던 힘든 분쟁지역 취재였다. 김개형 기자는 그 뒤 8월과 10월 두

도로변에 버려져 있는 카다피 정부군 탱크.
KBS 방송 취재진이 격전지 라스라누프로 향하던 도중 카다피 정부군 탱크가 도로변에 버려져 있는 것을 발견했다. 탱크 위에 올라 간 성인현, 민창호 촬영기자. (출처: 성인현 기자)

차례 더 리비아에 들어가 시민군의 트리폴리 진입과 카다피 국가원수 사망 소식 등을 현지에서 보도하는 초인적인 투혼을 발휘했다. 또 라스라누프에서 리비아 정부군의 폭격 장면을 생명의 위협을 무릅쓰고 근접 촬영한 성인현, 민창호 촬영기자는 2011년 12월 제25회 한국 방송카메라기자상 대상을 받았다.

반정부 시민군의 반격과 트리폴리 함락

동일본 대지진이 일어나면서 적어도 한 달 동안 세계인들의 관심은 '아랍의 봄' 관련 뉴스로부터 멀어졌고, 이에 따라 리비아 내전에 대한 일반인의 관심은 눈에 띄게 식어 버렸다. 특히 나토군의 군사 개입으로 트리폴리 대통령궁 주변이 폭격받는 등 카다피 정부군의 반격 작전이 사실상 좌절되고 단숨에 카다피 정부를 뒤엎을 듯했던 시민군의 공세도 현저히 약해져 쌍방 간의 내전이 소강상태에 접어들게 되면서 리비아는 한동안 국제뉴스의 레이더에서 사라졌다. 그러나 8월에 들어서면서 나토군의 공중 지원에 힘입은 시민군 병력들이 북부 해안 도시들을 중심으로 반격에 나서 빼앗겼던 대부분의 도시를 되찾고 수도 트리폴리를 향해 진격하기 시작했다. 내전이 소강상태에 빠졌을 때에는 별다른 관심을 기울이지 않았던 전 세계 언론은 내전이 다시 가열되면서 곳곳에서 전투가 벌어지자 리비아 취재에 또다시 뛰어들기 시작했다. 8월 22일 시민군이 트리폴리에 진입해 대부분의 지역을 장악하자 리비아 내전 보도는 절정에 이르렀다.

> 지난 일요일 이후 놀라운 속도로 진격해 온 리비아 시민군들은 트리폴리 대부분을 장악하고 카다피 정권의 심장부인 '녹색광장'에서 감격적인 승리를 자축했다. 카다피를 추종하는 정부군 세력은 급속히 붕괴되고 있으며 42년간에 걸친 카다피의 통치도 종말을 앞두고 있다. 그러나 카다피의 행적은 알 길이 없고 정부군의 저항도 계속되고 있다. …… 버락 오바마 미국 대통령은 리비아가 "독재자의 손아귀에서 벗어나고 있다"면서 더 이상의 유혈극을 막기 위해 카다피에게 권력을 내놓으라고 요구했다.
>
> (벤 허버드Ben Hubbard, 카린 라웁Karin Laub, AP 통신, 2011년 8월 22일)

리비아 내전 초기인 2월과 3월 트리폴리에서 취재하던 서방 기자들은 리비아 정부 관리들의 감시와 통제 아래 차량 이동과 취재에 있어서 온갖 제약을 받았다. 트리폴리 두세 곳의 호텔에 묵으며 일일이 정부 관리의 허가를 받아야만 외부 통행과 취재가 허락되었고, 주변 도시에서 벌어지는 정부군과 시민군 간의 전투에 대해서도 정부 대변인의 입을 통해 선별된 정보만을 접할 수 있었다. 당시 내전 취재는 수도 트리폴리에서보다는 이집트 국경을 넘어 동부지역 벵가지에 들어간 전쟁특파원들이 그곳에서 벌어지던 반정부 시위와 무장봉기를 더 생생히 보도할 수 있었다. 그로부터 반년도

안 되어 리비아 시민군이 트리폴리에 진입해 카다피 정권의 안위가 위태로워지고 이곳저곳에서 붕괴의 조짐이 엿보이자 일부 서방 기자들은 트리폴리 거리로 뛰쳐나가 리비아 내전의 극적인 마지막 순간들을 보도했다.

힘의 균형이 정확히 어느 쪽으로 기울고 있는지는 파악하기 어렵습니다. 트리폴리 시내 곳곳은 지난 주말 이후 수도에 진입하기 시작한 시민군의 통제 아래 놓여 있습니다. 시민군 병사들은 최종 승리가 눈앞에 다가왔다고 주장합니다. 시민군 인터뷰: 물론 국민이 전투에 승리한 것입니다. 카다피는 종말을 맞았습니다. 아직 사로잡히지는 않았지만 그의 시대는 이미 끝났습니다. 시민군은 그러나 정부군의 강력한 저항에 직면해 있습니다. 카다피에게 충성하는 정부군은 시내 곳곳에서 반격을 시도하고 있습니다.

(매튜 프라이스Matthew Price, 〈BBC 뉴스〉, 2011년 8월 23일)

곧이어 반정부 시민군과 이들이 중심이 된 국가과도위원회National Transitional Council는 리비아가 압제로부터 해방되었다고 선언했고 유엔도 국가과도위원회를 리비아의 유일 합법 정부로 승인했다. 철권통치를 펴면서 반정부 시위대를 가혹하게 탄압했던 카다피 국가원수와 아들들, 그리고 과거 리비아 정부 관료들은 추종 세력이 남아 있던 인근 도시 시르테Sirte에 도피 잠적했다. 그러나 한동안 도피 생활을 하던 카다피와 추종 세력들은 10월 20일 시르테 인근에서 도주하다가 시민군에 사로잡혀 현장에서 사살되었다. 10월 23일, 국가과도위원회는 리비아 내전이 끝났다고 공식 발표했다.

전쟁특파원들의 수난: 체포와 억류, 부상과 사망

여덟 달 정도 계속된 리비아 내전 기간 동안 세계 곳곳에서 파견된 전쟁특파원들은 목숨을 걸고 취재에 임했다. 정부군과 시민군 간의 수많은 전투가 북부 해안 고속도로를 따라 주요 도시들 인근에서 벌어지면서 이를 취재하던 다섯 명의 전쟁특파원들이 총격전에 휘말리거나 포격을 받아 숨졌다(Committee to Protect Journalists, 2012). 정부군과 시민군 간의 밀고 밀리는 공방전이 계속되던 3월 12일에는 범아랍 위성방송 알자지라 소속 카메라맨 알리 하산 알–자베르Ali Hassan al-Jaber가 벵가지 인근에서 차량으로 이동하다 정체불명의 괴한으로부터 총격을 받아 숨졌다. 당시 동승한 다른 알자지라 기자도 중상을 입었다. 3월 16일에는 「뉴욕 타임스」의 앤서니 샤디드Anthony Shadid, 스티븐 패럴Stephen Farrell, 린지 아다리오Lynsey Addario, 타일러 힉스Tyler Hicks 등 네 명의 전쟁특파원이 아즈다비야Ajdabia 인근의 정부군 검문소를 통과하다 체포되어 일주일간 억류되었다. 당시 이들이 탄 차량의 리비아인 운전사는 정부군에게 처형되었다. 리비아 정부군에 억류되었다가 풀려난 기자들 가운데 이라크 전쟁 보도로 퓰리처상을 두 차례나 받았던 베테랑 전쟁특파원 앤서니 샤디드는 이듬해인 2012년 2월 16일 시리아에서 벌어진 민주화 시위를 취재하다가 지병인 천식이 악화되어 급작스럽게 숨지고 말았다.

이어 3월 19일에는 알후라(Al-Hurra TV, 미국) 기자인 모하메드 알 나부스Mohammed al-Nabbous가 벵가지 인근에서 생방송 도중에 총격을 받아 숨졌다. 4월 5일에는 프리랜서 사진기자인 안톤 해멀Anton Hammerl이 브레가Brega 인근에서 벌어진 전투를 취재하다 정부군의 총격을 받아 숨졌는데, 그와 함께 취재 중이던 다른 세 명의 기자들은 정부군에 붙잡혀 한 달간 억류되었다가 풀려났다(Committee to Protect Journalists, 2012). 4월 20일에는 팀 헤더링턴Tim Hetherington과 크리스 혼드로스Chris Hondros 등 두 명의 사진기자가 미스라타Misurata에서 정부군과 시민군 간의 전투를 취재하다 박격포 공격을 받아 숨졌다. 헤더링턴은 아프가니스탄 전쟁을 다룬 다큐멘터리 〈레스트레포Restrepo)를 촬영해 아카데미상 두 개 부문 후보에 오른 적이 있는 베테랑 카메라맨이다. 혼드로스 역시 코소보, 앙골라, 시에라리온, 아프가니스탄, 이라크 등 전 세계 분쟁지역을 누빈 사진기자다. 당시 이들과 함께 취재 중이던 다른 두 명의 사진기자들도 박격포탄에 부상을 입었다. 치열한 전투 이외에도 전쟁특파원들의 생명을 위협하는 요소는 한두 가지가 아니다. 카다피의 사망 소식이 전해진 10월 21일에는 카다피의 냉동 보관된 시신이 일반인들에게 공개되고 있던 시르테로 향하던 일본 방송 TV 아사히TV Asahi Corporation 소속 노무라 요시히사野村能久와 이집트 국적의 여성 취재 보조원, 리비아 현지인 운전사 등 세 명이 교통사고로 숨졌다. 당시 이들은 카다피 사망과 리비아 내전 종식 관련 뉴스를 취재하기 위해 이집트 국경을 넘어 리비아로 입국했다가 변을 당했다.

이처럼 리비아 내전을 취재한 전쟁특파원들은 전투 도중 닥칠 수 있는 신변상의 위협과 함께 분쟁지역 내 거친 자연환경 속에서 건강 악화, 심지어 교통사고나 그 밖의 안전사고 등으로 생명의 위협을 받았다. 시민군이 트리폴리를 장악한 직후 현지 상황을 취재한 SBS 방송의 윤창현 중동 특파원의 경험은 이와 같은 전쟁 취재의 위험성과 전쟁특파원의 건강 문제가 어느 정도로 심각한 것인지를 여실히 증언한다. 윤 기자는 트리폴리 시내의 오성급 호텔에 머물렀지만 상수도 공급이 중단되자 전쟁특파원들이 앞다투어 생수를 구하려고 또 다른 전쟁을 벌였다고 한다. 40도에 육박하는 더위에 방탄조끼까지 걸친 채 취재하다 보니 온몸이 땀범벅이었고, 이런 상황에서 호텔에 머물던 세계 각국의 전쟁특파원들이 호텔 구내 수영장에 뛰어들어 샤워를 하는 진풍경도 벌어졌다(윤창현, 2011). 이외에도 세계 각국 취재진들은 식량을 구하기 위해 시내 곳곳을 헤맸고, 힘들게 먹을 것을 구했다고 하더라도 하루 한 끼 정도만 먹으며 취재를 계속해야 하는 강행군의 연속이었다. 윤 기자는 드물게 문을 연 슈퍼마켓에서 쌀과 냄비,

전기스토브를 구입하고 재래시장에서 계란 한 판과 감자, 고추 등 야채를 구해 끼니를 해결했는데 삶은 감자와 계란을 주로 먹었다. 또 전 세계 전쟁특파원들이 트리폴리에 한꺼번에 몰려들면서 호텔 객실을 구하기가 하늘의 별 따기만큼이나 힘들어져 엄청난 숙박비를 지불하고서도 호텔 로비에 취재 장비를 풀어 놓은 채 노숙하거나 시내 곳곳의 민박시설을 찾아다니느라 소란을 떨어야 했다(윤창현, 2011). 전쟁특파원들은 한마디로 끊임없이 전쟁터를 돌아다니고 일촉즉발의 순간을 넘기면서 극심한 심리적 스트레스와 육체적 고통을 받기 일쑤였다. KBS 방송의 김개형 기자도 리비아 내전 취재 때 신변상 안전 문제로 인한 심리적 압박감이 가장 견디기 힘들었다고 회고한다. 김 기자는 취재 기간 도중 "가장 어려웠던 부분은 무정부 상태의 리비아에서 5~6시간씩 차량 편으로 달려가는 동안 느껴야 했던 치안 부재에 대한 걱정"이었다고 털어 놓았다. 특히 벵가지에서는 한국 건설업체 공사 현장들이 여러 차례 무장폭도들의 습격을 받아 치안 상태에 대한 걱정이 앞섰다고 한다. KBS 방송 취재진은 결국 차량 편으로 이동할 때마다 노상강도나 폭도들의 습격을 피하기 위해 시속 150킬로미터의 엄청난 속도로 차량을 몰면서 달려갈 수밖에 없었다고 회고한다.

리비아 취재 현장에서 직면한 문제 가운데 가장 큰 어려움은 언어 소통이었다고 한다. 취재기자의 경우, 아랍어는 전혀 하지 못했고 영어도 유창하지 못해 시민군 병사들이나 시민을 취재하고 인터뷰하는 것이 쉽지 않았다는 것이다. 시민군이 트리폴리를 장악한 직후인 9월 초 일주일간 리비아를 현지 취재한 「경향신문」 국제부 이지선 기자도 당장 영어만 하면 취재에 어려움이 없으리라 생각했지만 막상 현지에서는 영어보다 아랍어가 더 필요하다는 사실을 절감했으며, 아랍어 통역을 쉽사리 구하지 못해 고충을 겪었다고 회고했다(양호근, 진희정, 임종헌, 2011). KBS 방송 촬영기자들의 경우, 밤 〈9시 뉴스〉에 방영될 텔레비전 리포트를 송출하기 위해 위성 인터넷 연결이 용이한 장소와 시간을 확보하기 위한 고민이 컸다. 분쟁지역에서 방송 뉴스용 비디오 영상을 송출하기 위해 과거에는 다국적 뉴스 통신사인 APTN(Associated Press Television News, 미국)이나 로이터 방송 등의 위성 중계차량이나 위성 송출설비를 이용하는 것이 보통이었지만, 최근에는 각 방송사 취재진들이 소형 위성 인터넷 송출장비를 휴대하고 전쟁터를 돌아다니는 것이 보편화되었다. 가장 대표적인 위성 인터넷 송출장비로는 인마샛 비간Inmarsat BGAN을 들 수 있는데, 이 장비를 활용하면 전 세계 어느 곳에서나(엄밀히 말하면 지구 표면적의 85퍼센트가량) 지구 정지 궤도geostationary orbit에 머물러 있는 14개의 통신위성들 가운데 하나와 연결되어 음성과 영상 데이터를 송출할 수 있다.

전쟁특파원들은 취재를 마친 뒤 통신위성과의 연결이 가능하도록 시야가 탁 트인 장소에 비간을 설치하고 사전에 노트북 컴퓨터에 내장된 영상 편집 소프트웨어로 편집한 비디오 영상과 기자의 리포트 육성 녹음, 시민 군 병사 등과의 인터뷰 영상 등을 여러 개의 파일로 나눠 압축한 뒤 파일들을 차례로 위성 인터넷을 이용해 한국의 웹하드 사이트로 송출하게 된다. 한 개의 텔레비전 리포트를 송출하는 데 한두 시간은 족히 걸리기 때문에 카메라맨 한 명이 줄곧 눌러 앉아 송출을 책임져야 했고, 이 사이에 취재기자와 또 다른 카메라맨은 현장에 나가 취재와 인터뷰를 계속하는 이른바 '시간 차 취재와 송출'을 하는 상황이 반복되었다. 한 개의 리포트를 완전히 송출할 때까지 취재기자와 카메라맨은 전투 현장에서 위성 송출 장소로 적어도 두세 차례 오가는 일이 허다했다. 특히 2월 중순 이집트 카이로에 항공편으로 도착할 때에는 큼지막하고 무거운 방송용 비디오카메라를 휴대할 경우 외국 기자들의 출입국을 극도로 꺼리는 세관이나 정보 기관원들의 시선을 끌 수 있기 때문에 마치 관광객들처럼 여행용 소형 캠코더를 휴대해야 했다.

KBS 방송 취재진이 리비아 내전 취재에 활용한 소형 비디오 캠코더.

초고화질의 방송용 카메라와는 거리가 멀지만 최근 HD 고화질 캠코더들이 일반화되면서 전쟁지역 취재에 널리 사용되고 있다. 무엇보다 휴대가 간편하고 외신기자들을 경계하기 일쑤인 현지 관리들의 주목을 끌지 않는다는 장점을 지니고 있다. 아래 사진은 벵가지 도심 광장에서 KBS 방송 취재진이 위성 송출장비를 펼쳐 놓고 비디오 영상과 기자의 음성 녹음을 서울 본사로 전송하고 있는 모습이다. (출처: 성인현 기자)

실제로 이란, 이집트, 시리아 등 권위주의 정권들이 들어선 중동과 북아프리카 지역 국가들을 취재하는 과정에서는 비디오카메라 등 방송 장비를 반입하려다가 입국 과정에서 장비를 압수당하거나 기자들이 억류되는 사례가 종종 있었다(이정옥, 2010). 리비아 내전 취재 과정에서도 한국 방송사 가운데 한 곳이 방송 장비를 카이로 공항 입국 심사 과정에서 압수당해 그 뒤 현지 한국 대사관에서 협조 공문을 보내고 이집트 국영 방송에서 발행

하는 취재 허가증을 받고서야 장비를 간신히 되찾을 수 있었다(성인현, 2011). 심지어 어떤 기자들은 해당국 정부에 벌금을 내고 추방당하기도 했다. 특히 이집트와 바레인, 시리아 등지에서는 민주화 시위가 한창 격렬하게 벌어지던 현장에서 취재 중이던 외국 기자들이 정체를 알 수 없는 괴한들이나 사복 경찰관에게 폭행당하거나 체포되고 카메라를 비롯한 취재 장비를 빼앗기는 일이 부지기수였다(Committee to Protect Journalists, 2011).

낙하산 저널리즘 전성시대

서구 식민주의 경험 속에서 평화적 정권 교체의 전통이 약한 중동과 북아프리카 여러 나라에 '아랍의 봄'이라 불리는 시민혁명은 커다란 충격과 정치 사회적 격변을 불러왔다. 부패한 정권에 분노한 시민의 시위와 무장봉기로 수십 년간 흔들리지 않고 굳게 권력을 지켜 온 튀니지와 이집트의 독재자들이 차례로 몰락했고, 끝까지 하야를 거부하고 버티면서 시민을 무차별 학살한 리비아의 카다피 국가원수는 결국 시민군에게 붙잡혀 아들 등 측근과 함께 사살되는 비참한 최후를 맞았다. 중동과 북아프리카 지역에서의 불안이 일 년이 넘도록 계속되면서 전 세계 언론사들은 '낙하산 저널리스트parachute journalist'들인 전쟁특파원들을 현지에 보내 민주화 시위 현장과 전투지역을 취재했다. 한국 언론도 '아랍의 봄' 취재에 적지 않은 시간적·금전적 투자를 했고, 아프가니스탄 전쟁과 이라크 전쟁 이후 축적된 분쟁지역 취재 경험을 바탕으로 리비아 내전을 성공적으로 취재했다. 그러나 아직 한국 언론사들은 서구 주요 언론사들에 비해 인적·물적 지원이 빈약하고 풍부한 경험을 바탕으로 분쟁지역을 전문적으로 취재하는 인력 또한 부족한 것이 사실이다. 그나마 KBS 방송의 경우 중동과 북아프리카 사태가 위기로 치닫자 세계 각지의 해외 특파원들을 이 지역에 잇따라 투입했고 여기에다 본사 국제부 소속 순회 특파원들이 가세해 현지 취재물들을 〈9시 뉴스〉와 같은 일일 종합뉴스나 〈특파원 현장보고〉와 같은 전문 국제뉴스 프로그램을 통해 충분히 방영할 수 있었다. 그러나 한국의 여러 신문사의 경우 취재기자 한 명과 사진기자 한 명, 또는 취재기자가 촬영까지 맡는 등 구색 갖추기 식의 취재를 한 사례가 적지 않았다. 우리 언론사 기자도 리비아 현지에서 전쟁 취재를 하고 있다는 식의 홍보 메시지를 전하기 위한 것이었다. 특히 여러 명의 전쟁특파원을 잇따라 파견한 주요 방송사들의 경우에도 현지에서 자체 취재한 비디오 영상에 APTN과 로이터 통신 등 다국적 통신사에서 구입한 비디오 영상을 짜깁기해 넣는 방식으로 리포트를 제작한 사례가 허다해 과연 스스로의 힘으로 제대로 제작한 깊이 있는 전쟁 보도물인가에 대한 의문이 여전히 남아 있다.

리비아 내전을 취재한 전쟁특파원들은 대체로 짧으면 1~2주일, 길게는 몇 달 동안 현지 취재를 한 뒤 고국으로 돌아가거나 보다 안전한 이웃 나라들로 이동해 휴식을 취하다가 또 다른 위기 상황이 닥치면 분쟁이 일어난 곳으로 향하는 것이 보통이었다. 한 가지 재미있는 점은 전쟁특파원들이 또 다른 전쟁지역에 도착하더라도 그곳에서 만나게 될 전쟁특파원들은 그 이전 전장에서 만나 친분을 쌓은 사이일 경우가 많다는 것이다. 서로 다른 언론사 소속일지라도 전장에서 자주 마주치다 보니 그만큼 깊은 우정을 느끼게 되는데, 그들은 험난한 취재 환경 속에서 일하는 상대방의 신세를 한탄하며 혀를 끌끌 차기도 한다. 그러나 전쟁 취재라는 영역은 마치 마약과도 같이 중독성이 강한 것이어서 생명의 위협을 넘겨 가며 전쟁 취재를 마친 전쟁특파원이라면 거의 예외 없이 그 뒤에도 또 다른 전장을 찾아 나서기 마련이다.

동시다발적 전쟁 보도의 한계
국제뉴스를 취재 보도하는 데 있어서 한 가지 주목할 점은 분쟁이나 전쟁 등 위기 상황을 주제로 다룰 경우 동시에 두 개 이상의 장소에서 벌어지는 뉴스를 한꺼번에 다루기가 쉽지 않다는 것이다. 전 세계 언론이 약속이나 한 듯 이집트 시민혁명이 어느 정도 마무리되자 리비아 내전에 관한 뉴스로 옮겨 갔고, 곧이어 동일본 대지진과 후쿠시마 원자력 발전소 사고가 발생하면서 국제뉴스의 초점이 순식간에 아시아로 옮겨 갔다가, 일본 상황이 다소 호전되자 그다음에는 또다시 리비아 내전을 집중적으로 부각시켜 보도한 것이 그 좋은 예다. 세계 여러 곳에서 동시다발적으로 벌어지는 다양한 분쟁이나 전쟁, 자연재난 등 위기 상황을 종합해 한꺼번에 보도하면 오히려 독자와 시청자, 청취자들에게 혼란만 가중시킬 뿐 별다른 관심을 끌지 못한다는 것이다. 시청자, 청취자나 독자들이 집중해서 주목할 만한 단일 주제와 대상을 정해 집중 보도한 뒤 적절한 시차를 두고 국제뉴스의 무대와 초점을 옮겨 가면서 보도하는 것이 가장 성공적인 뉴스 보도 공식인 셈이다. 리비아 내전이 한창 격화될 때 시리아에서 벌어진 반정부 시위가 거의 주목을 끌지 못하다가, 리비아 사태가 마무리되자 또다시 주요 국제뉴스로 부각되어 전 세계인의 주목을 끄는 것도 알고 보면 그리 놀라운 일이 아니다.

2011년 튀니지와 이집트를 시작으로 중동과 북아프리카 전역으로 확산된 이른바 '아랍의 봄' 시민혁명은 아직까지 진행형으로 남아 있다. 시리아에서는 시민의 반정부 시위가 계속되고 있으며, 튀니지와 이집트의 시민혁명과 리비아 내전을 잇따라 취재한 전쟁특파원들, 심지어 그보다 앞서 이라크 전쟁과 아프가니스탄 전쟁을 취재한 베테랑 전쟁특파원들까지 시리아에 줄줄이 들어가 목숨을 건 취재를 하고 있다. 2012년 2월에는 「선데이 타임스」(Sunday Times, 영국)의 마리 콜빈Marie Colvin, 그리고 프리랜서 사진기자 레미 오슐리크Remi Ochlik 등 두 명의 전쟁특파원이 시리아에서 취재 도중 목숨을 잃었다. 국제뉴스는 위기 상황을 주로 다루기 마련이라는 점을 앞서 언급한 바 있지만, 중동과 북아프리카 지역에서 진행되고 있는 엄청난 정치 사회적 격변은 앞으로도 오랫동안 전 세계 언론의 주목을 받을 것이 확실하다.

04
전쟁특파원이란 누구인가?

최초의 전쟁특파원

전쟁 보도는 언론의 보도 영역 가운데 독자와 시청자, 청취자의 주목을 가장 끄는 것 중 하나라고 할 수 있다. 군인들을 비롯해 수많은 사람이 죽거나 다치고 엄청난 수의 시설이 파괴되는 등 전쟁으로 인한 인명, 재산상의 피해가 늘어날수록 사람들의 관심이 더욱더 집중되면서 신문 판매부수와 방송 시청률이 급증한다. 상업 대중매체에 있어서 판매부수와 시청률 증가는 광고 수입의 증대로 이어지기 마련이다. 전쟁이 막대한 상업적 이득을 안겨 주는 뉴스거리가 된다는 사실을 알게 된 언론사들은 서로 앞다투어 전장으로 기자들을 보내게 되었다(Carruthers, 2011). 그러나 전장을 종횡무진 누비며 뉴스를 취재 보도하는 것은 뉴스 가치가 큰 만큼 기자들에게는 커다란 신변상의 위험이 따르게 되는데, 이 같은 위험을 무릅쓰고 전쟁을 취재하려면 남다른 용기와 투철한 직업정신이 필수적이다. 그렇다면

크림 전쟁 때 사진가 로저 펜튼이 촬영한 사진.

위 사진은 크림 전쟁 때 로저 펜튼이 사용했던 사진 제작용 암실장비를 실은 마차다. 펜튼은 전장에서 촬영한 사진들을 마차 위의 어두컴컴한 암실에 들어가 현상하고 인화했다. 이처럼 19세기에는 전쟁 보도 사진 한 장을 제작하더라도 마차에 가득 실은 장비에 의존해야 했다. 아래 사진은 크림 전쟁에 참전한 크로아티아군 병사들의 모습으로 펜튼이 촬영한 것이다. 당시 전쟁 사진은 적어도 1분 이상 사진기 렌즈를 노출시켜야 영상을 촬영할 수 있었기 때문에 긴박한 전투 순간이나 움직이는 피사체를 찍을 수 없었다. 결국 전쟁 사진가들은 정적인 모습이나 포즈를 취한 인물들을 중심으로 촬영할 수밖에 없었다.

이처럼 전장을 누비며 전투 상황을 보도하는 전쟁특파원은 언제 생겨났을까? 학술 연구자의 시각이나 역사자료에 따라 서로 상이한 주장들이 있지만, 19세기 중반 유럽에서 발발한 크림 전쟁(Krym War, 1853~1856) 때부터 전쟁 보도가 시작되었다고 여기는 것이 일반적이다(Knightley, 2004; Sambrook, 2010).

크림 전쟁이 발발하자 영국 신문 「타임스Times of London」는 특파원 윌리엄 하워드 러셀William H. Russell과 사진가 로저 펜튼Roger Fenton을 전쟁지역에 파견했다. 러셀 기자는 정기적으로 전투 상황을 기사로 작성해 런던에 송고했는데, 이를 계기로 영국 등 유럽 각국 사람들은 신문 지면을 통해 크림 전쟁의 주요 전투와 전황을 파악할 수 있었다. 하지만 당시 전쟁 보도는 신속한 전황을 보도하는 기사보다는 장황한 문체의 해설을 곁들인 기사가 주종을 이루었다. 또 전쟁 기사를 영국에 송고하려면 인편Courier과 선박 등을 이용해야 했기 때문에 뉴스 기사 한 편이 런던의 「타임스」 본사에 전달되기까지 적어도 수 주일이 걸렸다. 오늘날 거의 실시간으로 이루어지는 전쟁 보도와 비교해 본다면 하늘과 땅만큼의 차이라고 하겠다.

그러나 최근에는 크림 전쟁보다 7년이나 이른 1846년에 일어난 미국과 멕시코 간의 전쟁(Mexican-American War, 1846~1848) 때 미국 신문사들이 최초로 전쟁 보도를 시작했다는 학설이 점차 설득력을 얻고 있다. 1846년 미국과 멕시코 사이에 전쟁이 벌어지자 남부 뉴올리언스 지역의 신문사들이 십여 명의 특파원을 파견해 전쟁을 취재했다는 것이다. 당시 활약한 전쟁특파원들은 「뉴올리언스 피카윤New Orleans Picayune」의 조지 켄들George W. Kendall과 크리스토퍼 헤일Christopher M. Haile, 「뉴올리언스 비New Orleans Bee」의 존 피플스John Peoples 등이었다(Metzel, 2011). 당시 미국 전쟁특파원들은 팔로 알토Palo Alto, 몬터레이Monterrey, 베라 크루스Vera Cruz 등 최전선에서 미군과 멕시코군 간의 전투를 지켜보았고 심지어 미군을 도와 전령 역할을 하기도 했다. 특히 오늘날 미국 서부지역인 캘리포니아와 뉴멕시코의 최전선으로부터 「뉴올리언스 피카윤」 신문사까지 전쟁특파원들이 작성한 기사를 말을 타고 전달하던 배달원 가운데 25명이 멕시코군이나 노상강도에 사로잡히거나 사살되었다고 한다(Metzel, 2011). 당시에는 전쟁을 사진으로 촬영할 만한 기술이 갖추어지지 않아 전투 상황은 신문사 소속 삽화가들이 기사 내용을 토대로 상상을 가미해 그린 삽화로 묘사되었다. 한편 미국-멕시코 전쟁은 미국 내 신문사들의 공동 기사 배급망인 AP 통신을 탄생시킨 계기가 되었는데, 전쟁 기사를 제때 받아볼 수 없었던 동부 뉴욕의 신문사들이 1848년 공동 출자하여 전신망을 이용해 「뉴올리언스 피카윤」 등으로부터 뉴욕까지 전쟁 관련 기사를 공동으로 전송받게 된 것이다.

미국 언론학계에서는 당시 미국-멕시코 전쟁을 취재한 신문기자들이 1854년 크림 전쟁을 종군 취재한 「런던 타임스」의 윌리엄 하워드 러셀보다 최소한 8년이나 앞선 세계 최초의 전쟁특파원들이었다고 주장하지만 아직 널리 인정받지 못하고 있다. 이는 러셀의 크림 전쟁 보도가 기존의 신문 보도와 차별화된 새로운 보도 영역으로 여겨져 영국을 비롯해 유럽 각국에서 큰 반향을 일으켰던 것과는 달리, 대서양 건너 북미 대륙의 신생국가인 미국의 뉴올리언스 지역 신문들이 주도한 전쟁 보도가 유럽에 제대로 알려지지 않았기 때문이다. 또 러셀이 크림 전쟁 이후에도 여러 국제분쟁을 취재하면서 전쟁특파원으로서 명성을 높였던 것에 반해 그에 버금갈 만한 미국 전쟁특파원들이 나오지 않은 것도 최초의 진정한 전쟁특파원이 영국인 윌리엄 하워드 러셀이라는 세간의 인식을 굳히게 한 원인이었다.

이처럼 미국-멕시코 전쟁과 크림 전쟁을 계기로 시작된 전쟁 보도의 역사는 160년에 이른다. 그러나 19세기와 20세기 초반까지만 하더라도 전쟁특파원들은 정부와 군의 엄격한 통제 속에서 전쟁 보도를 했다. 물론 자신이 취재하고 있는 아군 진영의 감격적인 승리 소식을 전하거나 자국 정부가 벌이는 전쟁에 긍정적이거나 우호적인 기사를 작성할 경우에는 비교적 자유로운 취재 보도가 가능했다. 따라서 정부나 군부에 대해 긍정적 시각으로 보도한다는 전제 조건만 충족시킨다면 전쟁특파원들은 자신들의 기사를 자유롭게 송고할 수 있었으며 수많은 독자가 읽게 되리라는 것을 기대할 수 있었다. 한편 신문 판매부수가 급속히 늘어나고 그보다 훨씬 더 많은 라디오 수신기가 각 가정에 널리 보급되었던 1940년대에는 전쟁 보도가 이러한 대중매체의 인기와 영향력을 한층 더 확대시키는 중요한 요소가 되었다. 당시 전쟁 관련 뉴스는 신문의 경우 기사 작성 후 2~3일 안에 읽을 수 있었고, 라디오 방송의 경우에는 생방송으로도 전해 들을 수 있었다. 1960년대 이후 텔레비전과 통신위성 등 정보통신 기술의 눈부신 발전에 따라 전쟁 보도가 더욱 신속하고 광범위해지면서 세계 곳곳의 분쟁과 전쟁을 총망라하는 국제뉴스 보도의 전성기를 맞게 되었다. 이런 여건 속에서 전쟁특파원들은 과거와는 달리 폭넓은 대중적 지명도를 얻거나 스타 언론인으로서의 지위를 누리게 되었는데, 전 세계 전쟁과 분쟁 지역을 누비며 명성을 쌓은 대표적인 전쟁특파원들을 살펴본다.

전설적인 전쟁특파원들

어니 파일(Ernie Pyle, 스크립스 하워드)

제2차 세계대전 당시 미국에서 가장 유명했던 전쟁특파원은 스크립스 하워드Scripps-Howard 신문 체인 소속 기자였던 어니 파일이다. 1900년생인 파일은 인디애나대학교 언론학과를 중퇴한 뒤 1921년부터 지방 신문 기자로 일했다. 몇 년 뒤 「워싱턴 데일리 뉴스Washington Daily News」로 옮겨 당시 급속히 팽창하던 항공산업계를 취재하며 명성을 얻었다. 1942년 미국이 제2차 세계대전에 참전하자 파일은 스크립스 하워드 신문 체인의 전쟁특파원이 되어 아프리카, 유럽, 태평양 전선을 누비며 본격적으로 전쟁을 취재했다. 파일의 전쟁 보도는 당시 다른 전쟁특파원들의 기사와 내용이나 형식 면에서 한 가지 차이를 보였다. 대부분의 기자는 군 병력 이동이나 작전 전개 과정, 고위 장성들을 비롯한 전쟁 영웅들의 이야기를 위주로 기사를 썼지만, 파일은 처음부터 끝까지 보병부대 평범한 병사들의 삶에 초점을 맞춰 이들이 전장에서 겪는 작은 에피소드부터 전투를 앞두고 느끼는 공포감, 머나먼 고국 땅에 남겨둔 가족에 대한 그리움과 애환 등을 세심한 필체로 묘사했다. 파일의 기사에는 전쟁이나 전투에 대한 언론인으로서의 평가나 해설은 찾아보기 힘들지만 전장 속에 내던져진 병사 개개인이 겪는 온갖 이야기가 담겨 있었다. 파일의 전쟁 기사는 미국 내 300여개 신문에 연재되었는데, 기사마다 병사의 이름과 출신지 등이 상세히 밝혀져 있었기 때문에 해당 병사의 가족과 친구들 사이에서 선풍적인 인기를 끌었다. 이런 대중적 인기에 힘입어 파일은 '병사들의 영원한 친구'라는 애칭을 얻게 되었고, 1944년에는 신문업계의 노벨상으로 불리는 퓰리처상을 받으며 전쟁특파원으로서 최고의 영예를 누렸다. 1944년 노르망디 상륙 작전 이후 프랑스와 유럽 전선 취재를 마친 파일은 잠시 미국에 돌아갔다가 다시 태평양 전선으로 날아가 전쟁 취재를 계속했다. 1945년 4월 미 해병의 오키나와 전투를 취재하던 파일은 일본군이 쏜 기관총탄에 맞아 숨졌다. 그의 유해는 현장 인근에 매장되었다가 그 뒤 태평양 전쟁 전사자 묘지에 이장되었다.

에드워드 머로(Edward R. Murrow, CBS 방송)

제2차 세계대전 당시 신문업계를 대표하는 전쟁특파원이 어니 파일이었다면 방송계에서는 에드워드 머로가 단연 대중적 인기를 한 몸에 받은 전쟁특파원이었다. 머로는 1935년부터 CBS 라디오에서 일했는데, 전쟁 이전인 1937년에 유럽 지사장 발령을 받아 영국 런던에 부임했다. 당초 머로는 CBS 방송의 행정직 간부였지만 독일의 폴란드 침공으로 시작된 전쟁이 유럽 전역으로 확산되자 기자로 나서 방송 마이크를 잡았다. 머로는 1940년 독일 공군Luftwaffe의 런던 대공습 당시 BBC 방송국 옥상에서 공습 상황을 미국과 캐나다로 생중계함으로써 오늘날 널리 활용되는 생방송 전쟁 보도 분야의 선구자가 되었다. 또 전쟁 말기 연합군이 해방시킨 유대인 강제수용소 부헨발트Buchenwald를 둘러보고 나치 독일의 만행과 유대인 희생자들의 참상을 고발한 머로의 라디오 방송 뉴스 원고는 오늘날까지도 전쟁 보도의 백미로 꼽히고 있다. 1950년대에 들어서 머로는 CBS 텔레비전 뉴스를 정착시키는 데 앞장섰으며, 공산주의자 색출 선동으로 미국 전역에 공포 분위기를 조성했던 조지프 매카시 상원의원에 맞서 생방송 공개 논쟁을 벌이기도 했다. 케네디 정권 때인 1961년 초대 미국 해외공보처장Director of United States Information Agency에 임명되어 일하기도 한 머로는 1965년 폐암으로 숨졌다. 머로는 초창기 라디오 방송 뉴스를 정규 프로그램으로 정착시킨 장본인이며, 그 뒤 네트워크 방송의 성장과 함께 텔레비전 뉴스 형식을 개발하고 정착시킨 '방송 뉴스의 선구자'로 칭송받고 있다.

로버트 카파(Robert Capa, 『라이프』)

스페인 내란, 제2차 세계대전과 인도차이나 전쟁 등 다섯 차례의 전쟁을 취재한 베테랑 사진기자다. 1913년 헝가리에서 태어난 카파는 18살 때 고국을 떠나 프랑스 파리와 독일 베를린에서 본격적으로 사진을 배웠다. 카파는 스페인 내란(1936~1939)과 중일 전쟁(1937~1945) 때 찍은 전쟁 보도 사진으로 사진기자로서의 명성을 얻었다. 특히 스페인 내란에서 공화파 병사가 총탄에 맞아 전사하는 장면을 담은 사진은 오랜 세월 동안 보도 사진의 걸작으로 손꼽혔다. 그런데 카파가 이 사진을 조작했으며 사진 속의 병사는 전사하지 않았다는 주장도 있다. 카파의 또 다른 걸작 사진은 1944년 6월 연합군의 노르망디 상륙 작전 때 찍은 일련의 전투 사진이다. 긴장

1944년 6월 6일, 노르망디 상륙 작전 사진.
위 사진은 프랑스 노르망디해변으로 접근하는 상륙정 속의 미군 병사들의 모습이다. 아래 사진
은 상륙정에서 뛰어내린 미군 병사들이 허리까지 차오르는 바닷물을 헤치며 노르망디 오마하해
변으로 다가가고 있는 모습이다. 해변 언덕의 독일군 진지로부터 기관총탄들이 비 오듯 쏟아지
고 있다. (출처: U.S. Naval History and Heritage Command)

한 카파의 손이 떨려 초점이 어긋났고 필름 현상 과정에서의 실수로 이미
지가 분명하지 않고 입자가 거칠게 나타나 있지만, 상륙 작전 당시 긴박한
순간들을 포착한 귀중한 전쟁 역사 기록으로 남아 있다. 카파의 노르망디

상륙 작전 사진들은 스티븐 스필버그 감독의 할리우드 영화 〈라이언 일병 구하기〉에서 카메라가 격렬하게 흔들리는 거친 입자의 영상을 활용한 전투신으로 재현되었다. 1954년 카파는 프랑스와 베트남 공산군 간의 인도차이나 전쟁을 취재하다가 대인지뢰를 밟아 41살의 나이로 숨졌다. 카파는 전장에서 진격 중인 병사들을 뒤쫓아 가며 촬영하기보다는 그들의 앞에 서서 찍는 것을 선호했다. 특히 사진이 잘 찍히지 않는다며 불평하는 기자들에게 "사진이 잘 나오지 않았다면 당신이 피사체에 충분히 다가가지 않은 탓"이라며 두려움을 버리고 진격하는 병사들의 전방에서 사진을 찍으라고 주문했다.

마거리트 히긴스 (Marguerite Higgins, 「뉴욕 헤럴드 트리뷴」)

제2차 세계대전, 한국 전쟁, 그리고 베트남 전쟁을 취재한 여성 전쟁특파원이다. 제2차 세계대전 당시 히긴스는 「뉴욕 헤럴드 트리뷴New York Herald-Tribune」 신문의 런던 특파원으로 활약하면서 나치 독일의 몰락과 유대인 강제수용소 해방 소식 등을 보도했다. 종전 후 베를린 특파원으로 일하다가 1950년 6월 도쿄 특파원으로 자리를 옮겼다. 우연의 일치로 도쿄 부임 불과 나흘 뒤 한국 전쟁이 발발했고 히긴스는 한국 전선으로 향했다. 그녀는 한국 전쟁 초기 빈약한 장비로 무장한 미군 전투부대들이 공산군에 제대로 맞서지 못하고 후퇴를 거듭하면서 병사들의 사기가 땅에 떨어진 실상을 적나라하게 보도해 파문을 일으켰다. 히긴스는 인천상륙작전 때에는 미 해병들과 함께 총탄이 쏟아지는 해안에 상륙한 뒤 인천 시가지에 들어가 생생한 전황을 보도했다. 그녀의 한국 전쟁 보도 경험을 담은 책 *War in Korea*(「한국에서의 전쟁」, 국내 번역본 제목은 「자유를 위한 희생」이다.)는 미국 독자들로부터 큰 반향을 불러일으켜 1951년 그녀에게 여기자로서는 사상 첫 퓰리처상을 안겨 주었다. 1960년대 초반 히긴스는 「뉴스 데이Newsday」 신문

특파원으로 베트남 전쟁을 취재하고 당시 경험을 바탕으로 *Our Vietnam Nightmare*(『우리의 베트남 악몽』)라는 책을 펴냈다. 히긴스는 1965년 베트남 전쟁을 취재하다 열대 풍토병에 걸려 이듬해 45살의 나이로 숨졌다. 히긴스는 한국 전쟁과 베트남 전쟁을 공산주의 확산을 막기 위한 자본주의 진영의 투쟁이라며 긍정적으로 평가하고 있는데, 이는 미국의 베트남 전쟁 개입을 부정적으로 여기던 당시 다른 미국 기자들의 시각과 대비된다. 2010년 9월 대한민국 정부는 한국 전쟁 당시 여성 전쟁특파원으로 활약했고 그 뒤 한국을 돕기 위해 여러모로 애쓴 히긴스의 업적을 기려 수교훈장 흥인장을 수여했다.

데이비드 핼버스텀(David Halberstam, 『뉴욕 타임스』)

1960년대 초 『뉴욕 타임스』의 사이공 특파원으로 미국의 베트남 전쟁 개입과 남베트남 정권의 부패상을 비판적으로 보도했다. 그가 쓴 베트남 전쟁 기사들은 남베트남군의 비효율성을 지적하고 응오딘지엠 대통령이 이끄는 남베트남 정권의 부패상을 파헤친 것이었다. 당시 베트남에는 핼버스텀을 비롯해 맬컴 브라운Malcolm Browne, 닐 시핸Neal Sheehan 등 20대 후반의 혈기 왕성한 미국 기자들이 전쟁특파원으로 활약하고 있었는데, 이들이 보도한 대부분의 기사는 미국의 베트남 전쟁 개입에 대해 비판적 시각을 띠고 있어서 과거 전쟁특파원들이 정부의 전쟁 정책에 적극 동조한 것과 대조를 이루었다. 핼버스텀은 베트남 전쟁 보도로 1964년에 퓰리처상을 받았다. 그는 베트남에서 돌아와 미국 내 흑인 민권 운동과 베트남 전쟁, 스포츠 등을 주제로 한 여러 권의 책을 발간했으며, 활발한 강연 활동을 하다가 2007년 4월 샌프란시스코 인근에서 교통사고로 숨졌다. 그가 쓴 마지막 책은 한국 전쟁을 소재로 한 *The Coldest Winter: America and the Korean War*(『가장 혹독한 겨울』)로 그가 숨진 다음 해인 2008년에 발간되었다.

월터 크롱카이트(Walter Cronkite, CBS 방송)

미국 CBS 방송의 앵커맨으로 1960년대와 1970년대를 풍미한 방송기자다. 제2차 세계대전 때에는 신문기자로 유럽 전선을 두루 취재했고 베트남 전쟁 때에는 텔레비전 뉴스 앵커로 활약했다. 크롱카이트는 방송 앵커라는 특성상 베트남 전쟁을 현지 취재할 기회가 거의 없었지만 1968년 2월 북베트남군의 대대적인 구정 공세 때 베트남 현지에서 전쟁 보도를 하면서 미국인들에게 강렬한 인상을 남겼다. 특히 베트남에서 돌아온 직후 생방송으로 진행된 CBS 저녁 뉴스에서 미국이 베트남이라는 수렁에 빠져 있으며 앞으로 명예롭게 베트남에서 물러나려면 공산 세력과 협상해야 한다는 논평을 내놓아 파란을 일으켰다. 이 같은 생방송 논평은 객관적인 사실 보도라기보다는 개인적 의견 표명이나 다름없어서 논란을 불러올 수밖에 없었다. 언론인으로서 크롱카이트의 엄청난 영향력은 당시 텔레비전 저널리즘의 영향력이 놀랍게 성장했기 때문이기도 한데, 미국인들은 그에게 '미국에서 가장 신뢰받는 인물'이라는 칭호를 안겨 주기도 했다. 1981년 앵커직을 후임 댄 래더Dan Rather에게 물려준 뒤 은퇴했으며 2009년에 숨졌다.

피터 아넷(Peter Arnett, AP 통신 및 CNN 방송)

뉴질랜드 출신의 언론인으로 베트남 전쟁과 걸프 전쟁을 취재 보도한 베테랑 전쟁특파원이다. 베트남 전쟁 때 AP 통신 사이공 특파원으로 일하며 1960년대 초반부터 1972년까지 서방 기자들 가운데 가장 오랫동안 현지에서 보도했고, 베트남 전쟁 보도로 1966년 퓰리처상을 받았다. 미군이 베트남에서 철수하면서 아넷도 미국으로 건너갔지만 1975년 전쟁이 막바지에 다다르자 사이공에 되돌아가 베트남 전쟁의 마지막 순간들을 취재했다. 북베트남군의 총공세로 사이공 함락이 가까워지자 대부분의 서방 전쟁특파원이 베트남을 탈출했지만 아넷과 AP 통신 사이공 주재 특파원들은 끝까지 남아 북베트남군의 사이공 입성 광경을 현지 보도했다. 1991년 걸프 전쟁 때에는 CNN 방송 취재진의 일원으로 이라크 바그다드에 남아 다국적군의 최초 공습을 생방송 보도해 전 세계적인 명성을 얻었다. 당시 아넷의 바그다드 생방송은 CNN 방송을 단숨에 세계 최고의 케이블 뉴스 채널로 각인시키는 계기가 되었다. 그러나 미국에 대한 비판을 거리낌 없이 늘어놓곤 하던 아넷의 전쟁 보도는 미국 내에서 비판 세력을 키우는 계기가 되어 걸프 전쟁 당시 미국 의회 지도자들은 CNN 방송 사장에게 아넷의 방송 출연을 중지시킬 것을 요구하기도 했다. 1998년 아넷은 베트남 전쟁 당시 미군의 비밀 작전을 재조명한 CNN 방송 프로그램에 진행자로 출연했는데, 이 프로그램에서 다룬 내용이 부정확한 것이었다는 거센 비판을 받고 이듬해인 1999년 CNN 방송을 사직했다. 2003년 미국의 이라크 침공 때 NBC 방송과 『내셔널 지오그래픽』의 전쟁특파원으로 화려하게 복귀했지만, 이라크 국영 텔레비전과의 인터뷰에서 미국의 초기 작전 실패를 조롱하는 듯한 발언을 하여 미국인들의 거센 분노를 불러일으켜 결국 해고되었다. 그 뒤 영국 일간지의 전쟁특파원으로 계속 일했지만 이미 그의 위상은 추락한 뒤였다. 아넷은 거의 반세기 동안 아시아와 중동 지역의 여러 분쟁을 취재 보도한 전설적 전쟁특파원으로 기억되고 있다. 최근 몇 년간 아넷은 중국 남부 산터우汕頭대학교에서 언론학 교수로 일하며 활발한 저술과 강연 활동을 계속하고 있다.

크리스티안 아만푸어(Christiane Amanpour, CNN 및 ABC 방송)

이란인 부친과 영국인 모친 사이에서 태어난 크리스안 아만푸어는 어린

시절 테헤란에서 살았지만 이란에 이슬람 혁명(1979)이 터지면서 영국 런던으로 삶의 터전을 옮겼다. 이어 미국 로드아일랜드대학교에서 저널리즘을 전공했고 졸업 후에는 지역 방송국에서 업무 보조와 방송 그래픽 디자이너 등으로 일했다. 1983년 신생 케이블 방송인 CNN으로 옮겨 이란-이라크 전쟁(1980~1988)을 취재하면서 전쟁특파원으로 데뷔했고 그 뒤 독일 함부르크 지국에서 동유럽 공산주의 몰락을 현지 보도했다. 1991년 걸프 전쟁에 이어 1990년대 초반 보스니아 내전을 보도하면서 전쟁특파원으로서 본격적인 명성을 쌓았다. 그녀의 보스니아 내전 관련 보도는 보스니아와 코소보 내 이슬람교도에 대한 세르비아군의 집단학살genocide을 비난하고 미국 등 서방의 분쟁 개입을 촉구하는 것이었다. 한편 아만푸어는 한때 친이슬람 반이스라엘 성향을 띠고 있다는 비판을 받기도 했다. 2003년 이라크 전쟁 이후 그녀는 CNN 방송의 명실상부한 스타급 전쟁특파원으로 활약했다. 2010년 ABC 방송으로 옮겨 일요 시사 토론 프로그램 〈This Week〉의 앵커를 맡았지만 국제뉴스를 즐겨 다루는 아만푸어에 대한 시청자들의 반응이 시원찮은 데다가 프로그램 시청률 하락에 따른 방송사 경영진과의 불화로 2011년 CNN 방송으로 돌아가 자신의 이름을 딴 프로그램을 진행하고 있다. 2011년 이집트와 리비아 등지에 불어닥친 이른바 '아랍의 봄' 시민혁명 때에는 광범위한 현지 인맥들을 동원해 무바라크 이집트 대통령, 카다피 리비아 국가원수 등을 잇따라 특종 인터뷰하기도 했다. 아만푸어는 여성 전쟁특파원의 활동 영역을 크게 넓힌 공로 등을 인정받아 방송계의 노벨상으로 간주되는 피바디상Peabody Award을 두 차례나 수상했고 에미상과 에드워드 머로상 등 수많은 상을 받았다.

리처드 엥글(Richard Engel, NBC 방송)

현재 왕성한 활동을 벌이고 있는 전쟁특파원들 가운데 단연 '전설'의 반열에 근접한 인물이다. 1973년 뉴욕에서 태어난 엥글은 스탠퍼드대학교 국제관계학과를 졸업한 뒤 미국 내 언론사에서 일하지 않고 곧바로 이집트 카이로로 날아가 아랍어를 배우며 지역 영자 신문의 편집자로 일했다. 엥글은 당시 자신의 결정이 조만간 중동지역에서 커다란 뉴스거리가 생길 것으로 내다봤기 때문이라고 설명한다. 그는 이어 이스라엘 예루살렘으로 옮겨 가 프리랜서 기자로 일했고, 2003년 이라크 침공 때에는 바그다드에 잔류한 몇 안 되는 미국 기자로서 ABC 방송의 프리랜서 특파원, 그리고 해고된 피터 아넷의 뒤를 이어 NBC 방송 전쟁특파원으로 활약했다. 2000년대 중반 이후 엥글은 레바논과 아프가니스탄, 이라크 등 중동 분쟁지역들을 끊임없이 오가며 NBC 방송 전쟁특파원으로서의 위치를 확고히 했다. 또 2011년 이집트 시민혁명과 리비아 내전을 보도하면서 전쟁특파원으로서 높은 명성을 쌓았다. 아랍어를 능숙하게 구사하는 엥글은 중동지역 분쟁에 관한 한 어느 미국 특파원보다 현지 사정을 정확히 파악해 보도하는 것으로 알려져 있다.

지금까지 살펴본 전설적인 전쟁특파원들의 면모를 분석해 보면 미국과 영국 등 서방 언론사 소속 기자들에 편중된 것이 사실이다. 이는 전쟁 보도가 시작된 19세기 중반 이후 오늘날까지의 국제분쟁과 전쟁들을 살펴볼 때 미국과 영국 두 나라 언론사들의 비중과 역할이 그만큼 컸다는 것을 의미하는 것이기도 하다. 하지만 우리나라 언론계에도 오랫동안 전쟁특파원으로 활약한 훌륭한 기자들이 적지 않다. 이들 가운데 적어도 몇 년간, 또 여러 지역의 분쟁을 취재한 기자들의 면모를 살펴보겠는데, 이들 외에도 수많은 한국 기자가 세계 곳곳의 분쟁지역에서 위험을 무릅쓴 채 취재 활동을 벌이고 있다는 것을 기억하길 바란다.

우리나라의 대표적인 전쟁특파원들

최병우(「한국일보」)

20세기 이후 한국 언론사 소속 전쟁특파원 가운데 가장 널리 알려진 인물이라고 할 수 있다. 1924년생으로 일본에서 대학을 졸업하고 오랫동안 그곳에서 살다가 1952년 「조선일보」 기자로서 한국 전쟁을 취재했다. 당시 휴전회담을 취재한 유일한 한국 언론사 기자다. 「조선일보」 외신부장에 이어 「한국일보」 논설위원으로 일했다. 1958년 중국과 대만 간 영토 분쟁이 벌어지던 진먼섬(금문도) 포격전을 취재하던 도중 타이완 해협에서 외국 기자들과 함께 실종되었는데 그가 탑승한 선박이 포격에 침몰했을 것으로 추정된다. 최 기자는 해방 이후 한국 기자 가운데 흔치 않은 전쟁 취재 도중 순직한 기자로 기록되었다(최규장, 1998). 그의 기자 정신과 전쟁 보도에 대한 업적을 기리는 '최병우 기자 기념 국제보도상'이 제정되어 해마다 수상자를 배출하고 있다.

안병찬(「한국일보」)

1962년 「한국일보」에 입사한 뒤 사건기자로 경력을 쌓은 안병찬 기자는 1970년대 초반 사이공 특파원으로 베트남 전쟁을 취재했다. 당시 베트남은 미군과 한국군의 철수 이후 잠시 공백기에 접어들었다가 1975년 4월 공산군의 대공세가 시작되면서 일대 혼란에 휩싸였다. 안 기자는 북베트남군이 사이공에 입성하기 전까지 취재하다가 미군 헬리콥터 편으로 베트남을 극적으로 탈출했는데, 당시 자신의 전쟁 취재 경험담을 정리한 『사이공 최후의 새벽』이라는 책을 펴냈다(안병찬, 1975). 그 뒤 「한국일보」 파리 특파원과 논설위원을 거쳐 주간지 『시사저널』 편집인 겸 발행인을 역임했고 경원대학교 언론학 교수로 일하기도 했다. 한국외국어대학교에서 언론정치학 박사 학위를 받았다. 한때 MBC 방송 일요 시사 프로그램을 진행하기도 했으며, 오늘날까지도 일간지 칼럼 기고, 온라인 블로그 운영 등 왕성한 활동을 하고 있다. 전쟁 취재와 언론 평론 등을 주제로 모두 16권의 책을 펴냈다.

이진숙(MBC 방송)

방송기자가 되기 전 영어 교사로 일한 경력과 한국외국어대학교 동시통역대학원 석사 학위를 지닌 다채로운 이력의 소유자다. 1987년 MBC 기자가 되어 1991년 걸프 전쟁 때 바그다드 현지에서 전쟁특파원으로 활약했다. 그 뒤 미국에서 아랍어와 함께 중동지역에 대한 연구를 하면서 중동분쟁 특파원으로서의 전문성을 키웠다. 2003년 이라크 침공 작전이 개시되자 이 기자는 바그다드에 잔류한 유일한 한국 방송기자로서 전쟁 속보를 전했다. 이라크 전쟁 보도로 2003년 한국방송대상 보도기자상을 받았다. 그 뒤 MBC 보도국 국제부장을 거쳐 2012년 현재 기획조정본부장으로 일하고 있다.

정문태(『한겨레 21』)

지난 20년간 팔레스타인, 이라크, 아프가니스탄, 미얀마, 캄보디아 등 세계 40여 곳의 분쟁지역을 두루 누빈 국제분쟁 전문 기자다. 『한겨레 21』 기자로 일하면서 세계 곳곳의 분쟁을 취재 보도한 자신의 경험을 담은 『전선기자 정문태: 전쟁취재 16년의 기록』을 비롯해 여러 권의 책을 펴냈다. 정 기자는 특히 오랜 기간 동안 세인들의 관심에서 멀어진 분쟁지역들을 일일이 답사하면서 전쟁과 분쟁이 남긴 유산과 지역민들의 삶의 애환 등을 상세히 보도했다. 정 기자는 흔히 '종군기자'로 불리는 전쟁특파원에 대한 명칭을 보다 적극적으로 "전쟁을 기록하고 군대를 감시하는 대리인이며 전시 언론 통제에 맞서 싸우며 실상을 전하는 사람"이라는 의미인 '전선기자' 또는 '전쟁기자'로 바꿔 부를 것을 끊임없이 주장한다. 그는 특히 취재기자가 주인공이 되거나 '분쟁지역의 위험성'을 지나치게 강조하는 부풀려진 전쟁 보도를 경계할 것을 강조한다(정문태, 2004).

이들 외에도 한국 언론사들이 지난 60여 년간 배출한 전쟁특파원들은 수없이 많다. 한국 전쟁 당시 수십 명의 종군기자가 전선을 누볐고 베트남 전쟁에서도 수많은 특파원이 한국군의 활동상을 보도했다. 1990년대와 2000년대에 들어서 걸프 전쟁과 아프가니스탄 전쟁, 이라크 전쟁이 이어지면서 한국 언론사들의 전쟁 취재의 명맥이 이어졌으며, 2003년 이라크 침공 때엔 100여 명의 한국 기자가 쿠웨이트와 이라크 등지에서 전쟁을 취재했다. 그러나 서방 언론사들과는 달리 전쟁과 분쟁을 장기간에 걸쳐 전문적으로 취재하는 한국 기자는 아직 극소수에 지나지 않는다. 또 짧은 기간이나마 국제분쟁 때마다 전쟁특파원으로 활약한 기자들의 활약상이나 업적마저도 우리 언론계와 학계에서 제대로 조명되지 못하는 것은 아쉬운 대목이 아닐 수 없다.

●●●

미국-멕시코 전쟁(1846~1848): 1845년 텍사스가 미합중국에 편입되면서 미국과 멕시코 간에 영토 분쟁이 싹트기 시작했다. 1846년 전쟁이 시작되어 미군이 뉴멕시코와 태평양 연안 캘리포니아를 점령하고 멕시코 북부지역까지 석권하게 되었다. 멕시코 정부는 미군의 침공에 맞서 항전 결의를 다졌지만 수도 멕시코시티에 미국 침공군이 들이닥치면서 패배를 인정할 수밖에 없었다. 미국은 멕시코 정부를 협박해 1,800만 달러를 지불하고 뉴멕시코와 캘리포니아 등 광활한 점령지를 넘겨받는 것으로 형식을 갖추었다. 이 전쟁을 계기로 멕시코는 리오그란데Rio Grande 강을 경계로 한 미국과의 국경선을 받아들이고 텍사스에 대한 영유권 주장도 접게 되었다. 전쟁에서 승리함으로써 미국은 처음으로 대서양에서 태평양 연안에 이르는 광대한 영토를 차지하게 되었다.

크림 전쟁(1853~1856): 제정 러시아와 프랑스, 영국, 오스만투르크, 사르데냐 연합국 간의 전쟁. 대부분의 전투는 크림반도를 중심으로 벌어졌고 소규모 전투들이 코카서스, 발트해, 태평양 연안에서 벌어졌다. 이 전쟁은 당시 세력이 급속도로 축소되던 오스만투르크 제국을 대신할 유럽 내 신흥 강대국들 간의 힘의 각축전이었다. 크림 전쟁은 철도와 전신 등 새로운 군사 기술을 활성화한 최초의 현대적 전쟁으로 불리기도 한다.

05
전쟁특파원이 되는 길

제4장에서 살펴본 것처럼 언론사에 길이 명성을 남길 만한 전쟁특파원이 되려면 어떤 길을 택해야 할까? 고도의 정신적 긴장, 신체 부상이나 죽음의 위협이 항상 도사리고 있는 전장에서 객관적 진실과 급변하는 전투 상황을 취재 보도하려면 어떤 사전 준비가 필요할까? 강인한 체력을 바탕으로 수려한 문장력과 달변으로 전쟁을 보도하려면 어떤 특별한 준비 과정이라도 거쳐야 하는 것일까? 훌륭한 전쟁특파원이 되려면 육·해·공군 또는 해병에 입대해 군복무라도 하는 것이 도움이 될까? 그것도 아니라면 분쟁이나 전쟁 지역으로 마치 배낭여행 떠나듯 무조건 배짱 좋게 뛰어드는 것이 지름길인가? 이 장에서는 전쟁특파원이 될 수 있는 몇 가지 방법을 소개하고자 한다.

언론사 해외 특파원이 되라

전쟁특파원이 되려면 먼저 기존 신문과 방송사의 해외 특파원이 되는 것이 출발점이다. 국제분쟁이 발발할 경우 대부분 런던과 파리, 베를린, 카이로, 두바이, 방콕 등 언론사 해외 지국 가운데 해당 분쟁지역에서 가장 가까운 곳의 특파원이 전쟁특파원으로 먼저 차출되기 때문이다. 한국 전쟁이나 베트남 전쟁을 취재한 미국 기자들을 살펴보면 이 같은 해외 주재 특파원의 전쟁 취재 비중이 압도적이었다. 해외 주재 특파원이 되려면 최소한 4~5년 이상 소속 언론사의 다양한 분야에서 취재 경험을 쌓고 여러 곳의 출입처를 경험하는 것이 보통이다. 「뉴욕 타임스」 기자로 베트남 전쟁을 취재 보도한 데이비드 핼버스텀의 경우 지역 신문 기자로 미국 남부 흑인 민권 운동을 몇 년간 취재하며 경력을 쌓은 뒤 사이공 주재 전쟁특파원이 될 수 있었다. 어니 파일의 경우에는 몇 년간 지역 신문에서 활동하다가 워싱턴 지역 신문의 취재 데스크로 일한 뒤 항공 전문 기자로 명성을 쌓고서 제2차 세계대전 취재에 뛰어들었다. 2003년 이라크 전쟁을 중동 현지에서 취재 보도한 한국 기자들을 인터뷰한 한 학술연구에 따르면 전쟁특파원들의 평균 취재 경력은 11년인 것으로 나타났는데, 가장 경험이 적은 기자라 할지라도 5년의 취재 경력을 지니고 있었다(이창호, 이영미, 정종석, 김용길, 2007). 언론사 경영진의 입장에서 보더라도 경력 2~3년 차 애송이 기자들에게 국가 또는 집단 간의 무력 충돌이라는 극한적인 상황에서 신속한 취재 보도를 해야 하는 전쟁 보도를 맡긴다는 것은 모험일 수밖에 없다. 또 취재 경험이나 기사 작성 능력에 있어서 미숙한 신참기자들보다는 노련한 고참기자들이 위기 상황을 취재하는 데 적임자라는 판단 때문이기도 하다. 결국 전쟁 보도는 언론사에서 몇 년간 취재 경험을 쌓은 베테랑기자들이 해외 특파원으로 일하다가 맡게 되는 취재 영역이라고 할 수 있다.

낙하산 저널리스트가 되라

그러나 최근 들어 인접 국가에 전쟁이나 분쟁이 발발하더라도 언론사 해외 주재 특파원들은 주재국의 정치, 외교 문제 등에 관한 취재 보도를 지속적으로 해야 한다는 이유로 대신 국제부 소속 기자들이 전쟁이나 분쟁 지역에 차출되어 가는 사례가 늘고 있다. 이와 같이 베테랑 해외 주재 특파원들을 제쳐 놓고 본사에 근무하는 기자들을 전쟁특파원으로 보내게 된 것은 오늘날 세계 어느 곳에서 전쟁이나 분쟁이 발발하더라도 대부분 항공편으로 24시간 이내에 도달할 수 있고 위성전화와 인터넷 등 통신수단이 첨단화되면서 해외 주재 특파원들에 대한 의존도가 낮아졌기 때문이다. 또 짧은 기간 동안 특정 전쟁이나 분쟁 지역에 기자를 보내 취재를 하는 것이 해외에 상주하는 특파원을 또다시 분쟁지역으로 보내 취재하는 것보다 경제적으로 훨씬 더 저렴하기 때문이기도 하다. 이처럼 신속하게 본사에서 파견되어 전쟁이나 분쟁 지역을 누비는 전쟁특파원들을 '낙하산 저널리스트'라고 부르는데, 마치 전쟁이나 분쟁 지역에 낙하산을 타고 내려오듯 순식간에 도착해 2~3주일 동안 뉴스를 보도한 뒤 위기 상황이 일단락되면 떠나 버린다는 데서 유래한 명칭이다(Hachten & Scotton, 2006; Kim, 2012). 9·11 테러 이후 아프가니스탄 전쟁이나 이라크 전쟁을 겪으면서 우리나라 서구 대부분의 언론사들이 즐겨 활용한 전쟁 보도 방식이 바로 이러한 낙하산 저널리스트들을 활용하는 낙하산 저널리즘이다.

낙하산 저널리즘의 장점이 언제 어느 곳에서든 전쟁이나 분쟁이 일어날 경우 신속하게 날아가 보도할 수 있는 것이라면, 단점은 전쟁특파원들이 현지 사정에 어둡고 해당 지역 언어를 제대로 구사하지 못하는 경우가 많아 취재 보도 내용이 피상적이고 겉핥기식이라는 것이다. 결국 전쟁특파원들은 자신들이 취재하는 전쟁이나 분쟁의 정치 외교적 배경이나 본질을 제대로 파악하지 못하고 자신들이 현장에서 목격한 체험담 위주의 보도에 주력하게 된다. 한마디로 국제분쟁에 대한 거시적 관점의 분석이나 심층에 근접한 기사는 취재하지 못한 채 현장 스케치 기사나 전쟁특파원 개인의 기행문과 같은 에피소드 위주의 보도가 난무하게 되는 것이다. 방송의 경우 다국적 통신사 APTN이나 로이터 등의 비디오 영상을 그대로 사용하면서 본사에서 불러 주는 원고를 현지에서 받아 그대로 보도하기도 한다. 이 같은 단점을 보완하기 위해서는 기자들이 평소 세계 곳곳의 다양한 분쟁과 전쟁에 관한 배경 지식을 이해하고 지역별 언어를 습득하도록 노력하는 수밖에 없다. 예를 들어 미국 NBC 방송의 리처드 엥글이나 한국 MBC 방송의 이진숙 기자처럼 중동분쟁 취재를 염두에 두고 몇 년간 아랍 문화와 역사를 공부하고 아랍어를 익힌다면 실제 전쟁이나 분쟁이 발발했을 때 현지 문화나 언어에 대한 지식과 이해가 부족한 대다수 기자와 달리 통찰력 있는 심층 보도를 할 수 있을 것이다.

물론 전쟁특파원은 현직 기자라면 과거 어느 분야의 취재 보도를 해왔던 간에 누구라도 도전할 수 있다. 국제 정세의 변화로 국가 간의 긴장과 갈등 관계가 고조되고 전쟁과 분쟁이라는 무력 충돌이 발생할 경우 어느 누구라도 전쟁특파원의 역할을 맡을 수 있다는 것이다. 이라크 전쟁을 취재한 한 미국 기자는 자신에게 붙여진 '전쟁특파원'이라는 명칭이 갖는 의미를 다음과 같이 설명했다. "제가 이라크에서 전쟁 관련 취재를 하고 있을 때 사람들은 저를 영웅시하며 '전쟁특파원'이라고 불렀습니다. 하지만 이라크에서 돌아와 예전처럼 뉴욕 주식시장 관련 뉴스를 취재하니까 사람들은 저를 '경제 전문 기자'라고 부르더군요." 물론 전쟁이나 분쟁 보도에 있어서 가장 바람직한 형태는 정치부나 사회부, 경제부 기자들을 임기응변식으로 차출해 취재를 하게 할 것이 아니라 국제분쟁과 군사 분야를 취재한 경험이 풍부한 기자들이 전쟁 보도를 전문 분야로 삼아 심층적인 취재 보도를 하는 것이다.

한국 언론에 국한된 것이기는 하지만 지난 10여 년간의 전쟁이나 분쟁 취재에서 나타난 또 다른 특징은 낙하산 취재를 하게 된 전쟁특파원들 가운데 젊고 패기가 넘치기는 하지만 전쟁이나 분쟁 지역 취재 경력이 전혀 없는 신참기자들이 유독 많았다는 점이다. 신변상 위험이 뒤따르는 전쟁이나 분쟁 취재를 맡기려다 보니 풍부한 경험을 지닌 고참기자들은 이미 다른 지역의 해외 특파원으로 나가 있거나 가족이나 자녀를 돌본다는 개인적 이유를 내세워 취재를 망설이게 되어 결국 체력 좋고 야심만만한 젊은 독신기자들을 전쟁특파원으로 동원하는 사례가 허다하다는 것이다. 선발된 기자들도 자발적으로 취재에 나섰다기보다는 대부분 마지못해 등을 떠밀려 전쟁이나 분쟁 지역 취재에 투입되었다고 말하는 경우가 많았다(이창호, 이영미, 정종석, 김용길, 2007). 이 같은 우리 언론사의 취재 보도 관행은 전쟁 보도 분야의 전문성을 키우는 데 걸림돌로 작용할 수밖에 없다.

일단 프리랜서로 일하라

현재 언론사에 고용되어 있지 않고 취재 경력도 없는 상태에서 전쟁특파원이 될 수 있는 길이 있을까? 비록 최선책은 아니지만 전혀 방법이 없는 것은 아니다. 스스로 전쟁이나 분쟁 지역을 찾아다니며 프리랜서로 활동하면서 주요 언론사들과 뉴스 공급 계약을 맺는 것을 생각해 볼 수 있다. CNN 방송의 간판 앵커인 앤더슨 쿠퍼Anderson Cooper는 대학을 마친 뒤 미얀마와 베트남, 소말리아, 르완다, 보스니아 등 오지나 분쟁지역들을 돌면서 뉴스거리들을 찾아 직접 캠코더로 촬영 취재한 뒤 여러 방송사에 파는 프리랜서 기자 생활을 했다. 몇 년 뒤 쿠퍼는 ABC 방송 기자로 채용되었고 그 뒤 CNN 방송으로 옮겨 스타 앵커가 되었다. NBC 방송 전쟁특파원인 리처드 엥글도 스탠퍼드대학교를 졸업한 뒤 이집트 카이로와 이스라엘 예루살렘에서 프리랜서 기자로 몇 년간 일했다. 2003년 미·영 연합군의 이라크 침공이 시작되었을 때 엥글은 바그다드에 발을 들여 놓은 몇 안 되는 미국 기자였고 얼마 되지 않아 NBC 방송의 임시 전쟁특파원으로 특채되었다. 이와 유사한 우리나라의 사례로는 이라크, 아프가니스탄과 소말리아 등 전 세계 분쟁지역을 돌면서 자신이 제작한 영상 취재물을 여러 방송사에 공급해 온 김영미 프로듀서를 들 수 있다. 김 프로듀서는 나이 서른 살에 동티모 내전을 취재하면서 뒤늦게 프리랜서 프로듀서로 일하기 시작하여 2006년에는 소말리아 해적에 나포된 동원호 선원들의 모습을 비디오에 담아 방송해 이들이 석방되는 데 결정적 역할을 했다. 프리랜서는 20대와 30대의 열정적인 젊은이가 많은데, 앤더슨 쿠퍼나 리처드 엥글도 대학을 갓 졸업한 뒤 프리랜서의 길을 걷다 전쟁특파원으로 활약하는 계기를 마련했다. 미국의 여류작가 겸 전쟁특파원 마사 겔혼Martha Gellhorn도 스페인 내란 때 프리랜서로 활약한 것이 전쟁특파원으로서의 첫 출발이었는데, 그녀 나이 29살 때였다.

프리랜서 저널리스트로서 성공하려면 무엇보다 위험한 취재를 마다하지 않고 뛰어들 수 있는 의욕과 용기가 필요하다. 영국 왕실의 결혼식이라든가 프랑스 파리의 패션쇼 같은 국제뉴스는 프리랜서가 아니더라도 유수의 통신사들과 방송사들이 해외 상주 특파원들을 통해 취재 보도할 수 있는 평범한 뉴스 소재들이다. 중요한 것은 기존 언론사 기자들이 가기를 꺼리는 전쟁이나 분쟁 지역에 뛰어들어 위험을 무릅쓰고 훌륭한 뉴스거리를 발굴해내는 프리랜서가 있다면 언론사들이 이들의 취재물을 구입하거나 이들을 전쟁특파원으로 특채하는 사례가 적지 않다는 점이다. 미국의 경우 프리랜서 기자들의 거의 절반가량이 결국 신문사나 방송사에 정식 기자로 고용된다고 한다. 하지만 프리랜서로 일하는 처음 몇 년 동안은 언론사에 소속된 정식 기자가 아니어서 신분 보장이 되지 않고 취재물 한 편당 소정의 비용을 지급받는 경제적으로 궁핍한 생활을 해야 한다는 것이 취약점이다. 그러나 프리랜서라 할지라도 결국에는 정식 기자나 전쟁특파원이 될 수 있는 서구 여러 언론사의 고용 관행을 참고한다면, 전쟁이나 분쟁 지역에서 좋은 뉴스거리를 발굴할 만한 뉴스 감각이 있고 여기에다가 영어나 해당 지역 언어를 다소나마 구사할 수 있다면 전쟁 보도 프리랜서라는 직업은 장차 전쟁특파원이 되기를 꿈꾸는 젊은이들이 도전할 만한 가치가 있는 일이라 하겠다.

실제로 1960년대 베트남 전쟁이 한창일 때 수백 명의 미국 청년이 베트남에서 취재 또는 사진 프리랜서로 일하며 전쟁특파원으로서의 꿈을 키웠다. 이들 가운데는 전쟁 보도를 통해 취재 경험을 쌓은 뒤 미국 내 대도시 언론사에 채용된 사람들도 적지 않다. 당시 프리랜서로 활약한 렌 애클랜드Len Ackland도 그러한 사람 가운데 한 명이다. 1960년대 중반 콜로라도대학교를 졸업하고 존스홉킨스대학교에서 국제관계학 석사 과정을 이수하던 애클랜드는 프리랜서 저널리스트 신분으로 베트남 전쟁 취재에 뛰어들었다. 베트남에 도착한 몇 달 뒤인 1968년 1월 수도 사이공을 비롯한 베트남 155개 지역에서 수만 명의 북베트남군과 베트콩 무장세력이 미군과 남베트남 정부 시설들에 대해 일제 기습 공격을 감행했다. 사이공 주재 미국 대사관에는 십여 명의 베트콩 특공대가 들이닥쳐 치열한 총격전이 벌어졌고 시내 곳곳에서 화염이 치솟았다. 교외 지역에서는 베트콩의 폭탄 테러 공격으로 버스가 파괴되어 부녀자와 어린이를 포함해 수십 명의 승객이 죽거나 다쳤다. 애클랜드는 이 같은 베트남 전황을 취재해 미국 내 신문사와 잡지사에 송고했다. 언론사 근무 경력은 전혀 없었지만 프리랜서로서 취재한 전쟁 기사들이었다. 애클랜드는 그 뒤 미국에 돌아가 「디모인 레지스터Des Moines Register」와 「시카고 트리뷴Chicago Tribune」 신문 기자로 활약했으며 콜로라도대학교에서 언론학 교수로 20년간 재직했다.

2003년 미국이 이라크를 점령한 뒤 수도 바그다드에는 수백 명의 프리랜서 기자와 프로듀서들이 전 세계로부터 몰려들어 각국 언론사들을 상대로 기사와 사진을 공급하며 베트남 전쟁 이후 처음으로 전쟁 취재의 전성기를 맞았다. 이들 프리랜서는 특히 한 달간의 이라크 침공 작전이 끝난 뒤 대부분의 언론사 '낙하산 저널리스트'들이 고국에 돌아가자 그 공백을 메우며 이라크 내 뉴스거리들을 지속적으로 공급하는 역할을 했다. 2012년 현재 아프가니스탄 카불과 이집트 카이로 등지에서 활동하고 있는 미국의 전쟁 및 분쟁 지역 프리랜서 아난드 고팔Anand Gopal 역시 이 같은 전쟁 프리랜서 가운데 한 명이다. 고팔은 자신의 전쟁 기사들을 미국 내 신문사와 잡지사에 판매 공급하는데, 많은 기사를 자신의 인터넷 블로그(http://anandgopal.com/archive/articles/)에 올려놓았고 전쟁 취재 경험을 정리한 단행본을 내기도 했다. 역시 아프가니스탄에서 활약 중인 네덜란드 출신 여성 프리랜서 베트 댐Bette Dam은 자신의 기사들을 라디오 네덜란드 방송과 여러 잡지사에 판매하면서 전쟁특파원으로서의 경력을 쌓고 있다. 이들 전쟁이나 분쟁 지역 프리랜서의 공통점은 전쟁 기사들을 지속적으로 쓰면서 인터넷 블로그를 통해 전 세계 독자들과 교류한다는 것이다. 전 세계 어느 전쟁이나 분쟁 지역이라 할지라도 대도시 지역에는 대부분 인터넷이나 휴대전화를 사용할 수 있는 기반이 갖추어져 있기 때문에 이동과 통신에 제약이 따르던 과거와는 달리 오늘날에는 인터넷을 매개로 전 세계를 상대로 한 전쟁 보도와 저술 활동이 가능해진 것이다. 프리랜서 사진기자인 아미 비탈리Ami Vitali는 체코, 이스라엘, 인도, 스리랑카, 아프가니스탄 등지를 돌면서 전쟁이나 분쟁 지역 현지 주민의 참담한 고통과 소박한 생활상을 서정적으로 촬영하고 있다. 비탈리의 사진들은 「뉴욕 타임스」, 『뉴스 위크』, 『타임』, 『내셔널 지오그래픽』 등에 게재되었다.

평상시 취재 능력을 함양하고 비디오 촬영 및 편집 기술을 익혀라

전쟁특파원이 되기를 꿈꾸더라도 무작정 용기와 의욕만을 앞세워서는 안 된다. 무엇보다 자신이 전쟁이나 분쟁 지역에서 보고 경험한 것들을 대중에게 효과적으로 전달할 수 있는 일정 수준 이상의 문장력과 취재 능력을 지녀야 한다. 전쟁이나 분쟁 지역에서 활약하는 프리랜서들 가운데 대부분이 기자 또는 작가의 꿈을 지닌 훌륭한 자질을 갖춘 인물들이기는 하지만, 자신들의 기사와 취재물을 언론사에 판매하려면 그만한 질적 가치를 입증해야 하기 때문이다. 문장력과 취재 능력을 배양하기 위해서는 평소 신문·방송 기사 작성법 관련 서적 등을 구입해 틈틈이 기사 작성 훈련을 하는 것이 도움이 될 것이다. 특히 프리랜서로서 스스로의 가치와 시장성을 높이기 위해서는 신문이나 잡지용 기사 외에도 텔레비전이나 라디오 방송에 활용할 수 있는 비디오 촬영과 편집 기술을 익혀 놓을 필요가 있다. 요즘엔 고화질의 아마추어용 소형 비디오 캠코더가 많이 나와 있어서 비디오 촬영이 그리 힘든 일이 아니지만 뉴스 보도용 비디오 촬영을 위해서는 별도의 지식과 요령을 터득해야 한다. 비디오 촬영 이외에도 아비드 Avid나 파이널 컷Final Cut 등 비선형 비디오 편집 기술까지 터득해 놓는다면 그야말로 금상첨화라고 하겠다.

언론사 취재 보조원이나 기능직 사원으로 일하라

이런 말을 듣게 되면 독자들은 고개를 갸우뚱할지 모르겠다. 하지만 수많은 전쟁특파원 가운데는 정식 기자 수련 과정을 밟지 않거나 언론사 편집 보도국 입사 과정을 생략한 채 취재 보조원이나 기능직 사원으로 일하다가 전쟁이나 분쟁 취재를 하게 된 사람들이 적지 않다. ABC 방송의 밥 우드러프Bob Woodruff 기자가 대표적인 예다. 우드러프는 미시간대학교 법과대학원을 졸업하고 변호사 자격까지 얻은 뒤 중국에서 대학생들을 가르치고 있었다. 그는 1989년 봄 중국 톈안먼 민주화 운동이 한창일 때 미국 CBS 방송에 중국어 번역과 통역 요원으로 특채되어 일하다가 방송 보도에 매료되어 변호사 생활을 접었다. 우드러프는 몇 년간 미국 지역 방송 기자로 일하며 밑바닥부터 취재 경험을 쌓은 뒤 ABC 방송 기자로 변신해 아프가니스탄 전쟁과 이라크 전쟁 등을 취재했다.

1991년 걸프 전쟁 당시 CNN 방송은 세 전쟁특파원―피터 아넷, 버나드 쇼Bernard Shaw, 존 홀리먼John Holliman―을 바그다드에 두고 전쟁을 생방송해 국제적 명성을 누렸다. 이들과 함께 바그다드에 머물던 CNN 방송 취재진 가운데 방송 장비 담당 기술자 겸 프로듀서 닉 로버트슨Nic Robertson이 있었다. 당시 로버트슨의 주된 임무는 방송 엔지니어로서 생방송이 잘 나갈 수 있도록 하는 것이었다(Arnett, 1994). 그로부터 십여 년 뒤 로버트슨은 기능직 사원에서 CNN 방송의 전쟁특파원으로 변신해 아프가니스탄 전쟁, 이라크 전쟁과 리비아 내전 등을 현지 취재 보도했다. 그동안 로버트슨은 세계 여러 곳에서의 전쟁 보도로 피바디상, 듀퐁상, 에미상 등을 수상했으며 명실상부한 CNN 방송의 베테랑 전쟁특파원으로 인정받고 있다.

이 밖에도 언론사 취재 보조원으로 일하다가 전쟁특파원으로 변신한 사례를 심심찮게 찾아볼 수 있다. 이라크 전쟁 당시 서방 언론의 전쟁특파원들은 날로 치안 상태가 악화되어 외국인들에 대한 살해와 납치 위협이 높아지자 취재는커녕 제대로 거리를 걸을 수조차 없었다. 결국 궁여지책으로 자신들이 고용한 이라크인 통역이나 안내인들을 대신 거리로 내보내 현지인들과 인터뷰하거나 뉴스 현장에서 사진이나 비디오를 촬영하거나 자신들이 보고 들은 내용들을 간단한 영문 기사로 작성하게 했다(Palmer & Fontan, 2007). 이 같은 현지인 취재 보조원을 영어로는 픽서fixer라고 부르는데, 이들 가운데 상당수가 얼마 뒤 서방 언론사의 현지 채용 기자로 일하면서 전쟁특파원으로서의 역할을 톡톡히 해냈다. 이라크 국적의 마리완

하마 사이드Mariwan Hama-Saeed도 2003년 미·영 연합군의 이라크 침공 때 서방 언론인들을 도와 취재 보조원으로 일했다. 그는 미국과 영국 등 여러 서방 언론인을 위해 취재거리를 찾아내고 인터뷰를 주선하고 아랍어 통역을 했다. 하마 사이드는 이어 미국에 건너가 콜로라도대학교에서 언론학 석사 학위를 받고 귀국해 언론인으로 일하며 미국 점령 이후의 이라크 정치와 사회 변화상 등을 지속적으로 취재 보도했다. 2012년 현재 하마 사이드는 바레인에서 기자로 활약하고 있다.

결국 전쟁특파원이 되는 것이 궁극적인 목표라 할지라도 가장 먼저 할 일은 사소한 역할도 기꺼이 떠맡겠다는 각오로 언론사에 발부터 들여놓아야 한다(get your foot in the door)는 것이다. 몇 년간 전쟁특파원들의 취재 보조원으로서 그들을 도우며 간접적으로나마 취재 보도 업무에 간여하다 보면 자신도 어느새 그런 역할을 떠맡을 만한 역량을 갖추게 되는 것이다. 이런 점은 '서당 개 삼 년이면 풍월을 읊는다'는 우리 속담과도 일맥상통한다고 하겠다. 기능직 사원이나 취재 보조원으로 시작했더라도 능력만 있다면 전쟁특파원이 될 수 있는 서방 언론사들의 고용 및 인력 운용 원칙은 해마다 치열한 경쟁 속에서 입사 시험에 합격해야만 기자나 프로듀서로 일할 수 있는 우리나라 언론사의 경직된 인력 고용 관행과 크게 대비된다.

06
국제분쟁 취재와 신변상의 위험 요소들

국가 간의 무력 충돌은 참전국 군 장병들 이외에도 수많은 민간인의 희생을 초래하기 마련이다. 20세기에 벌어진 주요 전쟁마다 적게는 수만 명 많게는 수백만 명의 민간인 희생자가 나왔다. 이는 전투원과 비전투원을 구분하지 않는 무차별 포격과 공습, 집단학살 등 피비린내 나는 살육전이 낳은 결과다. 전장에서 희생되는 민간인들과 마찬가지로 전쟁을 취재하는 기자들도 여러 형태의 신변상 위험을 감수해야 한다. 특히 폭력과 파괴, 부상과 죽음이 난무하는 전장을 오가며 비무장 민간인의 신분으로 군 장병들을 취재하는 전쟁특파원들은 다양한 위험에 노출될 가능성이 더욱 높다. 전쟁특파원들이 취재 도중 목숨을 잃거나 부상당할 경우 그 자체가 뉴스거리가 되곤 하는데, 신문 독자나 방송 시청자와 청취자들은 전쟁특파원의 부상 또는 사망 뉴스를 접하면 커다란 감정적 동요와 충격을 받기 마련이다.

무차별 포격과 공습에 의존했던 과거 20세기 전쟁과는 달리 21세기 전쟁에서는 컴퓨터로 제어되는 보다 정교한 정밀 타격 무기들이 잇따라 등장하면서 전장에서 목숨을 잃거나 다치는 민간인의 수는 점차 줄고 있다. 그러나 국제분쟁을 취재하다 목숨을 잃는 전쟁특파원의 수는 오히려 최근 이라크 전쟁(2003~2011)을 거치면서 훨씬 더 늘어났다. 예를 들어 20년에 걸친 베트남 전쟁(1955~1975) 기간을 통틀어 취재 도중 사망한 전쟁특파원의 수는 66명이었지만, 8년이라는 비교적 짧은 기간의 이라크 전쟁에서는 무려 139명의 기자가 목숨을 잃었다(Committee to Protect Journalists, 2010). 해가 갈수록 줄어드는 민간인 희생자 수와는 달리 전쟁특파원 희생자 수가 기하급수적으로 늘어나는 것은 도대체 어떤 이유에서일까? 국제분쟁 취재에 있어서 기자들이 부닥치게 되는 신변상 위험 요소들을 차례로 살펴보기로 한다.

취재 중 부상 및 사망

전쟁특파원들이 안고 있는 가장 대표적인 신변상 위험 요소는 전장에서 병사들과 마찬가지로 총격이나 포격에 희생될 수 있다는 것이다. 이 같은 위험 요소는 적군의 공격에 의한 것일 수도 있고 운이 나쁘면 아군으로부터 오인 사격을 받는 경우일 수도 있다. 치열한 전투를 동반하는 정규전보다 게릴라전이 주류를 이룬 이라크 전쟁이나 아프가니스탄 전쟁에서는 평상시 도로변에 널려 있는 사제폭탄 IED(Improvised Explosive Device)가 폭발하면서 수많은 병사와 전쟁특파원의 목숨을 앗아 갔다. 또 전장을 이동하다가 대인지뢰가 터져 죽거나 차량 이동 중 교통사고로 숨진 기자도 적지 않았다. 심지어 무덥고 건조한 기후의 전장에서 과로와 휴식 부족으로 탈진하거나 심혈관 계통의 건강 이상 증세를 보여 숨진 기자들도 있다.

2003년 3월 22일, 영국 ITN(Independent Television News) 방송의 베테랑 전쟁

특파원 테리 로이드Terry Lloyd와 촬영팀은 이라크 바스라Basrah에서 벌어진 미·영 연합군과 이라크군 간의 공방전을 취재하고 있었다. 이들이 탄 차량이 바스라 시내로 진입하는 순간 미군 진영으로부터 총탄이 비 오듯 쏟아졌다. 로이드 기자는 어깨에 총상을 입었고 레바논인 통역과 프랑스인 카메라맨은 그 자리에서 숨졌다. 부상을 입은 채 의식이 남아 있던 로이드 기자를 한 이라크 민간인이 발견하고 자신의 미니버스에 태워 병원으로 향했다. 이때 미군 진영에서 미니버스를 향해 또다시 총탄이 쏟아졌다. 로이드 기자와 미니버스 운전자는 목숨을 잃고 말았다. 2년 뒤 로이드 기자 유족과 ITN 방송의 요청으로 사건 당시 정황에 대한 정밀조사가 이루어졌는데, 영국 법원은 당시 바스라에 진입하려던 미군이 로이드 기자 일행에게 총격을 가해 살해한 것은 사실이지만 특정 병사를 지목해 처벌할 수 없다는 결론을 내렸다.

2006년 5월 29일, 미국 CBS 방송의 여기자 킴벌리 도지어Kimberly Dozier는 미 육군의 바그다드 주택가 일대 정찰 활동을 취재하고 있었다. 미군 병력과 도지어 기자 일행이 길가에 주차된 차량 옆을 지날 때 엄청난 폭발이 일어났다. 이라크 저항세력이 설치한 차량폭탄이 터진 것이다. 이 폭발로 미군 지휘관과 이라크인 통역, CBS 방송 카메라맨과 음향기사 등 네 명이 현장에서 숨지고 도지어 기자는 중상을 입은 채 후송되었다(Dozier, 2007). 여러 차례에 걸친 대수술을 받고 어느 정도 건강을 회복한 도지어 기자는 그 뒤 방송에 복귀했지만 방송사 경영진의 적극적인 만류로 이라크로 돌아가겠다는 소망은 이룰 수 없었다.

미국 NBC 방송 아침 뉴스 앵커였던 데이비드 블룸David Bloom 기자는 2003년 3월 이라크 침공 당시 미군 기갑부대와 함께 전선을 이동하다가 건강 이상 증세를 보였다. 비좁은 군용차량에 쪼그려 앉아 하루 종일 이동하다 보니 신체 혈액순환에 장애가 생긴 것이다. 갑자기 의식을 잃은 블룸

기자는 헬리콥터 편으로 후방 야전병원으로 이송되었지만 결국 숨지고 말았다. 이라크군과의 전투 때문이 아니라 건강상의 이상 증세로 목숨을 잃은 것이다.

2003년 4월, 아르헨티나의 '아메리카 TV' 프리랜서 기자인 마리오 포데스타Mario Podesta와 여성 비디오 카메라맨 베로니카 카브레라Veronica Cabrera는 차량 편으로 바그다드로 향하고 있었다. 이들 아르헨티나 방송 취재 팀은 미군에 점령된 바그다드에서 본격적인 전쟁 취재를 시작하려던 참이었다. 과속으로 이라크 고속도로를 질주하던 포데스타 기자 일행이 탄 차량이 타이어가 파열되면서 중심을 잃고 뒤집혔다. 포데스타 기자는 현장에서 숨졌고 카메라맨 카브레라는 이튿날 치료 도중 숨졌다. 30곳 이상에서 국제분쟁을 취재한 베테랑 방송기자였던 포데스타는 예상치 못한 교통사고로 전장에서 생을 마감했다(PBS News Hour, 2003).

제4장에서 살펴보았듯 전설적인 전쟁 사진기자인 로버트 카파는 "사진이 잘 나오지 않았다면 당신이 피사체에 충분히 다가가지 않은 탓"이라는 명언을 남긴 바 있다. 극적인 전투 장면을 포착하려면 위험을 무릅쓰고라도 전투의 한가운데에 놓인 피사체로 접근해야 한다는 충고다. 그러나 전투에 보다 가까이 접근한다는 것은 전쟁특파원들의 생명을 위협하는 직접적 요인이 된다. 1956년 5월 25일 카파는 베트남 남부의 메콩Mekong 강 유역에서 프랑스군의 작전을 취재하고 있었다. 당시 인도차이나 전쟁은 미국이 개입하기 이전 프랑스와 북베트남 공산군 간의 전쟁이었다. 이날 카파는 몇 장의 사진을 이미 촬영해 놓은 상태였는데, 논을 가로질러 이동하는 프랑스군 소속 남베트남 병사들의 모습을 평소 자신의 신조에 따라 정면에서 촬영하기 위해 논둑 위에서 몇 걸음 내딛기 시작했다. 요란한 폭음과 함께 카파는 그 자리에 쓰러졌다. 대인지뢰가 폭발한 것이었다. 왼쪽 다리가 날아가고 가슴에 중상을 입은 카파는 후방 야전병원에 도착하기

전에 숨을 거두었다. 스페인 내란을 비롯해 제2차 세계대전, 인도차이나 전쟁 등 20세기 초반 세계 곳곳의 분쟁지역을 누빈 전쟁특파원 카파의 최후였다.

전쟁특파원들의 신변 안전에 관한 우려와 관심은 1990년대 초 보스니아 내전에서 80명 이상의 기자가 목숨을 잃거나 다치면서 본격적으로 논의되기 시작했다. 지난 한 세기 동안 미국이 개입한 국제분쟁을 취재하다 숨진 기자들의 수를 비교해 보자. 자료에 따라 다소 차이가 있기는 하지만 제1차 세계대전 때 사망한 기자는 두 명이고, 제2차 세계대전 때에는 68명이 죽었다. 한국 전쟁에서는 17명의 전쟁특파원이 목숨을 잃었고 베트남 전쟁 때에는 66명, 걸프 전쟁 때에는 네 명이 죽었다(Faas & Page, 1997; Sullivan, 2006). 21세기에 들어서 아프가니스탄 전쟁에서는 23명의 기자가 목숨을 잃었다. 하지만 8년에 걸친 이라크 전쟁에서 숨진 기자의 수는 무려 139명에 이른다(Committee to Protect Journalists, 2010). 이라크 전쟁에서 전쟁특파원 사망자 수가 기하급수적으로 늘어난 것은 과거와는 달리 정규전이 아닌 게릴라전 과정에서 차량폭탄이나 자살 폭탄 공격 등으로 숨진 전쟁특파원의 수가 늘어났고, 이라크 내 정국 불안과 치안 마비 상황 속에서 수많은 이라크인 기자가 이슬람 수니파 저항세력이나 시아파 민병대 등의 공격과 테러로 목숨을 잃었기 때문이다.

무장세력들에 의한 협박, 납치와 살해

전쟁 취재 도중에는 기자들이 정부군이나 반군, 테러 단체 등 무장세력에 체포되어 고문당하거나 살해되는 일이 빈번히 발생한다. 특히 분쟁이 오랫동안 이어져 온 국가들에서는 기자를 노린 위협이나 납치, 살해 사건들이 잇따르고 있다. 실제로 몇 년간 전쟁이 계속되었던 이라크나 마약 유통 조직과 범죄 집단들이 기승을 부리는 멕시코에서는 지금까지 수백 명의 기자가 납치되거나 살해되는 악순환이 계속되었다. 예를 들어 2003년부터 2008년까지 6년 동안 이라크는 해마다 전 세계를 통틀어 '기자들에게 가장 위험한 나라'로 선정되기도 했다(Committee to Protect Journalists, 2008). 특히 이슬람 종파들 간의 갈등이 최고조에 이르렀던 2006년과 2007년은 해마다 32명의 기자가 살해되는 등 전쟁 기간 중 최악의 인명 피해를 가져 온 해로 기록되었다.

1991년 걸프 전쟁 당시 CBS 방송의 밥 사이먼Bob Simon 기자 일행은 이라크 사막지대를 가로질러 다국적군의 진격 작전을 취재하려다가 이라크군에 붙잡혀 바그다드로 압송되었다. 사이먼은 전쟁이 끝날 때까지 40일간 교도소에 갇혀 있었는데 이라크 간수들로부터 구타당했다고 증언했다. 베트남 전쟁과 걸프 전쟁, 이라크 전쟁 등을 잇따라 취재한 베테랑기자인 사이먼은 당시의 체포 압송과 바그다드에서의 억류 생활을 담은 *Forty Days*(『40일간』)라는 제목의 책을 펴내기도 했다. 2006년 1월, 미국의 「크리스천 사이언스 모니터Christian Science Monitor」 신문의 프리랜서 기자인 질 캐럴Jill Carroll은 수니파 이슬람 지도자와의 인터뷰 취재에 나섰다가 복면을 한 무장단체 괴한들에게 납치되어 약 석 달 동안 감금되었다. 함께 납치되었던 이라크인 통역은 살해되었다. 납치 억류 기간 동안 캐럴은 무장단체 측의 요구로 미국의 이라크 침공을 비난하는 내용의 비디오 메시지를 낭독해야 했다. 석 달 뒤인 3월 30일, 캐럴은 무장단체로부터 풀려나 미국으로 돌아갔다. 2007년 6월 7일, 이라크 국영 뉴스의 여기자 사하 알하이다리Sahar al-Haydari는 모술Mosul 시내에서 장을 보던 중 정체를 알 수 없는 괴한들의 무차별 총격에 목숨을 잃었다. 20년이 넘게 언론계에 종사해 온 알하이다리 기자는 평소 이라크 지방 관리들과 무장단체들의 부패상을 고발하는 폭로 기사를 잇따라 특종 보도했는데, 그동안 부패한 관리들과 결탁한 무장단체로부터 끊임없이 살해 위협을 받았지만 결코 굴하지 않았다. 이렇듯 부패한 관리들과 무장단체들은 자신들에 대한 언론의 비판과 폭로를 잠재우기 위해 기자들을 살해하는 것도 마다하지 않는다.

앞에서도 말했듯 CBS 방송 바그다드 특파원이었던 킴벌리 도지어 기자는 2006년 차량 폭탄 테러로 중상을 입었다. 도지어 기자는 2011년 필자와의 전화 인터뷰에서 서방 기자들을 노린 무장단체들의 납치나 살해 위협을 피하기 위해 항상 조심해야 했으며 긴장을 늦출 수 없었다고 당시 상황을 회고했다. "신문기자들은 이라크 민간인들처럼 복장을 갖추면 쉽사리 눈에 띄지 않고 통역과 함께 단둘이 움직이기가 쉽습니다. 하지만 방송 기자들은 경우가 다릅니다. 취재기자 외에도 카메라맨과 음향기사가 함께해야 하고 때때로 프로듀서와 통역, 이라크 운전기사까지 함께 대규모로 이동해야 합니다. 그래서 가능하면 남들 눈에 띄지 않기 위해 거대한 사륜구동 취재 차량도 자그마한 방탄 승용차로 바꿔야 했습니다. 사륜구동 차량을 타고 다니면 미국 정부 관리로 오해받기 쉽기 때문입니다. 하지만 방탄 승용차도 (무장단체들로부터) 공격을 받기 쉬운 위험한 대상이었습니다."

ABC 방송 카메라맨이었던 더그 보트Doug Vogt는 바그다드에서의 취재 활동을 이렇게 회고했다. "방송 인터뷰를 할 때마다 서둘러 일을 끝내려고 최대한 노력했습니다. 인터뷰 도중에도 항상 도로변에 세워 놓은 취재 차량에 신경이 쓰였죠. 조속히 일을 마무리한 뒤 다른 장소로 이동하거나 곧장 뉴스 지국으로 되돌아와야 합니다. 미국 방송 취재진이 바그다드 내 어떤 지역에 머물고 있다는 사실이 무장단체 조직원들에게 알려지기라도 하면 자칫 납치나 살해 위협으로 이어질 수 있으니까요. 그러니 우리 취재진의 안전은 물론이고 인터뷰 요청에 응한 이라크인들의 신변 안전을 위해서라도 될 수 있는 한 일을 신속히 끝내야 했습니다." 그러나 더그 보트는 2006년 1월 미군의 차량 순찰 작전을 취재하던 중 도로 옆의 폭탄이 터져 중상을 입고 대수술을 받은 뒤 간신히 목숨을 건졌다. 그와 함께 미군 차량에 탔던 ABC 방송 뉴스 앵커 밥 우드러프도 머리에 중상을 입었다. 폭발 당시 우드러프와 보트는 철모를 쓰고 방탄조끼를 입고 있었지만 부상을 피할 수 없었다.

우리나라 전쟁특파원들도 위험을 겪는 것에서는 예외가 아니다. 이라크 침공 작전이 한창이던 2003년 4월 5일, SBS 방송의 조정, 윤창현 기자, 그리고 태양식, 김홍기 촬영기자는 미·영 연합군의 바스라 공방전을 취재하다가 이라크 후세인 정권을 추종하는 사담 페다인 부대에 체포되어 바스라 시내 호텔에 하루 동안 억류되었다. 이들은 걸프 전쟁 때 CBS 방송 밥 사이먼 기자처럼 다음 날 바그다드로 압송될 처지였다. 이들이 억류되어 있는 동안 미·영 연합군과 이라크군 간의 전투가 밤새 이어졌고, 이튿날 아침에는 호텔 집기 등을 약탈하려는 이라크인들이 몰려드는 등 취재진의 불안감은 극에 달했다. 하지만 미·영 연합군이 바스라 중심부로 진격해 사담 페다인 부대의 감시가 소홀해진 틈을 타 이들은 구사일생으로 탈출에 성공했다(조정, 2011).

미·영 연합군 등에 의한 언론인 체포와 구금

전쟁이나 분쟁 지역 취재를 하는 전쟁특파원들은 대체로 적군이나 테러 집단의 공격과 테러 등을 가장 심각한 위협으로 여기게 마련이다. 그러나 앞서 살펴본 것처럼 이라크 전쟁의 경우에는 서방 언론사 전쟁특파원들이 이라크군이나 이슬람 저항세력의 공격보다는 미군이나 영국군 등 아군으로 간주되었던 참전군 병력들로부터 오인 사격을 받거나 이유 없는 공격을 받은 사례가 많았다. 2003년 3월 바스라에서 미군의 총격을 받아 숨진 영국 ITN 방송의 테리 로이드 기자가 대표적인 사례다. 주목할 점은 이라크 침공 작전 초기인 2003년 3월 22일부터 4월 11일까지 불과 3주 사이에 모두 일곱 명의 전쟁특파원이 미군의 공격으로 목숨을 잃었다는 것이다. 이 기자들의 명단은 다음과 같다.

타라스 프로츄크 Taras Protsyuk(로이터 통신 카메라맨): 바그다드 팔레스타인 호텔에 가해진 미군 탱크의 포격으로 사망

호세 쿠소 Jose Cuoso(스페인 카메라맨): 바그다드 팔레스타인 호텔에 가해진 미군 탱크의 포격으로 사망

타리크 아유브 Tareq Ayoub(알자지라 기자): 바그다드 알자지라 지국을 겨냥한 미국 공군의 공습으로 사망

캄란 압두라자크 모하메드 Kamran Abdurrazaq Mohammed(BBC 방송 통역): 이라크 북부에서 미군의 미사일 공격으로 사망

테리 로이드 Terry Lloyd(ITN 방송 기자): 바스라 전투 취재 도중 미군의 총격으로 사망

프레데리크 네라크 Frédéric Nérac(ITN 방송 카메라맨): 바스라 전투 취재 도중 미군의 총격으로 사망

후세인 오스만 Hussein Osman(ITN 방송 통역): 바스라 전투 취재 도중 미군의 총격으로 사망

영국 BBC 방송의 국제뉴스 에디터인 존 심슨John Simpson은 과거 전쟁들과 달리 이라크 전쟁에서는 미군이 전쟁특파원 등 언론인과 통역 등을 무차별적으로 살해한 책임이 있다면서 관련자들의 처벌을 강력히 요구했다 (Simpson, 2003). 심슨은 특히 이라크에서 미군 병사들이 공격 대상을 선정하는 데 있어서 신중히 생각하기보다는 상관의 명령에 무조건 복종하며 자신들의 신변에 조금이라도 위험을 느끼면 방아쇠부터 당기는 습성을 보였다고 비난했다. 미군이 전쟁특파원들을 향해 의도적으로 조준 사격을 했다는 의혹에 대해 심슨은 목소리를 더욱 높였다. "(만일 미군이) 고의적으

로 기자들을 겨냥한 것이 사실이라면 지위 고하를 막론하고 관련 책임자들은 수사를 통해 기소되고 처벌받아야 마땅합니다. 기자들을 고의적으로 살해하는 행위는 전 세계인이 공유하고 있는 기본적 인권을 침해한 것이기 때문입니다. (중략) 기자들을 살해한다는 것은 가장 극악무도한 검열 행위가 아닐 수 없습니다."

미군들의 과격하고 일방적인 행동은 이라크인 취재기자나 카메라맨들을 체포 영장 없이 거리에서 연행해 수갑을 채운 뒤 아부 그라이브Abu Ghraib 등지의 교도소에 장기 구금하는 사례로 이어졌다. 이 같은 체포 연행은 미국 등 서방 기자들에게는 드문 일이었지만 이라크나 아시아 국적의 기자들에게는 다반사였다. 대표적인 사례로 한국 KBS 방송의 정창준 기자는 바그다드에서 취재 도중 난데없이 폭발물 소지 혐의를 받아 미군에 체포 억류된 적이 있다. 숙소인 팔레스타인 호텔을 떠나기 직전 미군의 검문을 받았는데, 폭발물 탐지견이 이상 징후를 발견했을 때 보이는 행동을 하자 미군 병사들이 다짜고짜 정 기자와 촬영기자 등 취재진 세 명에게 수갑을 채운 뒤 구금한 것이다. 정 기자는 자신이 한국 방송사 소속 기자라는 신분을 밝혔지만 아무런 소용이 없었으며, 폭발물 소지 혐의가 없음이 드러난 뒤에도 한동안 구금 상태에서 풀려나지 못했다고 한다. 이 사건이 일어난 날은 공교롭게도 정 기자 일행이 취재를 끝내고 한국으로 돌아가는 날이었는데 결국 귀국 일정을 며칠 뒤로 미루어야 했다. 이라크 전쟁이 장기화되면서 이처럼 미·영 연합군에 의해 불법 체포 구금되거나 오인 사격 등으로 목숨을 잃은 전쟁특파원들은 이외에도 수십 명이 있지만 그들의 이름을 일일이 거명하기는 어렵다. 한 공식 통계에 의하면, 지난 8년간의 이라크 전쟁 기간 동안 미군에 의해 목숨을 잃은 언론인의 수는 모두 16명이고 같은 기간 동안 이라크군(미군 점령 이후 창설된 이라크군 포함)에 의해 목숨을 잃은 기자의 수는 네 명에 불과했다. 한편 같은 기간 동

안 이라크 내 무장단체나 범죄 조직에 의해 납치된 기자의 수는 무려 47명
에 달했다(Committee to Protect Journalists, 2010).

신변상 위험을 줄이기 위한 노력들

전쟁특파원들에 대한 납치와 테러, 살해 등이 심각한 쟁점으로 부각하자
여러 단체가 전쟁 취재를 앞둔 기자들을 모아 분쟁지역 취재를 안전하게
할 수 있도록 돕는 훈련 프로그램을 마련하기 시작했다. 대표적인 것으로
분쟁이나 전쟁 참전국의 군 당국이 언론사 특파원들을 위해 마련한 전쟁
이나 분쟁 지역 적응 훈련을 들 수 있다. 오래전 이야기지만 1949년 우리
나라 국방부에서는 여수 순천 십일구 사건 등 군 작전 취재를 하게 될 언
론사 기자들을 모아 종군기자 훈련을 실시하고 수료증을 발급한 적이 있
다(이혜복, 2003). 2003년 이라크 전쟁을 앞두고 국방부는 또다시 이라크, 쿠
웨이트, 요르단 등지에 파견될 전쟁특파원 대상자들을 모아 하루 일정의
위험지역 취재 교육을 실시했다. 그러나 워낙 짧은 일정으로 마련된 교육
이어서 전쟁특파원들이 맞닥뜨릴 다양한 위험 상황에 대처하기엔 부족했
다는 지적을 받았다(이창호, 이영미, 정종석, 김용길, 2007). 2002년 말과 2003년 초 미
국 국방부에서도 이라크 전쟁 종군 취재 프로그램Embedding program에 참여
할 전 세계 언론사 전쟁특파원들을 대상으로 분쟁지역 적응과 화생방 훈
련, 위험 상황 대처 훈련 등을 결합한 단기교육을 실시한 적이 있었다.

CNN이나 BBC 방송 등 전쟁이나 분쟁 지역 취재를 오랫동안 전문적으
로 해온 언론사들은 평상시에도 위험지역 취재 원칙과 전쟁 보도 준칙들
을 마련해 놓고 있으며 전쟁이나 분쟁 지역 취재기자들을 위해 적어도 한
해 일주일 정도의 적응 훈련을 실시한다. 이 기간 동안 기자들은 전쟁이나
분쟁 지역에 파병되는 군인들과 유사한 현지 적응 훈련과 위험 상황 대처
훈련을 받는다. 특히 BBC 방송은 해외 특파원들에게 전쟁이나 분쟁 지역

파견 이전에 안전교육을 의무적으로 받게 하는데, 특파원들은 일주일 동안 안전 장비나 무기 관련 상식, 억류 및 납치 시 대처 요령, 위험지역 이동 요령 등을 교육받으며 3년마다 2~3일간 재교육을 받아야 한다(신윤진, 2004).

2001년 아프가니스탄 침공과 2003년 이라크 침공 작전 시기를 전후해 영국과 오스트레일리아 등지에서는 전쟁특파원들을 상대로 전쟁이나 분쟁 지역 취재 시 신변상 위협에 대처하는 요령 등을 교육하는 민간기업들이 하나둘씩 생겨나기 시작했다. 영국 기업 센추리언이나 AKE에서는 전쟁이나 분쟁 지역에서 활동하는 언론인이나 민간기업 주재원들을 상대로 위험지역 적응 훈련, 응급처치, 납치 상황 대처 요령 등을 가르친다. 이들은 각국 언론사들을 방문해 전쟁이나 분쟁 지역 훈련에 참여할 기자들을 모집하기도 하는데, 이 같은 전쟁이나 분쟁 지역 취재 안전 훈련이 언론사들로 하여금 종래의 전쟁이나 분쟁 지역 취재 방식에서 벗어나 새로운 전환점을 마련하게 했다는 평가를 받았다. 특히 무분별한 특종 지상주의에서 벗어나 전쟁이나 분쟁 지역 취재 때에는 전쟁특파원들의 안전 문제를 고려해야 한다는 점을 언론사 경영진들에게 인식시킨 것이 긍정적 효과다. 무엇보다도 분쟁이나 전쟁 보도란 두려움이 없는 용감무쌍한 기자들의 전유물이라는 과거의 선입관에서 벗어나 전쟁 보도 역시 인명을 중시하고 안전을 최우선으로 고려해야 한다는 인식을 언론계 전반에 확산시킨 것이 가장 중요한 성과라고 하겠다.

앞에서도 말했듯이 우리나라 언론사들의 경우 대체로 전쟁 및 분쟁 지역이나 위험지역 취재와 관련한 체계적 교육과 훈련이 부족하다. 특히 전쟁 취재에 있어 기자들에 대한 안전교육이 미흡하고 안전사고 발생 때의 체계적인 보상 규정도 제대로 마련되어 있지 않다. 전쟁특파원에 대한 안전교육과 위험지역 여행보험 가입 등을 의무화해야 하지만 상황이 닥칠 때마다 임기응변식으로 대처하는 경우가 대부분이다. 전쟁 취재에 나서는 기자들에 대한 회사 차원의 지원 또한 미흡해 기자들이 직접 남대문이나 동대문 시장 등을 돌면서 방탄조끼와 방독면 등 필요한 안전 장비들을 구입하는가 하면, 전쟁 취재 요령을 정리한 매뉴얼이 없어서 과거 전쟁이나 분쟁 지역 취재 경험이 있는 선배기자들로부터 개인적 경험을 일일이 전수받는 경우가 대부분이다. 특히 전쟁이나 분쟁 지역 취재 경험이 풍부한 기자들을 전쟁특파원으로 보내는 서방 언론사들에 비해 한국 언론사들은 전쟁이나 분쟁 지역 취재 경험이 전혀 없는 젊고 혈기왕성한 신참기자들을 반강제로 차출해 보낸 경우가 적지 않다(이창호, 이영미, 정종석, 김용길, 2007). 달리 말해 기자들이 자발적으로 전쟁 취재를 나선 것이 아니라 대부분 취재 담당 국장이나 부장의 요구에 마지못해 현장에 투입되는 경우가 많다는 것이다. 전쟁 취재는 정확한 사전 정보 파악과 치밀한 취재 계획, 그리고 모험을 두려워하지 않는 전투성이 동시에 있어야 하는데, 전쟁이나 분쟁 지역 취재에 나선 전쟁특파원들이 회사의 압력에 마지못해 떠밀려 가는 경우가 많다는 것은 무엇보다 심각한 문제가 아닐 수 없다.

참고로 2008년 영국에서는 전쟁이나 분쟁 지역 취재를 거부하는 기자를 해고한 방송사를 상대로 한 손해배상소송이 제기되어 세간의 큰 관심을 모았다. 미국 ABC 방송의 런던 지국 특파원이었던 리처드 기즈버트Richard Gizbert는 회사를 상대로 360만 달러(한화 40억여 원)의 손해배상소송을 제기했다. 기즈버트 기자는 11년간 ABC 방송에서 일하면서 체첸, 보스니아, 르완다 내전 등을 취재했는데, 자신이 2003년 초 이라크 전쟁 취재를 거부하자 ABC 방송이 자신과의 고용 계약을 서둘러 일방적으로 파기했다고 주장했다. 기즈버트는 자신이 이미 1999년에 아내와 자녀들의 안전과 미래를 생각해 위험한 전쟁이나 분쟁 지역 취재를 사양하겠다는 의사를 회사에 통보해 사전 양해가 이루어져 있었는데도 방송사 측이 이를 빌미로 자신과의 고용 계약을 파기한 것은 부당한 보복이라고 주장했다. 하지만 ABC 방송 측은 경영난 때문에 해외 주재 특파원을 정리 해고한 것일 뿐이라며 기즈버트 기자의 전쟁 취재 거부 의사와는 상관없는 결정이었다고 항변했다. 영국 법원은 기즈버트 기자를 해고한 ABC 방송의 결정이 부당했다는 점을 인정하고 ABC 방송에 기즈버트 기자에게 손해배상금으로 10만 달러를 지급하라고 판결했다. 이 같은 판결에 대해 영국기자협회는 "기자의 안전을 무시하는 언론사들에게 경종을 울렸으며 기자들과 가족들에게는 중요한 승리"라고 논평했다. BBC 방송의 베테랑 전쟁 특파원 마틴 벨Martin Bell 기자도 기즈버트 기자의 뛰어난 용기는 그가 활약했던 전장을 벗어나 법정에서도 그 빛을 발했다고 말했다.

마지막으로 전쟁이나 분쟁 지역을 취재하는 전쟁특파원들이 명심해야 할 신변상 위험을 줄일 수 있는 몇 가지 원칙을 정리해 보았다.

- 군 병력의 보호나 경호를 받을 수 있는 종군 취재embedding를 하는 경우가 아니라면 가능한 한 특정 지역에서의 취재를 짧은 시간 내에 끝마치도록 노력하라. 본인과 취재 팀의 안전을 위해 필요 이상의 시간을 허비해서는 안 된다.
- 전쟁이나 분쟁 지역 내 척박한 환경 속에서 기사 송고를 어떻게 해야 할 것인지 미리 생각해 보고 위성전화 등 필요한 통신 장비를 갖춰라.
- 전쟁이나 분쟁 지역에서 사용되는 현지 언어를 익히도록 노력하라. 최소한 "나는 기자다" 정도의 짧은 문장은 익히는 것이 좋다(이진숙, 2004). 만일 해당 지역 언어를 전혀 구사하지 못한다면 비용이 많이 들더라도 훌륭한 통역과 안내인을 확보해야 한다.
- 언론사 본사 편집보도국과 현재 자신이 활동 중인 전쟁이나 분쟁 지역 간의 물리적 시간 차이를 기억하라. 항상 기사 마감시간을 염두에 두고 취재에 임하라.

- 방탄조끼와 철모를 확보하라. 대부분의 방탄조끼는 생각과는 달리 완벽한 방탄 능력이 없고 폭발 시 파편 등으로부터 신체를 보호해 주는 역할만을 한다. 조끼 앞뒤에 언론사 기자임을 알리는 큼지막한 글자를 가능하면 영어와 현지어로 함께 써서 붙여라. 텔레비전 방송의 경우 상의에 'TV'라는 글씨를 반드시 달고 다녀라. 취재 차량 창문에도 'TV'라는 로고를 만들어 붙여 군 병력의 오인 사격을 피하도록 하라.

- 위험을 무릅쓰고 적극적으로 취재하는 것도 좋지만 자신의 목숨과 바꿀 만큼 소중한 것은 결코 없다는 사실을 명심하라. 취재 과정에서 과욕을 삼가라.

●●●

전쟁특파원은 자신의 안전을 지키기 위해 무기를 소지할 수 있을까?

예상치 않은 위험이 도사리고 있는 전쟁이나 분쟁 지역을 취재하는 특파원들에게 자신의 안전을 지키는 것은 중요한 일이다. 전쟁특파원들 가운데 한 번이라도 무기 소지를 생각해 보지 않은 사람은 없을 것이다. 실제로 19세기 말 미국-스페인 전쟁 당시 미국 전쟁특파원들 가운데 최소한 두 명(리처드 하딩 데이비스Richard Harding Davis, 에드워드 마셜Edward Marshall)이 전투 취재 도중 미군을 돕기 위해 적군인 스페인군을 향해 총을 쏘며 대항했다는 기록이 있다. 이 전투에서 미국 특파원 에드워드 마셜은 스페인군의 총탄에 부상을 입어 다리를 절단해야 했다. 베트남 전쟁에서도 미국 등 서방 특파원들 가운데 일부가 신변 보호 차원에서 권총이나 기관단총 등 총기를 휴대하고 다니다 베트콩이나 북베트남군과 총격전을 벌인 사실이 전해지고 있다. AP 통신 기자였던 피터 아넷(Arnett, 1994)은 사이공 뉴스 지국에 부임할 때 읽은 AP 통신 뉴스 지국 취재요령 지침서에서 호신용 권총을 어디에서 구입할 것인가를 요약 정리한 부분을 발견해 흥미로웠다고 회고했다. UPI(United Press International, 미국) 통신 기자였던 조지프 겔로웨이Joseph Gelloway는 1965년 미 육군과 북베트남군 간의 이아 드랑Ia Drang 전투에서 미군 진영으로 돌격해 오는 북베트남군에 맞서 M-16 소총으로 대응 사격했고 미군 부상자들을 도왔다. 이 공로로 겔로웨이는 민간인 신분임에도 불구하고 미 육군으로부터 동성 무공 훈장을 받았다. 반군과 정부군의 내전이 계속되고 있는 필리핀의 도서지역에서는 기자들이 권총 등 호신용 무기를 소지하는 것이 보통인데, 심지어 현지 경찰이 기자들을 상대로 총기 사용법도 가르쳐 준다고 한다(Ricchiardi, 2005). 그러나 전쟁이나 분쟁, 내전 지역을 취재하는 전쟁특파원이 자신의 안전을 위해서든 아군의 작전을 지원하기 위해서든 총기나 무기를 소지하거나 사용하는 것은 결코 바람직하지 않다는 것이 정설이다. 실제로 미군 등 대부분의 군 당국은 민간인 신분인 종군기자나 전쟁특파원들의 무기 소지를 금한다는 종군 취재 규정embedding rules을 마련해 놓고 있다. 이라크나 아프가니스탄 등지에서 취재하는 전쟁특파원들도 이 같은 규정에 동의하고 서명해야만 취재가 허용된다. 기자들의 무기 소지나 사용이 바람직하지 않은 것은 언론은 분쟁에 있어서 어느 한 쪽 편이 아닌 중립자의 위치에서 진실을 보도해야 한다는 원칙이 있기 때문이다. 중립적 위치에 있는 기자들이 무기를 소지한다는 것은 누군가를 적이나 위협 세력으로 간주한다는 것인데, 이는 기자들 스스로 불편부당한 중립의 위치를 부인하는 것이기 때문이다. 「뉴욕 타임스」는 전쟁이나 분쟁 지역을 취재하는 기자들은 어떤 경우에라도 무기를 소지해서는 안 된다는 공식 규정을 갖고 있다(Heybour, 2004). 그러나 지난 10여 년간 이라크 전쟁, 아프가니스탄 전쟁에서 확인된 바로는 비무장 상태의 전쟁특파원들이 무장강도나 범죄 집단에 살해되거나 납치되는 사례가 잇따랐는데, 이런 상황에서는 무기를 사용해서라도 자위권을 발휘해야 하지 않느냐는 주장이 힘을 얻고 있다. 따라서 전쟁 취재 보도를 하는 많은 언론사에서는 자동 소총과 권총 등으로 무장한 경호원을 채용해 전쟁특파원들의 취재 과정에 동행시키거나 방탄 취재 차량을 제공하는 등 전쟁특파원들을 보호하기 위해 노력하고 있다. BBC, CNN, NBC 등 서방 방송사나 대규모 신문사들이 대표적인 예다. 하지만 재정 상황이 여의치 않은 군소 언론사들은 이 같은 비용 지출을 꺼려 수많은 전쟁특파원이 무장세력의 납치, 살해, 테러 위협에 무방비로 노출되어 있다. 한국 언론사들은 전쟁특파원들을 위해 무장경호원을 고용한 사례가 거의 없는데, 일부 한국 언론사 간부들은 무장경호원을 고용하면 오히려 평상시 전쟁특파원의 취재 활동을 무장세력들에게 더 쉽게 노출시킬 수 있어 위험하다며 반대하기도 한다.

07
제1, 2차 세계대전과 기사 검열 시대

전쟁 보도의 역사는 19세기 중반부터 시작되었지만, 당시에는 작성한 기사를 신속하게 운반할 수단 등 전쟁 보도 내용이 언론매체를 통해 대중에게 널리 그리고 빠르게 전파될 수 있는 제반 여건이 제대로 갖추어져 있지 않았다. 언론과 전쟁특파원이 전쟁 보도에 적극적으로 뛰어들고 이들의 보도가 비교적 신속하게 신문 독자들에게 전달될 수 있었던 첫 번째 전쟁은 1898년 쿠바와 필리핀 등지에서 벌어진 미국과 스페인 사이의 전쟁이다. 당시 미국 뉴욕에서는 신문사들 간의 경쟁이 극심했는데, 판매부수를 늘리고 언론사의 이윤을 극대화하기 위해 선정적 기사나 근거 없는 폭로성 기사들도 거리낌 없이 게재하곤 했다. 한마디로 독자들의 관심을 끌 수 있는 뉴스거리라면 무엇이든 취재 보도한다는 것이었다. 이런 점에서 전쟁은 신문사들의 구미를 당기는 데 더할 나위 없는 뉴스거리였다. 미국과 스페인 간의 전쟁이 일어나기 한 해 전인 1897년 뉴욕의 두 경쟁 신문인 「선The

쿠바 산후안San Juan 고지로 돌격하는 미국 의용군을 묘사한 프레데릭 레밍턴의 신문 삽화.
선두에 서서 돌격하는 인물이 부대 지휘관 시어도어 루스벨트다.

Sun」과 「뉴욕 저널」은 당시 스페인의 식민지였던 쿠바에서 소요와 폭동이
일어나자 서둘러 특파원을 파견했다. 대중의 관심을 끌 수 있는 전쟁이 발
발하리라 예상한 것이었다. 그러나 쿠바에 도착한 「뉴욕 저널」의 전쟁특파
원 겸 삽화가인 프레데릭 레밍턴Frederic Remington은 어떤 전운도 감지할 수
없었다. 소규모 전투는커녕 아바나 항구를 비롯한 쿠바 전역이 조용하기
짝이 없었던 것이다. 레밍턴은 뉴욕에 전보를 보냈다. 쿠바 전역이 평온하
며 전쟁은 일어날 것 같지 않다는 내용이었다. 「뉴욕 저널」의 사장 윌리엄
랜돌프 허스트에게 이러한 소식은 반가운 일이 아니었다. 현지 상황을 사
실 그대로 전달하기보다는 일단 독자들의 눈길을 사로잡고 신문 판매부
수도 획기적으로 늘릴 수 있는 전쟁 기사를 게재해야만 했다. 허스트 사장
으로부터 레밍턴에게 곧장 답장이 날아왔다. 그 내용은 간단했다. "(전투
상황을 묘사한) 삽화나 그려 보내 주게. 전쟁은 내가 알아서 터지게 할 테
니.(You furnish the pictures. and I'll furnish the war.)" 마침내 1898년 쿠바 아바나 항구
에서 미 해군 전함 메인호가 원인 불명의 폭발로 침몰하자 허스트 계열의

신문들은 한결같이 스페인의 소행이라고 몰아붙였고 이로 인해 미국 전역이 들끓기 시작했다. 허스트 계열의 신문은 계속 이 사건을 물고 늘어지면서 "메인호를 기억하라"는 선정적인 기사 제목을 뽑았다. 전쟁 불가피론을 외치는 언론의 선동에 스페인에 대한 미국인들의 여론이 급속히 악화되어 미국 의회는 결국 스페인과의 전쟁을 선포하게 되었고 레밍턴은 전쟁 취재를 계속할 수 있었다. 전쟁 기간 동안 허스트 계열의 신문은 눈부신 속도로 성장해 하루 판매부수가 1백만 부를 넘어섰다(Sullivan, 2006).

제1차 세계대전—뉴스 통신사 시대

20세기 초 유럽을 시작으로 전 세계를 전쟁으로 몰아넣은 제1차 세계대전(1914~1918)은 언론의 전쟁 보도가 본격화되는 결정적 계기가 되었다. 세계 주요 강대국들이 무력 충돌을 빚은 세계대전은 신문사들에게 짧은 기간에 엄청난 판매부수 확장과 이윤 확대를 가능케 해준 도구였다. 이 같은 전쟁 보도를 통해 언론사들은 굵직한 뉴스거리들을 능동적으로 만들어 냈을 뿐만 아니라 지속적으로 뉴스거리를 공급하기 위해 참전국 정부나 군부 지도자들에게 전쟁을 확대할 것을 부추기는 사설을 게재하기도 했다. 한편 각국 언론사들은 다수의 전쟁특파원을 전장에 파견해 인류 역사상 가장 참혹하고 사상자가 많았던 전쟁을 취재했다. 이런 와중에 미국 신문사들도 유럽 각지에 특파원을 보내 전쟁을 취재했다. 당시 미국 전쟁특파원들은 대서양을 가로지르는 해저 통신 케이블을 활용해 뉴욕으로 전보를 보내는 방식으로 기사를 송고했는데, 취재 비용을 절약하고 보다 효율적으로 기사를 송고하기 위해 이른바 합동 뉴스 취재단을 구성했다. 이는 곧 뉴스 공급의 도매상 격인 통신사News agency의 모태가 되었다. 당시 미국 통신사들로는 AP, UP(United Press), 그리고 INS(International News Service) 등이 있었고, 유럽에서는 로이터와 AFP(Agence France-Presse, 프랑스)가 잘 알려진 통신사였다. 전쟁 초기 중립국이었던 미국은 1915년 독일 잠수함 유보트가 미국인 1백여 명이 탑승한 영국 여객선 루시타니아호를 침몰시킨 것을 계기로 본격적으로 세계대전에 뛰어들었다. 당시 전쟁특파원으로 활약한 대표적인 미국 기자로는 플로이드 기븐스Floyd Gibons와 윌리엄 셰퍼드William Shepherd를 꼽을 수 있다. 특히 「시카고 트리뷴」의 전쟁특파원 기븐스는 프랑스 전선에서 참호 전투를 취재하다가 독일군의 총격에 한쪽 눈을 실명했는데, 그 후 기븐스는 한쪽 눈에 안대를 하고 전쟁특파원으로서 크게 활약했다.

그러나 당시 전쟁특파원들의 활동 범위는 군 당국의 제재와 기사 검열 등으로 극히 제한되어 있었다. 영국과 러시아, 프랑스, 독일 등 각국 정부와 군 당국은 기자들이 전장에 접근하는 것을 철저히 통제했고 전쟁특파원들이 작성한 기사를 일일이 검열했다. 처참한 전장의 모습과 엄청난 수의 부상자와 전사자에 대한 이야기를 취재 보도하는 기자들에 대한 군 장성들의 반감과 원성도 대단했다. 더군다나 각국 정부와 군 당국은 전쟁특파원들을 자신들의 선전 선동 수단으로 삼으려 했다. 예를 들어 독일군이 점령지역의 한 병원에 들이닥쳐 갓 태어난 아기들을 살해하고 산모들도 총검으로 찔러 죽였다는 등 허황한 목격담을 들려주면서 기자들에게 기사화하도록 요구하는 식이었다. 국민의 전쟁 의지와 적개심을 높이기 위해서라면 적의 만행을 묘사하는 적절한 거짓말이 필요하며 언론 역시 이런 충격적인 기사를 기꺼이 게재할 것이라는 인식을 갖고 있었던 것이다. 전쟁특파원들을 선전 요원으로 악용하는 사례가 늘어나면서 진실을 추구하는 언론의 역할도 위협을 받게 되었다. 적군의 잔혹함과 만행을 고발하는 전쟁 기사들은 대부분 순조롭게 검열을 통과했지만 아군의 인명 피해나 작전 실패 등을 기록한 기사는 송고가 불가능했다. 그러나 전쟁특파원들은 이런 검열에 맞서 항의하거나 저항하기보다는 자신들의 기사가 군

제1차 세계대전 당시 프랑스 전선에서 독일군의 독가스 공격을 받고 괴로워하는 미군 병사. 자세히 살펴보면 독가스에 노출된 미군 병사가 고통스러워하는 결정적 순간을 담은 연출된 사진임을 알 수 있는데, 당시 전쟁 사진 가운데는 이처럼 연출된 것이 적지 않았다. (출처: U.S. National Archives)

검열을 통과할 수 있도록 내용이나 논조를 적절히 조절했다. 한마디로 제1차 세계대전은 언론의 전쟁 보도에 대한 정부와 군 당국의 검열과 통제, 선전 선동이 난무한 전쟁이었다. 당시 전쟁을 기록한 사진들 또한 검열에서 자유롭지 못했다. 대부분의 사진은 전투가 종료된 뒤에야 촬영이 가능했으며, 군 검열을 통과하기 위해 아군의 영웅적인 전투 상황을 재연하거나 심지어 연출한 사진들도 적지 않았다(Knightley, 2004).

잠시의 평화와 라디오 전성시대

피비린내 나는 제1차 세계대전을 치른 뒤 1920년대와 1930년대를 거치면서 유럽은 잠시 평화기를 누렸다. 이 기간 동안 통신기술이 눈부시게 발달했는데, 그 대표적인 예로 라디오를 들 수 있다. 라디오는 전선으로 연결되어 신호를 전달하는 전보나 전화와는 달리 무선 전파를 통해 음성과 음악, 현장음 등을 전달하는 새로운 매체였다. 라디오를 통한 뉴스는 1920년 11월 2일 미국 펜실베이니아주 피츠버그시의 KDKA 라디오 방송국이 미국 대통령 선거 결과를 보도한 것이 그 시초다. 1920년대 라디오는 급속도로 성장해 1926년에는 라디오 방송국들의 연합체인 NBC 네트워크가 생기고 이듬해에는 CBS 네트워크가 등장하는 등 단일 라디오 프로그램이 수백 개의 네트워크 가맹 라디오 방송국을 통해 미국 전역에 동시에 생방송되는 단계에까지 이르렀다. 라디오 프로그램의 첫 전파가 발사된 지 10년도 채 되지 않은 1929년에 미국 내에는 모두 1천2백만 가구가 라디오를 보유하고 있었고, 1930년대 말에는 거의 대부분의 미국인이 라디오 프로그램을 통해 각종 정보와 오락을 즐기는 라디오의 전성기를 맞았다(Sterling & Kittross, 2002). 초창기에는 각종 현장 중계, 음악과 드라마 등을 주로 방송하던 라디오는 세월이 지나며 점차 뉴스를 정규 프로그램으로 방송하면서 본격적인 방송 저널리즘 시대를 열어 종래의 신문기자들 외에 방송기자라는 새로운 직업이 탄생하기에 이르렀다.

이와 비슷한 시기에 유럽에서는 또다시 전운이 감돌기 시작했다. 나치 독일의 아돌프 히틀러가 폴란드를 침공하면서 시작된 제2차 세계대전(1939~1945)은 유럽을 중심으로 한 몇몇 국가의 국제분쟁이었던 제1차 세계대전과는 달리 50개국 이상이 참전했고 전장도 유럽과 아시아, 북아프리카, 북대서양과 태평양 등지로 확대되었다. 1939년과 1940년 두 해 동안 독일은 신속한 진격을 특징으로 하는 전격전blitzkrieg을 무기 삼아 폴란드, 체코슬로바키아, 노르웨이, 덴마크, 프랑스 등을 평정했다. 유럽 주요 국가들 가운데 독일에 점령되지 않은 나라는 영국뿐이었다. 1940년 독일은 런던을 비롯한 영국 내 주요 도시에 무차별 공습을 가했고 영국 상공에서는 영국과 독일 공군 간의 치열한 공중전이 벌어졌는데, 이때 사상 처음으로 생방송을 활용한 전쟁 보도가 시작되었다.

에드워드 머로와 전쟁 뉴스 생방송

제2차 세계대전 초기, 미국은 중립국의 입장에서 유럽에서의 전쟁에 끼어들지 않으려 했다. 그러나 수백 명의 미국 출신 전쟁특파원이 유럽 전역에서 통신사, 신문사, 그리고 라디오 방송의 특파원으로 활약하고 있었다. 그들 가운데 한 사람이 미국 CBS 방송의 에드워드 머로다. 앞에서도 말했듯이 머로는 당시 CBS 방송의 유럽 지사장으로 영국 런던에 머물고 있었는데, 전쟁의 여파가 영국에까지 미치자 기자로 나섰다. 머로는 독일 공군의 런던 대공습 당시 긴박한 전쟁 상황을 BBC 방송국 옥상에 올라가 지켜보면서 미국과 캐나다의 라디오 청취자들에게 생방송으로 중계했다. 당시 머로가 생방송한 전쟁 보도 한 대목을 살펴보자.

저는 지금 런던 시내가 한눈에 내려다보이는 건물 옥상 위에 서 있습니다. 현재 이곳에는 적막감이 감돌고 있습니다. 안전상의 이유로 제가 정확히 어디에 있는지는 여러분께 말씀드릴 수 없습니다. 제 왼편으로 저 멀리 주황색 불꽃과 함께 대공포탄이 푸른 하늘을 향해 점점이 올라가고 있습니다. …… 탐조등과 대공포화의 움직임을 살펴볼 때 지금 석 대가량의 항공기가 런던 상공을 날고 있는 것으로 보입니다. 방금 더 많은 탐조등이 환하게 켜졌습니다. 부근의 대공포화가 일제히 발사될 것으로 보입니다. 청취자 여러분께서는 곧 두 차례의 폭발음을 듣게 되실 겁니다. (폭발음) 방금 들으셨죠? 대공포탄이 공중에서 폭발한 것입니다. 조금 뒤엔 이곳에 대공포탄 파편이 떨어질지 모르겠습니다. …… 조금 더 가까이 움직여 보겠습니다. 항공기들은 무척 높이 날고 있습니다. 오늘 초저녁 무렵에도 간헐적인 …… (폭발음) 또다시 런던 상공에서 폭발음이 들리고 있습니다. 초저녁 무렵 저희는 이곳에서 멀지 않은 곳에 폭탄들이 투하되어 폭발하는 광경을 지켜봤습니다. 지금 제 머리 위로는 대공포화가 쉴 새 없이 발사되고 있습니다. ……

(에드워드 머로, CBS 라디오 생방송, 1940년 9월 21일)

머로는 당시 미국 청취자들에게 유럽에서의 긴박한 전쟁 상황을 세밀한 장면 묘사와 함께 시시각각 생방송으로 전달했다(Edwards, 2004; Seib, 2004a). 공습경보 사이렌과 작렬하는 대공포화, 폭발음 등 온갖 현장 음향이 뒤섞인 전쟁 보도는 청취자들이 손에 땀을 쥐게 하고 긴장감을 늦출 수 없게 만드는 흥미진진한 것이었다. 또 머로가 방송을 시작하면서 느릿느릿 끼워 넣는 "여기는 런던입니다(This… is London)"라는 카랑카랑한 목소리의 멘트는 전쟁특파원 머로의 트레이드마크가 되었다. 머로는 전쟁 보도에 라디오 매체가 중요한 역할을 할 수 있다는 인식을 미국 대중에게 각인시킨 방송 저널리즘의 선구자로 꼽힌다. 머로의 생방송 전쟁 보도 스타일은 70여 년이 지난 오늘날까지도 그 틀이 크게 바뀌지 않은 채 다른 방송기자들에 의해 계속 계승되고 있다.

사전 검열과 자기 검열

1941년 12월 7일, 일본이 하와이 진주만의 미 해군 기지를 공격하면서 미국도 세계대전에 참전하게 되었다. 일본의 기습 공격에 대한 미국인들의 분노는 하늘을 찌를 듯했고, 미국 전역에서 전 국민의 일치단결과 애국심을 고양하는 집회와 행사들이 수없이 이어졌다. 미국이 참전을 선언하면서 미국 언론사 소속 기자들도 일제히 영국, 북아프리카, 태평양 전선 등에 파견되어 본격적인 전쟁 보도를 시작했다. 이들은 미군 복장을 착용하고 오른쪽 어깨에는 전쟁특파원Correspondent임을 뜻하는 알파벳 'C' 자를 새겨 넣은 견장을 달았다. 과거 몇 차례 전쟁 보도를 경험한 미국 언론은 이번에도 보도와 관련된 각종 제약이 따른다는 점을 깨달았다. 무엇보다 정부와 군 당국의 정식 취재 허가accreditation를 받지 못한 기자들은 전장 취재 접근이 원천적으로 봉쇄되었다. 정식 취재 허가를 받기 위해서는 기사를 송고하기 전에 군 검열관에게 제출하고 최종 승인을 받는다는 서약서에 서명해야 했다. 군 검열관은 전쟁특파원의 기사 일부를 임의로 잘라낼 수도 있고 아예 기사 전체를 보도 불가로 판정해 폐기할 수도 있는 막강한 권한을 지녔다. 이때 미국 정부 내에 두 개의 기관이 신설되었는데, 첫째는 전쟁정보국Office of War Information이었고 둘째는 검열국Office of Censorship 이었다. 특히 검열국은 전직 AP 통신 편집 간부였던 바이런 프라이스Byron Price의 주도 아래 우편과 전보, 전화 통화, 영화와 신문기사, 그리고 라디오 방송에 이르기까지 미국 사회 전반의 모든 통신 메시지를 검열했다 (Knightley, 2004). 언론 자유와 독립성을 중시하는 오늘날 미국 사회의 기준에서 본다면 기사 검열이라는 것이 얼토당토아니한 일이지만, 제2차 세계대전 기간 동안 미국 전쟁특파원들은 자발적으로 정부와 군의 통제에 충실히 따르겠다는 서약을 하고 전쟁 취재 보도에 나섰다. 미국 영토가 일본에 의해 유린당하고 대서양 건너 유럽 전역에서 전쟁이 계속되고 있는 위기 상황 속에서 미국 국민이나 언론인들이나 모두 자신들의 자유나 권리를 희생하고서라도 국가의 전쟁 정책에 동참해야 한다고 생각했던 것이다. 이 같은 미국인들의 위기의식과 애국심은 그로부터 60년 뒤인 2001년 9월 11일 예상치 않았던 테러 공격을 계기로 또다시 되살아나게 되었다.

어니 파일과 평범한 병사 지아이 조G.I. Joe 이야기

제2차 세계대전 당시 북아프리카, 유럽, 태평양 전선을 오가며 신문 전쟁기사를 통해 미국인의 가장 큰 사랑을 받은 전쟁특파원은 어니 파일이다. 파일은 스크립스 하워드 신문 체인에서 일했는데, 그의 전쟁 기사들은 보병부대 말단 병사들에 초점을 맞춰 그들의 전투 경험담과 전장에서의 애환을 주로 보도했다. 특히 전투를 앞둔 병사들이 느끼는 공포라든가 불편한 잠자리, 형편없는 전투 식량, 부족한 수면에 대한 불평, 가족에 대한 애절한 그리움 등을 세심하게 묘사했다. 파일은 북아프리카와 이탈리아 전선 취재를 끝내고 노르망디 상륙 작전 이후 프랑스 전선을 취재했는데 당시 그의 기사 일부를 살펴본다.

우리 주변에 둘러서 있는 병사들은 2주일째 수염도 깎지 못한 상태였다. 그들의 군복은 곳곳이 닳아 반들거렸고 더럽기 짝이 없었다. 그들은 피로에 찌들어 있었다. 지난 3주일간 병사들은 제대로 휴식도 취하지 못한 채 전투를 치르며 쉴 새 없이 걷고 진격해야만 했다. 흥건히 젖은 길바닥에서 새우잠을 자야 했고 항상 긴장한 채 차갑게 식은 전투 식량을 씹어 먹으며 다른 전우들이 죽어 나가는 광경을 지켜봐야 했다. 그들 가운데 한 병사가 내게 불쑥 다가와 싸움이라도 걸 듯 내뱉었다. "기자 양반, 고국에 있는 우리 국민에게 이곳 전쟁터가 어떻다는 것을 왜 사실대로 전달하지 않는 거요? 국민이 신문에서 읽는 것은 승리니 영광이니 하는 것밖에 없지 않소? 국민은 우리가 불과 1백 야드를 전진하기 위해 누군가가 총에 맞아 죽어 나가는 것을 알기나 한답니까? 왜 당신들은 국민에게 우리의 이런 지겨운 생활을 알리지 않는 거죠?"

(어니 파일, 1944)

그날 오후 나와 함께 잠시 시간을 보냈던 중대원들의 이름을 소개한다: 조지 프 팔라자 병장 펜실베이니아주 피츠버그시 187번지, 아서 그린 일병 매사추세츠주 오번시 옥스퍼드 618번지(그의 동부 사투리 억양이 너무 억세 나는 그의 이름과 고향을 한 자씩 천천히 발음해 달라고 부탁해야 했다), 딕 메디시 일병 미시건주 디트로이트시 레미 에비뉴 5231번지, 소대장 제임스 가일즈 소위 테네시주 애틴스시(그는 땀에 흥건히 젖어 있었고 피곤하고 초라한 몰골을 하고 있어서 평범한 병사처럼 보였는데 자신을 '소위'라고 소개해 깜짝 놀랐다) ……

(어니 파일, 1944)

태평양 전선 취재 도중 일
본군의 총격에 숨진 전쟁
특파원 어니 파일의 사망
직후 모습.

파일의 기사에는 육군, 특히 보병들에 대한 뜨거운 애정과 친근감이 담겨 있었다. 파일은 이 같은 친근감이 진흙과 비, 서리와 바람 속에서 악전고투하면서 전쟁을 치러야 하는 보병들을 사랑하기 때문이라고 설명했다(Pyle, 1944).

파일의 기사들은 검열을 통과하는 데 별다른 어려움을 겪지 않았다. 그의 기사에는 병사들에 대한 각별한 애정과 후방의 국민에게 전하는 전선통신과 같은 내용들이 담겨 있었기 때문이다. 군 당국 역시 파일의 기사가 전후방의 사기 진작을 위해 도움이 된다고 생각했다.

파일은 1944년 퓰리처상을 받으며 전쟁특파원으로서 최고의 영광을 누렸으나, 1945년 4월 미 해병의 오키나와 전투를 취재하던 중 일본군의 기관총탄에 맞아 숨졌다. 그가 숨진 현장에 병사들이 세운 임시 묘비에는 "우리의 영원한 친구 어니 파일 이곳에 잠들다"라는 문구가 새겨져 있었다.

애국심에 호소하는 전쟁 보도

어니 파일의 에피소드에서 드러나듯, 제2차 세계대전 당시 연합국 전쟁특파원들은 전쟁에서 언론인으로서 자신들의 의무가 진실을 정확히 보도하는 것이라기보다는 자국의 승리를 위해 언론 자유를 희생하더라도 당국의 요구에 적극 협조하는 것이라는 생각을 갖고 있었다. 구체적으로 1942년 미국 언론사들은 군이 제시한 전시 취재 강령Code of Wartime Practice을 자발적으로 받아들였는데, 군과 병사들의 안전을 위해 언론이 적극 협조하며 기사 사전 검열을 받아들인다는 것이 주된 내용이었다. 달리 말해 당시 전쟁특파원들은 전쟁에서의 진실 추구보다 애국심이 먼저라는 태도를 보였던 것이다. 군 당국의 사전 기사 검열을 당연하게 받아들였고, 언론 스스로도 논란의 소지가 있는 기사 내용은 자진 삭제하거나 두루뭉술하게 고쳐 보도하는 등 기자들의 자기 검열도 보편화되었다. 특히 군 병력과 함께 이동하면서 취재하고 병사들과 동고동락하는 형태의 취재가 보편화되면서 전쟁특파원들은 어느새 중간 관찰자가 아닌 병사들의 친구나 동료로서 친근감과 동질감을 느끼게 되었고, 전쟁 기사들 또한 아군 병사들에 대한 무한한 애정과 성원이 담긴 내용들을 담게 되었다. 당시 기사 내용들을 살펴보더라도 독일, 일본, 이탈리아 등 추축국Axis powers과의 전쟁을 선과 악의 대결로 묘사하는 것이 보통이었고 미군과 영국군 등 연합군Allied forces 병사들을 영웅으로 묘사하는 것이 정석이었다.

기사에 대한 사전 검열은 전쟁의 도화선이 된 일본군의 하와이 진주만 공습 때부터 시작되었다. 당시 진주만에서는 미 해군 전함 다섯 척이 침몰했고 세 척이 손상을 입었다. 세 척의 순양함과 세 척의 구축함은 기동 불가능 상태에 빠졌다. 또 2천 4백 명 이상의 해군 수병들과 해병대원, 민간인들이 목숨을 잃었다. 그러나 미국 정부와 미 해군은 이 같은 사실을 공개할 경우 국민의 사기 저하는 물론 미군의 상세한 피해 상황을 일본군에

일본군의 진주만 기습 공
격 당시 폭발하는 미 전
함 쇼Shaw. (출처: U.S.
Naval History and Heritage
Command)

게 노출하게 될 것이라고 우려해 사실을 축소 왜곡하기로 결정했다. 이에
따라 미국 정부는 전함 한 척과 구축함 한 척이 침몰했으며 다른 선박들은
약간의 손상을 입었다는 내용의 공식 발표를 했다. 미국 언론들은 사실 확
인도 없이 정부의 이 같은 발표를 그대로 받아 보도했다. 결국 진주만 공
격 피해의 정확한 실상은 전쟁이 끝나 기사 검열이 폐지될 때까지 국민에
게 알려지지 않았다.

　사전 검열은 기사뿐만 아니라 사진 보도에 있어서도 예외가 아니었다.
전쟁이 시작된 뒤 2년 동안 미국 정부는 전사한 미군 병사들의 모습을 담
은 전쟁 보도 사진들을 일절 공개하지 못하도록 했다. 1943년 미국 정부
는 태평양 전선에서 전사한 아군 병사들의 (얼굴이 보이지 않는) 뒷모습이
담긴 사진 한 장을 공개했는데 실제로 촬영한 때는 1942년이었다. 미국
정부가 뒤늦게 사진을 공개한 이유는 전사한 아군 병사들의 충격적인 모
습을 보여 줌으로써 정부의 전쟁 정책에 대한 국민의 폭넓은 지지를 받기
위해서였다.

　사전 기사 검열은 대부분의 전장에서 예외 없이 지켜졌다. 그러나 검열

을 거치지 않고 기사를 게재했다가 고초를 겪는 전쟁특파원들도 간혹 생겼다. 「시카고 트리뷴」의 전쟁특파원 스탠리 존스턴Stanley Johnston이 대표적인 예다. 전쟁 초기 고전을 계속하던 미군이 1942년 6월 초 처음으로 일본군을 꺾은 미드웨이 해전은 태평양 전쟁의 전환점이었다. 당시 미군은 일본군의 통신 암호를 해독해 낸 뒤 일본 해군 항모 전단의 공격 목표와 움직임을 간파해 전투를 승리로 이끌 수 있었다. 그러나 당시 미 해군의 해전 승리 소식은 단편적으로만 언론에 전해졌을 뿐 전투의 상세한 모습은 전혀 알려지지 않았다. 공교롭게도 존스턴 기자는 미드웨이 해전이 벌어졌을 때 군용 선박 편으로 미국으로 귀환하던 중이었다. 해군 수병들은 존스턴 기자에게 자신들이 겪은 미드웨이 해전에 관한 이야기들을 일본군 암호를 몰래 해독했다는 사실까지 포함해 상세히 들려주었다. 시카고에 돌아온 존스턴은 곧바로 수병들로부터 전해 들은 이야기를 토대로 승리의 결정적 원동력이었던 암호 해독과 일본군 피해 상황 등을 비롯한 미드웨이 해전에 관한 상세한 정보를 6월 7일 자 기사로 게재했다. 「시카고 트리뷴」의 전쟁 기사를 접한 미 해군은 당장 존스턴을 스파이 혐의로 기소하려 했다. 존스턴 기자는 수도 워싱턴까지 달려가 정부와 군 고위 관료들에게 자신의 취재 과정과 기사 내용 등에 대해 구구절절 해명하고 사과해야 했다(Knightley, 2004; Sullivan, 2006).

AP 통신 전쟁특파원 에드워드 케네디Edward Kennedy는 군의 보도 검열 가운데 기사 보도 유보 규정인 엠바고embargo를 어겼다는 이유로 그보다 더한 고초를 겪었다. 1945년 5월 7일 케네디 기자를 포함한 17명의 전쟁특파원들은 프랑스 랭스Reims의 연합군 총사령부에서 벌어진 독일군의 항복 문서 조인식을 취재하게 되었다. 유럽 전선에서 연합군과 독일군 간의 전쟁이 공식적으로 종료되는 순간이었다. 미군 당국은 케네디를 비롯한 종군기자들에게 하루 뒤 독일 베를린에서 있을 독일군의 소련군에 대한 항복 문서 조인식과 때맞춰 독일군의 무조건 항복 기사를 동시에 보도해야 한다며 기사를 36시간 동안 보도하지 말 것을 요구했다. 문제는 프랑스에 서의 항복 조인식이 끝난 지 몇 시간도 되지 않아 독일 내 라디오 방송이 독 일군의 무조건 항복 사실을 방송하기 시작한 것이다. 케네디 기자는 이미 독일군 항복 소식이 방송되었기 때문에 엠바고의 실효성이 사라졌다 생각 하고서 자신의 기사를 곧바로 군용전화를 통해 런던의 AP 통신 지국으로 송고했다. 케네디 기자의 독일군 항복 소식은 다음 날인 5월 8일 자 「뉴욕 타임스」 보도를 통해 특종 보도되었고 미국과 전 세계는 환희의 물결에 휩싸였다. 그러나 미군 당국은 케네디 기자가 전시 검열 통제 규정을 어겼 다며 그를 종군 기자단에서 추방했다. 설상가상으로 AP 통신 경영진도 검 열 규정을 어긴 것은 기자로서의 신의를 저버린 것이라면서 케네디 기자 를 해고했다. 신의를 내세우며 해고를 정당화시켰지만 AP 통신의 이 같은 결정은 물의를 빚은 소속 기자를 해고하여 미국 정부와 군부의 비위를 맞 추려던 것에 불과했다. 그로부터 무려 67년 뒤인 2012년 5월, AP 통신 톰 컬리 최고 경영자는 당시 AP 통신이 케네디 기자를 해고한 것은 커다란 실수였으며 케네디 기자는 전쟁특파원으로서 자신의 책무를 올바르게 수 행했던 것이라며 공식 사과했다(Caruso, 2012).

여성 전쟁특파원들의 활약

제2차 세계대전 기간 중 미국에서는 1천6백 46명의 전쟁특파원이 정식 취 재 허가를 받아 활약했다. 이들 가운데 127명이 여성 기자들이었는데 그 중 여덟 명은 최전선에서 전쟁을 보도했다. 당시 명성을 누렸던 여성 전쟁 특파원들로는 마거릿 버크화이트Margaret Bourke-White, 헬렌 커크패트릭Helen Kirkpatrick, 그리고 마사 겔혼 등을 들 수 있다. 「시카고 데일리 뉴스」(Chicago Daily News, 미국)의 전쟁특파원 헬렌 커크패트릭은 1940년 독일 공군의 런던 공습 때 앰뷸런스나 소방차, 자전거를 타고 시내 곳곳을 누비며 영국인들의 고통과 투쟁을 취재 보도했다. 타임의 『라이프』(Life, 미국) 잡지 전쟁특파원 마거릿 버크화이트는 1941년 모스크바 특파원으로 있으면서 독일군의 모스크바 공습을 담은 사진을 독점 촬영하여 보도해 명성을 얻었다. 버크화이트는 그 뒤 유럽과 북아프리카 전선을 취재해 수많은 전쟁 사진을 남겼다. 마사 겔혼은 1930년대 스페인 내란 때부터 전쟁 취재를 시작해 제2차 세계대전 중에는 노르망디 상륙 작전 당시 위험을 무릅쓰고 프랑스 해변에 직접 상륙해 취재한 것으로 유명하다. 겔혼은 미국의 유명 작가 어니스트 헤밍웨이의 세 번째 부인이기도 한데, 그녀는 사람들이 항상 자신을 헤밍웨이의 아내로만 알고 있는 데 대해 불만을 갖고 있었다고 한다.

당시 여성 전쟁특파원들이 활동하는 데에는 여러 제약이 뒤따랐다. 군 고위 장교들을 비롯해 많은 사람이 여성 기자들이 격렬한 전투와 포격, 공습 등을 몸소 겪으며 전쟁을 취재하기에는 신체적으로 연약하고 정신적으로도 무리라면서 이들의 전장 접근을 막으려고 했다. 심지어 일부 군 장교들은 전장에서 급한 생리 현상을 해결하려고 해도 여성들은 제약이 한두 가지가 아니라며 이들을 반기지 않았다. 여성 전쟁특파원들은 열악한 전장 상황을 극복하는 것 외에도 이 같은 편견을 불식시키기 위해 더욱 노력해야 했다. 「뉴욕 헤럴드 트리뷴」의 마거리트 히긴스 기자는 여성 기자들을 전장에 보내지 않는다는 신문사 내부 규칙 때문에 자신의 전쟁 취재가 불가능하다는 사실을 알고는 편집인에게 간청과 항의를 거듭해 결국 파리 지국 특파원으로 부임할 수 있었다. 히긴스는 독일 영토로 진격하는 연합군과 함께 이동하면서 나치 강제수용소 해방 소식 등을 보도하는 등 전쟁특파원으로서 맹활약했다.

한편 제2차 세계대전 때 인상적인 전쟁 사진을 남긴 전쟁특파원으로 『라이프』의 로버트 카파를 빼놓을 수 없다. 카파는 이미 1936년 스페인 내란

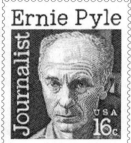

제2차 세계대전 당시 전쟁특파원들의 모습을 담은 우표. 전쟁특파원들은 때때로 위대한 영웅으로 간주된다. 미국에서는 제2차 세계대전 당시 활약한 전쟁특파원들의 모습을 담은 우표들이 종종 발행되곤 했다. (출처: U.S. Postal Service)

취재 때 명성을 얻기 시작했는데, 제2차 세계대전을 거치면서 위험을 무릅쓰고 병사들 곁에 밀착해 촬영한 사진들로 더욱 이름을 높였다. 1944년 6월 6일, 카파는 노르망디 상륙 작전을 취재했다. 당시 빗발치듯 쏟아지는 독일군 총탄을 뚫고 오마하 해변에 상륙하는 미군들을 촬영한 사진들은 찌푸린 날씨 속에서 카메라를 움켜쥔 그의 손이 떨려 대부분 초점이 어긋났거나 화상이 불명확한 것들이었다. 카파는 황급히 일련의 전투 사진들을 찍은 뒤 곧바로 영불 해협을 건너 런던으로 돌아가 사진들을 현상했다. 이 과정에서 현상액의 온도와 시간을 잘못 조절해 또다시 사진의 입자와 화질이 더욱 거칠게 나타났다. 카파의 역사적인 노르망디 상륙 작전 보도 사진들은 이런 결점에도 불구하고 당시 긴박한 전투 상황을 생생히 묘사한 것으로 평가된다.

유대인 대학살과 히로시마 원폭

1945년 4월 연합군은 독일에 점령당한 나라를 모두 해방시킨 뒤 독일 영토로 파죽지세로 진격해 들어갔다. 전쟁특파원 마사 겔혼은 연합군에 의해 해방된 다카우Dachau 강제수용소를 둘러보았다. 겔혼은 자신의 기사에서 다카우 수용소가 유럽에서 연합군의 승리를 실감할 수 있는 가장 대표적인 장소라고 묘사했다. 겔혼은 이어 "이 전쟁은 확실히 다카우 수용소와 다카우와 같은 (인권이 유린되고 살육이 자행된) 수많은 곳을 영원히 사라지게 했다"고 써내려 갔다. CBS 방송의 에드워드 머로도 연합군이 해방시킨 유대인 강제수용소 부헨발트를 둘러보며 나치 독일이 저지른 충격적인 살상 현장을 다음과 같은 라디오 뉴스 원고로 남겼다.

지금부터 청취자 여러분께 지난 목요일 제가 독일 땅에서 목격한 것을 말씀 드리고자 합니다. 결코 유쾌한 이야기가 아닙니다. 혹시 여러분께서 점심을 즐기고 계신다면 제가 들려 드릴 독일군의 만행 이야기에 식욕을 잃으실 테니 당장 라디오를 끄시는 것이 좋을 겁니다. 강제수용소 부헨발트 이야기를 들려 드리겠습니다. (중략) 그들은 수용소의 다른 한편으로 저를 데려갔습니다. 수백 명의 어린이 가운데 …… 그들 가운데는 여섯 살짜리도 있었습니다. 한 어린이가 소매를 걷어 올리고 자신의 팔에 문신으로 새겨진 죄수 번호를 보여 줬습니다. 다른 어린이들도 저에게 각자의 팔에 새겨진 죄수 번호를 보여 줬습니다. 이 어린이들은 나치가 문신으로 새긴 죄수 번호를 평생 간직하고 살아갈 것입니다. (중략) 제가 강제수용소를 떠나려고 할 때 한때 파리의 하바스Havas 통신사에서 일했다는 프랑스인 수용자 한 명을 만났습니다. 그는 저에게 "기자님께서는 이곳 수용소에 관한 기사를 쓰시겠지요?"라고 물었습니다. 그리고 그는 이렇게 덧붙였습니다. "이곳에 관한 기사를 제대로 쓰려면 최소한 2년 정도 이곳에 머물며 실상을 체험해 봐야 합니다. 하지만 이곳에서 2년을 보내고 나면 더 이상 아무것도 쓰고 싶지 않을 겁니다."

(에드워드 머로, CBS 방송, 1945년 4월 15일)

나치 독일의 잔혹한 전쟁 범죄와 유대인 수용자들의 비참한 참상을 고발한 머로의 방송 뉴스 원고는 오늘날까지도 전쟁 보도의 백미로 꼽히고 있다.

1945년 8월 일본 히로시마廣島와 나가사키長崎에 투하된 원자폭탄은 수십만 명의 사망자와 부상자를 낳았고 결국 일본이 연합국에 무조건 항복하도록 만들었다. 그러나 종전 이후에도 원자폭탄이 정확히 어떤 것이고 폭탄이 투하된 히로시마, 나가사키 등 일본 도시들에 어느 정도 피해가 생겼는지 아무도 알지 못했다. 일본을 점령한 연합군 총사령관 더글러스 맥아더 원수는 도쿄를 제외한 일본 전역에 기자들의 출입을 철저히 금지시켰다. 어쩌면 미국을 비롯한 연합국 기자들은 일본이 원자폭탄 투하로 인해 겪게 된 고통과 파괴는 자신들이 저지른 전쟁 범죄 탓이라고 간주해 의식적으로 민간인 원폭 피해자들의 실상을 무시했던 것인지도 모른다. 그러나 종전 한 달 뒤인 9월 초 런던의 「데일리 익스프레스Daily Express」 신문의 윌프레드 버체트Wilfred Burchett 기자는 미군 사령부의 방침을 무시하고 전격적으로 히로시마에 들어가 자신이 목격한 상상하기 힘든 광경을 기사로 게재했다.

히로시마에서는 도시를 파괴하고 전 세계를 놀라게 한 첫 원자폭탄이 터진 날로부터 30일이 지난 지금까지도 수많은 시민이 원인 불명의 질병으로 계속 죽어 가고 있다. 그들은 폭탄 투하 당시에는 부상당하지 않았지만 현재로서는 원자병으로 부를 수밖에 없는, 알 수 없는 어떤 이유로 죽어 가고 있는 것이다. 히로시마는 공습을 당한 도시 같아 보이지 않는다. 도시는 마치 거대한 도로 압착기가 지나가면서 지상의 모든 것을 납작하게 깔아뭉갠 듯하다. 나는 지금 내가 목격한 사실들을 토대로 전 세계에 경고하기 위해 최대한 침착하게 이 글을 기록하고 있다.　(윌프레드 버쳇트, 「데일리 익스프레스」, 1945년 9월 3일).

이듬해인 1946년 봄, 미국 잡지 『뉴요커New Yorker』의 편집장 윌리엄 숀 William Shawn은 전쟁특파원 출신인 존 허시John Hersey 기자에게 히로시마 현지 상황과 원인 불명의 질병에 관한 취재를 지시했다. 허시는 히로시마에 찾아가 30여 명의 원폭 생존자들을 인터뷰하고 그들이 목격하고 경험한 원자폭탄 투하 전후의 상황을 경청했다. 허시는 최종적으로 히로시마에서 원폭을 겪은 생존자 여섯 명의 경험담을 담담한 문체로 기록했다. 『뉴요커』는 1946년 8월 31일 자 전체를 할애해 허시의 히로시마 심층 취재기사를 실었다. 적국 일본의 민간인들이 겪어야 했던 형언할 수 없는 고통과 비참한 죽음에 대한 미국 독자들의 반응은 폭발적이어서 『뉴요커』는 독자들의 요청에 따라 재판을 발행했고 곧이어 Hiroshima(『히로시마』)라는 제목의 단행본도 출간했다.

나치 독일의 만행과 처참한 인권 유린 현장을 고발한 유대인 강제수용소 기사와 원자폭탄으로 인한 일본 민간인들의 희생과 고통을 묘사한 히로시마 실상 보도는, 치열한 전쟁이 끝난 뒤에 승전국들은 어떤 이득을 누리고 패전국들은 어떤 고통과 상처를 받게 되는가를 살피고 전쟁 참전국들은 물론 전 인류에게 전쟁이 남긴 상처와 유산이 어떤 것인지를 정확히 기록해 역사의 증언으로 남겨야 하는 전쟁특파원들의 임무가 얼마나 중요한지를 일깨워 준 대표적인 사례다.

08
냉전의 시작과 한국 전쟁

독일과 일본, 이탈리아 등 추축국 세력의 패배로 제2차 세계대전이 마무리되자마자 전 세계는 또 다른 정치적·군사적 격변을 겪게 되었다. 전쟁 기간 동안 우방국이었던 미국·영국과 소련이 전쟁이 끝난 뒤 군사 대결과 이념 경쟁을 벌이면서 이른바 냉전(1945~1991)이 시작된 것이다. 패전국 독일은 동서로 양분되어 전승국 소련이 동부지역을, 미국·영국·프랑스가 서부지역을 분할 통치하게 되었다. 또 다른 패전국인 일본의 경우 미군이 열도의 대부분을 통치하게 되면서 그나마 국토 분단을 피할 수 있었다. 그러나 제2차 세계대전 참전국이 아니었던 우리나라는 소련이 38도선 이북 지역을 통치하고 미국이 38도선 이남 지역을 분할 통치하면서 예기치 않은 국토 분단 상황에 놓이게 되었다. 한편 북한과 동독 이외에도 폴란드, 체코슬로바키아, 헝가리 등 동유럽 국가들을 사실상 점령한 소련은 이들 나라에 공산 정권을 차례로 세워 나갔는데, 이에 맞서 미국과 영국이 공산주의에 대한 봉쇄 정책Containment policy을 펴면서 본격적인 냉전시대가 시작되었다. 그리고 자본주의와 공산주의의 대결로 일컬어지는 미·소 양 대 진영 사이 냉전의 첫 번째 군사 대결이 한반도에서 벌어지게 된다.

한국 전쟁과 미국 전쟁특파원들

1950년 6월 25일, 소련의 지원을 받은 북한 공산군이 38도선을 넘어 일제 공격을 시작했다. 북한군의 기습 공격에 대한민국 국군은 순식간에 허물어졌고 편제도 제대로 갖추지 못한 채 3일 만에 수도 서울을 포기하고 후퇴를 거듭했다. 바로 이 시각, 일본 도쿄에는 불과 4일 전 도쿄 특파원으로 부임한 「뉴욕 헤럴드 트리뷴」의 마거리트 히긴스 기자가 있었다. 히긴스는 제2차 세계대전 막바지에 「뉴욕 헤럴드 트리뷴」의 런던, 파리 특파원으로 활약하면서 나치 독일의 몰락 과정을 취재한 데 이어 전쟁 이후에는 베를린 특파원으로 미·소 간의 냉전 속에서 진행되던 정치·군사적 대결을 취재하고 있었다. 히긴스는 도쿄 특파원 발령을 받고서 무척 상심했다고 한다. 그녀에게 도쿄라는 곳은 치열한 냉전이 벌어지는 베를린과는 비교할 수 없을 정도로 한가한 곳이었기 때문이다. 그러나 미국 정부가 북한의 대남 기습 남침을 저지하기 위해 미군을 투입할 것임을 공표하고 유엔이 군사 개입을 공식 승인하면서 그녀는 몇 안 되는 미국 여성 전쟁특파원으로서 한국 전쟁을 본격적으로 취재하게 되었다. 6월 27일 한국 전선에 도착한 히긴스는 수도 서울 함락을 앞두고 북한군의 진격을 저지하기 위해 한국군이 한강 다리를 폭파한 사실과 자신을 비롯한 전쟁특파원들과 미군 군사고문단 일행의 처절한 후퇴 소식 등을 현장에서 취재 보도했다. 그녀는 그 뒤 미 지상군이 한국 전쟁에서 치른 첫 전투에서 막대한 피해를 입고 후퇴한 사실을 상세하게 보도해 미국 독자들에게 충격을 안겨 주었다.

히긴스가 이처럼 사실 그대로 전쟁 보도를 할 수 있었던 것은 한국 전쟁이 그 이전의 다른 전쟁들과는 달리 북한군이 선전포고도 없이 기습 공격을 가해 온 것인 데다가 개전 초기 전쟁의 성격이 유엔이 주도하는 치안유지 활동police action으로 규정되어 미군 측이 전쟁특파원들의 취재 활동이나 보도 내용에 별다른 제재를 가하지 않았기 때문이다. 전쟁특파원들은 미군 작전에 관한 비밀을 준수하고 상세한 병력 이동에 관한 내용을 보도하지 않는다는 데 동의했을 뿐이다.

한국 전쟁 초기에 활약한 전쟁특파원들 가운데 취재기자는 마거리트 히긴스, 호머 비거트Homer Bigart(「뉴욕 헤럴드 트리뷴」), 키이스 비치Keyes Beech(「시카고 데일리 뉴스Chicago Daily News」), 존 하이타워John M. Hightower(AP 통신) 등이, 사진기자는 칼 마이던스Carl Mydans(『라이프』), 맥스 데스퍼Max Desfor(AP 통신), 데이비드 더글러스 던컨David Douglas Duncan(『라이프』) 등이 있었다. 당시 미국 전쟁특파원들이 작성한 기사에는 "제대로 무장도 갖추지 못한" 또는 "훈련되지 못한" 미군 병사들의 모습이 적나라하게 묘사되었고 허겁지겁 후퇴를 거듭하는 미군 군사고문단 소속 장교들의 모습도 그려져 있었다. 특히 미국의 안보와 직접적 관련이 없는 이역만리 땅에서 벌어진 전투에 참여한 미군 병사들의 전쟁에 대한 회의감과 군부에 대한 불만도 담겨 있었다. 미 해병의 인천상륙작전과 서울수복작전을 취재한 『라이프』 소속 데이비드 더글러스 던컨은 해병대원들과 함께 전장을 누비며 치열한 전투 상황들을 근접 촬영한 사진을 다수 발표했는데, 당시 사진들을 모아 1951년 『이것이 전쟁이다!This Is War!』라는 제목의 사진집으로 발간했다.

여성 전쟁특파원 마거리트 히긴스에게 가장 큰 도전은 위험한 전장을 누비는 것이 아니라 여성 전쟁특파원들에 대한 미군 고위 장교들의 편견과 거부감이었다. 일례로 미 제8군 사령관 월턴 워커 중장은 전장은 연약한 여성들에게 적합한 곳이 아니라면서 히긴스를 한국에서 내쫓으려 했다. 히긴스는 도쿄에 있는 유엔군 총사령관 더글러스 맥아더 원수에게 즉

인천상륙작전 당시 적색 해안 장벽을 기어오르는 미 해병들. 상륙정 정면에는 해병들이 장벽을 쉽게 기어오를 수 있도록 나무 사다리를 준비해 놓았다. 선두에 서서 장벽을 오른 발도메로 로페즈 중위는 몇 분 뒤 북한군의 총탄에 맞아 전사했다. (출처: U.S. Naval History and Heritage Command)

시 항의해 여성 전쟁특파원들이 한국 전쟁을 취재할 수 있다는 공식 승인을 받아 냈다. 히긴스는 자신의 신문사 내에서도 심한 견제를 받아야 했는데, 선배기자이자 유명한 전쟁특파원인 호머 비거트와 줄곧 불화를 겪었다. 비거트는 후배기자 히긴스와 취재 경쟁을 벌여야 한다는 사실이 못마땅해서인지 편집국장에게 히긴스를 당장 도쿄로 돌려보내라고 요구했다 (Higgins, 1951). 하지만 온갖 압력에도 불구하고 히긴스는 1950년 말까지 한국 전쟁을 꾸준히 보도해 1951년 여성 언론인으로서는 사상 처음으로 퓰리처상을 수상했다. 다음은 히긴스가 1950년 9월 15일 미군과 한국군의 인천상륙작전에 직접 참여해 전투 상황을 보도한 기사의 일부다.

중무장한 미 해병들은 오늘 여명 무렵 역사상 가장 힘든 상륙 작전에 돌입해 인천항 중심부의 3미터가 넘는 해안 장벽을 기어올라 한 시간 만에 고지 세 곳에 거점을 마련했다. 기자는 적색 해안Red Beach을 타격한 해병대의 다섯 번째 공격조에 합류했는데, 우리는 첫 공격조가 해안 장벽에 설치해 놓은 나무 사다리에 의지해 장벽을 기어올랐다. 해군 함정들과 항공기들이 꾸준히 퍼붓는 엄청난 사격에도 불구하고 아직 살아남은 북한군 병력들은 소화기와 박격포로 끈질기게 저항하고 있었다. 북한군들은 심지어 우리를 향해 수류탄을 투척하기도 했지만 수류탄들은 잔뜩 움츠린 우리로부터 멀리 떨어진 지점에서 폭발했다.

미 해병의 첫 공격조는 해안에 거의 다 도달했을 것이다. 2분 뒤면 작전 개시 시각인 오후 5시 30분이다. 갑자기 인근 언덕에서 밝은 오렌지색의 예광탄들이 우리를 향해 쏟아졌다. "맙소사! 아직도 적군이 남아 있어." 셔닝 중위가 소리쳤다. "모두 몸을 숙여. 이제 곧 해안에 도달한다." 작전 개시 15분 뒤 우리가 탄 상륙정은 인천항 해안까지 마지막 2천 야드를 남겨 놓고 있었다. 북한군이 쏜 예광탄들이 상륙정의 철판에 맞아 튕겨 나가는 소리가 거세게 들려왔다. "쟤들 얼굴들 좀 봐." 「뉴어크 데일리 뉴스Newark Daily News」 기자 존 데이비스John Davies의 말에 잠시 뒤돌아보니 해병들의 얼굴은 긴장감에 잔뜩 일그러져 있었다. (마거리트 히긴스, 「뉴욕 헤럴드 트리뷴」, 1950년 9월 18일)

인천상륙작전 성공 이후 유엔군과 한국군이 북한지역을 석권하며 압록강 방면으로 진격해 가는 과정에서 전쟁특파원들은 취재 보도에 별다른 제약을 받지 않았다. 그러나 1950년 가을 수십만 명의 중국 공산군이 참전하면서 수세에 몰린 유엔군이 후퇴를 거듭하며 전쟁이 교착 상태에 빠지자 맥아더 유엔군 사령부는 전쟁특파원들의 취재 활동에 대한 가혹한 통제와 함께 기사 검열을 시작했다. 한국 전쟁에 대한 부정적 전망이나 유엔군의 저조한 사기 등을 묘사하거나 중국 공산군의 개입을 초래한 맥아더 원수에 대한 비판은 보도 금기사항이었다. 유엔군 사령부는 날마다 전쟁특파원들을 상대로 구체적인 전과를 나열하고 사살된 적군의 수를 브리핑했는데, 영국 전쟁특파원들은 이 같은 브리핑에 대해 마치 '동화'를 읽는 것 같다며 빈정대곤 했다(Knightley, 2004).

호머 비거트 역시 미국의 전쟁 개입에 회의를 느끼며 유엔군 고위층의 전술적 실패에 대해 다음과 같은 비판적 기사를 송고했다.

> 한국에 주둔한 미군들이 느끼는 패배감이 어떤 영향을 미칠지는 아직 알 수 없다. (중략) 필사적으로 지연작전을 펼치며 남쪽의 새로운 진지를 향해 철수하는 장병들로서는 과연 내일 어떤 일이 벌어질지 가늠해 볼 겨를조차 없다. 이런 상황 속에서 보통 사람이라면 살아남는 것 이외엔 아무것도 기대할 수 없기 때문이다. 하루라도 더 목숨을 부지해 떠오르는 해를 바라보며 희열을 느끼는 것이다. 그러나 극도의 피로감과 눈앞에 닥친 죽음의 공포가 사라질 때쯤이면 남는 것은 쓸쓸한 상실감뿐일 것이다. 이미 지각 있는 몇몇 장교는 현재의 위기를 초래한 군 고위층의 최근 잇따른 의사 결정이 과연 올바른 것이었던가에 대해 커다란 의문을 품고 있다. 가장 대표적인 것으로는 지난 몇 주일 동안 더글러스 맥아더 원수가 주도한 총공세가 실패해 적들이 (유엔군을) 패배로 몰아넣은 것이다. (중략) 한국 전선은 서방 진영이 승리를 거둘 수 있는 곳이 아니라는 것이다.
>
> (호머 비거트, 「뉴욕 헤럴드 트리뷴」, 1950년 12월 5일; Wade, 1992)

비거트는 제2차 세계대전 보도로 퓰리처상을 수상한 데 이어 한국 전쟁 보도로 두 번째 퓰리처상을 받았고 훗날 베트남 전쟁도 취재했다.

1951년 한국 전쟁이 38도선 부근에서 교착 상태에 빠지자 전쟁 보도 역시 소강상태로 접어들게 되었다. 게다가 기나긴 휴전회담이 진행되면서 유엔군 사령부가 전쟁특파원들이 휴전회담 대표들과 접촉하는 것을 금지하자 전쟁 관련 보도는 더욱더 줄어들 수밖에 없었다. 장기화된 전쟁 때문에 싸늘해진 미국 내 여론도 전쟁 보도를 더욱 위축시킨 요인이었다. 이에 미국 등 서방 전쟁특파원들은 한국 전쟁에서 유엔군의 승리를 갈망하기보다는 더 이상의 인적·물적 손실 없이 조속히 전쟁을 종료시킬 것을 요구하는 기사들을 보도하기 시작했다(백선엽, 1989; 정일권, 1986).

여기서 한 가지 주목할 만한 변화가 일어나는데, 한국 전쟁을 기점으로 제2차 세계대전 당시 언론과 군 당국 간에 유지되었던 전통적인 우호 선린 관계가 점차 상호 견제하고 비난을 퍼붓는 긴장 관계로 바뀌게 된 것이다. 이는 중국 공산군 참전 이후 한국 전쟁이 장기화되면서 군 당국이 전쟁특파원들에게 기사 검열과 전장 접근 통제 등 가능한 모든 종류의 제한을 가했기 때문이다. 한국 전쟁은 또한 그 이전의 전쟁에서 미군을 비롯한 연합군의 감격적인 승리 보도에 익숙했던 미국 전쟁특파원들이 기나긴 휴전회담 끝에 '무승부'로 전쟁이 마무리되는 것을 지켜보면서 미국의 해외 분쟁 군사 개입에 대해 새로운 시각과 견해를 갖게 한 계기가 되었다.

더글러스 맥아더 원수와 전쟁특파원들 간의 애증 관계

한국 전쟁이 발발하면서 유엔군 총사령관에 임명되어 전쟁을 이끈 더글러스 맥아더 원수는 한국인에게는 전쟁 영웅으로 기억되고 있다. 그러나 맥아더는 제2차 세계대전 때부터 전쟁특파원들의 취재 보도를 제한하거나 언론을 자신의 명성을 높이는 선전 도구로 적극 활용한 언론 통제의 달인으로 손꼽힌다. 일례로 제2차 세계대전 당시 태평양 남서지구 연합군 사령관이었던 맥아더는 전쟁특파원들이 연합군 소속 장병을 인터뷰하는 것을 금지시켰고 이를 어긴 장병들을 군법회의에 회부하도록 했다. 모든 전쟁 보도는 맥아더 사령부의 사전 검열을 받아야 했으며, 맥아더 사령부는

인천상륙작전을 지휘하는
더글러스 맥아더 원수.
(출처: U.S. Naval History
and Heritage Command)

전쟁특파원들이 연합군 사상자 보도를 할 때 실제보다 피해 규모를 축소
하도록 압력을 가하기도 했다. 맥아더는 특히 자신의 명성 관리에 큰 관심
을 쏟아 언론이 자신을 '군사적 천재' 또는 '연합군 승리의 주역'으로 묘사
하도록 했다. 미군이 일본군의 점령지였던 필리핀을 탈환하자 수많은 서
방 기자를 불러 자신이 필리핀 해변에 도착하는 장면을 일제히 사진 촬영
하도록 했는가 하면, 절친한 『라이프』의 사진기자 칼 마이던스가 이 장면
을 놓쳤다며 아쉬워하자 사흘 뒤 해변에서 또 한 차례 필리핀 상륙 장면을
재연하기도 했다. 맥아더는 또 가능한 한 사진기자들이 자신을 아래쪽에
서 올려다보며 촬영하는 것을 선호했는데, 이럴 경우 자신의 모습이 더욱
웅장하고 위대해 보이기 때문이었다. 제2차 세계대전 종전 이후 일본 주
둔 연합군 총사령관이 된 맥아더는 언론 취재 규정을 더욱 강화했다. 일례
로 미군이 투하한 원자폭탄으로 인한 방사능 피해에 관한 보도는 금기사
항이었고, 언론사 특파원들이 실상을 확인하기 위해 히로시마와 나가사키
를 방문하는 것도 일절 금지시켰다.

한국 전쟁 초기 맥아더 사령부는 언론 취재에 별다른 제한과 검열을 가하지 않았다. 맥아더는 미군 내부에서 제기된 수많은 반대에도 불구하고 자신의 고집으로 밀어붙인 인천상륙작전이 성공하자 언론의 칭송과 집중조명을 받아 더욱더 명성을 드높일 수 있었다. 맥아더를 '독재자'에 비유하며 미워한 기자가 많았지만 맥아더의 노선에 동조하면서 그와 절친했던 기자들도 적지 않았다. 그 가운데 한 사람이 한국 전쟁 보도로 퓰리처상을 받은 「뉴욕 헤럴드 트리뷴」의 마거리트 히긴스다. 그녀는 전쟁 초기 유일한 여성 전쟁특파원으로 맥아더의 눈길을 끌었고, 곧이어 맥아더와 단독으로 특종 인터뷰를 하는가 하면, 그 뒤 여러 차례 한국 전쟁 보도와 관련해 맥아더에게 우호적인 기사들을 보도해 특별 대우를 받았다. 개전 초기 히긴스는 미군의 어이없는 참패 소식 등 부정적 뉴스를 다루면서도 유독 맥아더에 대해서만은 시종일관 우호적인 시각을 유지했는데, 이는 무척 흥미로운 일이다.

맥아더는 그러나 자신의 군사 전략에 대한 지나친 오만과 과신으로 유엔군의 38도선 돌파와 북진을 밀어붙이다가 1950년 가을 중국 공산군이 개입해 유엔군이 순식간에 수세에 몰리게 되자 또다시 언론 취재 규정을 뜯어 고쳐 엄격한 기사 검열과 취재 제한을 가했다. 맥아더 사령부의 가혹한 취재와 검열 규정에 몸서리친 일부 전쟁특파원들은 한국 전선 취재를 포기하고 본국으로 돌아가기도 했다(Sullivan, 2006).

맥아더가 직속상관인 해리 트루먼 대통령과의 불화를 겪어 가면서까지 북진 통일과 중국 내 공산군 거점들에 대한 원자폭탄 투하 주장을 굽히지 않았던 것은 자신의 명성을 지키려는 집념과 함께 중국 공산군 참전으로 단숨에 무너져 내린 군사 전략가로서의 이미지를 만회하려 한 것이라는 분석이 있다. 특히 한국 전쟁 전술 전략에 대한 이견으로 군 통수권자인 대통령에 항명하다가 결국 불명예 제대를 하게 된 것은 맥아더의 자기 과

시욕 이외에도 제1차 세계대전 당시 육군 장군이었던 자신과 육군 소령에 불과했던 트루먼의 과거 관계를 항상 기억하고 있었기 때문이라는 가설도 있다.

텔레비전과 한국 전쟁

미국에서 텔레비전이 소개되기 시작한 것은 1940년대, 그것도 제2차 세계 대전이 끝난 뒤인 1945년 이후의 일이다. 한국 전쟁이 시작되었을 때 미국 내 텔레비전 수상기 보유 대수는 6백만 대로 본격적인 텔레비전 시대의 개막을 앞두고 있었다. 미국 텔레비전 네트워크들은 제2차 세계대전 종전 5년 뒤에 벌어진 한국 전쟁을 흑백 화면을 통해 시청자들에게 전달했다. 오늘날과는 달리 당시는 뉴스 취재용 비디오카메라가 개발되기 이전이어서 야외에서의 촬영은 소형 영화 카메라로 해야 했다. 또 종래의 신문 보도나 라디오 중계와는 달리 텔레비전 야외 제작에는 전쟁특파원 외에 적어도 서너 명의 제작진이 따라붙어야 했기 때문에 텔레비전을 통해 전쟁 보도를 한다는 것은 이래저래 힘든 일일 수밖에 없었다. 더욱이 당시에는 텔레비전 영상을 생중계할 만한 기술이 갖추어져 있지 않았기 때문에 한국 전선에서 촬영한 영상은 일단 일본 도쿄로 공수된 다음 또 다른 항공편으로 미국 서부로, 그리고 최종적으로 뉴욕으로 보내졌는데 3~4일의 시간이 소요되는 것이 보통이었다.

한국 전쟁에서의 텔레비전 보도는 제2차 세계대전 당시 영국 런던에서 독일 공군의 공습을 라디오로 생중계해 유명해진 CBS 방송의 에드워드 머로가 또다시 그 주역을 맡았다. 당시 CBS 방송에는 머로가 직접 진행하는 〈Hear It Now〉라는 인기 라디오 뉴스 프로그램이 있었는데, 1951년부터는 텔레비전 뉴스로 전환해 〈See It Now〉라는 타이틀로 방송되고 있었다. 머로는 1951년 크리스마스를 앞두고 한국 전선을 취재했다. 머로가 자신의 육성으로 녹음 제작한 CBS 텔레비전의 한국 전쟁 뉴스 다큐멘터리는 죽음과 파괴를 담은 생생한 영상으로 가득했다. 프로그램에는 눈 덮인 한국 전선에서 중장비를 나르고 개흙을 걸어 다니는 미군 병사들의 모습이 담겨 있었다(Edwards, 2004). 텔레비전 화면에 비친 미군 병사들은 자신의 관등 성명과 고향을 차례로 이야기하고 머로와 대담을 나누기도 했는데, 프로그램 말미에 등장한 머로는 뉴스 다큐멘터리에 소개된 병사들의 절반가량이 그 뒤 전사하거나 부상당하거나 또는 실종되었다고 덧붙였다.

한국 전쟁은 새로운 대중매체로 등장한 텔레비전이 앞으로 어떤 방식으로 전쟁 보도에 활용될 수 있을지를 가늠해 보는 시험 무대였다. 그러나 텔레비전을 활용한 전쟁 보도는 기술적 역량의 한계로 생방송이 불가능하여 다소 시일이 걸리는 다큐멘터리 형식으로 제작하는 것이 보통이었다. 따라서 생방송 중계가 가능했던 라디오나 몇 시간 안에 기사를 전송할 수 있었던 신문보다 훨씬 비효율적이고 시간이 걸리는 일이었다(Sterling & Kittross, 2002).

한국의 전쟁특파원들

한국 전쟁 당시 다수의 대한민국 언론사 기자들도 전쟁특파원으로 맹활약했다. 한국의 전쟁특파원은 한국 전쟁 발발 이전인 1949년 10월 육군사관학교에서 10여 일간 군사 지식과 군사 훈련을 뒤섞어 놓은 소정의 교육과정을 마치고 국방장관 명의의 종군기자 수료증을 받은 것이 첫출발이었다. 이들을 종군기자 제1기생으로 부르는데, 말하자면 전쟁특파원으로서 공식 자격증을 받은 첫 번째 기자들이다(이혜복, 2003). 이어 종군기자 제2기생 교육이 1950년 2월에 같은 장소에서 십여 명의 기자들을 대상으로 이루어졌다. 이러한 종군기자 훈련 과정을 마련한 사람은 당시 신성모 국방장관인데, 군 출입기자들에게 종군기자 훈련을 시켜 놓으면 장차 공비 토벌 부대를 따라다니며 취재하는 데 유익할 것으로 판단했기 때문이었다고 한다(오동룡, 2010). 이는 미국 국방부가 2003년 이라크 침공을 앞두고 미국과 외국 언론사 소속 전쟁특파원들을 모아 전장 적응 훈련을 한 것과 비슷한 맥락으로 볼 수 있다.

종군기자 훈련 과정을 수료한 각 언론사 기자들은 한국 전쟁 발발 이전부터 지리산 등 남한 곳곳에서 일어난 공산 반란 세력과 국군의 전투나 38도선 인근에서 벌어진 북한군과 국군 간의 송악산 전투, 은파산 전투 등을 잇따라 취재했다. 이들은 군 병력을 따라 함께 이동하면서 취재 보도하는 말 그대로 '종군기자'의 역할을 수행했는데, 열악한 교통편과 통신수단, 그리고 군 당국의 기사 검열 때문에 취재에 많은 어려움을 겪었다(오동룡, 2010). 개전 초기 북한군에 일방적으로 밀려 후퇴를 거듭하던 국군의 모습을 사실 그대로 묘사하지 않고 지나치게 낙관적으로 보도하거나 이 기회에 북진 통일을 이루자는 식의 왜곡된 기사를 썼던 것이라든가, 서울이 함락되기 직전에 정부가 수도를 기필코 사수할 것이라는 관제 기사를 사실 확인도 없이 그대로 보도한 사례 등은 자의 반 타의 반 우리 전쟁특파원들이 군과 정부에 협력했던 당시 상황을 여실히 드러낸다. 한국 전쟁 당시 주요 전쟁특파원들로는 이혜복(「경향신문」), 유건호(「조선일보」), 방낙영(「조선일보」), 최병우(「한국일보」), 한규호(「서울신문」), 이필면(「서울신문」), 최기덕(「경향신문」), 박성환(「경향신문」), 정성관(「평화신문」), 김우용(「서울신문」), 김진섭(「동아일보」) 등이 있다. 이들 가운데 몇몇 기자는 서방 종군기자들과 함께 인천상륙작전과 서울수복작전을 취재 보도했으며 서울 탈환 이후 북진하는 국군 부대를 따라 전쟁 보도를 계속했다. 특히 「경향신문」 이혜복 기자는 6월 25일 개전 첫날 동두천 전투 취재를 비롯해 국군 제1사단의 평양 입성 소식을 특종 보도하는 등 전쟁특파원으로서 눈부신 활약을 했다. 1950년 10월 국군과 유엔군의 평양 입성 소식을 보도한 이혜복 기자의 기사 일부를 살펴본다.

상원을 탈환하고 18일 하오 평양으로 향하는 공로를 북진 중이던 아국군 3816부대는 18일 하오 12시경 평양 동남방 지점 구릉지대에 의거依據하여 완강한 저항을 시도하던 적의 방어선을 돌파하고 공륙호응空陸呼應 맹공격을 개시하여 탱크부대를 선두로 후진이산後進離散하는 적을 급박急迫, 드디어 동일 오전 10시 반 최선봉 부대의 일부가 평양시 동남방 공장 지대 돌입에 성공하였다.

이리하여 동일 오후 12시 반 동 부대 주력은 대동강 동안 평양시 중심부인 선교리에 도달, 대동강 도하점인 대동교를 완전 확보하여 적도 평양시 탈환에 있어 결정적 역할을 하였다. 동일 전투에 있어 직접 진두지휘를 하여 포연탄우砲煙彈雨를 무릅쓰고 부하 장병과 같이 시 중심부로 돌진하던 부대장 백선엽 준장은 국군 부대보다 약 40분 뒤늦게 선교리에 도달한 미 제1기갑 사단장 '게이' 소장과 대동교 전에서 감격적인 악수를 교환하였다.

선교리에서 합류한 한미 양군은 대동교의 교각 및 인도교가 모두 적에게 폭파되었음을 확인하고, 도하작전을 위하여 우선 대동강 북안 적 진지에 맹포격을 개시하였다. (이혜복, 「경향신문」, 1950년 10월 21일)

1951년 초부터 개성 인근 판문점에서 휴전회담이 시작되자 회담장에는 「한국일보」 최병우 기자와 「경향신문」 이혜복 기자 등 우리 전쟁특파원들이 몰려 한때 기자의 수가 50명에 이르렀다. 당시 휴전회담 취재에서는 휴전에 반대하던 우리 국민의 시각을 대변하는 한국 전쟁특파원들과 확전 반대 입장인 미국과 영국 등 서방 전쟁특파원들 간의 시각차가 컸다고 한다(오동룡, 2010). 한국 전쟁을 취재하다 목숨을 잃은 전쟁특파원들의 수는 모두 17명인데, 이 가운데 한국 언론사 전쟁특파원으로는 「서울신문」 한

규호 기자가 유일하고 같은 신문의 이필면 기자는 중국 공산군의 공세에 밀려 후퇴하다 부상을 당했다(오동룡, 2010). 열악한 취재 환경 아래 전장 속 위험을 넘나들며 전쟁보도를 한 이들 전쟁특파원은 스스로의 안전보다는 급박한 전황을 독자들에게 전달해야 한다는 의무감이 투철했다. 1955년 1월 대한민국 정부는 한국 전쟁에서 사선을 넘나들며 활약한 이들의 공로를 인정해 전쟁특파원 26명에게 금성 화랑무공훈장을 수여했다(오동룡, 2010).

지난 반세기 이상 언론업계나 언론학계에서 활발한 학술연구를 통해 합당한 평가와 존경을 받아 온 미국이나 영국 등 서방 전쟁특파원들에 비해 한국 언론사 전쟁특파원들의 활약상은 정확한 정보가 부족할 뿐만 아니라 그 역할도 과소평가되어 왔다. 그러나 전쟁의 참화를 겪고 있던 수많은 대한민국 국민과 군 장병이 전쟁특파원들의 기사를 접하면서 전쟁 뉴스에 대한 갈증을 풀고 큰 위안을 받았다는 사실을 되돌아본다면 우리 전쟁특파원들의 활동과 업적에 대한 새로운 학문적 연구와 평가가 절실하다고 하겠다.

09
베트남 전쟁과 전쟁 저널리즘의 황금기

제2차 세계대전 당시 일본군은 한반도와 중국의 절반, 그리고 오늘날의 베트남과 라오스, 캄보디아를 포함하는 인도차이나 반도를 비롯한 동남아시아 여러 나라를 점령하고 있었다. 일본의 무조건 항복으로 전쟁이 끝나자 한반도에서 그랬던 것처럼 인도차이나 반도에서도 일본군이 철수하면서 북위 17도선을 경계로, 하노이를 포함한 북부지역에는 승전 연합국의 일원인 중국 국민당군이 진주해 일본군의 무장 해제와 치안 확보 업무를 떠맡았고, 사이공을 포함한 남부지역에는 프랑스군과 영국군이 진주해 일본군의 무장 해제를 감독했다.

당초 미국은 전후 한반도에서와 마찬가지로 베트남에 대해서도 신탁통치를 실시한 뒤 독립시킨다는 구상을 갖고 있었지만, 영국은 과거 베트남을 식민 통치했던 프랑스가 다시 이 지역을 통치해야 한다고 강력히 주장했다. 그 이유는 아시아와 아프리카 여러 곳에 식민지를 보유하고 있던 영국이 과거 식민지들을 계속 유지하려면 프랑스의 베트남에 대한 통치권을 인정해 주는 것이 여러모로 유리했기 때문이었다. 결국 미국, 영국, 중국, 프랑스, 소련 등 제2차 세계대전 승전국들은 각자의 국익을 고려해 베트남에 대한 프랑스의 기존 식민 지배권을 계속 인정하기로 결정했다.

프랑스의 식민 지배를 거부하고 완전한 자주 독립을 원했던 호찌민 등 베트남 정치인들은 미국 트루먼 대통령에게 베트남의 독립을 호소했다. 제2차 세계대전 당시 베트남지역에 추락한 연합군 조종사들을 구조하는 등 미국에 우호적이었던 호찌민은 미국이 필리핀의 독립을 도와준 것처럼 베트남이 독립하도록 도와준다면 미국 정부에 적극 협력할 것을 약속했다. 하지만 전승국 영국, 프랑스 등과의 공동보조가 더욱 절실했던 미국 정부는 공산주의자 호찌민의 호소를 묵살했다(Halberstam, 1969). 미국으로부터 철저히 무시당한 호찌민은 결국 자신이 이끌던 공산주의 조직 베트민을 이끌고 프랑스에 맞서 독립 투쟁을 벌이게 되었는데, 이때 필요한 군사적 지원을 공산주의 종주국 소련으로부터 받았다.

인도차이나 전쟁(1946~1954)은 호찌민이 이끄는 베트민 공산군과 친프랑스 노선의 바오다이 황제 휘하 남베트남군과 프랑스군 연합군 간의 전투였다. 당시 대부분의 전투가 베트남 통킹Tongking만 인근 지역에서 벌어졌지만 일부 전투는 또 다른 프랑스 식민지였던 이웃 라오스와 캄보디아에서도 벌어졌다. 이 전쟁은 1954년 디엔비엔푸Dien Bien Phu에서 보응우옌잡 장군이 이끄는 베트민 공산군이 프랑스군을 격파함으로써 프랑스의 패배로 끝났으며, 제네바 평화 협정을 통해 프랑스가 인도차이나 반도에서 완전히 물러나고 베트남, 라오스, 캄보디아 3국은 독립을 이룰 수 있었다. 그러나 제네바 평화 협정에서 북위 17도선을 경계로 잠정 군사경계선을 설정하면서 베트남이 남과 북으로 분단되는 계기가 만들어졌다. 북부지역에는 호찌민이 이끄는 '베트남민주공화국(북베트남)'이, 남부지역에는 바오다이 황제에 이어 응오딘지엠 대통령이 이끄는 '베트남공화국(남베트남)'이 수립되었다. 협정에서는 또 남북 베트남의 통일을 위한 단일 선거를 1956년에 실시하도록 명시했다.

허물어지는 도미노

당초 베트민 공산군과 프랑스군 간의 인도차이나 전쟁은 월등한 장비와 군사 조직을 갖춘 프랑스군의 승리가 확실해 보였지만, 탁월한 게릴라 전술과 지구전으로 맞선 베트민 공산군의 압박에 프랑스군이 참패하는 예상치 못한 결과를 낳았다. 그런데 냉전이 가열되던 1950년대 당시 미국 아이젠하워 정부는 한 국가가 공산화되면 이웃 국가들도 차례로 공산화된다는 이른바 '도미노 이론Domino theory'에 사로잡혀 공산주의 확산을 저지하는 데 전력투구하고 있었다. 베트남이 공산화될 경우, 이웃 국가인 캄보디아, 라오스 등은 말할 필요도 없고 버마, 타이, 인도, 말라야(말레이시아의 옛 이름)와 필리핀에까지 그 여파가 미칠 것을 우려했던 것이다. 미국과 영국은 아시아에서 한국, 말라야에 이어 베트남에서도 공산주의 세력의 확산 조짐이 나타나자 긴장하지 않을 수 없었다. 한국 전쟁(1950~1953)을 통해 친미 성향의 대한민국을 북한 공산군의 침략으로부터 간신히 지켜 낸 자본주의 진영에서는 향후 친미 성향의 남베트남 정권에 대한 북베트남 공산군의 위협이 증대한다면 무슨 수를 써서라도 저지해야만 했던 것이다.

제네바 평화 협정에 따라 1956년 남북 베트남의 통일을 위한 단일 선거가 예정되어 있었지만, 남베트남 대통령 응오딘지엠은 선거를 치르기 위해 필요한 북베트남 정권과의 협력을 거부했다. 남북 단일 선거가 실시될 경우 민족주의자로서 베트남인들의 존경을 받고 있던 호찌민을 이길 수 없으리라 생각했기 때문이다. 남베트남의 거부로 단일 선거가 무산되자 북베트남은 남북통일을 이루기 위해 전투를 벌이게 되는데 이것이 바로 베트남 전쟁(1955~1975)이다. 또다시 벌어진 전쟁에서 북베트남군은 남베트남군에 맞서 재래식 전면전을 펼쳤고, 북베트남에 동조하는 남베트남 공산반군인 베트콩들은 폭탄 테러 공격 등 게릴라전을 벌였다. 남베트남 정권은 프랑스의 뒤를 이어 이번에는 미국의 대규모 군사 경제 지원을 받으며 공산 세력과의 전투를 계속했다. 1950년대 후반 국지분쟁에 불과했던 베트남 전쟁은, 점차 남베트남군이 수세에 몰리게 되면서 1960년대 초 미국이 군사 개입에 나서 1965년부터 대규모 미군 전투부대가 베트남에 잇따라 파병되고, 친미 반공 노선을 걷던 대한민국과 필리핀, 오스트레일리아 등 미국의 동맹국들도 전투부대를 파병하면서 확전 일로로 치달았다. 이렇게 되자 소련과 중국 등 공산 진영도 북베트남에 대한 본격적인 군사 지원에 나서면서 베트남 전쟁은 냉전시대에 벌어진 또 한 차례의 대규모 국제분쟁으로 번지게 되었다.

미국이 벌인 베트남 전쟁

미국의 베트남 전쟁 개입은 단계적으로 이루어졌다. 1950년대 후반과 1960년대 초반까지만 하더라도 남베트남에 대한 군수 지원과 군사고문단 파견 형태였다. 처음엔 2천여 명에 불과하던 미군 군사고문들이 1963년에 이르러서는 1만 명을 넘어섰는데, 이들은 남베트남군의 훈련은 물론 작전에도 참가해 사실상 북베트남군과 전투를 벌이고 있었다. 당초 미국 언론은 베트남 사태에 그다지 관심을 두지 않았다. 그러나 군사고문단의 규모가 급속히 늘어나 미국의 역할이 확대되자 언론사들은 잇따라 전쟁 특파원을 베트남에 파견하기 시작했다. 1960년대 초반에 활동한 전쟁특파원들은 대부분 제2차 세계대전과 한국 전쟁을 취재 보도한 베테랑 전쟁 특파원들로 호머 비거트, 마거리트 히긴스, 키이스 비치 등이었다. 그러나 전쟁 취재 경험이 없던 20대 후반의 젊은 전쟁특파원들도 상당수 베트남에서 활약했는데, 「뉴욕 타임스」의 데이비드 핼버스텀, UPI 통신의 닐 시핸, AP 통신의 맬컴 브라운과 피터 아넷 등이었다.

베트남 전쟁 초기 미국 전쟁특파원들의 보도는 제2차 세계대전이나 한국 전쟁에서와 마찬가지로 미국의 군사 개입을 긍정적 시각에서 바라본 것이 많았다. 아시아에서의 공산주의 침략과 확산을 저지하기 위해 미국이 또다시 정당한 군사 개입을 했다는 내용의 보도가 미국 신문 독자와 텔레비전 시청자들에게 전달되었다. 특히 대부분의 텔레비전 방송 기자는 남베트남군과 미군 군사고문단의 베트콩 토벌 작전 등을 보도하면서 자유와 민주주의 수호라는 미국 정부의 입장을 강조해 보도했다.

그러나 일부 전쟁특파원은 공산반군 토벌 작전에 나선 남베트남군의 비효율성과 응오딘지엠 정권의 부패상 등을 비판하기도 했는데, 「뉴욕 타임스」 전쟁특파원으로 한국 전쟁에 이어 활약한 호머 비거트가 그 대표적인 예다.

미국은 응오딘지엠 정권의 적극적인 노력 덕분에 남베트남에서 공산 세력의 확산을 차단했지만 승리는 아직 요원하기만 하다. 승리할 것이라는 확신이 서질 않는 이유는 응오딘지엠 대통령이 베트남 국민으로부터 존경과 신뢰를 받지 못하기 때문이다. …… 비밀투성이에다가 의심스러운 독재정권이라는 대외적 이미지 때문에 응오딘지엠 정권이 궁극적 승리를 거두기는 어렵다는 것이다. 미국 군부 고위층은 응오딘지엠 대통령과 그의 동생 응오진누가 남베트남군 지휘 체계에 수시로 개입하는 데 대해서도 불만을 토로한다.

(호머 비거트, 「뉴욕 타임스」, 1962년 7월 25일)

1962년 응오딘지엠 정권은 자신들에 대해 비판적인 기사를 썼다는 이유로 「뉴욕 타임스」의 호머 비거트와 『뉴스 위크』의 프랑수아 쉴리Francois

Sully 기자를 추방하려고 했지만 사이공 주재 미국 대사의 압력으로 철회했다(Hammond, 1998). 이듬해 쉴리 기자는 "베트남: 불편한 진실"이라는 제목의 비판적인 논조의 기사를 또다시 게재했는데, 이번에는 남베트남 정부가 그를 베트남에서 영구히 추방시켰다. 몇 주 뒤에는 NBC 방송 전쟁특파원이 응오딘지엠 대통령과의 인터뷰는 시간 낭비일 뿐이라는 모욕적인 발언을 동료 기자들에게 했다는 이유로 베트남에서 추방되었다(Knightley, 2004). 역설적이기는 하지만 베트남 전쟁 기간 동안 전쟁특파원들에 대한 미국 정부나 미군 당국의 기사 검열은 없었지만, 미국 등 서방 기자들은 남베트남 정부의 추방 압력에 맞서야 했고 정권에 비판적이었던 기자들의 경우 블랙리스트에 올라 베트남에서의 취재 활동에 제약을 받았다.

같은 시기에 사이공에서는 데이비드 핼버스텀, 맬컴 브라운, 닐 시핸 등 세 명의 젊은 미국 전쟁특파원이 종래의 전쟁 보도와 전혀 다른 시각으로 전쟁 취재를 하고 있었다. 1963년 6월, 남베트남 응오딘지엠 정권에 반대하는 불교 승려 등 반정부 세력의 시위를 취재하던 이들은 한 승려가 자신의 몸에 불을 붙이고 자살하자 상세한 기사와 함께 분신 장면을 담은 사진을 본국에 송고했다. 이들은 기사에서 불교 승려 등이 주도한 반정부 시위가 비민주적인 통치를 해온 응오딘지엠 정권에 대한 저항이었다면서 미국은 남베트남에 대한 경제 및 군사 지원을 심각히 재고해야 한다고 주장했다. 이들은 또 사이공에서 날마다 열리는 미 군사고문단의 브리핑에서 항상 언급되던 적 사살이나 무기 노획 전과 등에 의문을 품고 자신들이 직접 전선으로 달려가 실상을 확인하는 등 미군과 남베트남군의 공식 발표 내용을 액면 그대로 받아들이길 거부했다.

전쟁 저널리즘의 황금기

베트남 전쟁 초기 미군 당국은 전쟁특파원들에 대한 기사 검열이나 취재 제한 조치를 시행하지 않았다. 이는 베트남 전쟁이 공식 선전포고나 적군의 도발 없이 이전부터 계속되어 온 전투의 연장선 위에 있었기 때문이었다. 언론 검열을 시행할 경우 미국의 베트남 전쟁 개입을 공식화하는 결과를 낳게 되는데, 당시 미국 정부의 공식적 입장은 베트남 사태를 베트남인들이 스스로 알아서 처리하고 있다는 것이었다. 따라서 전쟁특파원들은 자유롭게 전선과 후방을 오가며 취재 활동을 할 수 있었고 기사 작성과 송고에 있어서도 별다른 제약이 없었다. 특히 전쟁특파원들이 원하기만 하면 미군의 지프나 트럭, 심지어 헬리콥터를 무료로 마음대로 이용할 수 있었다. 당시 사이공 주재 전쟁특파원이었던 「뉴욕 타임스」의 글로리아 에머슨Gloria Emerson은 "우리는 폭격기의 공습 임무에 동행할 수도 있었고, 공수부대에 합류해 적지에 낙하산으로 뛰어내리기도 했고, 특전 부대원들과 함께 정글에서 일주일간 지내기도 했으며, 마치 뉴욕 시내에서 택시를 잡아타는 것처럼 미군 헬리콥터에 탑승해 전투가 치열하게 벌어지던 지역에 내려앉거나 미군 병사들처럼 포로로 붙잡히기도 했다"고 회상했다(Ferrari, 2003). 군 당국의 기사 검열이 없는 대신에 전쟁특파원들은 미군이나 동맹국 군의 작전 세부 내용, 사상자 수, 부대 이동 상황 등 군사 기밀을 기사에 포함하지 않는다는 신사협정honor system을 군 당국과 맺고 있었는데, 거의 대부분의 전쟁특파원이 이 같은 취재 제한 규정을 당연한 것으로 받아들였다.

앞서 소개한 것처럼 데이비드 햄버스텀, 맬컴 브라운, 닐 시핸 등 젊은 세대를 대표하는 전쟁특파원들은 후방의 사이공 미군 사령부의 뉴스 브리핑을 거부하고 최전선으로 달려가 자신들이 직접 목격한 사실을 기사로 작성하곤 했다. 이들의 기사는 전후방 전선이 뚜렷하게 형성되지 않은 채 진행되던 미군과 남베트남군 군사 작전의 비효율성을 고발하는 내용이 많았다. 데이비드 햄버스텀과 닐 시핸은 1963년 1월에 수도 사이공 남서쪽의 압박Ap Bac이라는 곳에서 벌어진 남베트남군의 작전을 취재했다. 당시 남베트남군 병사들이 월등한 성능의 미국제 무기를 갖추고서도 전투 의지가 부족해 빈약한 무장의 베트콩들에게 처참하게 패배하는 과정을 보도했다. 특히 이 전투에서 세 명의 미군 군사고문이 남베트남군의 잘못 때문에 전사했다는 내용도 포함되어 있었다.

압박에서의 패배가 미군과 베트남군에게 짜증스러울 수밖에 없는 이유는 이번 전투가 베트콩보다 월등한 장비를 갖춘 최고의 부대로 손꼽히는 베트남 제7사단이 자신들에게 훨씬 더 유리한 장소에서 벌였던 것이기 때문이다. 남베트남군은 오늘 자신들이 학수고대했던 전투를 치렀지만 결과는 참담한 패배였다.
(데이비드 햘버스텀, 「뉴욕 타임스」, 1963년 1월 4일)

분노한 미군 군사고문관들은 베트남 보병들이 지난 수요일 압박에서 벌어진 전투에서 진격 명령을 거부했으며 이 과정에서 베트남군 장병들에게 공격을 독려하던 미 육군 대위 한 명이 전사했다고 비난했다. 군사고문관들은 당시 베트남 기갑부대 지휘관이 적지에 추락하여 고립된 미군 헬리콥터 승무원 11명과 보병 1개 중대에 대한 구조 명령을 한 시간 이상 거부했다고 말했다. (중략) 미 군사고문관들은 베트남군 제7사단 지휘관들의 전투 의지가 부족하며 상급자인 미군 군사고문관들의 명령을 거부하는 등 지휘 계통이 붕괴된 상태라고 말했다.
(닐 시핸, UPI 통신, 1963년 1월 6일)

미군과 남베트남군 간의 알력에 따른 작전 실패 기사에 격노한 존 F. 케네디 미국 대통령은 당시 「뉴욕 타임스」 발행인 아서 옥스 설즈버거Arthur Ochs Sulzberger에게 햘버스텀을 베트남에서 내보낼 것을 요구했지만 설즈버거는 이를 거절했다. 햘버스텀, 브라운, 시핸 등은 베트남 전쟁이 남베트남 정부에 불리하게 진행되고 있으며 남베트남군의 전투 의지가 결여되었다는 내용을 계속해서 취재 보도했다. 이들의 전쟁 보도 기사는 미국 내에서 큰 파장을 일으켰는데, 베트남 전쟁에 대한 젊은 세 기자의 비판적인 시각에 대해 보수 성향의 일부 고참 전쟁특파원들이 반발하기도 했다. 특히 제2차 세계대전과 한국 전쟁을 잇따라 취재한 베테랑 전쟁특파원 마거리트 히긴스는 이들 세 명의 기자를 지칭하면서 "이들은 자신들의 주장이 맞다는 것을 입증하기 위해 미국이 전쟁에서 지기를 원한다"고 비난했다(Knightley, 2004).

1963년 11월 22일, 케네디 대통령이 암살당한 뒤 린든 존슨 부통령이 대통령직에 오르면서 미국은 베트남 전쟁에 더 깊숙이 개입하게 되었다. 1965년 미 공군이 북베트남에 대규모 폭격을 하기 시작했으며, 1965년 말 18만여 명이던 베트남 주둔 미군 병력이 1968년 말에는 50만여 명에 이르렀다. 이에 따라 전쟁특파원들의 수도 기하급수적으로 늘어났다. 전투가 가장 치열했던 1968년, 베트남에는 미군 사령부로부터 정식 취재 허가를 받은 649명의 전쟁특파원이 활동하고 있었다(Pilger, 1986).

베트남 전쟁을 취재하는 것은 그리 어려운 일이 아니었다. 전쟁특파원들은 일단 남베트남 정부로부터 입국허가(사증)를 받아야 했는데 이는 크게 힘들지 않았다. 사증을 받은 다음에는 사이공 미군 사령부에 소속 신문사나 방송사에서 취재 허가를 요청하는 편지 한 장만 제시하면 되었다. 만일 언론사 소속 전쟁특파원이 아닌 프리랜서일 경우에는 언론사 두 곳에서 보내는 이들에게서 전쟁 기사나 사진을 구매하겠다는 내용의 편지를 제시해야 했다. 당시 베트남에는 「뉴욕 타임스」, 「워싱턴 포스트」 등 주요 신문과 AP, UPI 등 주요 통신사, 그리고 ABC, CBS, NBC 등 텔레비전 네트워크 외에도 지방의 군소 신문사들이 파견한 전쟁특파원들이 상주하고 있었다. 심지어 소도시 신문이나 대학신문, 종교 관련 신문사들도 베트남

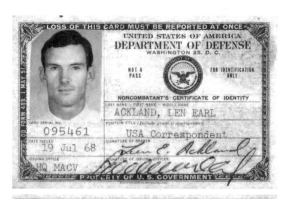

베트남 주둔 미군 사령부가 발급한 전쟁특파원 신분증.
미국 국적의 전쟁특파원이라는 신분을 확인할 수 있다. 뒷면에는 전쟁특파원에게 미 육군 소령에 상응하는 편의와 대우를 해줄 것을 요청하는 문구가 적혀 있다. (출처: Len Ackland)

에 전쟁특파원을 파견해 놓고 있을 정도였다.

여성 전쟁특파원 전성시대

베트남 전쟁에서는 수많은 여성 전쟁특파원이 활약했다. 1965년부터 1975년 사이 미군 사령부로부터 취재 허가를 받은 여성 기자의 수는 모두 467명이었으며 그 가운데 267명이 미국 여성이었다(Sullivan, 2006). 하지만 실제로 전장에서 적극적인 취재 활동을 벌인 여성 전쟁특파원은 70~80명인 것으로 알려졌다. 여성 전쟁특파원들은 남성들과 다름없이 전장을 오가며 용감히 취재했다. 이들은 특히 여성 전쟁특파원을 탐탁지 않게 여기던 군 고위 장교들의 편견에 굴하지 않고 남성들을 능가하는 투혼을

전쟁특파원 디키 샤펠이 부비
트랩 파편에 치명상을 입고 숨
진 직후의 모습.
미 해병 군목이 그녀의 명복을
비는 종교의식을 치르고 있다.
(촬영: Henri Huet, 출처: AP 통신)

발휘했다. 1965년 11월 4일, 베트남 추라이Chu Lai지역에서 미 해병의 수
색 작전을 취재하던 여성 전쟁 사진기자 디키 샤펠Dickey Chapelle은 자신보
다 몇 발자국 앞서 걷던 해병 중위가 건드린 부비트랩이 폭발해 목숨을 잃
었다. 부비트랩 파편이 그녀의 목 부위 동맥을 끊어 버린 것이었다. 샤펠 기
자는 베트남 전쟁에서 숨진 첫 여성 전쟁특파원인 동시에 전 세계에서 전쟁
취재 도중 숨진 첫 여성 기자로 기록되었다(Hoffman, 2008). 또 여성 잡지 『룩
Look』의 전쟁특파원이었던 주라트 카지카스Jurate Kazickas 기자는 1968년 초
북베트남군에 포위 고립되었던 케산Khe Sanh 고지 전투에서 박격포탄 파편
에 중상을 입고 미국으로 후송되었다.

한국전쟁에서 전쟁특파원으로 명성을 얻고 퓰리처상까지 수상했던 마거리트 히긴스는 여러 차례 베트남을 방문 취재하면서 주요 인물들과 인터뷰를 했고 *Our Vietnam Nightmare*(『우리의 베트남 악몽』)라는 책까지 발간했다. 히긴스는 1965년 베트남에서 취재 도중 열대 풍토병에 걸려 미국으로 후송되었지만 이듬해 1월 증세가 악화되어 45세로 숨졌다. 미국 정부는 20여 년간 전쟁특파원으로 맹활약한 그녀의 공로를 인정해 유해를 버지니아주 알링턴 국립묘지 내에 안장하게 했다.

사진 저널리즘의 전성기
—전쟁의 참상과 아군 전사자의 모습도 보여 준다

베트남 전쟁은 사진기자들에게도 전쟁 보도의 전성기라 할 만했다. 당시 활약했던 사진기자는 『라이프』의 데이비드 더글러스 던컨, 래리 버로스Larry Burrows, 캐더린 리로이Catherine Leroy를 비롯해 AP 통신의 호르스트 파스Horst Faas, 에디 애덤스Eddie Adams 등이었으며, 이 밖에도 언론사 파견 기자와 프리랜서 등 수백 명의 사진기자가 활동했다. 취재 기사와 마찬가지로 보도 사진에 대한 사전 검열이 없었던 만큼 이들 전쟁 사진기자가 촬영한 사진들에는 그 이전 어떤 전쟁에서도 찾아보기 힘든 충격적이고 적나라한 전쟁의 참상들이 담겨 있었다. 특히 정글 전투와 헬리콥터 수색 작전 등을 사진에 담은 기자가 많았는데, 『라이프』 소속 래리 버로스는 헬리콥터와 전투기에 여러 차례 동승해 긴박감 넘치는 사진을 남겼다. 그는 35밀리 카메라 네 대와 많은 필름을 지닌 채 전장에 달려가곤 했는데 호주머니에 필름이 가득 차면 양말 속에까지 쑤셔 넣었다. 버로스는 헬리콥터 수색 작전 도중 미군 헬리콥터 한 대가 베트콩의 포화와 총격으로 지상에 주저앉자 조종사를 구조하려고 밖으로 뛰쳐나갔었는데 잠시 뒤 타고 온 헬리콥터에 돌아와 보니 자신이 앉아 있던 곳에 커다란 총알구멍이 나 있었다고 한다. 또 다른 헬리콥터 작전을 기록한 포토 에세이 '양키 파파 13호 동승기One Ride with Yankee Papa 13'에는 베트콩이 지상에서 가한 총격을 받고 헬리콥터 부조종사가 코와 입으로 피를 토하며 죽어 가는 장면이 담겨 있다(Time Life Books, 1975).

1968년 2월 2일, 구정 공세 당시 사이공에서 벌어진 전투를 취재하던 AP 통신 전쟁 사진기자 에디 애덤스는 믿기 어려운 광경을 목격했다. 남베트남 경찰 총수인 로안 준장이 자기 앞에 끌려온 베트콩 용의자의 머리에 권총을 겨누어 즉결 처분한 것이다. 총알이 베트콩 용의자의 머리를 관통하는 순간을 담은 충격적 사진은 일제히 전 세계 신문과 방송을 통해 보도되어 전쟁의 잔혹함과 참상을 압축시킨 사진이라는 평가를 얻었으며, 애덤스 기자는 이 사진으로 퓰리처상을 받았다. 이 사진으로 인해 세계 곳곳에서 베트남전 반전 데모가 한층 더 가열되기도 했다(Knightley, 2004; Moeller, 1989). 당시 이 광경을 NBC 방송 텔레비전 취재진도 뉴스 카메라에 고스란히 촬영했다. NBC 방송 뉴스 간부진들은 잔혹한 광경을 담은 영상을 시청자들에게 보여 줄 것인가를 놓고 열띤 토론을 벌인 끝에 총알이 발사되는 장면만을 삭제한 채 방영하기로 결정했다. 이 장면이 텔레비전 뉴스 시간에 방영되자 NBC 방송국에는 수많은 시청자의 항의 전화와 편지가 몰려들었다. NBC 방송 뉴스 간부진은 베트남 전쟁의 참상과 전쟁의 대가가 어떤 것인지를 미국인에게 알리려고 했을 뿐이라며 방영 결정의 정당성을 옹호했다(Bailey & Lichty, 1972).

공식 기록상으로 미국이 주도한 베트남 전쟁에서 숨진 미국 등 서방 전쟁특파원들은 모두 66명이다(Ricchiardi, 2006). 여기서 주지할 사실은 숨진 전쟁특파원들 가운데 전쟁 사진기자들이 다수 포함되어 있다는 것이다. 인도차이나 전쟁과 베트남 전쟁을 합하고 서방 기자들뿐 아니라 북베트남 소속 사진기자들까지 합산하면 무려 135명의 전쟁 사진기자들이 목숨을 잃거나 실종되었다고 한다(Faas & Page, 1997). 전쟁 사진기자들의 주된 사망

구정 공세 때 베트콩 용의자를 사이공 거리에서 즉결 처분하는 남베트남 경찰 총수.
(촬영: Eddie Adams, 출처: AP 통신)

원인으로는 교전 도중 총격이나 포화, 지뢰 폭발, 헬리콥터 추락 등을 들수 있다. 일례로 1971년 2월 베트남과 라오스 국경지대로 취재를 떠난 래리 버로스, 앙리 후에Henri Huet(AP 통신), 켄트 포터Kent Potter(UPI 통신), 게이자부로 시마모토Keisaburo Shimamoto(『뉴스 위크』) 등 네 명의 전쟁 사진기자가 탑승한 남베트남군 헬리콥터가 북베트남군의 대공포화에 격추되어 네 기자 모두 목숨을 잃었다(Faas & Page, 1997). 그로부터 27년 뒤인 1998년, 미군 유해 발굴단의 일원으로 라오스를 방문한 동료 사진기자 호르스트 파스와 AP 통신 사이공 지국장이었던 리처드 파일Richard Pyle은 추락한 헬리콥터 잔해와 이들 네 명의 유해 일부, 그리고 이들이 최후의 순간까지 몸에 지녔던 부서진 카메라 부품 등을 현장에서 수습했다. 숨진 기자들의 유품인 부서진 카메라 등은 워싱턴 D.C. 근교에 있는 언론 박물관 '뉴지엄Newseum'에 전시되어 있다(Pyle & Faas, 2003).

전쟁 사진특파원들에게 있어서 취재가 자유로웠던 베트남 전쟁은 다른 어떤 전쟁과도 뚜렷하게 구분된다. AP 통신 사진 담당 에디터를 역임하고 퓰리처상 사진 부분 심사위원장을 지낸 핼 부엘Hal Buell의 말을 들어보자.

> 어떤 전쟁을 취재하더라도 베트남 전쟁 당시 사진기자들이 누렸던 자유를 경험할 수 없을 것이다. 사전 검열이 없었던 만큼 전쟁 사진기자들은 헬리콥터 조종사들에게 전투지역에 데려가 달라고 부탁만 하면 되었다. 사진기자들은 어디든 마음대로 오갈 수 있었다. 그러나 전쟁이 진행되면서 이 같은 자유로운 취재 접근권은 사진기자들에게 더 이상 주어지지 않았다.   (Adler, 2009)

텔레비전 뉴스와 베트남 전쟁

베트남 전쟁이 확대되면서 텔레비전의 역할도 점차 커져 갔다. 한국 전쟁 때 첫선을 보인 텔레비전 뉴스의 전쟁 보도는 1960년대에 접어들면서 비약적인 발달을 거듭했다. 예를 들어 가볍고 작은 크기의 카메라가 개발되면서 전장을 누비며 뉴스 영상을 촬영하는 것이 가능해졌다. 여기에다가 1963년부터 미국 3대 네트워크 텔레비전 방송들이 저녁 종합 뉴스를 종래의 15분에서 30분으로 확대 편성한 것이 기폭제가 되었는데, 늘어난 뉴스 시간을 메울 가장 적합한 소재로 당연히 베트남 전쟁이 부각되었다. 베트남에서 촬영된 뉴스 영상은 대부분 당일 항공편을 이용해 일본 도쿄를 거쳐 미국 서해안, 그리고 뉴욕으로 보내졌으며, 일부 영상은 촬영된 뒤 24시간 안에 미국 네트워크 텔레비전을 통해 방송되었다. 1970년대에 접어들면서부터는 통신위성communication satellite이 본격적으로 활용되면서 텔레비전 뉴스 영상이 일본 도쿄에서 미국 본토로 곧바로 전송되기도 했다. 이럴 경우 불과 몇 시간 만에 베트남 전쟁 뉴스 영상이 미국 내 각 가정의 시청자들에게 전달되었다. 텔레비전 뉴스를 통해 전해진 베트남 전쟁 영상을 대충 묘사하자면, 수풀이 우거진 전투지역에 헬리콥터가 차례로 내려

앉으면서 미군 장병들이 뛰어내리는 모습, 이들이 산악지역 능선과 골짜기를 따라 천천히 이동하는 장면, 그리고 산발적으로 들려오는 사격과 총탄의 소음, 폭격기에서 정글로 투하되는 네이팜탄, 폭발음과 함께 멀리서 피어오르는 연기, 그리고 미군 부상자들이 헬리콥터에 실리는 장면 등이었다.

1960년대 초반 미국 전쟁특파원들의 베트남 전쟁 보도는 대부분 미국의 개입을 긍정적으로 평가하는 내용이 주종을 이루었으나, 1960년대 중반에 접어들면서 점차 미군의 임무 수행에 대한 혼란감mission confusion을 이야기하거나 과소평가했던 북베트남군과 베트콩의 전투 능력에 대해 새로운 평가를 내리는 등 논조가 보다 비판적으로 바뀌어 갔다. 대표적인 예로 CBS 방송의 전쟁특파원 몰리 세이퍼Morley Safer가 1965년 8월에 방송한 리포트를 들 수 있다. 세이퍼 기자는 깜리Cam Ne라는 지역에서 진행 중이던 미 해병부대의 수색 작전을 동행 취재하고 있었는데, 베트남 마을로부터 몇 발의 총탄이 날아들자 미 해병들이 노인과 부녀자가 대부분인 주민을 강제로 밖으로 끌어낸 뒤 마을 전체를 불 질러 보복하는 과정을 생생한 영상과 함께 보도했다. 이 영상에는 마을 주민이 집을 불태우지 말라며 해병대원에게 애원하는 장면도 담겨 있었다. 세이퍼 기자는 텔레비전 리포트 마지막에 직접 등장해 다음과 같이 결론을 내린다.

오늘 실시된 작전으로 150채의 가옥이 불타고 세 명의 부녀자가 부상당했으며 아기 한 명이 숨지고, 미 해병대원 한 명이 부상당했습니다. 네 명의 베트남 남성들이 체포되었는데 이들은 신분증명서를 소지하지 않은 이유를 미 해병들에게 영어로 제대로 설명하지 못했기 때문이었습니다. (미국이) 월등한 화력을 활용해 군사적 승리를 거둘 수 있다는 사실에는 의문의 여지가 없습니다. 그러나 평생 뼈 빠지게 일해 자신의 집 한 채를 마련한 베트남 농민들

에게 미국이 그들의 우방이라는 사실을 확신시키려면 미국 대통령이 직접 나
서서 설득해도 어려운 일일 듯합니다. (몰리 세이퍼, CBS 뉴스, 1965년 8월)

세이퍼 기자의 비판적인 텔레비전 리포트가 방송되자마자 미국 내에서
는 미군에 대한 부당한 비판이라는 항의가 터져 나왔고 CBS 방송에는 보
도 내용에 불만을 품은 시청자들의 항의 전화가 빗발쳤다. 항의 내용은 세
이퍼 기자가 공산세력의 선전에 이용당했다거나 아예 반역자라는 비난
에 이르기까지 다양했다. 그러나 『뉴요커』의 매체 비평가인 마이클 알렌
Michael J. Arlen은 세이퍼 기자의 보도가 "베트남 전쟁 기간 중 나온 언론 보도
들 가운데 단연 눈에 띄는 훌륭한 것"이라고 평가했다(Knightley, 2004). 시청자
들의 항의가 빗발치자 CBS 방송은 그 뒤 비슷한 내용의 비판적 보도를 내
보내는 것을 망설일 수밖에 없었다. 하지만 이 보도를 계기로 베트남 주둔
미군 사령부는 전시 교전 수칙을 바꿔 수색 작전을 벌이는 미군 부대들이
베트남 주민을 보다 유연하게 다룰 것을 지시했다. 이와 같이 텔레비전 뉴
스에서도 미국의 전쟁 정책이나 군사작전에 대한 비판적인 보도가 나오기
는 했지만 대다수 텔레비전 뉴스 보도는 미국 정부와 미군에 대해 긍정적
이고 우호적인 내용이었으며, 이런 경향은 1967년 말까지 계속되었다.

구정 공세—언론과 정부 간의 대결

1968년 1월 말 구정을 맞아 공산반군 베트콩과 북베트남군은 미군과 남
베트남군 기지, 주요 도시 등 모두 155개 지역에서 동시다발적인 기습 공
격을 감행했다. 베트남 최대의 명절을 끼고 일어난 예상치 못한 기습 공격
에 미군은 크게 당황했고 남베트남의 수도 사이공 주요 지역에서도 치열
한 총격전이 벌어졌다. 베트콩 유격대원들은 사이공 주재 미국 대사관에
난입해 여러 명의 미군을 사살하고 총격전을 벌였다. 이 광경은 당시 미국

라오스

DMZ

꽝트리

케산

후에

타이

추라이

꾸이년

캄보디아

베트남

메콩강

비엔호아

사이공

타 이 만

깐롱

✹ 전투 지역

구정 공세 전투 상황

등 서방의 텔레비전과 신문 기자들의 보도를 통해 순식간에 전 세계로 전
파되었다. 베트남의 옛 수도였던 후에Hué에서는 베트콩이 도시 전체를 며
칠간 장악해 시민을 공포에 몰아넣었는데 미 해병이 대규모 역습작전을
펼쳐 간신히 탈환했다. CBS 방송 앵커맨 월터 크롱카이트는 미군과 베트
콩 간에 벌어진 처절한 후에시 공방전을 현지에서 보도하면서 미국 시청

자들의 관심을 모았다. 한편 중부 산악지역 케산 미군기지에서는 미군들이 북베트남군에 완전히 포위되어 몇 달간 사투를 벌였다. 미군과 남베트남군은 전열을 가다듬고 반격에 나서 북베트남군과 베트콩들에게 막대한 피해를 입혔고 공산군 병력들은 북베트남 지역으로 퇴각하거나 남베트남 내에서 홀연히 잠적했다.

이 같은 북베트남군과 베트콩의 공세 소식을 접한 미국인들은 충격에 휩싸였다. 특히 사이공 중심부에서 미국의 심장인 대사관 구내에까지 기습 공격을 가한 베트콩의 대담성에 모두 혀를 찼다. 베트남에서 미군이 공산 세력을 성공적으로 물리치고 있다는 뉴스를 줄곧 접해 왔던 터라 미국인들의 충격은 더욱더 컸다. 따져 보면 구정 공세Tet Offensive는 북베트남군과 베트콩에게 엄청난 인적·물적 손실을 입힌 미군이 전술적으로는 승리한 전투였지만, 미국인에게는 미군이 베트남에서 패배할 수도 있다는 우려를 느끼게 하는 등 심리적으로 패배를 안겨 준 전투였다. 후에시 공방전 취재를 마친 뒤 뉴욕으로 돌아온 월터 크롱카이트는 저녁 종합 뉴스 시간에 다음과 같은 개인적 심정을 반영한 뉴스 논평을 내놓았다.

여러 불리한 정황에도 불구하고 우리가 승리에 근접해 있다고 말하는 것은 예전에도 예측이 어긋났던 낙관론자들을 또다시 믿는 것입니다. 우리가 패배하기 직전이라고 말하는 것도 지나치게 비관적일 것입니다. 우리가 '교착 상태'에 처해 있다고 말하는 것이 비록 만족스럽지는 않지만 유일하게 현실적인 결론일 것입니다. 군 당국과 정치 분석가들의 판단이 옳을 가능성도 생각한다면 앞으로 몇 달간 우리는 이번 공세가 적이 협상에 나서기 직전에 시도한 마지막 몸부림이었는지도 곰곰이 따져 봐야 할 것입니다. 하지만 제 생각으로는 미국이 이 난관을 헤쳐 나갈 수 있는 유일한 방안은 전쟁에서의 승자로서가 아니라 민주주의를 지키기 위해 노력해 온 국민으로서 그들과 진지하

CBS 방송 앵커맨 월터 크롱카이트가 구정 공세 때
후에시 공방전을 벌이고 있는 미군 지휘관과 인터뷰하고 있는 모습.
미군 지프에 올라탄 CBS 방송 카메라맨이 천천히 걸으며 인터뷰를 하는 크롱
카이트를 영상에 담고 있다. (출처: U.S. National Archives)

게 협상에 나서야 한다는 것입니다.　　　　(월터 크롱카이트, CBS 뉴스, 1968년 2월 27일)

　당시 방송 뉴스에서 사실 보도가 아닌 기자의 개인적 논평을 내놓는 것
은 무척 생소한 일이었다. 크롱카이트의 논평이 나오자 린든 존슨 대통령
이 "월터 크롱카이트의 지지를 잃게 되었으니 전 미국인의 지지를 잃은 것
이나 다름없다"며 한탄했다고 전해진다. 구정 공세의 여파로 정치적 난관
에 처한 존슨 대통령은 결국 북베트남에 대한 공습 횟수를 줄이고 평화적
해결을 모색하게 된다. 그리고 1968년 4월에는 차기 대통령 선거에 출마
하지 않을 것임을 선언했다. 곧이어 5월부터 베트남 전쟁 종식을 위한 평
화회담이 프랑스 파리에서 시작되었다. 1969년 초 새로 대통령에 취임한
리처드 닉슨은 베트남 전쟁을 평화적으로 마무리하기 위해 그해부터 미군
의 단계적 철수를 적극 추진하여 미군 전투부대들이 하나둘씩 베트남을
떠나기 시작했다.

미군의 밀라이 베트남 양민 학살 사건을 기록한 사진.
(촬영: Ronald Haeberle, 출처: U.S. Army)

밀라이 베트남 양민 학살 사건과 전쟁의 종결

1969년에는 프리랜서 기자인 시모어 허시Seymour Hersh가 베트남의 밀라이
My Lai라는 조그마한 마을에서 미군 전투부대가 부녀자와 어린이 등 1백 명
이상의 베트남인을 집단학살한 사실을 폭로해 미국 내 반전 물결이 더욱
고조되었다. 허시 기자는 베트남 현지가 아닌 미국 내에서 당시 해당 부대
소대장이었던 미 육군 윌리엄 캘리 중위에 대한 군법회의가 진행 중이라
는 소식을 전해 듣고 곧장 조지아주 애틀랜타 인근의 미군 기지를 이 잡듯
뒤져 캘리 중위를 인터뷰한 뒤 기사를 작성했다.

　미군의 잔혹한 전쟁 범죄 행위가 하나둘씩 모습을 드러내면서 베트남
전쟁에 대한 미국 내 여론은 더욱 싸늘해졌고 언론 역시 베트남 전쟁에 관
한 보도량을 점차 줄여 가면서 전쟁특파원들을 철수시키기 시작했다. 전
쟁이 절정에 달했던 1968년 말 베트남에는 모두 649명의 전쟁특파원이
머물고 있었는데, 1970년에는 그 절반이 조금 넘는 392명으로 줄어들었
다. 이어 미군 전투부대의 철수가 마무리 단계에 접어들던 1972년에는 전

쟁특파원 수가 295명으로 더욱더 줄었으며, 미군의 마지막 전투부대가 베
트남에서 철수한 1973년 초에는 불과 수십 명의 기자들만이 남아 있었다
(Sullivan, 2006).

　1973년 북베트남과 남베트남 정부 간의 휴전협정이 발효되면서 미군
병력은 모두 철수했고 베트남은 힘의 진공상태로 남게 되었다. 일 년 뒤인
1974년 말 북베트남군은 남베트남에 대한 대규모 공세를 개시했고 항상
미국에만 의존했던 허약한 남베트남군은 패배를 거듭하면서 붕괴 직전의
상태에 이르렀다. 워터게이트 스캔들에 휩싸여 사임한 닉슨 대통령의 뒤
를 이어 미국 대통령직에 오른 제럴드 포드가 궁지에 몰린 남베트남 정부
에 대한 긴급 군사 경제 지원을 위한 비상 법안을 제안했지만 미국 의회는
승인을 거부했다. 남베트남에 대한 추가 군사 지원을 거부함으로써 더 이
상 베트남 전쟁에 개입하지 않겠다고 선언한 것이다. 북베트남군의 사이
공 진입을 앞두고 미국인들과 그 가족들, 여러 서방 국가 시민, 그리고 미
국과 인연을 맺었던 수천 명의 남베트남인은 미국 대사관과 인근 건물 옥
상에서 황급히 헬리콥터로 비상 탈출했으며, 이 역사적인 광경을 전 세계
언론들은 앞다투어 보도했다. 「시카고 데일리 뉴스」의 베테랑 전쟁특파원
키이스 비치는 당시 긴박했던 사이공 탈출 광경을 다음과 같이 묘사했다.

우리는 미국 대사관 후문 쪽으로 돌아갔다. 그곳에는 수백 명의 베트남인이
몰려들어 대사관 담장을 기어오르고 있었다. 대사관 구내에 들어가는 방법은
단 한 가지뿐이었다. 군중 속을 헤치고 들어가 10피트 높이의 벽을 타 넘는
것이었다. (중략) 누군가가 내 소매를 붙잡고 놓아 주질 않았다. 고개를 돌려
보니 한 베트남 소년이었다. "저를 입양해 함께 데려가 주세요." 소년은 그렇
게 울부짖었다. "안 그러면 절대로 소매를 놓아 주지 않을 거예요." 나는 소년
을 입양하겠다고 대답할 수밖에 없었다. 너무나 정신이 없어 이것이 현실인

지 분간할 수 없었다. 이때 갑자기 내 팔이 자유로워졌고 나는 벽 쪽으로 좀 더 가까이 다가갈 수 있었다. 벽 위에 서 있는 두 명의 미 해병대원이 우리 미국인을 끌어올리면서 담을 기어오르는 베트남인들을 군홧발로 차고 있었다. 해병대원 한 명이 나를 내려다보고 있었다. "도와주세요. 제발 도와주세요." 해병대원에게 애원했다. 해병대원은 길고 굵은 팔을 뻗어 애처로운 어린애와 같은 나를 끌어올렸다. 담 위의 지붕에 올라선 나는 마치 낚싯줄에 걸린 뒤 땅바닥에 내팽개쳐진 물고기처럼 숨을 헐떡거렸고 잠시 후 대사관 안쪽 마당에 내려올 수 있었다. 신이시여, 해병대원에게 은총을 내리소서. (중략) 몇 분 뒤 나는 대사관 지붕에 올라가 해병대 헬리콥터에 탑승해 항공모함 핸콕호로 향했다. 오후 6시 30분 정각이었다. 내가 마지막으로 바라다본 사이공의 모습은 열린 헬리콥터 뒷문을 통해서였다. 탄손누트Tan Son Nhut 공항은 불타고 있었다. 비엔호아Biên Hòa지역도 마찬가지였다. 그러고는 헬리콥터의 문이 닫혔다. 미국 역사상 가장 수치스러운 장면에서 문이 닫힌 것이었다.

(키이스 비치, 「시카고 데일리 뉴스」, 1975년 5월 1일)

당시 우리 언론사 기자들도 베트남 전쟁의 마지막 광경을 취재했는데, 이 가운데 한 사람이 「한국일보」 전쟁특파원 안병찬 기자다. 안 기자는 사이공 주재 한국 대사관과 현지 교민들의 철수 과정을 곁에서 지켜보면서 취재 활동을 벌였다. 그는 대규모 전투부대까지 파병했던 대한민국의 베트남 전쟁 개입 마지막 순간을 기록한 몇 안 되는 한국 기자였다. 안 기자는 사이공 함락을 불과 몇 시간 앞두고 미군 헬리콥터 편으로 극적으로 베트남을 탈출했다.

1975년 4월 30일 북베트남군 탱크가 철문을 부수고 남베트남 대통령궁에 진입하면서 베트남 전쟁은 공산군의 승리로 막을 내리게 되었고, 베트남은 1954년 프랑스를 패배시킨 데 이어 미국마저 몰아내고 마침내 통일을 이룰 수 있었다. 베트남 전쟁이 끝나던 날, 거의 모든 서방 전쟁특파원이 베트남을 탈출했지만 사이공 주재 AP 통신 전쟁특파원 피터 아넷과 지국장 조지 에스퍼George Esper는 현지에 남았다. 군인이 아닌 중립적 관찰자인 자신들에게 북베트남군이 보복하지 않을 것이라는 막연한 기대감을 갖고 있었을 뿐이었다. 잠시 뒤 사이공에 입성한 북베트남군 병사들이 AP 통신 지국에 들이닥쳤다. 긴장된 표정의 아넷과 에스퍼에게 병사들은 자신들이 어떤 경로를 통해 사이공에 입성했으며 어떻게 남베트남 정권을 무너뜨렸는지 상세히 설명했다. 아넷과 에스퍼는 병사들에게 콜라와 먹다 남겨 놓은 케이크를 냉장고에서 꺼내 대접했다(Arnett, 1994).

베트남 전쟁은 역사상 처음으로 미국 군부가 소기의 목적을 달성하지 못한 전쟁이었다. 한국 전쟁에서는 미군이 최소한 대한민국을 지켜 내고 공산 침략을 저지했다는 위안이라도 받을 수 있었다. 그러나 베트남 전쟁에서 미군은 승리는 고사하고 전장에서 철수한 뒤 마지막 순간에는 동맹국 남베트남을 헌신짝 버리듯 포기해야 했다. 미군 고위 장교들은 베트남 전쟁이 자신들에게 가장 치욕스런 경험이었다고 회고했다. 왜 미국은 베트남 전쟁에서 패배했을까? 여러 이유 가운데 언론에 비난의 화살을 돌리는 경우가 적지 않다. 베트남 전쟁은 사상 처음으로 텔레비전이 신문을 제치고 주도적인 매체로 등장해 생생한 전투 영상을 미국인들에게 보여 준 전쟁이었다. 미군 고위층은 미국 전쟁특파원들이 미군과 동맹국 남베트남군의 작전 실패와 비효율성을 과장 보도했다고 비난했다. 군 고위 장교들은 특히 텔레비전 뉴스가 거의 날마다 베트남 전쟁의 부정적 모습을 집중적으로 보도하고 미군 사상자들의 모습을 적나라하게 보여 줘 반전 여론을 확산시켰다고 주장했다. 대니얼 홀린Daniel Hollin에 따르면 베트남 전쟁 보도에 있어서 텔레비전은 신문이나 잡지 등 인쇄매체들보다 훨씬 더 강력한 정치적 영향력을 발휘했는데, 이는 텔레비전이 다루는 대부분의 주제가 단순 명료할 뿐만 아니라 보도 형식을 무미건조한 정책이나 이슈 토론보다는 미군 병사들의 생명과 안전, 베트남인의 희생과 참상 등 개인적 측면에 초점을 맞추었기 때문이라고 분석했다(Hallin, 1989). 거의 날마다 거실에 앉아 텔레비전 화면을 통해 지켜본 베트남 전쟁 보도가 결국 미국인의 전쟁 피로감을 가중시켜 미국 군부와 전쟁에 대한 지지 의사를 거두도록 했다는 것이다(Arlen, 1969). 한마디로 미국 정부나 군부가 전쟁특파원들의 취재 보도 활동에 아무런 통제를 가하지 않았기 때문이었다는 반성인 셈이다. 베트남 전쟁을 통해 미 군부가 얻게 된 교훈 가운데 하나는 "어떤 전쟁이든 언론을 제대로 통제하지 못하면 결국 국민으로부터의 지지도 잃게 된다"는 것이었다. 미국 군부는 이에 따라 앞으로 벌어질 미래의 전쟁에서는 전쟁특파원들을 전혀 새로운 방식으로 통제할 것을 구상하게 되었다.

• • •

베트남 전쟁 당시 사이공 주둔 미군 사령부의 정례 뉴스 브리핑,
'5시의 시사풍자 코미디'

남베트남 수도 사이공의 미군 사령부에서는 매일 오후, 그날의 전투 상황과 전과를 베트남 주재 전쟁특파원들에게 알려 주는 정례 뉴스 브리핑이 열렸다. 베트남 전쟁을 취재하는 기자들의 입장에서 군 당국이 주도하는 이 같은 뉴스 브리핑은 무척 편리한 제도였다. 자신들이 직접 최전선까지 찾아가지 않더라도 전쟁과 관련된 모든 정보와 통계가 일목요연하게 정리되어 제공되었기 때문이다. 하지만 이 뉴스 브리핑에서는 남베트남군과 미군, 그리고 참전 동맹국 군들의 눈부신 전과와 수십 명, 심지어 수백 명에 이르는 북베트남군과 베트콩들의 사상자 수만을 부각시켜 발표하곤 했다. 결국 모든 군사 작전에서 남베트남군과 미군이 눈부신 승리를 거두고 있으며 공산군들은 막대한 피해를 보고 있다는 결론을 내릴 수밖에 없는 내용이었다(Hallin, 1989; Hammond, 1998; Knightley, 2004; Rid, 2007; Sullivan, 2006).

점차로 전쟁특파원들은 미군 사령부의 뉴스 브리핑이 사실과 동떨어진 지나치게 낙관적인 내용만을 선별한 선전 도구에 불과하다는 점을 알아차리게 되었다. 일부 미국 전쟁특파원은 직접 최전선으로 지프를 몰고 가 전투 상황을 확인하고 진실을 밝히고자 했고, 결국 미군 당국이 뉴스 브리핑을 통해 발표한 많은 내용이 절박한 전방지역 전투 상황과 정반대라는 것을 깨닫게 되었다. 따라서 전쟁특파원들은 미군 공보장교들과 그들이 주관하는 뉴스 브리핑을 '5시의 시사풍자 코미디 Five O'Clock Follies'라는 별명을 붙여 부르게 되었다(Hallin, 1989; Knightley, 2004; Rid, 2007).

그럼에도 불구하고 사이공 주둔 미군 사령부의 정례 뉴스 브리핑에는 항상 손쉽게 뉴스거리를 얻으려는 전쟁특파원들이 북적댔다. 피터 아넷의 말에 따르면 비록 과장되거나 허황된 브리핑 내용이더라도 그날그날 톱뉴스나 헤드라인으로 사용할 만한 뉴스거리를 얻을 수 있었기 때문이었다(Arnett, 1994). 예를 들어 미 공군이 북베트남의 어떤 지역에 폭격을 가해 수백 명의 공산군 사상자를 낳았다는 브리핑 내용은 기자가 추후에 정확한 사상자 수만 알아낼 수 있다면 헤드라인으로서 손색이 없다는 것이다. 또 전쟁특파원들이 개인적으로 입수한 첩보나 뉴스거리를 공보장교들에게 넌지시 물어본 뒤 그들의 반응을 세심히 살펴 사실 여부를 확인하기도 했다고 한다.

10
걸프 전쟁과 미디어 풀 취재 시대

베트남 전쟁이 끝난 뒤 미국 군부는 텔레비전을 비롯한 언론에 무척 서운한 감정을 지니게 되었다. 어찌 보면 서운함이라기보다는 적대감을 품고 있었다는 표현이 적합할 것이다. 군부의 시각에서 볼 때 미군이 북베트남군이나 베트콩보다 훨씬 월등한 무기와 장비를 갖고서도 베트남 전쟁에서 패한 것은 미국 언론이 반전 여론을 등에 업고 정부의 전쟁 정책을 앞장서 비판하고 군부의 전쟁 수행 과정에서도 훼방을 놓았기 때문이었다. 한마디로 지나칠 정도의 언론 자유를 누린 신문과 방송 매체들만 없었더라면 전쟁에서 쉽사리 승리할 수 있었을 것이라는 생각이었다. 이런 불만을 지닌 미국 군부는 1980년대에 접어들면서 분쟁지역에서 전투나 전쟁이 벌어질 경우 언론과 전쟁특파원들을 철저히 통제하고 제어할 방안을 마련하기 시작했다. 이러한 언론 정책을 펼칠 첫 기회는 카리브Carib 해의 작은 섬 그레나다Grenada 침공 작전 때 찾아왔다. 1983년 10월 그레나다의 공산반군이 정부를 전복하고 권력을 차지했다. 이들은 인근 공산국가인 쿠바와 긴밀한 유대를 맺기 시작했는데, 이 같은 정치적 격변에 카리브 해 주변 국가들은 불안감을 느끼게 되었다. 한편 이미 1960년대 초부터 쿠바 미사일 위기 등으로 쿠바 공산 정권에 위협을 느껴 온 미국은 플로리다주 남쪽 바다 건너에 또 다른 공산 정권이 들어서는 것을 용인할 수 없었다. 결국 10월 25일 그레나다에 머물고 있는 미국 시민을 구출한다는 명분을 앞세워 대규모의 미군 침공부대가 그레나다에 들이닥쳤다. 침공 작전은 손쉽게 진행되어 불과 며칠 만에 미군이 공산반군을 섬멸하고 섬 전체를 장악했으며 반군에 쫓겨났던 친미 성향의 그레나다 정부가 복귀하게 되었다.

문제는 미군이 이 같은 대규모 침공 작전을 극비에 부쳐 미국 언론이 침공 작전이 개시되고 24시간이나 지나서야 이런 사실을 알게 되었다는 것이다. 뒤늦게 허겁지겁 전쟁특파원들이 그레나다로 향했지만 그들은 그레나다에서 200킬로미터나 떨어진 바베이도스Barbados의 미군 기지에 강제 수용되듯이 머물러 있어야 했다. 미군 당국은 바베이도스에 도착한 3백여 명의 전쟁특파원들 가운데 취재기자와 사진기자 등 모두 15명만을 선별해 이른바 미디어 풀Media pool 취재를 허용했다. 그레나다에 도착한 뒤에도 미디어 풀 전쟁특파원들에게는 미군 공보장교의 인솔 아래 제한된 지역에서만 취재가 허용되었다. 한편 바베이도스에서 발이 묶인 일부 전쟁특파원이 쾌속정을 전세 내어 그레나다로 접근했지만 섬에 상륙하기도 전에 미 공군 전투 폭격기가 기자들이 탑승한 쾌속정을 향해 위협 경고 사격을 가해 뱃길을 되돌려야 했다(Knightley, 2004; Sullivan, 2006).

미디어 풀의 탄생

그레나다 침공 작전 당시 미군 당국의 엄격한 출입 통제와 취재 제한에 대해 언론사들의 거센 항의가 이어지자 미군 당국은 선별된 언론사 전쟁특파원들의 대표 취재 방식인 '미디어 풀'을 구성할 것을 제안했다. 미디어 풀 취재란 수백 명의 전쟁특파원 가운데 제한된 수의 기자들을 군 당국이 추려낸 뒤 선별된 기자들이 공보장교의 인솔 아래 전장을 누비며 장병들과 인터뷰하거나 전투 상황을 취재하도록 하는 것이다. 미디어 풀 취재는 지나치게 많은 인원의 취재기자와 촬영 팀을 동시에 수용할 수 없는 장소, 예를 들어 대통령 집무실이라든가 법정에 기자나 촬영 팀의 입장을 제한적으로 허용할 때 활용되는 취재 방식이다. 미디어 풀의 규모는 전쟁이나 분쟁의 성격, 규모, 취재 참여를 희망하는 언론사의 수에 따라 달라지는데, 대체로 10명에서 20명 사이의 기자나 카메라맨으로 구성되는 것이 보통이다. 예를 들어 통신사 취재기자와 카메라맨(2명), 네트워크 텔레비전 취재기자, 카메라맨과 음향보조(3명), 라디오 취재기자(1명), 시사주간지 취재기자와 사진기자(2명), 그리고 신문기자들(3명)로 이루어지는 미디어 풀을 생각해 볼 수 있겠다(Fialka, 1991).

군 장교들이 인솔하는 미디어 풀 취재단에 속한 기자들은 일단 전투지역에 들어갈 수 있다는 특혜를 부여받게 되지만 구체적으로 어디를 갈 것인가는 전적으로 군 당국의 권한이어서 자유로운 취재 활동은 당초부터 불가능하다. 미디어 풀 취재단에 뽑힌 기자들은 전투 현장을 둘러보고 취재한 내용을 후방지역에 남아 기다리는 수백 명의 기자들에게 충실히 전파하고 알려 줄 의무를 지게 된다. 미디어 풀에 끼지 못한 후방지역 기자들은 미디어 풀 기자들이 전해 준 내용을 토대로 각각 기사를 작성하게 된다. 여기서 한 가지 문제가 되는 것은 미디어 풀 기자들이 작성한 최초 기사나 촬영 영상을 군 공보장교 등으로 구성된 검열관들이 먼저 읽어 보거나 확인한 뒤 내용에 문제가 없다고 판단되면 나머지 기자들에게 전파하도록 한 이른바 보안 점검security review 제도다. 미군 당국은 보안 점검 규정이 언론으로 하여금 아군의 작전 계획이나 부대의 규모와 무장 상태, 취약점 등 민감한 기밀을 노출시키지 않도록 할 뿐이라면서, 이는 결코 군부를 당혹스럽게 하는 부정적인 뉴스 보도를 막으려는 것이 아니라고 주장했다(Mordan, 1999).

걸프 전쟁을 취재한 전쟁특파원들이 예외 없이 따라야 했던 미디어 풀 취재 규칙Media pool ground rules의 일부분을 살펴보자.

- 미디어 풀 취재단은 출발 이전에 어느 누구에게도 자신이 포함된 풀 취재단이 구성되었다는 사실을 누설하지 않는다. 이는 군사 작전과 관련된 기밀을 유지하기 위한 것이다.
- 미디어 풀 취재단은 취재를 마치고 돌아온 뒤 풀에 참여하지 못한 나머지 전쟁특파원들에게 자신의 취재물(비디오 영상, 인터뷰 내용, 사진 등)을 제공하고 공유할 때까지 절대로 기사를 송고하거나 외부인과 관련 정보를 교환해서는 안 된다. 나머지 전쟁특파원들과 취재물을 공유하는 풀 기사 브리핑은 작전 종료 직후에 열릴 수 있다. 미디어 풀 취재단은 자신이 보고 들은 경험담을 나머지 전쟁특파원들에게 상세히 전달해야 한다. 기사 송고와 관련된 구체적인 요령은 인솔 장교(공보장교)가 적절한 시점에 전달한다.
- 미디어 풀 취재단은 작전지역을 안내하는 인솔 장교의 지시에 항상 따르며 함께 이동해야 한다. 인솔 장교의 지시는 취재를 방해하기 위한 것이 아니라 풀 취재단의 이동을 원활히 하고 아군 부대의 안전을 도모하기 위한 것이다.
- 위의 미디어 풀 취재 규칙을 준수하지 않을 때에는 풀 취재단에서 제명될 수 있다. (미국 국방부, 1990년 8월)

미군 고위층은 이 같은 전쟁 취재 보도 방식을 선호했다. 어느 누구든 전쟁특파원으로서 인가를 받으면 베트남 전역을 마음대로 돌아다니며 취재할 수 있었던 베트남 전쟁과는 달리 미디어 풀 취재 방식을 이용하면 군 당국이 상대하고 관리해야 하는 기자들의 수가 현저히 줄어들어 언론 통제가 훨씬 더 수월하기 때문이었다. 또 어느 전투지역의 어떤 내용을 보여 주고 브리핑할 것인가가 전적으로 군 당국의 재량에 달려 있기 때문에 언론을 상대로 어떤 정보를 제공할지 손쉽게 결정할 수 있었다(Entman & Page, 1994). 미군 고위층은 앞으로 벌어질 모든 전쟁에서 이 같은 미디어 풀 취재 방식을 사용하는 방안을 강구하기 시작했다.

걸프 전쟁과 미디어 홍보전

1990년 8월 2일, 이라크군이 산유국인 이웃 나라 쿠웨이트를 침공했다. 단 하루 만에 쿠웨이트를 점령한 이라크는 미국과 유엔의 거듭된 요구에도 쿠웨이트가 본래 이라크 영토의 일부라는 주장을 펴면서 철수를 거부했다. 오히려 사담 후세인 이라크 대통령은 이라크군 병력을 쿠웨이트와 사우디아라비아 국경지역에 증강 배치하면서 위기를 더욱 고조시켰다. 미국과 유엔은 이라크가 쿠웨이트에 이어 사우디아라비아까지 침공할 경우 전 세계적인 석유 공급과 수송 체계가 위협을 받게 된다는 데 인식을 같이하고 서방과 아랍 여러 나라가 다국적 연합군을 결성해 이라크를 응징하기로 결의했다. 이에 따라 1990년 말까지 사우디아라비아에는 미군 병력 45만여 명이 파견되어 이라크와의 전쟁에 대비하기 시작했다. 한편 유엔은 이라크 정부에 쿠웨이트에서 철수할 것을 재차 요구했지만 후세인은 꼼짝도 하지 않았다.

미국에게는 중동지역에서 충분한 석유 물량을 확보하고 이를 안전하게 운반하는 것이 무엇보다 중요한 우선 과제였다. 따라서 친미 산유국인 쿠웨이트를 점령한 뒤 세계 최대 산유국인 이웃 사우디아라비아를 위협하는 후세인의 이라크를 그대로 방치할 수 없었다. 그런데 미국 정부는 쿠웨이트를 원상 복구시키기 위한 군사 개입을 정당화할 명분이 필요했다. 우방 산유국을 보호하기 위해 군 병력을 파병하는 것은 자칫 아랍권 국가들로부터 석유를 확보하기 위한 분쟁 개입이라는 비난을 받을 우려가 있었다. 결국 이라크군이 쿠웨이트에서 온갖 만행을 저지르며 인권 유린을 하고 있다는 감성에 호소할 절묘한 시나리오가 필요했다. 1990년 10월 10일, 미국 워싱턴 D.C.의 국회 의사당에서는 민간 인권단체가 주도한 이라크군의 쿠웨이트 침공에 대한 청문회가 열렸다. 이날 청문회에서는 이라크군 침공 당시 쿠웨이트의 한 병원에서 자원 간호사로 일했다는 열다섯 살 쿠웨이트 소녀 나이라가 미국 국회의원들과 방청객들, 그리고 주요 언론사 기자들에게 자신의 목격담을 증언했다. 나이라는 울먹이면서 이라크군의 만행을 다음과 같이 묘사했다. "이라크 병사들이 제가 일하던 병원에 총을 든 채 들어와 병실 이곳저곳을 뒤지기 시작했습니다. 미숙아들이 자라고 있던 인큐베이터실에 들어온 이라크 병사들이 갑자기 아기들을 인큐베이터에서 꺼내 바닥에 팽개치기 시작했습니다. 아기들은 차가운 병실 바닥에서 죽어 갔습니다." 쿠웨이트 전역에서 약탈과 만행을 자행하던 이라크군 병사들이 병원에 난입해 돈이 될 만한 의료장비인 인큐베이터를 약탈해 가는 과정에서 미숙아들을 꺼내 죽게 만들었다는 소름 끼치는 내용이었다. 자원 간호사 나이라의 증언에 미국인은 경악했다. 아기들을 처참하게 죽인 이라크군의 잔인함에 치를 떨었다. 당시 조지 H. 부시 미국 대통령은 이라크군의 이 같은 만행을 중단시키기 위해서라도 미국과 세계 각국이 함께 이라크를 무력 제재하고 쿠웨이트를 해방시켜야 한다고 주장했다. 텔레비전과 라디오 토크쇼에서도 이라크군에게 살해된 아기들에 대한 토론과 성토가 이어졌고 유엔 안전보장이사회 주최의 토론에서도 이 이야기가 거론되었다. 미국을 비롯한 전 세계의 여론은 쿠웨이트에서 이라크군을 몰아내기 위한 전쟁이 필요하다는 방향으로 급선회했다.

그로부터 1년 뒤 중동감시기구Middle East Watch라는 민간단체가 미국 의회에서 증언했던 자원 간호사 나이라가 실은 미국 주재 쿠웨이트 대사의 딸이라는 사실을 폭로했다. 이 단체는 또 나이라가 이라크군 침공 당시 쿠웨이트 현지에 있었다는 주장에도 의문을 제기했다. 더욱이 나이라의 의회 증언을 주선한 것이 쿠웨이트 정부 산하 단체인 '자유 쿠웨이트를 위한 시민 모임'이며 '인큐베이터 미숙아 살해' 증언은 이들이 120억 원의 수수료를 지불하고 미국의 홍보대행사 힐 앤 놀튼Hill and Knowlton을 고용해 만들어 낸 시나리오였다는 것도 폭로했다. 힐 앤 놀튼의 홍보 전문가들이 나이라가 미국 의회 청문회에서 증언할 내용을 사전에 그녀에게 개인 지도한 사실도 드러났다(Doyle, 1992). 곤경에 처한 쿠웨이트와 미국 정부는 나이라가 실제로 이라크군 침공 당시 쿠웨이트에 머물고 있었으며 증언 내용이 사실이라고 강변했지만, 평범한 자원 간호사가 아닌 미국 주재 쿠웨이트 대사 딸의 증언은 더 이상 진실로 받아들이기 어려웠다. 이처럼 적군이 무고한 시민이나 어린이, 임산부들을 살해했다는 내용의 에피소드는 전쟁을 겪고 있는 나라가 상대 국가를 비난할 때 흔히 악용하는 유언비어로서 제1차 세계대전 때부터 사용된 것이다(Knightley, 2004). 터무니없는 허구일지라도 적군의 만행을 묘사한 이 같은 유언비어는 오랜 세월이 지나더라도 여전히 호소력을 지닌 효과적인 심리전 무기로 간주되고 있다.

한편 미국 정부는 나이라의 인큐베이터 아기 살해 시나리오와 더불어 주요 언론사들을 이용해 전쟁 지지 여론을 조성했다. 일례로 「워싱턴 포스트」의 칼럼니스트 매리 맥그로리Mary McGrory는 "부시 대통령과 바그다드의 짐승"이라는 사설에서 이라크의 후세인 대통령을 짐승에 비유하면서 부시 대통령은 의회로부터 전폭적인 지지를 얻어 쿠웨이트 해방을 위한 전쟁에 나서라고 부추겼다. 이처럼 적국 이라크와의 군사 대결을 앞두고 언론매체를 동원해 친정부 성향의 논평이나 사설을 게재하거나 허구를 사실처럼 왜곡해 전파하는 등 대규모 홍보전을 편 것은 전쟁을 앞두고 국민의 지지 여론을 확보하기 위해 사전 작업을 벌인 것이었다.

1991년 1월 17일 바그다드를 비롯한 이라크 내 주요 도시들에 대한 다국적군의 대대적 공습이 시작되었을 때 텔레비전 시청자들은 바그다드 공습 광경을 실시간으로 지켜볼 수 있었다. 당시 바그다드에는 40명이 넘는 기자들이 머물고 있었지만 이라크 정부의 보도 통제와 폭격에 따른 통신시설 마비로 전쟁 상황을 제대로 보도할 수 없었다. 그러나 미국의 케이블 뉴스 방송 CNN의 피터 아넷, 버나드 쇼, 존 홀리먼 등 세 명의 기자는 번갈아 가며 다국적군의 바그다드 공습 상황을 생방송 중계할 수 있었다(Arnett, 1994). 이 같은 걸프 전쟁에서의 엄청난 특종 덕분에 당시 다른 네트워크 텔레비전 방송들에 눌려 지내던 케이블 방송 CNN은 시청률이 평소보다 10배나 급증하는 기염을 토했다. 이러한 상업적 이윤 확대는 CNN 방송에 국한된 것이 아니었다. 미국 내 25개 주요 신문 가운데 20개 신문이 걸프 전쟁을 계기로 판매부수가 급증해 막대한 이윤을 남기게 되었다(Hallin & Gitlin, 1994). 2월 말에는 수십만 명의 다국적군이 지상 작전을 개시해 사우디아라비아 국경을 넘어 이라크 영토 안으로 진격했는데, 이 광경 역시 텔레비전을 통해 보도되어 시청자들의 큰 관심을 끌었다.

당시 사우디아라비아와 주변 국가들에서는 1천 5백여 명의 전쟁특파원들이 취재 경쟁을 벌이고 있었는데, 이들 가운데 2백 명만이 미디어 풀 취재에 합류할 수 있었다. 전쟁특파원들은 새로 등장한 취재 도구인 노트북 컴퓨터를 이용해 기사를 작성하거나 사진을 전송할 수 있었다. 비디오를 음성과 함께 전송하는 비디오 폰도 등장했지만 화질이 좋지 않고 연결 상태가 고르지 않아 본격적으로 활용되지는 못했다. 얼마 지나지 않아 대부분의 전쟁특파원은 최전방 전투지역에 접근하는 것이 사실상 불가능하고 미군 당국이 선발한 극히 제한된 수의 미디어 풀 취재단에 합류하더라도 사전에 주도면밀하게 선정된 장소들만 방문하게 되며 자신들이 진정으로 원하는 기사 주제를 취재하거나 인물들을 인터뷰할 선택권조차 없다는 사실을 깨닫게 되었다. 따라서 대부분의 전쟁특파원은 사우디아라비아에서 진행되는 미군 정례 뉴스 브리핑 등에 참석해 미군 공보장교들로부터 전쟁 뉴스를 전해 들을 수밖에 없었다. 공보장교들이 주도한 정례 뉴스 브리핑에서는 베트남 전쟁 때의 '5시의 시사풍자 코미디'와 마찬가지로 미군 당국이 자신들의 구미에 맞는 정보들만 집중 부각시키거나 다국적군이 거둔 각종 전과를 과대 포장하여 공개하기 일쑤였다.

때때로 네트워크 텔레비전 방송은 걸프지역에서 급박한 상황이 벌어지면 정규 뉴스 시간 이외에도 생방송으로 걸프지역에 파견된 전쟁특파원들을 연결하곤 했다. 예를 들어 이라크군이 아랍권 전체의 공분을 불러일으키기 위해 이스라엘을 향해 스커드 미사일을 몇 차례 발사한 적이 있는데, 이는 전장 접근이 불가능하고 상세한 전황을 알기 힘든 기자들에게 그나마 볼 만한 뉴스거리를 제공한 흔치 않은 기회였다. 한 신문기자는 전쟁 속보를 내보내는 텔레비전 앞에 앉아 부지런히 방송 내용을 받아 적던 자신의 모습을 동료 사진기자가 촬영한 적이 있다면서 텔레비전에 방영된 내용을 기사로 재작성하는 것이 전장 접근을 차단당한 전쟁특파원들의 유일한 취재 방식이었다고 말했다(Zelizer, 1992). CNN 방송의 전쟁특파원이었던 크리스티안 아만푸어는 걸프 전쟁 당시 미 해군의 항공모함에 배치되었는데, 그곳에서는 전투 상황이 어떻게 돌아가는지 알 수 없었으며 주로 해군 함재기들이 비행갑판에 이착륙하는 모습이나 토마호크 미사일 등을 발사하는 광경만 취재할 수 있었다. 아만푸어는 자신이 머물렀던 항공모함이 걸프 전쟁이 벌어지고 있던 이라크와 쿠웨이트 전선에서 지리적으로 가장 먼 곳이었던 것 같다고 회고했다(Ferrari, 2003).

깨끗한 전쟁 보여 주기

전쟁 기간 동안 사우디아라비아에서 열린 미군의 일일 정례 뉴스 브리핑에서는 스마트 폭탄 세례를 받는 이라크군의 모습이라든가 크루즈 미사일이 군사 목표물을 정밀 타격하는 모습 등이 공개되곤 했다. 한 치의 오차도 없이 목표물에 명중해 폭발하는 스마트 폭탄 또는 크루즈 미사일의 모습에 미국인과 전 세계인은 놀라움을 금치 못했다. 전쟁특파원들은 날마다 얼마나 많은 수의 이라크군 탱크나 포가 파괴되었는지 공보장교들로부터 자세한 정보를 전해 들을 수 있었다. 하지만 뉴스 브리핑에서 제공되는 정보들은 대부분 사전 검토를 통해 선정되어 보기 좋게 포장된 것들로 사실성 여부에 의심을 품을 만한 것들도 적지 않았다. 실제로 전쟁이 끝난 뒤 확인된 사실 가운데 하나는 전쟁 당시 사용된 스마트 폭탄의 비율이 전체 폭탄 가운데 7퍼센트에 불과하다는 것이었다. 나머지 93퍼센트의 폭탄은 정밀도가 현저히 떨어지는 재래식 폭탄으로, 수많은 군사 목표물이 제대로 파괴되지 않았으며 목표물 주변의 민간인과 주택에 대한 오인 폭격도 많았던 것으로 드러났다.

또 다국적 연합군 사령관인 노먼 슈워츠코프 미 육군 대장은 자신이 직접 나서서 기자들에게 정례 브리핑을 하기도 했다. 한번은 쿠웨이트를 해방시키기 위해 대규모 상륙 작전을 계획하고 있는 듯한 뉘앙스를 풍기며 전쟁특파원들을 훈련장에 초대한 적이 있었다. 다국적군의 상륙 훈련은 곧바로 전 세계로 긴급 타전되었다. 그러나 정작 쿠웨이트의 해방은 사우디아라비아 국경 방면에서 다국적군이 헬리콥터와 탱크 등을 앞세운 진격 작전을 통해 이루어졌으며 쿠웨이트 해안에서의 상륙 작전은 아예 벌어지지도 않았다(서근구, 2008). 미군 당국은 당시 상륙 작전 계획을 언론을 통해 흘린 것은 후세인과 이라크군 수뇌부를 교란시키기 위한 속임수였다고 해명했다. 언론은 이처럼 독자적인 전쟁 취재 보도를 하기는커녕 군 당국의 정보 조작과 언론 플레이에 희생되는 지경에까지 이르렀다.

  미군 당국은 미디어 풀 취재를 통해 언론사들과 전쟁특파원들에게 최소한의 전장을 보여 주는 대신 중요한 정보는 공개하지 않고 감추는 효과를 거둘 수 있었다. 이렇다 보니 치열한 전투가 있거나 대규모 사상자가 발생한 최전방 전투지역에는 전쟁특파원들이 접근조차 할 수 없었다. 좌절감을 느낀 일부 전쟁특파원은 더 이상 미디어 풀 취재단의 일원이 되기를 거부했다. 이들은 스스로 차량을 몰고 사우디아라비아 국경을 넘어 이라크로 들어가거나 쿠웨이트 영토 안으로 들어가 최전방 취재를 시도했다. 이런 전쟁특파원들 가운데 한 사람으로 「샌프란시스코 크로니클San Francisco Chronicle」신문의 칼 놀테Carl Nolte 기자가 있었다. 놀테 기자는 사우디아라비아 수도 리야드Riyadh 북쪽 방면으로 차량을 몰아 최전방 미군 부대와 조우할 수 있었다. 그곳에서 놀테 기자는 미군 공보장교의 간섭 없이 장병들과 마음껏 인터뷰하고 뉴스거리도 얻을 수 있었다. 그는 미군 장병들의 보급 사정이 좋지 않으며 월급도 제때 받지 못했다는 내용의 기사를 송고해 논란을 일으켰다. 그러나 이와 같이 운 좋은 경우는 흔치 않았다. 미디어 풀 취재단을 벗어나 개별 취재를 시도했던 20여 명의 전쟁특파원은 미군 부대에 붙잡혀 억류되거나 구금되었다. 『타임』의 사진기자 웨슬리 복시 Westley Bocxe는 미군에 붙잡혀 몸수색을 당하고 안대로 눈이 가려진 채 30시간 이상 구금되었다. CBS 방송 기자 밥 사이먼은 더 심한 고초를 겪어야 했다. 사이먼을 포함한 CBS 방송 취재진은 미디어 풀 취재단을 벗어나 사우디아라비아와 쿠웨이트 국경지역에 갔다가 이라크군에게 붙잡히고 말았다. 이라크군은 사이먼 기자 일행을 바그다드의 교도소로 이송시켰고 이들은 그곳에서 간수들에게 걸핏 하면 구타당하면서 독방에 갇힌 채 전쟁이 끝날 때까지 40일간 억류되어 있었다.

바그다드로부터 전쟁을 생중계한 CNN 방송

미국 군부는 대부분의 전쟁특파원을 미디어 풀 취재 방식을 활용해 효과적으로 통제할 수 있었지만, 앞에서 말했듯이 CNN 방송의 세 명의 전쟁특파원—피터 아넷, 버나드 쇼, 존 홀리먼—은 미군의 보도 통제와 기사 검열 없이 걸프 전쟁을 보도할 수 있었다. 역설적이기는 하지만 이들이 적군 진영에서 자유롭게 전쟁 보도를 할 수 있었던 결정적인 이유는 이들이 사우디아라비아가 아닌 이라크의 수도 바그다드에 머물고 있었기 때문이었다. 전쟁 개시 직전 바그다드에는 CNN 방송 기자들 외에도 1백 명가량의 서방 기자들이 머물고 있었는데, 이들은 대부분 공습 개시 며칠 전 신변 안전 문제 등을 이유로 요르단 등지로 피신한 상태였다. 베트남 전쟁 마지막 날인 1975년 4월 30일에 헬리콥터나 선박 편으로 탈출하지 않고 배짱 좋게 사이공에 남아 공산군의 입성을 지켜봤던 아넷에게는 전쟁이 임박한 바그다드를 떠나야 할 이유가 없었다. 당시 상황이 CNN 방송에 더욱 유리했던 것은 다국적군의 공습이 시작되면서 이라크 정부가 CNN 방송 기자들을 제외한 거의 모든 서방 기자를 바그다드에서 쫓아내 버렸기 때문이었다(Arnett, 1994). 이라크 정부는 그러나 CNN 방송에 대해서는 바그다드에 계속 머물며 방송할 수 있도록 허가하면서 이라크 관리들의 지시에 따를 것을 조건으로 내걸었다. 아넷 등 세 명의 전쟁특파원은 다국적군의 공습이 시작되던 날 특별히 제작한 음성 송출 시스템 Four-wire circuit을 통해 공습 상황을 생중계했으며, 그 뒤 텔레비전 카메라로 촬영한 영상들을 통신위성을 통해 송출해 전 세계 수천만 시청자들의 관심을 모았다. 다국적군의 공습이 처음 시작되었을 때 CNN 방송 외에도 ABC와 NBC 등 미국 네트워크 텔레비전 방송사 기자들이 바그다드에 머물고 있었지만 CNN 방송을 제외하고는 어느 곳도 생방송을 할 만한 기술적 여건을 갖추고 있지 못했다. 결국 아넷을 비롯한 CNN 방송 취재진은 이라크 수도 바그다드에서 개전 첫날 유일하게 생방송을 할 수 있었던 서방 기자들로서 세계적 특종과 함께 신생 케이블 뉴스 채널 CNN을 전 세계에 알렸다. 바그다드에서 쫓겨났거나 전쟁특파원을 보내지 못한 대부분의 신문사는 CNN 방송을 마치 AP 통신 서비스처럼 의존하면서 CNN 방송의 보도 내용을 베끼기에 바빴다(Zelizer, 1992).

그러나 바그다드에서 생방송을 할 수 있었던 아넷에게도 전적으로 자유로운 취재는 불가능했다. 아넷이 취재를 다닐 때 항상 그의 일거수일투족을 감시하면서 선별된 장소들만 골라 안내하는 이라크 정부 관리minder들이 따라붙었기 때문이었다. 아넷은 생방송 때마다 자신의 보도가 이라크 정부가 승인하는 지역에서만 이루어지고 있음을 밝혔다. CNN 방송도 아넷의 보도 내용이 이라크 정부의 검열을 거친 것임을 화면 자막으로 표시했다(Goodman, 1991). 그럼에도 불구하고 아넷의 보도는 미국 내 보수 세력의 거센 비판과 공격을 받았다. 예를 들어 아넷이 다국적군의 공습으로 이라크 아기들을 위한 분유 생산 공장이 파괴되었다는 내용을 보도하자 미국 국방부는 파괴된 공장이 생화학무기를 생산하던 곳이었다면서 CNN 방송과 아넷이 이라크의 허위 선전 선동에 이용당하고 있다고 비난했다. 1991년 2월에는 미국 국회의원 30여 명이 CNN 방송에 단체로 공개서한을 보내 아넷의 보도가 "후세인의 선전 도구로 이용되어 수많은 나라로 전파되고 있다"면서 아넷의 바그다드 현지 보도가 "미군 장병의 생명을 위협하고 있다"고 주장했다. 하원의원들은 CNN 방송 경영진에게 아넷이 이라크에 대해 온정적인 인물이라면서 그의 방송을 당장 중단시키라고 요구했다. 훗날 당시 상황을 회상하면서 아넷은 자신이 미국 정부나 군부를 지지하는 조직원이 될 이유가 전혀 없었다면서 미국 헌법에 따르면 정부가 벌이는 전쟁이더라도 이를 언론이 지지해야 할 의무는 없다고 주장했다. 그는 특히 미국은 언론의 자유로운 논평과 보도가 이루어져야만 더욱 굳건히 생존하고 전쟁도 원만히 수행할 수 있다고 덧붙였다. 아넷은 또 이라크 정부의 통제 아래에서라도 전쟁 상황을 보도하는 것이 아예 보도를 포기하는 것보다는 훨씬 더 나은 선택이라고 주장했다.

언론과 군부의 불편한 동거

걸프 전쟁에서 전쟁특파원들은 군 당국의 사전 기사 검열로 큰 부담을 느꼈다. 일례로 사진기자들은 촬영한 필름을 공보장교에게 먼저 승인받은 뒤에야 본사로 보낼 수 있었다. 사진기자 데이비드 턴리David Turnley는 다국적군의 지상전이 개시된 직후 이라크군의 공격을 받아 동료 장병들을 잃은 미군 하사관이 헬리콥터 편으로 후송되는 모습을 촬영했다. 그러나 미군 하사관이 슬픔을 가누지 못한 채 울부짖는 모습이 자칫 부정적인 인상을 풍길 수 있다는 이유로 미군 당국은 사진 사용을 불허했다. 턴리 기자의 강력한 항의에 미군 당국은 한동안 미적대다가 결국 문제의 사진을 사용할 수 있다는 판정을 내렸다.

이라크를 상대로 한 걸프 전쟁은 지상 작전 개시 불과 사흘 만에 이라크군의 처참한 패배로 끝났다. 휴전협정이 4월 6일에 조인되었고 이라크군은 쿠웨이트에서 물러났다. 하지만 후세인은 권좌에 남아 계속 이라크를 통치할 수 있었다.

한편 미국 언론과 전쟁특파원들에게 걸프 전쟁은 제1, 2차 세계대전을 제외하고는 전례가 없을 정도로 철저하게 통제되고 기사 검열이 이루어진 전쟁이었다. 노트북 컴퓨터, 위성전화, 이동 위성 송출장비 등 새로운 취재 보도 장비를 갖춘 언론은 전투지역 내에서 뉴스와 정보를 마음껏 보도하려 했지만, 미국 정부와 군부는 작전 보안과 국가 안보 등을 이유로 극히 제한된 뉴스만을 보도할 수 있도록 허용했다. 특히 미국 군부는 미디어 풀 취재를 공식 창구로 삼아 제한된 수의 전쟁특파원을 공보장교가 인솔해 미리 엄선한 지역들만 방문 취재하도록 허용했다. 이런 점에서 걸프 전쟁은 미국 언론에게 가장 불쾌하고 불만족스러웠던 전쟁일 수밖에 없었다. 사실상 취재 보도의 자유를 구속당한 언론은 꾸준히 불만을 토로했지만 군 당국은 요지부동이었다. 따라서 언론과 군부의 관계는 돌이키기 어려울 정도로 악화되고 말았다(Reese, 2004). 전쟁특파원들에게 가해진 각종 취재 제한과 기사 검열로 인해 미국과 세계 각국의 독자와 시청자들은 걸프 전쟁에 대해 지극히 단편적이고 왜곡된 사실만을 접할 수 있었다. 걸프 전쟁을 통해 더욱 공고히 자리 잡게 된 미디어 풀 취재 관행은 코소보 내전과 보스니아 내전 때까지 계속되어 언론과 전쟁특파원들의 발목을 붙잡았다.

11
아프리카의 내전과 지역분쟁들

전쟁이나 분쟁이 언론의 흥미를 끄는 중요한 뉴스 주제 가운데 하나라는 사실은 이 책의 앞부분에서 살펴본 적이 있다. 그러나 전쟁과 분쟁은 자국 영토 내에서 벌어지거나 자국 군대가 참전할 때 뉴스로서 가장 큰 가치를 갖게 된다. 자국 영토로부터 지리적으로 멀리 떨어진 곳에서 자국의 이해와는 별 상관없이 외국인들이 죽고 다치는 전쟁이나 분쟁이라면 그 뉴스 가치가 현저히 떨어질 수밖에 없다. 지난 반세기 동안 아프리카에서 벌어진 크고 작은 전쟁과 분쟁들을 살펴보면 이러한 전쟁과 분쟁이 세계인의 주목을 끌지 못했다는 점을 알 수 있다. 설령 언론 보도가 이루어졌더라도 전쟁이나 분쟁의 자세한 원인이나 전개 과정, 결말을 분석하기보다는 단편적인 폭력 사태와 전투 상황 등을 중심으로 보도되는 것이 보통이었다. 더구나 아프리카 대륙에 대한 일반인들의 인식 또한 다원적이고 복합적인 문화와 정치, 사회적 요인을 이해하기보다 단편적 정보나 에피소드 이해

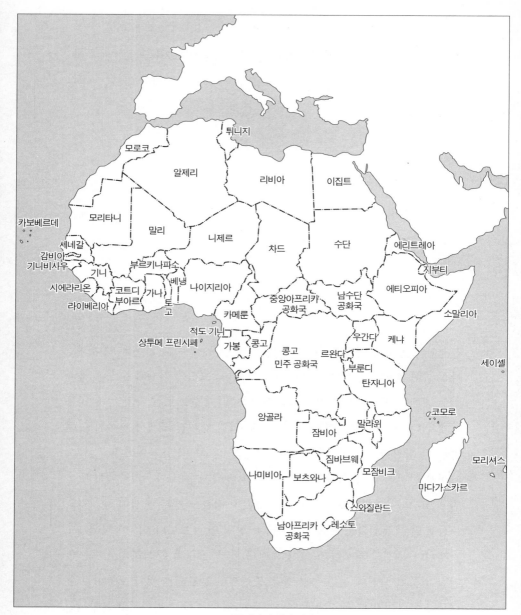

아프리카의 여러 나라

수준에 그치고 있다.

 아프리카는 아시아에 이어 두 번째로 면적이 넓은 대륙으로 54개 국가가 자리 잡고 있다. 아프리카 대륙 전체를 볼 때 사하라 사막 북부지역의 국가들은 남부지역 국가들과는 종교, 문화, 인종 면에서 큰 차이를 보인다. 일례로 북부지역의 알제리, 모로코, 튀니지, 리비아, 이집트 등은 아랍 이슬람 문화가 우세해 중동지역 뉴스와 함께 취급되는 것이 보통이다. 한편 사하라 사막 남부지역에는 차드, 나이지리아, 에티오피아, 소말리아, 수단, 시에라리온, 잠비아, 콩고, 짐바브웨, 르완다, 앙골라, 우간다, 라이베리아 등 흔히 '검은 아프리카'로 불리는 여러 국가가 있는데, 바로 이곳이 아프리카와 관련해서 서방 언론의 보도에 주로 등장하는 지역 분쟁과 전쟁 뉴스의 주무대다.

 아프리카에 대한 서방 언론의 전반적 보도 행태를 요약하면 대부분의 뉴스가 '위기 상황'을 집중 조명하고 있다는 것이다. 구체적으로 아프리카 관련 뉴스가 다루는 주제를 살펴보면 기아, 에이즈 등 질병, 정치적 부패, 빈곤, 종족 분쟁과 내전, 집단학살 등 부정적이거나 처참한 참상을 묘사하는 내용이 대부분이다. 민주화라든가 생활환경 개선, 눈부신 경제 발전이나 현대화 등 뉴스로 다룰 주제가 많음에도 불구하고 서방 언론은 이런 주제들을 대체로 외면해 왔다.

 아프리카 대륙은 서방 언론이 간혹 뉴스로 다루기는 하지만 평상시에는 거의 잊혀 있는 곳이다. 전쟁특파원들의 입장에서 보더라도 아프리카는 열악한 생활환경과 거친 자연환경 탓으로 장기간에 걸쳐 취재하기가 어렵기 때문에 아프리카에서 벌어지는 뉴스들은 해외 토픽 에피소드 정도로 피상적이거나 단편적으로 보도되는 경우가 대부분이다. 아프리카의 분쟁이나 전쟁을 다룬 뉴스 기사라 하더라도 선한 자와 악한 자의 구분이 모호한 것은 보통이며, 심지어 어느 쪽이 선이고 어느 쪽이 악인가를 잘못 규정하더라도 어느 누구로부터 비난받을 가능성이 없다(Perlmutter, 1998). 더구나 언론사들이 밀집되어 있는 북미 대륙이나 유럽, 아시아를 기준으로 볼 때 아프리카 대륙은 지리적으로 멀리 떨어져 있기 때문에 격렬하고 폭력적인 사건이나 자극적이고 선정적인 내용을 담은 뉴스일 경우에만 서방 언론에 집중적으로 보도될 뿐이다.

또 아프리카 관련 보도는 현지에 장기간에 걸쳐 상주하는 특파원이 아닌 '낙하산 저널리스트'들에 의해 이루어지는 것이 보통이다. 아프리카 대륙에는 많은 나라가 있지만 제대로 된 뉴스 지국이 있는 곳은 이집트의 카이로, 케냐의 나이로비Nairobi와 남아프리카공화국의 요하네스버그 Johannesburg 등 몇 곳에 불과하다. 아프리카 대륙을 취재하는 서방 언론인들은 일단 극적이고 시각적으로 큰 충격을 안겨 줄 수 있는 뉴스 주제를 찾아다닌다. 아프리카에서의 전쟁과 분쟁이라는 주제가 더할 나위 없이 효과적으로 먹혀드는 것도 바로 이런 이유 때문이다.

서방 언론의 아프리카 분쟁 보도

아프리카에 대한 서방 언론의 보도는 1990년을 전후로 뚜렷한 차이를 보인다. 먼저 1960년대에서 1980년대 말까지는 동서 냉전의 와중에 미국과 소련의 경제, 군사적 지원을 바탕으로 아프리카 각국에서 벌어진 이른바 '대리전쟁'과 관련된 보도가 주류를 이루었다. 당시 앙골라, 콩고, 나이지리아, 우간다 등 제2차 세계대전 이후 독립한 신생 국가들은 정부군과 반군 간의 내전이 벌어지거나 이웃 국가들 간에 영토나 종족 갈등으로 크고 작은 분쟁을 벌이고 있었다. 이데올로기 대립 속에서 앙숙 관계였던 미국과 소련은 자신들의 정치적 이해득실에 따라 정부군 또는 반군을 지원해 전쟁을 더욱더 확산시키곤 했는데, 이 같은 지역 분쟁과 내전들이 당시 언론의 주요 보도 내용이었다. 한편 공산주의가 몰락한 1990년대 초부터 최근까지는 정치적 혼란과 내전, 그리고 이 과정에서 발생한 아프리카인들의 빈곤과 기아에 관한 뉴스가 주종을 이루고 있다.

좀 더 구체적으로 아프리카에 대한 서방 언론의 분쟁 보도를 주제별로 살펴보면 종족 간의 분쟁, 정치적 부패와 권위주의 정권, 인구 과밀과 빈곤 및 기아, 희망을 잃어버린 난민들에 초점이 맞추어져 있다. 특히 식량 부족과 기아에 대한 보도는 지난 20여 년간 아프리카 관련 뉴스의 주종을 이루었다고 할 수 있다. 문제는 서방 언론이 식량 부족과 기아 문제를 다루면서도 그 원인이 된 지역 내 정치적 부패와 군벌 간의 내전 등에 대해서는 자세한 배경 설명이나 해결책을 제시하지 않은 채, 굶주리거나 식량을 구걸하는 아프리카인들의 모습, 절망한 표정의 여인과 영양실조로 바싹 마른 유아나 어린이들의 모습 등을 보도 사진이나 텔레비전 화면으로 내보내는 것이 다반사라는 점이다. 실례로 아프리카의 어느 한 국가에서 기아가 확산되면 수많은 낙하산 저널리스트가 주변 국가의 난민 수용소와 급식소를 찾아 2~3일간 집중적으로 취재 보도를 한 뒤 홀연히 사라지곤 한다. 1993년 수단의 한 난민 수용소에서 식량 배급을 받기 위해 급식소로 기어가는 앙상한 여자 어린이 뒤에 독수리가 앉아 지켜보고 있는 모습을 촬영한 케빈 카터Kevin Carter의 보도 사진이나 영양실조로 숨을 거둔 뼈만 앙상한 어린 아들을 어루만지는 아프리카 여인의 처절한 모습을 촬영한 제임스 낙트웨이James Nachtwey의 보도 사진을 대표적인 예로 들 수 있다.

국제뉴스 관련 보도 사진을 연구한 데이비드 펄머터David Perlmutter에 따르면 아프리카는 사진기자들에게는 약탈하기 쉬운 대상이다. 언제든지 아프리카의 한 지역에서는 굶주리고 처참한 모습의 사람들을 어렵지 않게 발견할 수 있고 바로 이런 모습을 카메라에 담기만 하면 돈벌이가 되거나 굵직한 상을 탈 만한 보도 사진이 나온다는 것이다. 실제로 지난 70년간 퓰리처상 사진 부문 수상작들을 집계해 보면 펄머터의 주장대로 아프리카의 분쟁과 전쟁이 얼마나 인기 있는 주제였는가를 알 수 있다. 아프리카는 일반 뉴스 보도에서 항상 소외된 대륙이었음에도 불구하고 보도 사진 부문에서는 어느 다른 대륙보다 더 빈번히 다루어졌다. 구체적으로 퓰리처상에 사진 부문이 신설된 1942년부터 1977년까지의 35년간 보도 사진 수상작들 가운데 아프리카를 주제로 한 작품은 한 건도 없었다. 그러나 1978년 이후 2002년까지 24년 동안에는 아프리카를 주제로 한 15편의 보도 사진이 퓰리처상을 받았다(Kim & Smith, 2005). 한마디로 아프리카 관련 신문 기사는 좀처럼 언론이나 독자의 관심을 끌지 못하지만 아프리카에서 촬영된 충격적이고 폭력적인 영상을 담은 보도 사진은 상대적으로 영향력이 크다는 해석이 가능하다.

소말리아와 '블랙 호크' 다운

1991년 소말리아에서는 군벌 간의 내전으로 친서방 성향의 중앙 정부가 붕괴되어 전 국토가 무정부 상태에 접어들었고 군벌의 위협과 약탈로 농사와 식량 공급이 제대로 이루어지지 못해 전국적으로 기아가 극심했다. 1992년 12월 3일, 유엔 안전보장이사회는 결의안 794호를 통해 중앙 정부가 붕괴된 소말리아에 질서를 회복하고 기아에 빠진 주민을 구하기 위해 평화유지군을 파견하기로 한다. 유엔 평화유지군은 미군을 위시한 파키스탄군과 말레이시아군 등으로 구성되었다. 그런데 유엔의 결의가 이루어지기 직전인 1992년 11월 말, 미국 주요 텔레비전 방송들은 내전으로 인한 무정부 폭력 사태와 굶주리고 영양실조로 고통받는 소말리아 아기들의 모습을 담은 영상을 집중적으로 보도하면서 미국 정부의 개입을 촉구했다. CNN 방송은 24시간 뉴스만을 취급하는 전문 케이블 방송답게 날마다 소말리아 난민들의 참상을 생생한 영상으로 보도했다. 「뉴욕 타임스」와 「워싱턴 포스트」 등 주요 신문들도 소말리아 관련 기획 기사들을 잇따라 보도

1992년 12월 9일, 미군 병력이 처음으로 소말리아의 수도 모가디슈 해변에 상륙하는 순간. 새벽녘 어둠을 뚫고 미 육군 특수부대원이 소말리아에 도착하는 역사적인 광경을 취재하려는 전 세계 전쟁특파원들과 카메라맨, 사진기자들이 뒤엉켜 북새통을 이루었다. 미군 병사는 취재진의 카메라 조명에 당황한 모습이 역력하다. 미군 정예 특수부대보다 더 신속한 전쟁특파원들의 순 발력이 잘 드러나는 사진이다. (촬영: Roberto Borea, 출처: AP 통신)

하면서 소말리아 국민을 구하기 위해 미국 정부가 나서야 한다고 주문했다. 충격적인 영상과 사진 등을 접하고 격앙된 미국인들은 신속하게 인도주의적 지원을 할 것을 정부에 요구했다. 이처럼 계속된 언론 보도와 여론의 성화에 당시 조지 H. 부시 미국 대통령은 소말리아에 식량과 의약품 등 인도적 지원을 할 것이며 이를 보호하기 위해 미군 전투부대를 유엔 평화유지군으로 파병한다고 발표했다. 전투부대 파병을 발표하면서 부시 대통령은 "모든 미국인은 소말리아의 충격적인 참상을 지켜보았다"고 말하면서 자신이 언론 보도에서 접한 비참한 광경을 언급했다. 대통령 당선자 신분이었던 빌 클린턴도 소말리아에 대한 인도적 지원과 미군 전투부대 파병에 동의했다.

그로부터 일 년도 채 안 된 1993년 10월 3일, 소말리아의 수도 모가디슈

Mogadishu에서는 유엔 평화유지군 소속 미군 전투부대와 소말리아 민병대 간에 치열한 전투가 벌어졌다. 미군은 구호물자가 소말리아 국민에게 전달되기도 전에 이를 가로채 온 군벌 지도자이자 자칭 대통령인 모하메드 파라 아이디드가 이끄는 지도부를 검거하기 위해 헬리콥터와 기동 차량 등을 이용해 모가디슈 시내에 돌입해 체포 작전을 폈다. 이 과정에서 소말리아 민병대와 격렬한 전투가 벌어졌고 민병대가 발사한 RPG 수류탄에 블랙 호크 헬리콥터 두 대가 추락하는 등 모두 18명의 미군 장병이 사망하고 70여 명이 부상당했다. 추락한 미군 헬리콥터 조종사 한 명은 민병대에 포로로 붙잡혔다.

4일까지 16시간 동안 벌어진 격렬한 전투에서 전사자와 부상자가 나온 것은 당연했지만, 미국 내 여론을 온통 들끓게 만든 것은 한 장의 보도 사진이었다. 전투 당시 모가디슈 시내에 머물고 있었던 캐나다 「토론토 스타Toronto Star」 신문의 사진기자 폴 왓슨Paul Watson은 전투 직후 소말리아 군중이 미군 병사를 붙잡아 시내 곳곳을 행진하고 있다는 이야기를 전해 들었다. 르완다 내전을 취재한 노련한 사진기자인 왓슨은 소말리아인 운전사와 무장경호원과 함께 자동차로 시내 곳곳을 헤매다 미군 병사를 찾아냈다. 그런데 이미 숨진 것이 분명한 미군 병사는 성난 소말리아 군중에 의해 온몸이 벌거벗기고 손과 발에 밧줄이 묶인 채 끌려다니고 있었다. 왓슨은 허겁지겁 서너 장의 사진을 찍을 수 있었지만 분노한 소말리아 군중의 표정을 확인한 뒤 황급히 현장을 떠나야 했다(Buell, 2010). 왓슨이 촬영한 미군 병사의 시신 사진은 미국 언론을 비롯해 전 세계 언론매체에 소개되었다. 미군 병사의 시체가 땅바닥에 처참하게 끌려다니는 사진을 본 미국인들은 경악했다. 소말리아 개입 때 기아선상을 헤매던 처참한 모습의 아프리카인들의 사진이 결정적 역할을 한 것처럼 이번에도 보도 사진 한 장이 미국인들의 여론을 한순간에 뒤바꿔 놓은 것이다. 모가디슈 전투 소식

소말리아 군중에게 끌려다니는 미군 병사의 시신.

성난 군중은 미군 병사의 시신을 마구 걷어차고 짓밟고 침을 뱉으며 능욕했다. 당시 이 사진을 촬영한 전쟁특파원 폴 왓슨은 전사한 미군 병사가 마치 자신에게 "나의 (비참한) 모습을 촬영하면 당신을 평생 동안 괴롭힐 것"이라고 말하는 듯했다고 회고했다. 미군 병사의 벌거벗은 시신을 보여 줄 수 없다는 방침에 따라 많은 언론매체가 내의를 걸친 모습으로 바꾸어 보도했다. 이 사진으로 왓슨은 퓰리처상을 받았다. 몇 년 뒤 왓슨은 사진 속 병사의 아들과 전화 통화를 할 기회가 있었는데, 그의 거센 항의를 받고 죄책감에 시달렸다고 털어놓았다.
(촬영: Paul Watson, 출처: Toronto Star)

이 알려진 지 불과 사흘 뒤, 클린턴 미국 대통령은 소말리아 군벌 소탕 작전을 즉각 중단하고 유엔 평화유지군으로 활동 중이던 소말리아 주둔 미군을 철수시키겠다고 발표했다. 미군은 이듬해인 1994년 3월 말 소말리아에서 완전히 철수했다.

한 장의 보도 사진이 가져온 여파는 상상을 뛰어넘는 것이었다. 왓슨 기자는 2007년 8월 27일 미국 공영 라디오 방송 NPR(National Public Radio)의 한 프로그램에 출연해 당시 촬영한 사진 때문에 전 세계적인 명성을 얻고 퓰리처상도 받았지만, 미군 병사의 처참한 죽음을 상업적으로 악용했다는 비판적 여론과 죄책감 때문에 괴로웠다고 고백했다.

아프리카의 분쟁과 CNN 효과

미국이 소말리아 사태에 개입하게 된 배경을 살펴보면 언론매체의 집중적인 전쟁 또는 분쟁 보도가 정부의 정책 결정에 어느 정도로 영향을 미치는가에 대해 다시 한 번 생각해 볼 수 있다. 미국이 소말리아에 개입한 결정적 원인이 고통을 겪는 아프리카인들의 모습을 지속적으로 영상이나 사진으로 보도한 언론매체 때문이라고 이미 언급한 바 있다. 좀 더 구체적으로 살펴보자면, CNN 방송과 같은 24시간 케이블 뉴스가 가장 먼저 굶주린 아기들, 공포에 질린 난민들, 그리고 피폐한 모습의 현지 주민의 참상을 지속적으로 보도한다. 얼마 지나지 않아 다른 언론사들이 파견한 낙하산 저널리스트들이 현지에 도착해 더욱 많은 분량의 유사한 보도를 쏟아낸다. 이들의 메시지는 한결같이 "고통받는 아프리카인들을 구하기 위해 정부가 하루 속히 나서야 한다"는 내용이다. 거의 모든 언론매체가 인도주의적 개입을 요구하면 정부로서는 어쩔 수 없이 타의에 의해 분쟁 개입을 선언할 수밖에 없는데, 문제는 정부가 뚜렷한 분쟁 해결책이나 정책 노선을 갖고 있지 않다는 것이다. 그럼에도 불구하고 정부는 일단 군사 개입을 서두르게 된다. 이는 인도주의적 차원의 구호 활동을 하려고 해도 위험한 분쟁지역이라는 특수 상황 때문에 군 병력의 보호 없이는 구호 활동 자체가 불가능하기 때문이다. 한마디로 요약하면, CNN 방송과 같은 24시간 생방송 텔레비전의 지속적인 분쟁, 전쟁 보도가 시청자들을 자극하여 인도주의적 개입 여론을 형성하면서 정부나 정치인들로 하여금 국제분쟁에 개입하지 않을 수 없도록 압력을 가한다는 것이다(Robinson, 1999). 소말리아 사태에서 CNN 방송이 주도적인 역할을 했기 때문에 이를 'CNN 효과'라고 부르게 되었다. 유엔 사무총장을 역임한 코피 아난은 언론과 여론의 압력 속에 진퇴양난에 처하게 되는 정치인들의 처지를 다음과 같이 표현했다.

정부가 명확한 정책 노선을 갖고 있을 때 텔레비전의 보도는 큰 영향을 미치지 못한다. 그러나 어떤 문제가 발생했을 때 정책 대안이 마련되지 않았더라도 정치인들은 일단 행동에 나서야만 하는데 그렇지 않을 경우 국민으로부터 거센 비난을 받을 각오를 해야 한다. (Robinson, 2001)

분쟁에 대한 해결책이나 구체적인 정책 노선이 마련되지 않은 상태에서 정부가 군사 개입을 결정한 경우, 예상치 않은 돌발 상황이 닥쳤을 때 국내 여론이 또 한차례 요동치게 되고 정부는 허겁지겁 임기응변에 의존해 사태를 악화시키거나 아예 분쟁에서 발을 빼게 된다. 소말리아에서 미군 사상자가 나오고 미군 병사의 시신이 유린되는 모습이 보도되자 미국 내 여론이 급속도로 악화되고 미군 전투부대가 도망치듯 소말리아에서 철수한 것이 그 좋은 예다. 이와 같이 국제분쟁 보도가 정부의 정책 결정에 미치는 부정적인 영향을 한 언론학자는 다음과 같이 요약했다.

수많은 언론매체는 자신들이 보도한 사안에 대해 정치인들이 즉각 행동을 취하도록 압력을 가하곤 한다. 그러나 언론이 긴급하게 보도한 뉴스는 대체로 불완전한 내용이거나 본질을 잘못 이해한 내용이며, 혹은 완전히 오보일 때도 있다. (Hoge, 1994)

소말리아 사태를 계기로 'CNN 효과'는 정치학계와 언론학계에 널리 회자되었는데, 언론매체가 국가 정책 결정에 미치는 막대한 영향력에 대한 학계의 높은 관심에도 불구하고 정관계에서는 언론 보도가 자신들의 최종 정책 결정에 그다지 큰 영향력을 주지 않는다며 대체로 평가 절하하고 있다(Jakobsen, 2000). 정부에 대한 언론 보도의 막대한 영향력을 의미하는 CNN 효과 가설에 대해 정부 측 인사들이 애써 부인하는 것은 그들이 줏대 없이 언론 보도에 이리저리 휘둘린다는 부정적인 인상을 국민에게 심어 주는 것을 꺼려 하기 때문일 수도 있겠다. 그러나 소말리아에서 병력을 철수시킨 미국 정부는 그 뒤 아프리카와 동유럽 등 세계 곳곳의 전쟁이나 분쟁 지역에 대한 개입 여부를 결정하는 데 있어서 CNN 방송을 위시한 텔레비전 방송의 끊임없는 보도와 분쟁 개입 요구에도 불구하고 신중하게 관망하는 태도를 보여 CNN 효과는 더 이상 커다란 영향력을 발휘하지 못했다는 것이 정설이다. 1990년대 동유럽 발칸반도의 코소보와 보스니아 지역에서 또 한차례 집단학살 논란이 벌어졌을 때 CNN 방송의 크리스티안 아만푸어 등 수많은 전쟁특파원이 미국 등 서방 국가들의 군사 개입을 요구했지만 미국 정부가 국제사회와의 공조를 외치며 신중히 대처했던 것이 좋은 예다.

르완다의 비극

미국이 소말리아 사태에서 막 벗어났을 무렵인 1994년 4월, 아프리카 중동부에 위치한 조그만 나라 르완다에서 소수파 투치족과 다수파 후투족 간의 종족분쟁이 계기가 되어 대규모 집단학살이 벌어졌다. 정권을 잡고 있던 다수파 후투족에 소수파 투치족 반군이 대항하면서 내전이 시작되었고 후투족은 투치족에 대해 보복 살인을 자행했다. 수개월간 계속된 대규모 집단학살에서 무려 80만여 명이 목숨을 잃었다. 이 과정에서 르완다의 라디오 방송이 종족 간의 갈등을 부추기고 살인을 선동하곤 했는데 이웃 주민 간에도 종족이 다를 경우 거침없이 살인이 자행되었다고 한다. 내전과 대규모 집단학살이 혼재된 르완다의 긴박한 상황을 BBC 방송 마크 도일Mark Doyle 기자는 다음과 같이 전했다.

이곳(르완다)에서는 두 개의 전쟁이 진행되고 있다는 사실을 알아야 합니다. 첫 번째는 총격전이 벌어지는 전쟁이고, 두 번째는 대규모 집단학살이 벌어지는 전쟁입니다. 이 두 전쟁은 서로 연관되어 있지만 개별적인 것이기도 합니다. 총격전이 벌어지는 전쟁에서는 두 진영의 군대가 맞서고 있습니다. 또 다른 전쟁에서는 르완다 정부와 그에 동조하는 시민이 대규모 집단학살을 저지르고 있습니다. (마크 도일, BBC 라디오, 1994년 4월)

미국 등 서방 언론이 르완다에서의 대규모 집단학살을 보도하기 시작했지만 클린턴 행정부는 침묵으로 일관했다. 소말리아에서의 뼈아픈 경험 탓이었을까, 미국은 인도적 개입을 요구하는 언론 보도에 일절 대응하지 않았다. 미군이 개입하지 않는 전쟁은 서방 언론의 관심에서 멀어질 수밖에 없다. 일부 신문과 방송이 르완다 사태를 보도하기는 했지만 미국의 전면 군사 개입을 불러올 만한 수준에 이르지는 못했다. 무엇보다도 클린턴 행정부는 대규모 집단학살이 벌어지고 있다는 언론 보도에 대해 '모르쇠'로 대응했고 미국인들의 여론도 미지근했다.

르완다 내전은 점점 가열되어 소수파 투치족 반군이 수도 키갈리^{Kigali}를 점령하고 정부를 전복시키면서 일단락되었다. 이때 자신들이 저지른 대규모 집단학살에 대한 보복을 두려워한 다수파 후투족 2백만 명이 인근 부룬디, 탄자니아, 우간다, 자이르(현재 콩고) 등지로 피신했는데 수천 명이 난민 수용소에서 질병으로 사망했다. 엄청난 인명 피해를 가져온 르완다 내전은 소말리아에서 황급히 철수한 미국이 더 이상 아프리카 내전에 개입하지 않으려는 상황에서 벌어져 국제사회의 주목을 받지 못했다. 르완다 내전과 대규모 집단학살은 몇 년 뒤 이를 소재로 다룬 〈호텔 르완다〉와 같은 할리우드 영화를 통해 대중의 기억 속에 남게 되었다.

수단 다르푸르 위기와 국익의 갈등

1990년대부터 아프리카 북동부의 수단에서는 정부군과 반군 간의 내전이 계속되었는데, 2002년 수단 서부 다르푸르지역에서는 반군이 관공서와 군 기지들을 잇따라 습격하는 일이 벌어졌다. 당시 남부지역에서 계속되고 있던 또 다른 반군과의 전투만으로도 힘겨웠던 수단 정부는 현지 아랍부족인 잔자위드Janjaweed 민병대를 동원해 다르푸르 반군의 확산을 차단하기로 했다. 수단 정부의 금전적 후원과 공중폭격 지원을 받은 잔자위드 민병대는 얼마 가지 않아 다르푸르 지역에서 효과적으로 반군을 몰아낼 수 있었다. 민병대는 주로 반군 거점 지역을 무자비하게 공격해 마을을 불태우고 주민을 처참히 살해했다. 이 과정에서 1백만 명에 가까운 다르푸르 주민이 고향에서 쫓겨나 이웃 차드 등지로 피란했다.

다르푸르에서의 내전이 국제사회의 관심을 끌게 된 것은, 2004년 초 10만여 명의 다르푸르 주민이 잔자위드 민병대에 쫓겨 이웃 차드 국경을 넘는 과정에서 잔자위드 민병대와 차드 정부군 간에 전투가 벌어지면서부터다. 다르푸르 현지 주민이 대부분 흑인인 데 반해 잔자위드 민병대는 아랍 부족이고 수단 정부 관리들 역시 아랍계인 것도 주목할 만한 대목이다. 당시 다르푸르지역 흑인 주민은 한결같이 잔자위드 민병대가 현지의 다른 아랍계 마을들은 전혀 건드리지 않은 채 흑인들이 거주하는 마을만 골라 가혹한 파괴와 함께 잔인한 살상극을 벌였다고 주장했다. 이에 국제 여론은 급속히 아랍계인 수단 정부에 부정적으로 바뀌었다. 여기에다 미국 내 일부 기독교 단체에서 이슬람교도인 수단 정부 관리들과 아랍계 잔자위드 민병대가 기독교도인 다르푸르 흑인들을 집단학살하고 있다는 대대적인 홍보전을 펼쳐 2001년 9·11 테러 이후 미국 내에서 극도로 고조된 반아랍, 반이슬람 감정을 자극했다. 이를 계기로 미국 내에서는 여러 종교 단체와 압력 단체가 앞장서 다르푸르지역에서의 집단학살을 막자는 캠페인을 펼치게 되었고 미국 언론도 이에 가세해 미국의 군사 개입을 적극적으로 요구하기 시작했다(Kim, Mody, Ingersoll & Leaver, 2010). 미국 정부 역시 다르푸르 위기를 심각하게 받아들였고 일부 관리는 집단학살이 벌어졌다는 데 의견을 같이했지만 미군의 개입은 결코 이루어지지 않았다. 설사 미국이 다르푸르 분쟁에 개입하려고 했더라도 당시에는 아프리카에서 벌어지는 분쟁에 개입할 여력이 없었다. 이미 아프가니스탄 전쟁과 이라크 전쟁에 미군 병력의 거의 대부분이 투입되어 군사력이 소진한 상태였기 때문이다. 대신 미국은 아프리카 연합African Union에 다르푸르 사태에 개입하도록 요구했다.

미국 정부의 소극적인 자세와는 대조적으로 미국 언론은 다르푸르에서의 집단학살 주장을 적극적으로 보도하며 수단 정부에 대한 경제 제재와 군사 개입 가능성을 거론했다. 「뉴욕 타임스」의 칼럼니스트 닉 크리스토프Nick Kristof는 수단 정부를 맹비난하면서 국제사회가 다르푸르 사태에 개입해야 한다고 주장했다.

집단학살을 중단시키기 위해 어떻게 할 것인가? 일단 대답은 세부적인 조율을 필요로 한다는 것이다. 비행 금지 구역을 설정하고, 수단 정부 관리들의 자산을 동결하며, 살인자들을 국제사법재판소에 회부하고, 아프리카와 아랍 국가들이 공조해 수단 정부에 대한 압력을 가하며, 아프리카군 병력 투입을 위해 서방 국가들이 재정적 지원을 하는 것이다.

(닉 크리스토프, 「뉴욕 타임스」, 2005년 2월 23일)

「워싱턴 포스트」의 카릴 머피Caryle Murphy 기자도 다르푸르 집단학살을 막기 위해 미국의 개입을 촉구하는 기독교 성직자들의 이야기를 보도했다.

수단 남부지역에서의 기독교도에 대한 탄압을 중단할 것을 요구해 온 기독교 선교단체 지도자 35명은 부시 대통령에게 "더 이상의 살해와 죽음을 막기 위해 미국이 더욱 결정적인 역할을 해야 한다"고 요구했다.

(카릴 머피, 「워싱턴 포스트」, 2005년 8월 7일)

침묵으로 일관했던 르완다의 경우와는 달리 미국 정부는 다르푸르지역에서 벌어진 살상극에 대해 집단학살이라며 국제사회의 동참을 촉구했지만 정작 국제사회의 여론은 양분되었다. 수단과 석유 탐사나 무기 판매 등 경제적 이해관계를 맺고 있던 프랑스와 러시아, 중국은 잔자위드 민병대 등에 의한 집단학살이 이루어진 사실이 없다면서 서방 국가들에게 다르푸르 사태에 개입하지 말 것을 경고했다. 아랍 언론 역시 다르푸르 분쟁에 대한 미국의 집단학살 주장은 이슬람 아랍계가 권력을 쥐고 있는 수단 정권을 교체하고 그곳의 석유를 차지하기 위한 거짓 주장이라고 비난했다. 심지어 미국의 전통적 우방인 영국마저도 다르푸르 사태에 대해 소극적으로 대처했다. 영국 신문 「가디언Guardian」의 국제부장이자 노련한 전쟁특파원인 조너선 스틸Jonathan Steele은 다르푸르에서의 살상극은 내전이 오랫동안 계속되어 온 나라에서 흔히 볼 수 있는 불미스러운 단편적인 사건에 불과할 뿐 미국의 주장처럼 집단학살이 아니라고 반박했다.

대부분의 전쟁에서 정부는 진실을 조작하려 하고 언론은 숨겨진 진실을 찾아내려고 한다. 다르푸르 사태는 정반대다. 오히려 언론이 진실을 왜곡하고 정부는 보다 신중하고 사려 깊다. 언론이 다르푸르에서 벌어진 살상극을 집단학살이라고 주장하고 있지만 유엔과 유럽연합은 그런 묘사에 동의하지 않았다. 유엔이나 유럽연합이 도덕적 불감증에 빠졌기 때문이 아니라 이들이 처절한 내전과 의도적인 집단학살의 차이점을 이해하기 때문이다. 다르푸르는 르완다와 다르다. 단지 미국만이 집단학살이라고 묘사하는 것에 동의했는데 이 또한 미국 내 로비 그룹의 압력 탓일 뿐 스스로 확신에 가득 찬 결론은 아니다. 미국 정부는 집단학살이라는 사실이 확인될 경우 국제법상 반드시 뒤따라야 하는 다르푸르에 대한 강제력 있는 개입 방안을 내놓지도 않았다.

(조너선 스틸, 「가디언」, 2006년 9월 18일)

2004년 유엔 안전보장이사회는 다르푸르 주민에 대한 공격을 방관한 수단 정부를 비난하는 결의안 1564호를 통과시켰지만 다르푸르에서 자행된 살상극이 집단학살인가에 대해서는 중국과 러시아의 반대로 의견의 일치를 보지 못했다. 다만 당시 유엔 사무총장이었던 코피 아난은 개인 자격으로 다르푸르에서 자행된 살상극이 르완다에서와 마찬가지로 집단학살 수준이라며 국제사회의 개입을 촉구했다. 얼마 뒤 다르푸르에는 아프리카 연합 소속 평화유지군이 배치되어 감시 활동을 시작했다. 2005년 수단 정부는 남부지역 반군과 휴전협정을 맺어 내전을 종결했지만 다르푸르지역에서는 정부군과 잔자위드 민병대 대 반군 간의 간헐적인 전투가 2008년까지 계속되었다. 정부군과 남부지역 반군 간의 끈질긴 협상 결과 수단 남부지역은 마침내 2011년 유엔의 감시 아래 남수단 공화국으로 독립하게 되었다.

미국이 집단학살로 지칭한 다르푸르 사태는 20만 명에 육박하는 사망자(수단 정부 통계)와 2백만 명 이상의 난민을 초래했다. 다르푸르는 아직까지 수단 정부의 통제 아래 놓여 있으며 격렬한 전투와 대량 살상극은 일단 누그러진 상태다. 수단 정부를 대표하는 오마르 알바시르 대통령은 다르푸르지역에서의 집단학살을 부추기고 방관한 전범 혐의로 국제사법재판소에 기소되었으며 미국을 비롯한 여러 서방 국가는 그를 체포하겠다는 입장을 고수하고 있다. 하지만 대부분의 아랍 국가와 아프리카 연합에서는 서방 국가들의 수단 정부에 대한 비난과 개입이 터무니없는 것이라는 입장을 취하고 있다.

다르푸르 사태는 국가 간의 복잡한 경제, 정치적 이해관계가 아프리카 대륙의 내전과 종족 분쟁에 어떻게 영향을 미치는지 명확하게 보여 주는 사례다. 특히 각국 언론이 자신들의 국익을 보호하기 위해 서로 상이한 시각을 드러내면서 한쪽에서는 집단학살, 또 다른 쪽에서는 장기 내전 과정에서의 살상극 등으로 분쟁의 성격을 달리 규정한 것은 전쟁이나 국제분쟁을 객관적으로 규정하고 공정하게 보도한다는 것이 얼마나 힘든 일인가를 단적으로 보여 준다.

12
종족, 영토 및 종교 분쟁들

전쟁이나 국제분쟁은 이데올로기의 대립이나 정치, 경제적 마찰 또는 종족 간의 갈등에서 비롯되는 경우가 많지만, 이 밖에도 종교 갈등이나 불분명한 국경선으로 인한 전쟁이나 분쟁도 수없이 일어나고 있다. 이 장에서는 종교와 종족, 영토 문제로 반세기 이상 전쟁을 계속해 온 중동의 이스라엘과 팔레스타인, 남아시아의 인도와 파키스탄, 그리고 인도 동남쪽에 있는 섬나라 스리랑카를 중심으로 전쟁과 언론 보도가 어떻게 이루어져 왔는지 알아보도록 한다.

이스라엘 대 팔레스타인 분쟁

중동 아랍 국가들과 이스라엘 간의 분쟁은 1백여 년간 계속되어 왔다. 제1차 세계대전 이후 중동의 팔레스타인지역을 위임 통치한 영국은 전쟁 기간 동안 여러모로 도움을 준 유대인들의 요청에 따라 그들의 유래지인 팔레스타인지역에 독립국가를 세울 수 있도록 지원하겠다고 약속했다. 그런데 이는 당시 이곳에서 수백 년간 살아온 아랍계 팔레스타인인들을 고려하지 않은 처사였다. 이때부터 팔레스타인지역에는 유대인들이 끊임없이 이주해 오기 시작했으며, 결국 제2차 세계대전 이후인 1947년에 유엔은 팔레스타인지역에 유대인과 팔레스타인인들이 별도의 독립국가를 수립하도록 결의했다. 유엔의 결의를 받아들인 유대인들은 이듬해인 1948년에 이스라엘을 건국하는데, 팔레스타인인들과 주변 아랍 국가들이 유엔의 결정에 거세게 반발해 곧바로 이스라엘과 아랍 국가들 간의 무력 분쟁이 시작되었다. 아랍 국가들과 이스라엘은 1948년, 1956년, 1967년, 1973년 등 모두 네 차례의 전면전(중동 전쟁)을 치렀으며, 1982년과 2006년 두 차례나 이스라엘이 북부 인접 국가인 레바논을 침공하는 등 크고 작은 전쟁이 끊이지 않고 있다. 이스라엘과 주변 아랍 국가 간의 전면전은 1973년 이후 더 이상 발발하지 않고 있으나, 1967년 제3차 중동 전쟁 때 이스라엘이 점령한 가자 지구Gaza Strip와 요르단 강 서안West Bank 지구에서 계속되어 온 이스라엘과 팔레스타인 간의 영토와 종교 분쟁은 아직까지 해결되지 않고 있는 상황이다. 특히 2008년 12월 이스라엘은 팔레스타인 강경파 하마스가 지배하는 가자 지구를 공습해 긴장 상태를 고조시켰다.

오늘날 이스라엘의 영토는 팔레스타인지역의 80퍼센트 이상을 차지하고 있으며, 가자 지구와 요르단 강 서안 지구에서는 1993년 오슬로 협정이 체결된 뒤 아랍계 팔레스타인인들의 자치가 이루어지고 있다. 그런데 비록 자치권이 주어졌지만 두 지역은 아직 공식적으로는 이스라엘의 점령지이기 때문에 이곳에 거주하는 팔레스타인인들이 외국에 나가려면 이스라엘 여권을 소지해야 한다. 심지어 가자 지구에 거주하는 팔레스타인인이 40킬로미터 정도 떨어진 요르단 강 서안 지구의 친지를 방문하려고 해도 이스라엘 당국으로부터 까다로운 여행 허가를 받아야 하는 등 각종 제

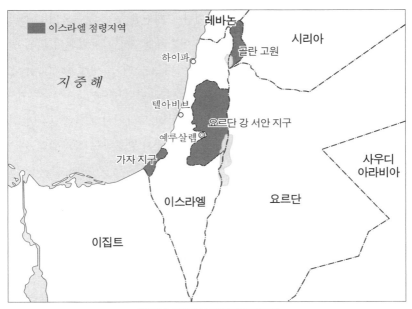

1967년 이후 이스라엘의 점령지역

약이 뒤따른다. 유엔을 비롯한 여러 국제기구는 가자 지구와 요르단 강 서안 지구를 중심으로 한 팔레스타인 독립국가 수립을 지지하고 있지만, 국경선의 설정과 팔레스타인 난민의 귀환 문제, 유대인과 아랍인 공동 성지인 예루살렘의 지위 문제 등 복잡한 정치적 현안들이 해결되지 않은 채 협상이 교착상태에 빠져 있다(구동회, 이정록, 노혜정, 임수진, 2010). 한편 2011년 팔레스타인 자치 정부가 유엔에 정식 회원국으로 가입해 독립국가로서 국제적으로 인정을 받으려 했지만, 이스라엘의 가장 강력한 우방국인 미국이 앞장서 팔레스타인의 이 같은 시도를 저지하여 유엔 가입에 실패했다.

이스라엘은 미국의 워싱턴 D.C. 다음으로 많은 수의 언론사 특파원과 해외 지국이 밀집되어 있는 곳이다. 예를 들면 팔레스타인인들의 대이스라엘 저항 운동 인티파다Intifada가 절정에 이른 2000년대 초반에는 350개가 넘는 언론사가 예루살렘에 특파원이나 주재원을 두고 있었으며 그들의 수가 800명이 넘었다(Hannerz, 2004). 한편 이스라엘 외신기자협회의 회원 현황에 따르면 2012년 현재 예루살렘과 텔아비브 등에 전 세계 32개국을 대표하는 500여 명의 특파원이 상주하고 있다고 한다(Foreign Press Association in Israel, 2012). 그러나 외신기자협회의 회원이 아닌 프리랜서나 낙하산 저널리스트들을 모두 포함하면 실제로 이스라엘 내에서 활동하는 특파원의 수는 이보다 훨씬 더 많을 것이다. 이스라엘군의 레바논 침공 등과 같은 크고 작은 전투나 분쟁, 그리고 폭탄 테러 등이 일어날 때마다 전 세계로부터 수백 명의 낙하산 저널리스트가 찾아와 취재 활동을 벌인다(Ricchiardi, 2006).

이스라엘과 팔레스타인 간의 분쟁에서는 공정하고 객관적인 보도 문제를 놓고 논란이 끊이지 않는다. 친이스라엘, 친유대 성향의 언론매체가 많은 미국과 영국에서는 이스라엘이 스스로 생존권을 지키기 위해 테러 분자들을 응징하고 있다는 식으로 보도하는 것이 보통이다. 반면에 친아랍, 반미 성향의 언론매체, 특히 아랍권 언론매체들은 이스라엘이 팔레스타인 영토를 불법으로 점거하고 있으며 팔레스타인인들에 대해 인권 유린을 자행하고 있다고 보도한다(Elliott, 2006; McGirk, 2009).

이런 상황에서 이스라엘과 팔레스타인 간의 분쟁을 보도하는 전 세계 언론과 전쟁특파원들은 특정 집단을 편애하거나 부당하게 대우하지 않도록 특정 인물에 대한 인터뷰에서부터 기사를 작성하는 데 있어 구체적인 단어의 사용에 이르기까지 근심과 고민이 적지 않다. 예를 들어 이스라엘 영토 내에서 폭탄을 터뜨려 수십 명의 무고한 시민을 살해한 위험 팔레스타인인을 뉴스에서 다룰 때 그를 테러리스트terrorist로 불러야 할지 아니면 독립투사freedom fighter 또는 전투원militant으로 불러야 할지 고민스럽다. 또 이스라엘 남부 가자 지구 내 팔레스타인인 거주지역 주변에 이스라엘이 설치한 차단 장벽을 보안 장벽security wall으로 불러야 할지 인종 차별 장벽

apartheid wall으로 불러야 할지 균형과 객관성에 대한 의문이 생길 수밖에 없다. 더욱이 단순 발생 기사를 쓸 때에도 이스라엘이나 팔레스타인에 대한 정치적·민족적·종교적 비하성 단어나 발언이 포함되지 않도록 유의해야만 한다.

이스라엘과 팔레스타인 간의 분쟁을 취재하면서 전쟁특파원들이 겪게 되는 첫 번째 도전은 그리 넓지 않은 지역을 취재하면서도 검문소 통과 등 이동에 있어서 어려움이 많다는 것이다. 또 이스라엘과 팔레스타인 양측 관리들은 자신들에게 불리한 사항이 보도되지 않도록 눈에 띄지 않는 취재 보도 검열과 위협을 가하는 사례가 많으며, 자신들에게 불리한 보도를 한 기자들을 골라내어 출입국을 금지하거나 취재 편의 제공을 거부하는 경우가 허다하다.

이스라엘과 팔레스타인 간의 분쟁을 현지 상주 전쟁특파원을 활용해 취재하지 않는 대부분의 서방 언론은 그곳에 살고 있는 유대인이나 팔레스타인인 프리랜서들을 필요할 때마다 임시로 고용해 분쟁 취재에 나서기도 하는데 이러한 취재 방식은 장점과 단점을 동시에 지닌다. 장점이라면 현지 언론인들을 고용하는 만큼 지역 사정에 밝고 폭넓은 취재원을 확보하고 있어서 심층적인 내용을 보도할 수 있다는 것이다. 반면 단점이라면 현지 언론인이 친이스라엘이나 친팔레스타인 또는 친아랍 성향을 지니고 있을 확률이 높아 기사 자체의 객관성에 문제가 있을 수 있다는 점이다. 예를 들어 2006년 이스라엘군이 이웃 레바논을 침공해 수도 베이루트 도심에 맹렬한 포격과 공습을 가했을 때 레바논 출신 프리랜서 사진기자인 아드난 하지Adnan Hajj가 사진을 조작하여 물의를 빚은 경우를 들 수 있다. 하지는 포토샵을 사용해 검은 연기가 피어오르는 도심의 모습을 실제보다 피해가 더 심각하게 보이도록 더 검게 그려 넣었으며 공습 중인 이스라엘 공군 전투기의 모습을 더욱 위협적으로 보이게 했다. 하지를 프리랜서 사진기자로 고용한 로이터 통신은 조작된 사진들이 객관적 측면에서 심각한 문제를 지니고 있다고 판단해 그가 촬영 송고한 900장의 사진을 모두 사용하지 못하게 했다.

이스라엘과 팔레스타인 모두 자신들에게 불리한 뉴스를 취재 보도하는 전쟁특파원들을 비난하고 그들의 보도가 객관적이지 않고 부당하다는 선전전을 펴는 것은 당연하다. 특히 양 진영은 각각 친이스라엘 성향의 '미국 내 중동 보도 정확성 위원회'Committee for Accuracy in Middle East Reporting in America'와 친팔레스타인 성향의 '아랍 미디어워치Arab Media Watch' 같은 언론 감시 단체들을 운영하거나 후원하면서 서방 언론의 중동지역 보도 내용에 대한 감시와 비판 활동을 하고 있다. 예를 들어 지난 2000년 9월 인티파다 당시 이스라엘군이 열두 살 팔레스타인 소년을 사살한 사건이 일어나자 친아랍 언론들이 이스라엘 측의 잔인무도함을 비난한 반면, 친이스라엘 성향의 매체들은 당시 소년이 이스라엘군이 아닌 팔레스타인 민병대가 쏜 총탄에 맞아 숨졌다고 주장했다. 또 2002년 4월에 팔레스타인 소식통들이 이스라엘군이 수백 명의 팔레스타인인들을 학살했다고 주장했는데, 유엔과 국제 앰네스티는 현지 조사 결과 학살 자체가 일어난 적이 없다는 결론을 내린 적도 있다.

이스라엘과 팔레스타인 양 진영은 자신들에게 비우호적인 언론인들에 대해서는 취재나 출입을 거부하거나 통제하는 경우가 허다하다. 팔레스타인 자치 정부 측은 이스라엘에 오랫동안 거주한 기자들을 친이스라엘 성향의 인물로 판단해 때때로 출입을 통제하기도 한다. 한편 이스라엘은 팔레스타인 언론인들에게 번번히 취재 허가를 내주지 않거나 프레스 카드를 발급해 주기를 거부한다고 한다. 이스라엘군은 이 지역 내 분쟁을 취재하는 서방 또는 팔레스타인 기자들을 빈번하게 위협하거나 공격하는 것으로 알려져 있다. 예를 들어 2004년 APTN 카메라맨 나지 다와지Nazeh

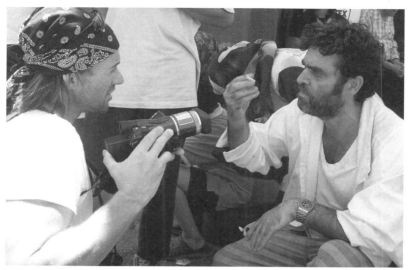

전쟁특파원과 인터뷰 중인 레바논인.
2006년 여름 프리랜서 전쟁특파원 케빈 사이츠가 이스라엘군의 공습을 피해 가족과 함께 피란길에 나선 레바논인과 대화를 나누고 있다. 사이츠는 인터뷰 모습을 소형 캠코더로 녹화하고 있다. (출처: Kevin Sites)

Darwazi와 프리랜서 카메라맨 제임스 밀러James Miller가 이스라엘군의 총격으로 취재 도중 사망했다. 또 지난 2006년 이스라엘군의 레바논 침공 작전을 취재한 영국 BBC 방송의 중동 특파원 짐 뮤어Jim Muir는 당시 취재 보도에 적극적으로 협조하고 편의를 제공한 레바논 헤즈볼라Hezbollah 세력과는 대조적으로 이스라엘군은 침공 과정에서 벌어진 처참한 광경들을 사진이나 비디오로 촬영하지 못하도록 의도적으로 전쟁특파원들을 노려 총격을 가한 사례가 적지 않았다고 주장했다.

무엇보다 가자 지구나 요르단 강 서안 지구 등 팔레스타인 자치 지역을 취재하는 기자들은 무장세력들에 의한 빈번한 납치나 테러 위협에 노출되어 있다. 2006년 3월, 가자 지구에서 취재 중이던 KBS 방송 용태영 기자와 프랑스 잡지 『엘르Elle』의 카롤린 로랑Caroline Laurent 등 네 명의 기자는 요

르단 강 서안 지구에서 벌어진 이스라엘군의 공격에 불만을 품은 팔레스
타인 과격 무장세력에게 억류되었다. 외국 기자들을 납치한 무장세력은
이들을 인질로 삼아 프랑스 등 국제사회가 이스라엘을 응징해 줄 것을 요
구했는데 팔레스타인 자치 정부가 중재에 나서 기자들은 하루 만에 풀려
날 수 있었다(Reporters without Borders, 2006).

　한 세기가 넘도록 분쟁을 계속해 온 이스라엘과 팔레스타인은 대언론
홍보전에 있어서도 한 치의 양보 없이 치열한 경쟁을 벌이고 있다. 이스라
엘은 전쟁특파원들을 비롯한 언론 전반을 능숙하게 다루며 서방 국가들,
특히 미국에서 성공적인 정관계 로비를 벌이고 있다. 이스라엘 공보 담당
자들은 서방 국가들에서 교육과 훈련을 받은 전문가들로 미국과 영국 등
서방 텔레비전 매체에 자주 출연해 능숙한 영어로 자신들의 입장을 옹호
한다. 팔레스타인 측도 지난 10여 년 사이 대외 홍보의 중요성을 인식하고
팔레스타인 자치 정부 관리들이 가자 지구나 요르단 강 서안 지구를 방문
하는 전 세계 기자들을 직접 대동하고 다니며 자신들의 정치적 입장에 유
리하도록 취재 방향을 유도하려고 한다. 특히 팔레스타인 출신 언론인들
은 서방 언론이나 인터넷 매체들을 활용해 자신들의 주장을 적극적으로
알리는 데 주력하고 있다.

인도와 파키스탄의 카슈미르 분쟁

1947년 영국에서 독립한 인도는 힌두교와 이슬람교 간의 종교 갈등 때문
에 세 개의 나라로 분리되었다. 힌두교도가 대다수인 인도와 이슬람교도
가 다수인 북서부지역의 파키스탄(초기 명칭은 서파키스탄), 북동부지역
의 방글라데시(초기 명칭은 동파키스탄)로 각각 분리 독립했다.

　인도와 파키스탄 간의 대립과 분쟁에서 항상 관심을 끄는 곳은 북부 산
악지역 카슈미르Kashmir다. 카슈미르는 인도, 파키스탄, 중국, 아프가니스

인도-파키스탄 영토 분쟁지역 카슈미르

탄에 접해 있는 히말라야 산맥 지역으로 파키스탄에 속한 아자드 카슈미르Azad Kashmir와 인도 영토인 잠무 카슈미르Jammu and Kashmir로 나뉘어 있는데, 통상적인 국경선 대신 통제선Line of Control이 양국 간의 경계 역할을 하고 있다(김재명, 2011). 종교 구분에 따라 인도와 파키스탄으로 분리 독립하는 과정에서 주민 절대 다수가 이슬람교도인 카슈미르는 당연히 파키스탄에 편입될 것으로 예상되었으나 당시 카슈미르의 힌두교 영주 하리 싱이 일방적으로 인도 편입을 결정하면서 분쟁이 싹트게 되었다.

인도와 파키스탄 간의 분쟁은 1947년 독립 직후 발생한 군사 충돌을 비롯해 1965년, 1971년 등 모두 세 차례의 전면전을 치렀고, 1999년에는 양국 간 분쟁이 핵전쟁 일보 직전까지 치닫기도 했다. 카슈미르에서의 양국 간 분쟁은 1947년 10월 파키스탄의 지원을 받은 이슬람 세력이 카슈미르 수도인 스리나가르Srinagar를 향해 진군하자 인도군이 이곳에 파병되면서 시작되었다. 1949년 유엔의 개입으로 정전협정이 체결되고 카슈미르는 인도와 파키스탄 양 진영으로 6대 4의 비율로 쪼개져 최초의 통제선이 설정되었다.

1980년대 들어 인도령 잠무 카슈미르 내 이슬람 세력이 파키스탄의 지원을 받아 분리 독립 운동을 가속화하면서 양측 간의 충돌도 빈번해졌는데, 인도군은 이슬람 무장세력과 지역 내 이슬람 주민을 상대로 무자비한 보복을 가했다(구동회, 이정록, 노혜정, 임수진, 2010). 오늘날에도 인도령 잠무 카슈미르의 수도 스리나가르에서는 이슬람 주민의 반인도 가두시위와 이슬람 무장세력의 폭탄 테러 등 크고 작은 마찰이 이어지고 있다(Thottam, 2010). 또 카슈미르 통제선을 중심으로 배치되어 있는 인도군은 파키스탄령 아자드 카슈미르 지역으로 종종 포격을 가하고 있으며, 파키스탄은 인도령 잠무 카슈미르 지역의 이슬람 무장세력을 부추겨 크고 작은 테러를 저지르는 것으로 알려졌다. 그런데 미국이 2001년 '테러와의 전쟁'을 선포하면서 알카에다 등 이슬람 테러 집단들에 대해 강력한 응징에 나서자 파키스탄 정부는 카슈미르 내 이슬람 무장세력에 대한 지원을 표면적으로나마 중단해야 했다. 2004년 이후 인도와 파키스탄 정부는 상호 간 적대 행동을 자제하고 인도와 파키스탄령 카슈미르 지역을 관통하는 버스 노선을 개통하는 등 평화 제스처를 보이고 있지만, 또 다른 한편에서는 로이터 통신이 전하는 것처럼 산발적인 테러와 갈등이 계속되면서 이 지역 평화 정착에 걸림돌이 되고 있다.

이슬람 무장세력이 지난 목요일 카슈미르 스리나가르 시내에서 (인도)군 병사들을 향해 총격을 가해 한 명이 숨지고 두 명이 부상했다고 현지 관리가 전했다. 카슈미르의 하절기 수도인 스리나가르 중심부에서 총격이 시작되자 수백 명의 주민이 황급히 몸을 피하느라 아수라장으로 변했다고 한 목격자는 전했다. …… 히말라야 산맥의 카슈미르는 분리주의 저항세력의 무장 투쟁으로 1989년 이후 지금까지 4만 5천 명 이상이 숨졌지만 2004년 인도와 파키스탄 사이에 평화 정착 노력이 시작되면서 폭력 사태가 다소 진정된 상태였다.

(로이터 통신, 2006년 11월 2일)

특히 2008년 11월에 일어나 160여 명이 사망하고 300여 명이 부상당한 인도 뭄바이 테러 사건이 파키스탄 내 이슬람 과격 무장세력이 주동한 것으로 밝혀지면서 두 나라 사이의 긴장이 또다시 고조되기도 했다. 사흘간 수백 명의 사상자가 발생한 뭄바이 테러 사건은 인도판 9·11 테러 사건으로 불릴 정도로 큰 충격을 안겨 주었는데, 대규모 사상자와 처참한 현장 상황 등이 텔레비전 화면을 통해 전 세계로 생중계되어 큰 관심을 끌었다.

인도의 최대 상업 도시 뭄바이에서 수요일 밤 최소한 두 곳의 오성급 호텔과 철도 역사, 유대인 회관, 영화관, 그리고 병원 등지에서 동시다발 테러 공격이 발생해 수십 명이 자동소총 총격과 수류탄 공격에 숨졌다. 올 들어 인도에서 일어난 다른 테러 사건들과 비교해 볼 때 이번 공격은 그 규모나 내용 면에서 과감한 것이었다. 가해자들은 보트를 타고 해안에 접근했으며 관광객들로 붐비는 곳들을 목표물로 삼았다. 뭄바이 경찰은 이번 목요일 공격으로 최소한 101명이 숨졌고 250명이 부상당했다고 밝혔다. 한 호텔에서 가까스로 탈출한 투숙객들은 텔레비전 인터뷰에서 가해자들이 미국인과 영국인들을 인질로 잡고 있다고 말했다.

(「뉴욕 타임스」, 2008년 11월 27일)

인도와 파키스탄 간의 분쟁과 관련해서 양국 언론에서는 국익을 고려한 상반된 시각을 지닌 보도가 이어질 수밖에 없었지만 서방 언론들은 제3자의 입장에서 비교적 중립적인 논조를 유지하면서 보도할 수 있었다. 이는 무엇보다도 두 나라 간의 분쟁에 외국 군대의 개입이 없었기 때문이기도 하고, 먼 나라에서 벌어지는 그들 간의 분쟁은 수많은 사상자가 발생하거나 극도로 폭력적인 상황이 연출되는 경우에만 서방 언론의 관심을 끌기 때문이기도 하다. 주목할 만한 대목은 미국 9·11 테러 공격 때에는 용의자들을 즉시 테러리스트로 묘사했던 미국 언론이, 뭄바이에서 수백 명의 시민을 살상한 무장단체 조직원들은 테러리스트 대신 가해자attacker로 수위를 낮추어 묘사하고 있다는 점이다. 자국 영토에서 벌어지는 무력 공격이나 자국민을 살상하는 가해자들에 대해서는 언론이 앞장서서 비난하고 분노를 나타내지만 머나먼 남아시아의 인도에서 벌어진 유사한 성격의 테러에 대해서는 애써 중립자적 위치를 유지하려는 것이 무척 흥미롭다.

필자는 지난 2002년 인도와 파키스탄 간의 카슈미르 분쟁을 취재하기 위해 현지를 방문한 적이 있다. 인도 정부는 카슈미르지역을 취재하려는 외국 기자를 꺼리는 것이 분명했다. 인도령 잠무 카슈미르지역에서 빈번하게 일어나는 이슬람계 주민의 반인도 시위 모습을 외국 언론에 알리고 싶지 않았을 것이다. 결국 인도령 잠무 카슈미르 취재를 거부당한 필자는 제3국 두바이를 거쳐 파키스탄으로 향했다. 파키스탄 정부는 자국령 카슈미르 취재를 원하는 KBS 방송 취재진을 환대했다. 주민 대다수가 이슬람교도들인 인도령 잠무 카슈미르가 궁극적으로 파키스탄 영토에 귀속되어야 한다는 메시지를 전하고 싶었을 것이다. 파키스탄령 아자드 카슈미르까지 가는 길은 산간 험로였는데, 험한 절벽을 끼고 꼬불꼬불 위태롭게 펼쳐진 길을 승합차 편으로 하루 종일 달려야 했다. 파키스탄령 아자드 카슈미르 현지에 도착해 가장 먼저 조우한 인물은 파키스탄 정보부 ISI(Inter-Services Intelligence)에서 파견된 정보원으로, 카슈미르에 머무는 동안 우리를 졸졸 따라다니며 감시 활동을 한 이른바 기관원minder이었다. 걸프 전쟁과

파키스탄령 아자드 카슈미르에서 취재 중인 필자.

위 사진은 현지 주민이 인도군에게 붙잡혀 살해되었거나 고문당했다는 파키스탄 정부의 일방적인 홍보 사진들을 KBS 방송 취재진이 바라다보고 있는 모습이다. 최전방 통제선 지역을 취재하기 전 외국 전쟁특파원들이라면 반드시 거쳐야 하는 관문이다. 아래 사진은 파키스탄령 아자드 카슈미르 주민과 인터뷰하는 모습이다. 자신의 가족이 인도군에 체포되어 고문받고 무참히 살해되었다는 이야기를 들려주고 있다. 사진 오른쪽 김연태 촬영기자 뒤로 모자만 살짝 보이는 사람은 파키스탄 정보부원으로 KBS 방송 취재진을 따라다니며 일거수일투족을 감시했다.

2003년 이라크 침공 작전 초기 바그다드에 머물렀던 서방 기자들도 이처럼 기관원들을 대동해야만 현지 취재가 허락되었다.

파키스탄령 아자드 카슈미르에 머물며 만난 파키스탄 주민은 한결같이 인도를 비난하면서 통제선 너머 인도군에게 붙잡혀 고문을 당했다거나 가족이 처참하게 살해되었다는 등 그야말로 일방적인 목격담과 견해를 필자에게 들려주었다. 필자는 인도와 파키스탄 간의 국경 역할을 하는 통제선을 방문했다. 남한과 북한을 가로지르는 철책선과 같은 국경선은 아예 보이지도 않고 아무런 표식도 없는 땅에 두 나라 군대가 진지를 마주 보며 대치하고 있었다. 파키스탄군 진지에서 인도군 진지까지 가장 가까운 곳은 거리가 불과 50여 미터에 지나지 않았다. 필자가 이곳을 방문한 뒤인 2004년, 인도는 카슈미르 통제선 150킬로미터에 걸쳐 철책을 설치하고 지뢰를 매설해 과격 이슬람 무장단체 요원들이 인도 진영으로 넘어오는 것을 차단했다. 인도 측은 통제선 지역에 철책을 설치한 뒤로 이슬람 무장단체 요원들의 왕래가 80퍼센트나 줄었다고 주장했다. 인도군 진지를 한동안 바라다보던 필자에게 파키스탄군 공보장교가 인도군의 저격을 받을 우려가 있으니 몸을 낮추라고 경고했다. 통제선 인근 파키스탄령 아자드 카슈미르의 차코티Chakoti 마을을 찾았더니 그곳은 인도군의 포격을 받아 수많은 주택이 파괴된 상태였다. 한 달에 두어 차례 인도군의 포탄이 통제선 너머로 날아오는 것이 예사며 지난 수십 년간 인도군의 포격으로 수백 명이 숨졌다고 마을 주민은 주장했다. 파키스탄령 아자드 카슈미르 주민은 그래도 이슬람교도라는 종교적 구심점 덕분인지 자신들의 처지를 다행스럽게 생각하고 있었다. 1947년 분단 이후 통제선 너머 인도령 잠무 카슈미르에 남겨 둔 채 헤어져 살아온 가족들을 그리며 눈물짓는 파키스탄령 아자드 카슈미르 주민을 지켜보면서 우리나라 남북한 이산가족의 현실이 떠올랐다.

반세기 이상 이어져 온 인도와 파키스탄 간의 분쟁이 언제 또다시 전면 전으로 치닫게 될지 예측하기 어렵다. 특히 인도와 파키스탄 두 나라 모두 핵무장을 하고 있어서 전면전이 벌어질 경우 핵무기 사용 가능성을 배제할 수 없기 때문에 전 세계 언론과 전쟁특파원들의 관심을 끌 수밖에 없다. 만일 이 같은 위기 상황이 닥친다면 인도와 파키스탄에는 전 세계 언론사들로부터 수천 명의 낙하산 저널리스트들이 몰려들어 또 한차례 열띤 취재 경쟁이 벌어질 것이다.

스리랑카의 반세기 내전

스리랑카는 인도와 마찬가지로 영국의 통치를 받다가 1948년에 독립한 불교 국가다. 전체 인구의 80퍼센트를 차지하는 다수 신할리족Sinhalese은 숭불정책을 펴면서 소수 힌두교도 타밀족Tamil을 차별하고 박해해 타밀족의 분리 독립 운동을 촉발시켰다. 타밀족의 분리 투쟁은 1983년 7월 북부 도시 자프나Jaffna에서 타밀족 저항단체가 정부군을 습격해 신할리족 장병 13명을 살해하면서 절정에 달했다. 수도 콜롬보에서는 이 사건에 대한 신할리족의 보복으로 타밀족 정치범 52명이 살해되었으며, 타밀족 주민의 상점이나 주택들이 신할리족 폭도들의 습격을 받아 최소한 4백여 명의 타밀족이 살해되고 수십만 명이 해외로 망명했다(구동회, 이정록, 노혜정, 임수진, 2010).

신할리족에 맞선 타밀족의 여러 저항단체 가운데 가장 세력이 강했던 타밀 엘람 해방 호랑이(Liberation Tigers of Tamil Eelam; LTTE)는 이때부터 타밀족 분리주의 무장 투쟁을 시작해 그 뒤 26년간 정부군과 내전을 벌이게 된다. 남부 타밀나두Tamil Nadu주에 수많은 타밀족이 살고 있는 이웃 나라 인도는 스리랑카 내전에 개입해 정부군과 타밀 반군 간의 정전을 주선했는데, LTTE 강경파들을 무장 해제시키기 위해 평화유지군을 파견하면서 반군 측과 마찰을 빚게 되었다. 인도 평화유지군은 1990년에 스리랑카에서 철

1990년대 초반의 LTTE 장악지역

스리랑카 정부군에 맞선 LTTE는 한때 북동부의 광범위한 지역을 장악했다.
LTTE는 이 지역을 '타밀 엘람(타밀족의 국토)'이라고 부르며 분리 독립을 시도했다.

수했으며, LTTE는 1991년 타밀나두주를 방문한 라지브 간디 인도 전 총
리를 자살 폭탄 테러로 암살했다. 26년간 계속된 스리랑카 내전은 아시아
에서 가장 오래 계속된 분쟁으로 기록되었다. 최소한 8만 명이 사망하고
수도 콜롬보를 비롯한 주요 도시들은 크고 작은 전투와 자살 폭탄 테러 등
으로 큰 피해를 입었다. 정확한 집계가 이루어지지는 않았지만 LTTE의 병
력은 1만여 명으로 알려졌다(Sites, 2007). LTTE는 여성을 포함한 반군 병사
들을 '블랙 타이거'라는 이름의 자살 폭탄 테러 요원으로 훈련시켜 스리랑
카 정부의 핵심 관료를 암살하거나 정부 시설물들을 대상으로 테러 공격

을 가했다.

1995년 스리랑카 정부가 평화안을 제시했지만 LTTE가 거부했다. 그러다가 2002년 2월 노르웨이 정부의 중재 아래 스리랑카 정부군과 LTTE 간에 정전협정이 체결되고 타밀 지역 내의 자치를 허용하는 연방제 형태의 권력 분점안이 마련되었다. 이에 따라 오랜 내전이 끝날 것이라는 장밋빛 전망과 함께 서방 언론들의 관심도 높아졌다. 필자도 이때 스리랑카를 취재할 기회가 생겼는데, 1983년 내전 발발 이후 처음으로 LTTE 측이 외국 기자들의 취재를 공식 허용하기로 했다는 정보를 얻은 것이다. 필자는 콜롬보에 도착하자마자 현지인 안내인과 운전기사를 고용해 반군 점령 지역인 동북부지역으로 향했다. 열대 정글을 뚫고 남북을 가로지르는 9번 국도를 따라 찬란한 불교 유적지 칸디Kandy와 아누라다푸라Anuradhapura를 지나 LTTE 점령지역인 바부니야Bavuniya에 도착했다. 이곳에서 LTTE와 교분이 두텁다는 스리랑카 적십자사 직원을 대동하고 LTTE의 거점이자 수도인 킬리노치Kilinochchi시에 도착했다. LTTE 대령이라는 공보 책임자의 안내를 받아 킬리노치 시내의 타밀족 자치 법원과 경찰서 등 관공서를 차례로 돌아보았다. LTTE 측은 자신들이 충분한 자치 능력을 지니고 있으며 독립된 입법, 행정, 사법권을 갖추고 있다는 점을 외국 언론에 과시하고 싶어했다. 이어 LTTE 병사들을 만나 인터뷰를 했다. 반군 병사들은 모두 하얀 분말이 담긴 앰풀을 목걸이에 매달고 있었다. 알고 보니 전투 도중 정부군에게 포로로 붙잡힐 경우 자결할 수 있도록 지급된 휴대용 극약 앰풀이었다. 이어 자살 폭탄 테러 요원들인 '블랙 타이거'들을 만났다. 막상 만나 보니 모두 젊은 타밀족 여성들이어서 놀랄 수밖에 없었다. 이들은 호랑이 무늬가 새겨진 전투복을 입고 있었으며 결의에 가득 찬 표정들이었다. 블랙 타이거 중령이라는 여성 장교는 타밀족 독립과 자유를 위해 목숨을 바치는 것이 그녀의 사명이라고 자랑스럽게 말했다. 당시 필자의 텔레비전 방

필자가 만난 블랙 타이거 여군 장병들.
이들은 때때로 자살 폭탄 테러 임무에 투입되기도 한다. 반군의 참담한 패배로 스리랑카 내전이 끝난 뒤 이들은 어떻게 되었을까?

송 원고의 일부분을 살펴본다.

자살 폭탄 테러로 악명을 떨쳤던 타밀 반군 병사들을 만날 수 있었습니다. 오랜 실전 경험을 지닌 용사들입니다. 이들이 들고 있는 무기들은 중국제, 러시아제, 미국제 등 제조 생산국도 제 각각입니다. 정부군으로부터 빼앗았거나 여러 경로를 거쳐 입수한 것들입니다. 이들 가운데는 군화도 없이 슬리퍼만 신은 병사들도 여럿입니다. (중략) 병력 충원이 힘든 타밀 반군 가운데는 여군의 수가 무척 많습니다. 인도의 간디 전 총리를 암살한 자살 폭탄 테러범도 여성이었습니다. 군인의 사명을 차례로 복창하면서 정신 무장을 새로이 합니다. 셀미(LTTE 중령) 인터뷰: 자살 테러든 재래식 전투 등 어느 상황에서도 목숨을 바칠 각오가 되어 있습니다.
하지만 매서워 보이던 여군 병사들은 취재가 끝나자마자 기자에게 홍차라도

LTTE 병사들을 취재 중인 필자.
자동소총을 든 LTTE 병사들이 필자 뒤에서 포즈를 취하고 있는 가운데 KBS 방송 〈9시 뉴스〉 리포트에 사용할 한 장면을 촬영하고 있다.

한잔 마시고 가라며 환하게 웃었습니다. 이들 모두 전쟁만 없었더라면 평범한 농어민이나 근로자로 행복하게 살고 있었을지도 모릅니다.

(김헌식, KBS 〈9시 뉴스〉, 2002년 12월 29일)

그러나 정전협정은 오래 가지 못했고 2005년 12월 이후 정부군과 반군 간에 산발적인 전투가 벌어져 5천 명 이상의 사망자가 발생했다. 스리랑카 정부와 LTTE 쌍방 간에 평화협상이 재개되었지만 별다른 합의에 이르지 못했다. 2008년 스리랑카 정부는 LTTE와의 정전협정 무효를 선언하고 LTTE의 거점인 북부 킬리노치에 대한 총공세에 돌입했다. 정부군의 대공세로 붕괴 상태에 이른 LTTE가 2009년 5월 패배를 시인하고 전쟁 포기 선언을 함으로써 26년 만에 내전이 종결되었다. 스리랑카 내전은 종교와 종족 갈등 문제가 함께 어울려 내전으로 번진 사례로, 전쟁 기간 동안 LTTE

는 콜롬보 시내와 국제공항, 정부청사 건물 등 곳곳에서 자살 폭탄 테러와 게릴라전을 벌여 스리랑카 정부와 국제사회의 간담을 서늘하게 했다. 스리랑카 내전은 끝났지만 아직도 종족과 종교 갈등이 여전히 계속되고 있어서 향후 내전이 재발할 가능성은 여전히 남아 있다.

스리랑카 내전은 1983년과 1995년, 2000년, 2009년 등 격렬한 전투가 벌어졌던 몇 해와 1995년의 평화협상 재개와 2002년 정전협정 체결 등 정치적 타결책이 마련되었던 시기에 언론의 조명을 받았지만, 전체적으로는 서방 세계에 크게 보도되지 않은 전쟁이다. 폭력과 파괴가 잇따른 시기와 정전협정이 체결될 때에는 서방 전쟁특파원들이 인도양의 섬나라에 몰려들어 취재 열기가 뜨거웠지만, 양측이 전투 행위를 중단하고 한동안 평화 상태가 지속되자 전쟁특파원들이 순식간에 사라지고 언론의 관심도 줄어들었다. 스리랑카 관련 뉴스가 또다시 언론 보도에 등장한 것은 2008년 초 스리랑카 정부가 정전협정을 무효화하고 LTTE에 대한 대공세를 시작했을 때다. 그런데 전쟁특파원들이 스리랑카 내전을 취재하려면 예상외의 장애물을 뛰어넘어야 했는데, 그것은 바로 스리랑카 정부의 엄격한 보도 통제였다.

지상 전투 상황을 제대로 분석하기는 어려운 일이다. 언론사들의 전선지역 출입이 엄격히 통제되고 있으며 스리랑카 정부의 발표를 불신하거나 부인하는 언론사들은 국영 언론매체에 출연한 정부 관리들로부터 반역자로 낙인찍히고 있다. 기자들이 여러 곳으로부터 신변상 위협을 받고 있는 스리랑카에서는 반역자 낙인이 찍히지 않으려면 정부의 의도대로 보도할 수밖에 없는 실정이다. 지난주 육군 사령관 사라트 폰세카는 친정부 성향 「디나미나Dinamina」 신문과의 인터뷰에서 특정 언론사를 거명하며 그들이 LTTE를 물리치는 데 가장 큰 장애물이라고 비난했다.   (『타임』, 2008년 1월 8일)

기자들은 정부로부터 감시당하고 정체불명의 가해자들로부터 습격당하고 반군과 내통했다는 누명을 쓰게 마련이다. 수많은 기자가 체포되었거나 스리랑카를 떠나 망명길에 올랐거나, 아니면 정부의 눈에 거슬리지 않도록 스스로 몸조심을 하고 있다. (중략) '자유 언론 운동' 기구의 수난다 데샤프리야 씨는 만일 취재기자가 정부군 공식 발표보다 더 많은 아군 사상자 수를 밝혀내거나 무기 구매 과정에서의 부패상을 보도하는 등 정부에 비판적이고 협조하지 않을 경우 즉시 반역자로 지목된다고 말했다.　　　　(AP 통신, 2008년 6월 19일)

2009년 봄 스리랑카 정부군이 총공세를 펼쳐 LTTE를 궁지에 몰아넣자 서방 언론의 전쟁특파원들이 내전을 취재하러 다시 몰려들었다. 그러나 스리랑카 정부의 엄격한 보도 통제와 여행 제한 조치 등으로 치열한 전투가 벌어지던 최전방 지역들을 취재하지 못한 채 대부분 후방지역이나 난민 수용소 등지에서 기획 기사만을 취재해야 했다.

스리랑카 외부에서는 정치적 타결을 요구했지만 마힌다 라자팍사 (스리랑카) 대통령은 LTTE를 격퇴하는 데 자신의 대통령직을 걸었다. 2005년 취임 직후부터 라자팍사 대통령은 내전을 '테러와의 전쟁'으로 재규정하고 자신을 이 땅의 아들 또는 다수 종족이자 불교도들인 신할리족의 수호자라고 불렀다. (중략) 일단 라자팍사 대통령의 생각은 옳았던 것으로 보인다. 만일 LTTE가 내전에서 패하게 된다면 현재 만나르Mannar 지역의 난민 수용소에 머물고 있는 어린이들을 비롯한 스리랑카 국민은 생전 처음 전쟁이 멈춘 평화스런 나라에 살게 될 것이다.　　(지요티 토탐Jyoti Thottam, 『타임』, 2009년 3월 2일)

중동지역의 이스라엘과 팔레스타인 간의 분쟁은 서방 언론이 즐겨 다루어 온 비중 높은 전쟁 뉴스다. 전쟁이라는 자극적이면서도 폭력이 가득한 뉴스는 서방 언론의 관심을 끌기에 부족함이 없기 때문이다. 여기에다가 이스라엘 관련 기사들은 미국과 영국 등 서구 국가들과 정치적·역사적· 경제적 이해가 걸려 있어서 다른 지역에서의 전쟁이나 분쟁 기사들보다 더욱 중요시된다. 또 미국 주요 언론에 영향력을 지닌 인물들 가운데 유대 인의 수가 적지 않은 것도 이스라엘과 팔레스타인 간의 분쟁 관련 뉴스가 항상 비중 있게 다루어지는 이유이기도 하다. 미국과 영국의 언론사들과 전쟁특파원들이 끊임없이 이스라엘과 팔레스타인 간의 분쟁을 보도하다 보니 이 지역 분쟁은 언제든 반목과 대립이 심화될 경우 톱뉴스로 등장할 잠재력을 지니고 있다.

이와는 대조적으로 인도와 파키스탄 간의 카슈미르 분쟁과 스리랑카 내 전은 전쟁의 강도나 지역 내 파급 효과에 비해 서방 언론이 제대로 보도하 지 않았다는 점이 눈에 띈다. 이는 남아시아지역의 복잡한 종족, 종교, 언 어, 그리고 법적 제약과 정부의 통제가 전쟁특파원들의 취재에 걸림돌이 되었기 때문이다. 또 머나먼 나라에서 발생하는 국제뉴스일수록 간략하 고 단순 명료한 요점 위주로 보도해야 한다는 점도 이 지역에서의 분쟁에 대한 심층 분석 보도를 가로막은 장애물이었을 수 있다(Sonwalkar, 2004). 무 엇보다도 최근 10여 년간 인도와 파키스탄 간의 카슈미르 분쟁과 스리랑 카 내전은 같은 시기에 진행된 이라크 전쟁이나 아프가니스탄 전쟁에 가 려 전쟁특파원들의 발길이 상대적으로 뜸했다. 여기에다가 이라크나 아 프가니스탄에서는 참전 중인 서방 군대가 능동적으로 전쟁특파원들을 받 아들이거나 전쟁 기간 중 현지 정부의 통제력이 상실되어 전쟁특파원들의 자유로운 이동과 여행이 가능했던 것과는 달리, 인도, 파키스탄, 스리랑카 세 나라에서는 정부와 군 당국이 적극적으로 전쟁특파원들의 전장 접근을 차단하고 엄격한 정보 및 보도 통제를 실시해 전장에서의 생생한 목격담 위주의 전쟁 보도가 불가능했다는 점도 되돌아봐야 할 대목이다.

13
전쟁 저널리즘이냐 평화 저널리즘이냐?

지금 이 시각에도 전쟁특파원들은 신변상의 위협을 무릅쓰고 세계 곳곳의 분쟁과 전쟁을 찾아 취재 보도를 계속하고 있다. 이라크 전쟁과 아프가니스탄 전쟁 등 지난 10여 년간 신문과 텔레비전, 그리고 온라인 매체들을 통해 보도된 여러 전쟁 역시 이들 전쟁특파원의 피와 땀이 없었다면 세계인들에게 제대로 전해지지 못했을 것이다.

갈등과 폭력, 파괴를 사랑하는 언론의 전쟁 보도
전쟁과 분쟁 보도는 여러 업적과 장점을 지니고 있음에도 불구하고 적지 않은 문제점과 단점 역시 지니고 있다. 전쟁 보도에 대한 대표적인 비판을 살펴보면, 첫째로는 전쟁과 분쟁 보도는 전투 등 폭력적인 측면에 초점을 맞추거나 전쟁을 주도하는 정치인이나 군 고위층 등 엘리트들만을 쫓아다니며 인터뷰하기 바쁘다는 것이다. 둘째로는 전쟁과 분쟁 보도는 누가 이기고 누가 지는가, 달리 말하면 어느 국가나 군벌이 영토를 더욱더 많이 점령하고 어느 국가나 반군이 후퇴하거나 항복하는가에 초점을 맞춘 전투에서의 승패 여부를 중심으로 보도한다는 점이다. 셋째로는 복잡한 다자간의 이해 갈등이나 여러 국가 간의 알력, 국익 경쟁 등 배경 설명을 생략한 채 전쟁이나 분쟁을 두 적대 진영 간의 격렬한 쟁투로 단순화시켜 보도한다는 것이다. 한마디로 전쟁 보도는 마치 스포츠 경기에 참가한 선수들의 승부 경쟁을 보도하는 스포츠 저널리즘의 형식을 띠거나 원고와 피고 간의 민사소송 공방을 전하는 것과 같은 법정 저널리즘의 형식을 띠고 있다는 것이다. 서방 언론의 전쟁 보도 행태에 대한 비판은 국제분쟁이나 전쟁의 배후에는 특정 국가의 정치 엘리트들이 도사리고 있고 전쟁을 보도하는 언론 또한 전쟁을 신문 판매부수 확장이나 텔레비전 시청률을 높이기 위한 수단으로 삼아 분쟁이나 전쟁을 한층 더 심화시키고 있다는 불만 섞인 목소리가 늘어나면서 본격화되었다(Lee, 2009). 이런 비판적인 주장을 해온 학자들 가운데 가장 대표적인 인물로 노르웨이의 사회학자 요한 갈퉁Johan Galtung을 들 수 있다. 그는 언론과 전쟁특파원들이 분쟁 당사자 간의 갈등을 부추기는 전쟁 보도를 중단하고 무장집단 또는 국가 간의 분쟁을 평화적으로 해결하는 데 앞장서야 한다고 주장한다.

요한 갈퉁과 평화 저널리즘

갈퉁은 일찍이 1970년대 초반부터 국제분쟁의 해결 방안을 모색하는 학술 연구를 해 왔다. 갈퉁에 따르면 국제분쟁을 보도하는 서방 언론과 전쟁특파원들은 폭력과 전투 행위의 중단을 촉구하기보다는 자국민들에게 상대방 분쟁 국가에 대한 적개심을 부추기는 정치인들을 취재하거나 국익과 자국 군대의 승리와 안위를 기원하는 내용의 전쟁 보도를 한다는 것이다. 갈퉁은 이와 같은 전쟁 보도 행태는 전쟁 종료나 분쟁 해결에 전혀 도움이 되지 않으며 오히려 분쟁을 더욱 심화시키거나 전쟁 당사자들 간에 반목과 적개심만 높이는 결과를 낳는다고 주장한다. 다시 말해 갈퉁은 분쟁 해결을 위해 국제 평화기구나 학자들이 기울이는 노력 이상으로 언론과 전쟁특파원들이 앞장서 종래의 전쟁 보도 행태를 획기적으로 변화시켜야 한다고 본 것이다.

이에 따라 갈퉁은 분쟁이나 전쟁을 취재 보도하는 언론인들이 지침으로 삼아야 할 몇 가지 덕목과 행동 강령을 정리했는데, 이것이 바로 평화 저널리즘의 시작이자 기본 골격이라 하겠다(Lynch & McGoldrick, 2006). 갈퉁이 제시한 전쟁 보도에 있어서의 평화 저널리즘 행동 강령은 다음과 같다. 첫째, 평화 정착을 위한 노력을 집중 보도하라. 둘째, 종족 간 종교 간 차이점을 부각시키지 마라. 셋째, 향후 분쟁이 재발하는 것을 막아라. 넷째, 분쟁의 종식과 국가 재건 노력, 그리고 분쟁 당사자들 간의 화해를 증진시키도록 노력하라. 갈퉁이 제시한 이 같은 평화 저널리즘 행동 강령은 보건의료 문제를 취재 보도하는 방식과 유사하다. 예를 들어 훌륭한 의료 전문기자가 암과 투병하는 환자를 취재하면서 암의 원인을 분석하고 가능한 치료법이나 예방법을 보도해야 하는 것처럼 훌륭한 전쟁특파원이라면 날마다 벌어지는 전황을 보도하는 것 이외에도 전쟁의 원인을 분석하고 분쟁 종식을 위한 해결책이나 분쟁 예방책까지도 제시해야 한다는 것이다.

갈퉁과 마찬가지로 다른 여러 학자도 전쟁 보도의 문제점을 지적했다. 이들은 언론이 국제분쟁이나 전쟁을 보도하면서 폭력이나 죽음, 파괴 등을 중심으로 한 갈등의 드라마를 보여 주는 데 몰입해 왔다는 것에 공감을 표시한다. 심지어 일부 학자는 언론사들에게 있어 전쟁이란 본래 분쟁과 갈등을 위주로 한, 뉴스 가치가 높은 상품이라고 표현하기도 한다(Hess, 1996; Lee, 2009; Rosenblum, 1979). 이처럼 드라마틱한 전쟁 보도를 추구하다 보면 마치 스포츠 경기를 보도하는 것처럼 흥미 위주의 선정적이고 자극적인 보도에 의존하기 일쑤며, 전쟁 보도는 신문 판매부수 확장이나 텔레비전 시청률을 높이는 가장 효율적인 수단이 될 수 있다는 것이다(Toffler & Toffler, 1993; Hachten, 1999; Allen & Seaton, 1999). 그렇다면 전쟁특파원들에게 있어서 폭력과 파괴를 동반하는 전투나 분쟁 전개 상황을 취재하는 것과 분쟁 당사자들이 협상 테이블에 앉아 화해와 대화를 모색하는 평화협상 취재 가운데 어느 것이 더 매력적인 뉴스거리가 될 것인지는 자명하다.

갈퉁이 제시한 평화 추구를 위한 언론인들의 행동 강령을 보다 구체적으로 분석해 보면 몇 가지 세부 주제로 나눌 수 있다. 국립 싱가포르대학교의 리 샤우 팅Lee Seow Ting 교수는 전쟁특파원들의 보도 행태를 분석하면 전쟁이나 분쟁을 더욱 부추기는 '전쟁 저널리즘war journalism'과 분쟁의 평화적 해결과 갈등 종식을 추구하는 '평화 저널리즘peace journalism' 두 가지로 구분할 수 있다고 주장한다. 리 교수가 제시한 전쟁 저널리즘과 평화 저널리즘의 특성을 살펴보면 다음과 같다.

전쟁 저널리즘의 특성

- 겉으로 드러나는 전쟁의 여파나 결과를 중심으로 보도한다.
- 정치인이나 군 고위층 등 엘리트들을 주요 취재원으로 삼는다.
- 전쟁 당사국들의 차이점과 갈등을 중심으로 보도한다.
- 현재 이 시각 이곳에서 벌어지는 전투를 중심으로 보도한다.
- 전쟁 당사자들을 선한 자와 악한 자로 양분해 보도한다.
- 전쟁을 서로 맞서 싸우는 두 당사자의 분쟁으로 묘사한다.
- 어느 한 쪽의 주장에 동의한다.
- 어느 한 쪽이 승리하면 다른 쪽은 패배할 수밖에 없다는 제로섬 원칙을 고수한다.
- 전투가 끝나고 평화·휴전 협정이 체결되면 보도를 중단하고 또 다른 전쟁

을 찾아 나선다.

평화 저널리즘의 특성

- 눈에 띄지 않는 전쟁의 영향이나 여파를 찾아내 분석, 보도한다.
- 평범한 시민이나 현지 주민을 주요 취재원으로 삼는다.
- 전쟁 당사국들의 상호 동의나 공통점을 부각시켜 보도한다.
- 전쟁의 근본적 원인이나 최종 결과를 부각시켜 보도한다.
- 전쟁 당사자들을 선한 자와 악한 자로 구분하지 않는다.
- 전쟁이란 여러 당사자의 복합적인 분쟁의 결과물이란 점을 부각시킨다.
- 어느 한 쪽의 주장에 동의하지 않고 다양한 의견을 청취한다.
- 분쟁 당사자 가운데 어느 한 쪽의 일방적 승리가 아닌 쌍방의 승리를 지향한다.
- 전투가 끝나더라도 현지에 계속 남아 전쟁의 여파와 재건, 평화 정착 과정을 보도한다.

한마디로 말해서 평화 저널리즘은 전쟁특파원들이 단순 사실을 보도하기보다는 분쟁과 관련된 해설과 분석 기사를 내놓기 위해 노력하고, 평화 정착 노력을 집중적으로 부각하며, 종족이나 종교 간 갈등과 차이점을 강조하지 않으며, 상호 간 갈등과 분쟁을 부추기는 내용을 담지 말아야 하고, 분쟁 당사자들의 사회구조를 살펴보고 분쟁 종식과 파괴된 지역의 재건을 위해 노력하고, 분쟁 당사자들 간의 화해를 주선하고 촉진시켜야 한다는 것이다(Lee, 2009).

그렇다면 전쟁특파원들의 보도물 가운데 어떤 것이 전쟁 저널리즘이고 어떤 것이 평화 저널리즘인지 평범한 독자나 시청자가 한눈에 이해할 수 있을까? 갈퉁(1998)과 리 교수(Lee & Maslog, 2005)의 연구에 따르면 전쟁 보도 기사에 들어 있는 몇 가지 언어적 특징을 살펴봄으로써 전쟁 저널리즘과 평화 저널리즘을 쉽게 구분해낼 수 있다고 한다.

전쟁 저널리즘에 나타나는 언어적 특징

- 특정 인물이나 집단을 다음과 같은 문구를 사용해 "가련한 피해자"로 묘사한다. 예) 기아와 빈곤에 시달린, 비무장 상태의, 비극적인, 무고한, 안타까운 죽음, 삶의 터전을 빼앗긴, 처참한
- 특정 인물이나 집단을 다음과 같은 문구를 사용해 "극악한 가해자"로 묘사한다. 예) 극악무도한, 잔인한, 인간의 탈을 쓴, 독재자의, 야만적인, 자비심이 없는, 테러리스트, 극단주의자, 미치광이, 원리주의자
- 지극히 감정적인 문구를 사용한다. 예) 집단학살, 대학살, 암살, 살인극, 고의적 살해, 집단 생매장, 살육의 현장, 만행

평화 저널리즘에 나타나는 언어적 특징

- 특정 인물이나 집단을 가련한 피해자로 묘사하지 않는다.
- 특정 인물이나 집단을 극악한 가해자로 묘사하지 않는다.
- 지극히 감정적인 문구를 사용하지 않으며, 기사에 언급된 내용을 과장하지 않는다.

미국 등 서방 언론의 전쟁 저널리즘

그렇다면 언론의 전쟁 보도에 드러난 전쟁 저널리즘의 사례들을 살펴보도록 하자. 몇 년 전 아프리카 수단의 다르푸르에서 분쟁이 일어났을 때 「뉴욕 타임스」에 실린 기사 한 편을 제시한다. 기사에서 과연 어떤 측면이 강조되고 있으며 어떤 언어적 특징이 나타나는가 살펴봐야 하겠다.

살레야Saleya 마을을 빠져나온 피난민들은 잔자위드 민병대에 붙잡힌 아홉 명의 마을 소년이 어떻게 벌거벗겨지고 그들의 코와 귀가 어떻게 잘리고 눈이 어떻게 도려져 나갔는지를 설명했다. 소년들은 결국 총살되었고 시체는 공동 우물 부근에 버려졌다. 마을 주민은 이 같은 만행에 몸을 떨며 피란길에 나서야 했다. 국제 구호단체 직원들은 또 다른 마을에서는 잔자위드 민병대가 열 살짜리 소년의 생식기를 잘라내어 공포에 질린 주민이 모두 달아났다고 말했다. 소년은 가까스로 목숨을 건져 치료받고 있다.

(닉 크리스토프, 「뉴욕 타임스」, 2005년 6월 7일)

다르푸르 지역의 무고한 주민이 잔자위드 민병대의 가혹 행위와 전쟁 범죄에 고통받고 있다는 내용을 담고 있는 이 기사는 사실 여부를 떠나 특정 집단을 가해자와 피해자로 양분해 묘사하고 있으며 감정적인 문구들을 사용해 주민을 괴롭히는 민병대에 대한 독자들의 분노를 불러일으킨다. 취재기자는 기사를 통해 잔자위드 민병대를 무자비하고 잔인한 집단으로 묘사해 국제사회의 공분을 자아내고 있으며 미국 정부가 다르푸르 사태에 개입해야 한다는 메시지를 던지고 있다. 이런 점들에 비추어 본다면 위에 제시된 기사는 전쟁 저널리즘의 대표적인 예로 간주할 수 있겠다. 문제는 이 같은 기사가 미국의 대표적인 신문인 「뉴욕 타임스」에 실려 독자들로부터 커다란 공감을 얻었으며, 취재기자 역시 분쟁지역을 오랫동안 취재해 온 퓰리처상 수상 경력이 있는 저명한 인물이라는 점이다. 평화 저널리즘의 주창자인 갈퉁이 말한 것처럼 서방 언론의 전쟁 보도는 대부분 '전쟁 저널리즘'의 성격을 다분히 지니고 있다. 또 다른 예를 들어 보자. 2003년 미국의 이라크 침공이 이루어지기 6개월 전, 「뉴욕 타임스」에 다음과 같은 기사가 실렸다. 이라크 사담 후세인 대통령이 핵무기를 확보하기 위해 노력하고 있다는 주장을 펴면서 미국의 신속한 대응을 촉구하는 내용이다.

사담 후세인을 축출하려는 군사 작전에 대해 언급하면서 이 관리는 "무턱 대고 더 관망한다고 해서 상황이 나아지지는 않는다"고 말했다. "사담 후세인이 핵무기를 보유할 시점까지 기다렸다가는 그를 제거하는 것이 더 어려워질 수 있다"는 주장이었다.

(미국 내) 강경파들은 지난 걸프 전쟁 때 미국 정보기관들이 이라크의 핵무기 개발 프로그램의 속도와 규모를 지나치게 과소평가했다는 사실에 놀라움을 금치 못하고 있다. 이 같은 과거의 실책을 의식하고 있는 강경파들은 미국 정부가 전문가들로부터 후세인 정권이 핵무기를 확보했다는 확실한 정보를 얻을 때까지 기다려서는 안 된다고 주장한다. 이라크가 핵무기를 보유했다는 첫 증거를 발견할 때쯤이면 이미 핵폭발의 버섯구름이 (미국을) 뒤덮을지 모른다는 것이다.

(마이클 고든Michael Gordon & 주디스 밀러Judith Miller, 「뉴욕 타임스」, 2002년 9월 8일)

이 기사에서는 이라크가 핵무기를 확보해 미국을 비롯한 전 세계에 안보 위협을 가져올 것이라는 조지 W. 부시 대통령 측근들과 공화당 강경파들의 주장을 아무런 비판 없이 그대로 인용하면서 독자들에게 핵전쟁의 공포를 상기시키고 있다. 특히 이라크 침공의 발단이 되었던 이라크 내 대량살상무기의 존재를 아예 기정사실로 받아들이고 있다. 결국 '사담 후세인의 이라크 정권 = 핵무기 확보로 전 세계 위협'이라는 등식을 만들어 특정 국가 이라크를 가해자로 묘사하면서 '미국의 이라크 침공 = 평화를 추구하는 정의로운 응징'으로 규정하고 있다. 전쟁 저널리즘의 대표적 속성인 '선한 자와 악한 자로 이등분'한 것이다.

위의 두 가지 예에서 살펴본 것처럼 전쟁 저널리즘은 서방 언론의 전쟁 보도에서 흔히 찾아볼 수 있는 보도 방식이다. 특정 비우호 국가를 지목하거나 자국의 이익에 상충되는 국가를 향해 '악의 축Axis of Evil'이라는 등 부정적인 표현을 사용하거나 적국의 군사 행동에 대해 '잔인무도한 만행' 등으로 표현하는 것이 대표적인 사례다. 이는 언론이나 전쟁특파원이 중립자적 위치에서 객관적 관찰을 통해 보도하기보다는 자국의 이익을 대변하는 옹호자의 입장에 서기 때문이다. 공정 보도와 객관적 진실 추구를 생명으로 삼는 언론조차 전쟁 보도에 있어서는 부시 대통령의 말대로 "우리 편이거나 적의 편(either with us or against us)"에 서는 것을 강요당하기 때문인지도 모른다.

그렇다면 전쟁 저널리즘에 대비되는 평화 저널리즘의 사례로는 과연 어떤 것들이 있을까? 오스트레일리아 시드니대학교의 제이크 린치Jake Lynch 교수는 이스라엘과 팔레스타인 간 분쟁을 전쟁 저널리즘과 평화 저널리즘 시각에서 다룬 두 편의 기사를 제시하면서 독자들에게 각 기사가 담고 있는 요소를 비교 분석할 것을 주문한다. 린치 교수는 동일한 사안을 보도하더라도 전쟁특파원들이 어떤 시각을 지니고 있느냐에 따라 아주 상반된 논조의 기사가 나올 수 있다고 강조한다.

2주일 전 시작된 이스라엘 점령지역에서의 폭력 사태로 중동 평화 전망은 한층 더 비관적으로 바뀌고 있다. 두 명의 이스라엘 병사가 팔레스타인 자치 지구 내 경찰서에서 보호받고 있는 동안 흥분한 팔레스타인 청년들이 들이닥쳐 이들을 무참하게 살해한 것이다. 이스라엘 텔레비전 시청자들은 어젯밤 청년들의 리더가 경찰서 2층 창가에 서서 피에 젖은 손을 흔드는 광경을 공포 속에 지켜봐야 했다. 이스라엘은 무장 헬리콥터를 동원해 어제 발생한 공격과 관련된 건물들에 로켓포 공격을 가했다. 공격 목표물들 가운데에는 팔레스타인 청년들에게 총궐기하도록 부추긴 팔레스타인 텔레비전 방송국과 가자 지구 자치 정부 수반인 야세르 아라파트의 집무실이 포함되어 있었다. (중략) 이에 앞서 매들린 올브라이트 미 국무장관은 "전 세계와 미국은 아라파트 수

반이 무자비하고 파괴적인 투쟁을 중단시키기 위해 필요한 조치를 취하기를 바란다"고 아라파트에게 행동을 취할 것을 촉구했다.

(전쟁 저널리즘 시각을 반영한 기사)

중동 평화운동가들은 점령지구에서 벌어진 폭력 사태가 확산되면서 새로 두 명의 사망자가 추가되어 희생자 수가 89명에 이르자 이스라엘-팔레스타인 당사자들 간의 대화를 재차 촉구했다. 라말라Ramallah에서는 팔레스타인 경찰관들이 실수로 팔레스타인 자치지구에 진입한 두 명의 이스라엘군 병사를 보호하기 위해 이들을 경찰서로 데려왔다. 그러나 경찰관들은 몰려든 3백여 명의 군중을 막아내지 못했고 이스라엘 병사들은 이들에게 총살당하고 말았다. (중략) 이 같은 광경을 텔레비전을 통해 목격한 이스라엘인들은 격분했다. 평화운동가인 우리 아브네리는 이스라엘 언론이 팔레스타인인들이 부당한 대우를 받아 왔다는 점에 대해서는 반성하지 않고 이번 폭력 사태를 이용해 팔레스타인인들을 더욱 조롱거리로 만들었다고 비판했다. 그는 이번 폭력 사태에 강경 대응해서는 안 되며 대부분의 이스라엘인이 바라는 것처럼 진정한 평화 정착을 위해 노력할 것을 촉구했다. 라말라에서의 살해극이 일어난 지 세 시간 뒤 이스라엘군 무장 헬리콥터들은 팔레스타인 경찰서와 팔레스타인 텔레비전 방송국, 그리고 야세르 아라파트 자치 정부 수반 집무실에 로켓포 공격을 가했다. 이스라엘 측은 팔레스타인 방송국이 지역 주민을 상대로 감정적 보도를 통해 이스라엘군 병사들에게 보복할 것을 선동했다고 주장했다.

(평화 저널리즘 시각을 반영한 기사)

위에서 본 것처럼 이스라엘 점령지구에서 벌어진 동일한 폭력 사태에 대해 전쟁 저널리즘 시각의 기사는 이번 폭력 사태로 중동 평화 전망이 사라지고 있다는 식의 단정적인 문장으로 시작해 상세한 폭력 사태의 전말을 이스라엘 측 주장을 바탕으로 보도했다. 특히 이스라엘군 헬리콥터가 공격한 목표물들을 열거하면서 팔레스타인 텔레비전이 주민에게 폭력을 선동했다는 이스라엘 측 주장을 아무런 확인 절차 없이 그대로 보도했다. 마지막으로 이스라엘의 맹방인 미국의 엘리트 정치인 올브라이트 국무장관이 아라파트 팔레스타인 자치 정부 수반을 비난했다는 내용을 유독 강조한 것도 눈길을 끈다.

반면에 평화 저널리즘 시각에서 작성된 기사는 이스라엘과 팔레스타인 상호 간의 대화를 촉구하는 것을 시작으로 폭력 사태에 이르게 된 상세한 과정을 설명하고 분노한 이스라엘인들에게 감정을 자제하고 평화 정착을 위해 노력해야 한다는 메시지를 전한다. 특히 기사에 인용된 인물은 정치인이나 엘리트가 아닌 평화운동가다. 마지막으로 팔레스타인 방송국이 폭력 사태를 선동했다는 이스라엘 측 주장에 대해서도 이는 단지 일방적인 주장일 뿐임을 강조하고 있다.

이처럼 평화 저널리즘은 폭력과 파괴를 강조하고 분쟁의 당사자들을 선과 악의 이분법에 근거해 묘사하는 종래의 보도 행태에서 벗어나 분쟁이나 전쟁을 더욱 악화시키기보다는 분쟁의 해결책을 모색하는 방향으로 전쟁 보도가 이루어져야 한다는 점을 강조한다. 또 기사 속에서 인터뷰하거나 의견을 제시하는 인물이 정치 엘리트가 아닌 평범한 현지 주민이나 평화운동가 등 비엘리트 계층으로 구성되어 있다는 점도 흥미롭다.

평화 저널리즘의 열렬한 옹호자인 린치 교수와 맥골드릭 교수(Lynch & McGoldrick, 2006)는 평화 저널리즘을 구현하기 위해 전쟁특파원들이 취할 자세를 모두 17가지 열거하면서 이를 지켜 나갈 것을 주문하고 있는데, 이 가운데 대표적인 것을 정리하면 다음과 같다.

• 분쟁이 단지 서로 맞서 다투는 두 당사자 간의 갈등이라고 보도하지 마라.

분쟁은 다양한 목적을 지닌 여러 집단 간의 갈등과 다툼이다.

- 분쟁을 자신과 타인 간의 대립으로 구분하지 마라. 어느 한 쪽의 분쟁 당사자가 스스로 '선'을 대표한다고 주장하면 그들이 어떻게 분쟁 상대방과 다른지를 집중 추궁하라.

- 분쟁을 현재 진행 중인 폭력만을 부각시켜 다루지 마라. 대신 현재의 분쟁이 다른 지역에 거주하는 사람들과 어떤 연관성을 지니며 어떤 결과를 낳게 될 것인가를 보도하라.

- 분쟁 당사국 지도자의 통상적인 요구나 되풀이되는 입장 표명을 그대로 인용하지 마라.

- 분쟁 당사자들의 차이점이나 상이점을 부각시키기보다는 그들이 지향하는 공통분모를 찾아내어 함께 공유할 만한 것이 있는지를 보도하라.

- 폭력 행위나 공포를 집중적으로 부각하는 보도를 지양하라. 대신 폭력 행위와 공포로 인해 얼마나 많은 주민이 정상적인 생활을 희생해야 하는가를 부각시켜 보도하라.

- 분쟁을 일으킨 당사자를 악의 근원으로 간주해 일방적으로 비난하지 마라. 대신 분쟁 당사자들이 서로 화해할 수 있도록 공감대를 찾아내는 데 주력하라.

- 분쟁 당사자 한쪽의 고통과 공포, 불만 등을 집중적으로 보도하지 마라.

- 분쟁 과정에서 발생한 인권 유린 행위나 전쟁 범죄를 어느 한 집단의 행위로 전가하지 마라. 대신 분쟁 당사자들이 저지른 모든 과오와 관련 책임자들의 이름을 공평히 거론하라.

- 자국 정치 지도자들이 분쟁 종결을 위한 해결책을 제시할 때까지 기다리지 말고 평화를 정착시킬 수 있는 방안이 있다면 언론이 적극적으로 나서서 보도하라.

평화 저널리즘은 단어와 문장으로 구성된 신문이나 방송 기사 외에도 영상 이미지를 담은 사진 보도나 비디오 저널리즘 분야에도 적용될 수 있다. 파괴와 죽음, 갈등을 담은 뉴스 영상이나 음성 인터뷰, 사진의 사용은 되도록 피하며 정치 엘리트보다는 평범한 주민의 삶과 고통을 다룬 영상과 사진을 주로 소개하고 분쟁 해결과 화해를 촉구하는 내용을 보여 주는 것을 평화 저널리즘에 기반한 예로 들 수 있다. 평화 저널리즘의 주창자인 갈퉁은 평화 저널리즘과 전쟁 저널리즘은 서로 경쟁 관계에 있다고 말하면서 전쟁 저널리즘은 전쟁과 폭력, 선전 선동, 엘리트, 승리의 네 가지 요소로 이루어져 있는 반면에 평화 저널리즘은 평화 지향, 진실, 인간 중시, 해결책 모색이라는 네 가지 요소로 구성되어 있다고 주장한다(Lee, 2009).

평화 저널리즘에 대한 비판과 한계

평화 저널리즘은 분쟁을 지양하고 평화를 구현하기 위한 훌륭한 원칙과 행동 강령을 제시했음에도 불구하고 현실적으로 서방 언론들로부터는 그다지 호평을 받지 못했다. 그 이유는 평화를 추구하기 위해서 특정 집단을 겨냥한 비난을 자제하고 상호 간의 타협과 화해를 위해 언론이 나서야 한다는 데 대해 서방 언론과 정부들의 불만이 거셌기 때문이다. 예를 들어 중동 평화를 구현하기 위해 이스라엘의 주장은 물론이고 팔레스타인 자치 정부와 팔레스타인인들의 주장에 대해서도 비난을 자제하고 중립자적 입장에서 경청해야 한다는 것은 미국을 비롯한 이스라엘 맹방들에게는 자살 테러나 이스라엘군 납치 행위와 같은 테러 행위를 묵인해 주는 부당한 행위로 비추어지기 때문이다. 아랍 이슬람 국가들 역시 이스라엘이 가자 지구와 요르단 강 서안 지구를 불법 점령한 채 팔레스타인인들에 대해 가혹한 인권 탄압을 가하고 있다고 맹비난해 온 만큼 이스라엘에 대한 비난을 삼가야 하는 평화 저널리즘은 천부당만부당하다고 주장할 것이 분명하다. 결국 평화 저널리즘은 평화 구현을 위해 분쟁의 모든 당사자와 그들의 폭력 행위에 대해 비난을 자제해야 한다는 점에서 어느 누구로부터도 공감을 얻지 못했다. 특히 평화 구현을 위해 언론이 정치 엘리트들의 목소리보다 평범한 민초들의 목소리를 반영해야 한다는 원칙은 자신들의 정치적 목표를 달성하기 위해 언론을 활용하는 데 지대한 관심을 갖고 있는 분쟁 당사국 정부 관료나 정치인들로부터 평화 저널리즘이 배척받게 된 원인이기도 하다.

무엇보다도 평화 저널리즘이 서방 언론이 지난 한 세기 이상 애지중지해 온 위기, 폭력, 파괴라는 뉴스 판단 기준에서 벗어나 평화와 화해를 본질적인 주제로 삼아 전쟁을 보도한다는 점에서 평화 저널리즘이란 서방 언론의 전통적 뉴스 판단 기준에서 볼 때 따분하고 재미없는 것일 수밖에 없다는 점도 주목할 만한 대목이다. 서방 언론의 입장에서 국제분쟁이나 전쟁 보도란 '위기'를 주제로 '폭력과 파괴', 그리고 '죽음'을 다룸으로써 언론 수용자들의 흥미와 관심을 극도로 자극하는 것이라야 하기 때문이다. 보도 사진이나 비디오 영상물의 경우에도 뉴스 수용자들의 감성을 자극하는 폭력적인 내용이나 전장의 참상을 다룬 충격적인 내용이 효과 면에서나 시청률 제고 측면에서 더 유리하기 때문에 평화와 화해, 분쟁 종식을 주제로 다룬 보도 사진이나 비디오 영상물은 상대적으로 설 곳이 적은 것이 현실이다.

무엇보다 서방 언론들로부터 평화 저널리즘이 강력한 비판을 받아 온 것은 전쟁특파원이 목격한 사실을 그대로 보도하기보다 평화 정착이라는 특수한 목적을 위해 저널리스트로서 특정 논리를 세워 보도하는 것은 '객관성objectivity'이라는 언론 보도의 대원칙을 저버리는 것이라는 지적 때문이다. 따져 보면 이런 비판이 일리가 있는 것이 평화 저널리즘을 추구하는 언론사나 전쟁특파원들의 경우 전쟁이나 분쟁 보도를 하는 데 있어 '역사의 목격자'로서 '객관적인 사실'을 전한다는 것에서 한발 더 나아가 '분쟁 종식을 위해 내가 해야 할 임무가 무엇이냐'는 질문을 던지게 마련이고, 이런 과정에서 자연스럽게 전쟁이나 분쟁 해결을 위해 '개입이 필수적'이라는 도덕적 당위성을 내세워 기자 개인의 '가치 판단'을 전쟁 혹은 분쟁 보도 기사 속에 담게 될 가능성이 높기 때문이다. 결국 평화 저널리즘은 특정 가치를 옹호하는 저널리즘advocacy journalism이며 중립적 위치 또는 객관성이라는 언론 보도의 전통적 대원칙을 저버리는 태도라는 것이 비판의 골자다(Lee, 2010, 2009).

실제 전쟁 보도에 있어서 평화 저널리즘과 전쟁 저널리즘 가운데 어느 쪽이 더 우세한 보도 관행인지를 알아보기 위한 연구가 몇 차례 있었다. 필자와 두 공동 연구자가 수행한 연구를 예로 들면, 인도와 파키스탄, 필리핀, 스리랑카, 인도네시아 등 아시아 5개국 언론사들과 전쟁특파원들이 보도한 지역 내 분쟁과 이라크 전쟁 보도를 내용 분석해 보니, 자국 정부가 주도한 지역 내 분쟁들을 보도할 때에는 호전적인 전쟁 저널리즘 관점에서 보도한 경우가 많았지만, 미국과 영국이 관여한 이라크 전쟁을 보도할 때에는 분쟁 종식과 평화를 외치는 평화 저널리즘 관점에서 보도한 경우가 많았다는 결과가 나왔다(Lee, Maslog & Kim, 2006). 자신들의 국익이 걸려 있는 분쟁의 경우에는 전쟁에서의 승리를 추구하는 전쟁 저널리즘 시각에서 보도하고 국익과는 상관없는 제3자의 분쟁일 경우에는 평화 저널리즘 시각에서 전쟁 보도를 했다고 하겠다. 특히 이슬람 국가의 언론사나 전쟁특파원들은 이라크 전쟁 보도에 있어서 평화 저널리즘 시각에서 보도하는 경향이 있는 반면, 기독교 국가로 간주되는 필리핀 언론사나 전쟁특파원들은 전쟁 저널리즘 시각에서 미국과 영국을 옹호하는 전쟁 보도를 한 것으로 밝혀진 것도 흥미롭다(Maslog, Lee & Kim, 2006). 또 전쟁 보도 기사의 길이가 길고 분량이 많은 것일수록 평화 저널리즘 시각의 기사가 많았다는 점도 단순 사실의 보도보다는 깊이 있는 해설과 분석 보도가 평화 저널리즘의 목표라는 점에 비추어 볼 때 의미 있는 발견이라고 하겠다(Kim, Lee & Maslog, 2008).

 평화 저널리즘은 지난 몇 년간 분쟁지역에 평화를 정착시키는 데 있어 나름대로 적지 않은 성과를 올렸으며, 수많은 학자와 전쟁특파원이 평화 저널리즘 보도 관행을 배우고 익히는 열풍을 불러오기도 했다. 평화 저널리즘의 주창자인 갈퉁은 스리랑카와 카슈미르, 필리핀 등 세계 곳곳의 분쟁지역들을 방문해 분쟁 당사자들이 용서와 화해를 통해 분쟁을 종식시킬 것을 요구하면서 언론인들도 평화 저널리즘을 통해 지역 내 평화 정착에 힘쓸 것을 강조했다. 하지만 스리랑카 정부가 반군과의 정전협정을 일방적으로 파기하고 총공세를 펴 타밀 반군을 전멸시키고 26년간 끌어온 내전을 종식시켰는가 하면, 인도와 파키스탄의 종교 갈등과 분쟁 역시 2009년에 인도 뭄바이 테러 사건이 일어나면서 양국 간에 진행되어 온 평화와 분쟁 종식 노력이 위기를 맞는 등 평화 저널리즘의 앞날에는 여전히 어두운 그림자가 드리워져 있다.

 현실적으로 따져 보더라도 전쟁특파원들은 박진감 있고 드라마틱한 전투를 취재하는 것이 지루하고 단조로운 평화협상을 취재하는 것보다 더 뉴스 가치가 높다고 느끼게 마련이다. 전쟁 보도를 접하는 신문 독자나 텔레비전 시청자들도 평온을 되찾은 분쟁지역의 모습이나 기사보다는 충격적이고 끔찍한 파괴 현장을 전하는 비디오 영상이나 사진에 더 비상한 관심을 기울이게 마련이다. 심지어 언론학계에서도 전쟁과 분쟁 보도와 관련된 단행본은 우후죽순식으로 쏟아져 나오는 반면에 평화협상과 분쟁 종식을 위한 책들은 손에 꼽을 정도로 적은 것이 사실이고 보면 앞으로 평화 저널리즘이 가야 할 길은 멀고도 험하다고 할 수 있겠다. 무엇보다도 전쟁과 분쟁을 취재 보도하는 전쟁특파원들이 개인적 편견이나 정치 엘리트, 군 고위층 등 외부로부터의 영향력을 솔직히 인정하지 않고 중립자 관점에서 객관적 보도를 해야 한다는 서방 언론의 전통적 전쟁 보도 원칙들을 계속 고수한다면 비폭력과 인간성에 대한 존중을 중시하는 평화 저널리즘은 전쟁 보도의 한 가지 대안으로만 존재할 뿐 결코 널리 인정받는 언론 관행으로 자리 잡지는 못할 것이 분명하다.

• • •

평화 저널리즘의 주창자 요한 갈퉁

노르웨이의 사회학자이자 평화 및 분쟁학peace and conflict studies의 창시자다. 1930년생인 갈퉁은 수학과 사회학 박사 학위를 오슬로대학교에서 취득했으며 지금까지 받은 명예박사 학위만도 일곱 개라고 한다. 갈퉁은 뉴욕의 컬럼비아대학교에서 사회학 교수로 재직하다가 고국 노르웨이로 돌아가 평화와 분쟁 종식 문제를 연구하는 연구소를 설립하고 평화와 분쟁 종식 연구에 매진해 왔다. 그의 분쟁 종식 관련 연구는 학계의 큰 호응을 받아 그는 컬럼비아대학교, 프린스턴대학교, 하와이대학교, 산티아고대학교, 국제연합대학 등에서 방문교수 또는 연구원으로 일하기도 했는데, "가장 많은 대학에서 가장 많은 학생을 가르친 사회학자"로 불린다. 그는 1백 권 이상의 책을 발간하고 1천 편 이상의 논문을 발표하는 등 왕성한 연구 활동을 펼쳐 왔다.

갈퉁은 분쟁 종식과 평화 정착을 위해 지난 수십 년간 세계 곳곳의 분쟁지역과 내전지역을 돌아다녔다. 그 대표적인 업적으로 갈퉁과 노르웨이 정부의 적극적인 중재로 스리랑카 내전 당사자들인 정부군과 반군이 2002년 정전협정에 서명한 것을 꼽을 수 있다. 그러나 갈퉁이 주장하는 비폭력적 수단에 의한 분쟁 종식과 평화 정착 노력은 힘의 논리가 지배하는 냉정한 국제정세 속에서 한계를 지닌 것이라는 지적이 많다. 갈퉁은 평화를 추구하지 않고 군사력과 전쟁에 의존하는 각국 정부에 대해 통렬한 비판을 가해 왔는데, 테러와의 전쟁과 함께 이라크를 침공한 미 제국주의가 2020년에 가서는 멸망할 것이라는 예언을 내놓기도 했다. 그러나 이러한 갈퉁의 과격한 발언들은 소련의 경제 규모가 서방의 경제 규모를 능가하게 될 것이라는 그의 빗나간 예언을 기억하는 비판 세력들로부터 그를 조롱하는 소재로 이용되기도 한다.

갈퉁이 주창한 평화 저널리즘은 분쟁이나 전쟁을 보도하는 데 있어서 언론이 폭력을 조장하고 분쟁을 더욱 부채질한다는 비판에서 시작되었으며 전쟁특파원들에게 당부하는 일종의 행동 강령 형태를 띠고 있다. 갈퉁은 1993년 그의 분쟁 종식 노력과 평화 저널리즘을 증진시키기 위해 트랜센드TRANSCEND라는 비영리 단체를 결성했다. 그 뒤 영국을 중심으로 분쟁 방지와 평화 포럼Conflict Prevention and Peace Forum 등 언론 관련 단체들과 현직 언론인들이 그의 평화 저널리즘 아이디어를 받아들여 분쟁지역과 전쟁지역 취재 매뉴얼을 만들고 더욱 구체화된 행동 지침으로 발전시켜 나감으로써 오늘날 평화 저널리즘의 골격과 형태를 갖추게 되었다. 갈퉁이 주창한 평화 저널리즘은 1990년대 이후 오스트레일리아 시드니대학교의 제이크 린치 교수에 의해 언론계에 널리 전파되었으며, 2000년대 이후 국립 싱가포르대학교의 리 샤우팅 교수 등이 학문적 체계를 더욱 공고히 함으로써 언론학계의 관심을 불러일으켰다.

14
아프가니스탄 전쟁과 이라크 전쟁

21세기에 접어들면서 세계는 동티모르 사태나 수단 내전 등 자그마한 국지전을 제외하고는 주목할 만한 국제분쟁이나 전쟁을 겪지 않은 채 평화와 번영의 한 세기가 시작될 것이라는 희망에 부풀어 있었다. 커뮤니케이션 및 통신 기술의 발달과 우주 탐사 등으로 세계가 그야말로 지구촌이라는 공동 문명권으로 발전해 나갈 것이라는 장밋빛 전망도 나오고 있었다. 그러나 2001년 9월, 미국 뉴욕과 워싱턴 D.C.에 가해진 테러 단체 알카에다의 항공기 테러 공격은 이 같은 평화와 번영의 세기에 대한 전망을 한순간에 허물어 버렸다.

9·11 테러와 언론의 애국심 마케팅 전략
2001년 9월 11일 아침, 미국 뉴욕의 세계무역센터와 워싱턴 D.C.의 미국 국방부 청사(펜타곤)에 테러 단체 알카에다가 납치한 민간 여객기들이 잇따라 충돌해 3천여 명의 희생자가 발생했다. 전례 없는 가공할 만한 테러 공격을 텔레비전 생방송으로 지켜본 미국인들은 물론 세계인들은 충격에 빠졌다. 미국 텔레비전들은 정규 프로그램을 중단한 채 며칠간 테러 공격과 그 여파를 보도했는데, 테러 공격 당일인 9월 11일 하루에만 무려 8천만 명의 미국인이 텔레비전을 시청했다고 한다(Hachten & Scotton, 2006).

미국 내 시설이나 군사 목표물을 노린 수많은 테러 공격이 있었지만 9·11 테러 공격은 그 엄청난 규모와 민간인 희생자 수를 고려할 때 미국인들에게 커다란 충격을 안겨 주었다. 많은 미국인은 9·11 테러를 미국이 제2차 세계대전에 참전하는 계기가 된 일본의 하와이 진주만 기습 공격에 비유했다. 당시 조지 W. 부시 대통령의 미국 정부는 9·11 테러를 국가 위기 상황으로 간주하면서 향후 미국을 겨냥한 외부의 공격이나 침략이 예상될 경우 '선제공격preemptive strike'에 나서겠다고 선언했는데, 미국 언론에서는 부시 대통령의 이 같은 호전적인 대외 정책 기조를 '부시 독트린Bush Doctrine'이라고 일컬었다. 선제공격론의 문제점은 미국이 '테러와의 전쟁'이라는 구호 아래 국제법이나 외교 관례 등을 완전히 무시한 채 어느 국가나 단체든 위협 대상으로 여기면 마음대로 군사 공격을 가하거나 침공할 수 있다는 것이다. 그러나 테러리즘에 대한 강력한 응징을 요구하는 미국인들의 여론이 들끓자 미국 언론은 부시 행정부가 제시한 선제공격 전략의 문제점에 대해 아무런 이의도 제기하지 않았다(Bennett, Lawrence & Livingston, 2007; Hughes, 2007; Zelizer & Allen, 2002).

9·11 테러를 주도한 인물이 대부분 사우디아라비아 출신 이슬람교도들이라는 사실이 밝혀지자 미국 사회 전반에서 이슬람교도에 대한 적개심이 들끓기 시작했고 '눈에는 눈'이라는 식의 강력한 응징을 요구하는 목소리가 높아졌다. 미국 언론은 정부에 대한 감시자 역할을 포기한 채 정부에 대한 지지와 국민의 단결을 요구하는 메시지를 내놓기 시작했다. 이런

경직된 사회 분위기 속에서 미국 의회는 테러 및 범죄 수사의 편의를 위해 시민의 자유를 제한할 수 있는 '애국자법Patriot Act' 등과 같은 위헌 소지가 높은 법률들을 잇따라 제정했다. 그리고 이에 반대하거나 비판적인 의견을 제시하는 인사들은 곧장 '비미국적'이라거나 '반역자'로 매도되기 일쑤였다. 정부가 내놓는 발표는 아무런 검증도 거치지 않은 채 언론을 통해 그대로 확대 재생산되었다. 또 언론사 사주들은 행여나 독자나 시청자 및 청취자들로부터 애국심이 부족하다는 비판을 듣게 될까 봐 텔레비전 화면에 성조기를 보여 주거나 양복 깃에 성조기가 그려진 배지를 단 뉴스 앵커들을 방송에 출연시키는 등 애국심을 고취하는 내용들을 중점적으로 보도하게 했다. 미주리주의 한 텔레비전 방송국에서는 양복에 성조기 배지를 달고 출연하려던 뉴스 앵커에게 보도국장이 배지를 떼라고 요구했다가 비애국적 처사라는 여론의 뭇매를 맞기도 했다. 더욱이 워싱턴 D.C.와 뉴욕 등지에 치명적인 탄저균을 담은 소포가 배달되어 희생자들이 나오면서 미국 사회는 더욱 공포에 빠지게 되었다. 대부분의 미국인은 이 탄저균 소포 사건이 이슬람 테러 집단의 소행이라고 믿었다. 그런데 뒤에 이 사건은 미국 정부에 반감을 품은 미국인이 저지른 것으로 드러났다.

아프가니스탄 침공과 고조되는 언론의 불만

미국 정부는 9·11 테러의 배후로 테러 조직 알카에다를 지목하고 이들을 비호하고 은신처를 제공한 아프가니스탄 탈레반 정권에게 알카에다 지도자 오사마 빈라덴의 신병을 넘길 것을 요구했다. 그러나 탈레반 측이 이를 거부하자 2011년 10월 7일 아프가니스탄을 전격 침공했다. 미국은 특수부대와 항공 전력을 동원한 대규모 군사 작전을 펼쳐 알카에다와 빈라덴을 뒤쫓았다. 이에 침공 작전을 취재하기 위해 미국과 전 세계로부터 전쟁 특파원들이 이웃 국가인 파키스탄과 타지키스탄 등지로 몰려들었다. 전쟁특파원들은 미군 당국의 엄격한 통제 때문에 아프가니스탄 내 전투지역에 접근하기 어렵자 후방지역에서 취재 보도할 수밖에 없었다. 더욱이 미군이 대규모 지상 보병부대를 투입하기보다는 특수부대와 항공 전력을 위주로 군사 작전을 폈기 때문에 종군 취재를 통한 뉴스 보도가 사실상 불가능했다. 결국 일부 전쟁특파원은 아프가니스탄 북부지역에서 탈레반 정권에 맞서 온 아프간 반군세력인 북부 동맹Northern Alliances군들과 함께 이동하면서 취재하기도 했다. 미국의 침공 이후 아프가니스탄 탈레반 정권은 순식간에 궤멸되었지만, 빈라덴을 비롯한 알카에다 조직원들과 탈레반 잔존 세력은 동부 산악지대 토라보라Tora Bora 요새에 숨어 있다가 미군의 추격을 뿌리치고 이웃 파키스탄으로 도주했다. 비록 빈라덴을 체포하는 데에는 실패했지만 미국은 손쉽게 아프가니스탄 전역을 장악할 수 있었다. 수도 카불에는 하미드 카르자이가 이끄는 친미 정권이 수립되었고, 미국이 테러와의 전쟁이 계속될 것임을 다시 한 번 전 세계에 알리면서 21세기의 첫해는 그렇게 전쟁 속에 저물게 되었다.

대량살상무기 위협과 이라크 전쟁

테러와의 전쟁을 선포한 뒤 아프가니스탄에서 탈레반 정권을 몰아낸 미국은 여세를 몰아 중동지역에서 미국의 이익을 극대화하기 위한 또 다른 시나리오를 궁리하기 시작했다. 2002년 1월, 연두교서 연설에서 부시 대통령은 이란과 이라크, 북한 등 세 국가를 겨냥해 '악의 축'이라고 지칭하고 이들 국가에 대한 적극적인 공세와 압박에 돌입할 것을 예고했다. 그 첫 번째 대상으로 이라크를 겨냥한 미국 정부는 사담 후세인 정권이 생화학무기와 핵무기 등 이른바 '대량살상무기'를 개발해 미국과 전 세계를 위협하고 있다는 논리를 펴기 시작했다. 또 이라크가 알카에다를 비롯한 테러 조직들을 지원하고 있다고 몰아붙였다. 미국의 거센 압력에 유엔은 이라크에 무기 사찰단을 파견했지만 대량살상무기가 존재한다는 별다른 징후를 찾지 못했다. 그럼에도 불구하고 미국은 이라크가 대량살상무기를 포기하지 않으면 선제 침공할 것이라고 재차 경고했다.

테러와의 전쟁이 시작된 이후 미국 정부의 주장을 아무런 비판 없이 그대로 받아적기에 바빴던 미국 언론은 또다시 전쟁 분위기를 조성하는 데 앞장섰다. 미국 주요 텔레비전 방송사들과 「뉴욕 타임스」, 「워싱턴 포스트」 등 주요 신문사들은 이라크의 대량살상무기 의혹을 더욱 철저하게 확인한다며 이라크 반체제 인사들을 잇따라 인터뷰하고 이들이 주장하는 후세인 정권의 핵무기 개발 의혹 등을 앞다투어 보도했다. 이 같은 미국 언론의 보도 행태는 1898년 쿠바 아바나 항구에서 원인 불명의 폭발로 침몰한 미 해군 전함 메인호가 마치 스페인의 공격에 의해 희생된 것처럼 일방적으로 몰아붙였던 신문 재벌 윌리엄 랜돌프 허스트와 조지프 퓰리처 Joseph Pulitzer의 행동과도 유사했다. 과거 여러 차례 전쟁 보도 경험에서 드러난 것처럼 전쟁과 국제분쟁이 언론사의 이익을 극대화시킬 수 있는 절호의 기회라는 것을 언론사 사주들이 모를 리 없었다.

「뉴욕 타임스」의 주디스 밀러 기자는 이 같은 이라크 핵무기 개발 의혹설을 대대적으로 확산시키는 데 공헌했다. 그녀가 보도한 기사들은 이라크 정부의 대량살상무기 획득 의혹을 주장하는 미국 정부 고위 인사들과의 대화를 주로 인용하고 있는데, 흥미롭게도 그녀의 기사 어느 곳을 살펴보더라도 이 같은 정부 측 주장에 대한 반론은 찾아보기 힘들다.

행정부 관리들은 만일 사담 후세인이 핵무기를 확보하게 된다면 그가 화학무기와 세균무기까지 사용할 수 있을 정도로 과감해질 것이라고 말한다. 후세인은 1991년 걸프 전쟁 때에는 미국의 강력한 보복을 우려해 자신이 보유한 생화학무기를 사용하지 못했지만 만일 핵무기만 보유하게 된다면 미국조차 자신에게 감히 대항하지 못할 것이라는 결론을 내리게 될 것이라고 이 관리들은 주장했다. 행정부의 한 고위 관리는 "핵무기는 금상첨화라는 거죠"라고 말했다. "후세인이 핵무기에 더 가까이 접근할수록 그가 생화학무기를 사용할 가능성 또한 더욱 높아지는 겁니다. 핵무기는 그가 지닌 비장의 카드입니다."

(마이클 고든 & 주디스 밀러, 「뉴욕 타임스」, 2002년 9월 8일)

미국 정부의 이 같은 전쟁 분위기 조성에 반론을 제기한 기자들도 있었지만, 이들의 반론 기사는 대부분 무시되거나 신문 지면에 게재되더라도 1면보다는 27~28면에 몇 줄로 간단히 처리되는 것이 보통이었다. 나이트 리더 신문 체인의 국방 담당 기자 조너선 랜데이Jonathan Landay는 부시 행정부 관료들이 정체가 불분명한 이라크 반체제 인사들의 증언을 바탕으로 이라크 내 대량살상무기의 존재를 부풀리는 등 실체가 없는 주장을 펴고 있다고 비판했지만, 그의 기사들은 전쟁을 향해 치닫는 미국 내 여론에 아무런 영향을 미치지 못했다.

그러나 이라크가 최근 핵무기나 생화학무기 개발 프로그램에서 커다란 진전을 이루었다는 것을 확인할 만한 첩보는 없다고 미국 정보기관의 한 관리는 말했다. 이 관리는 딕 체니 부통령과 도널드 럼스펠드 국방장관이 이라크에 지대한 관심을 쏟는 것은 오사마 빈라덴과 알카에다 테러 조직을 추적하는 데 방해가 될 뿐이라고 덧붙였다. (중략) 이라크의 위협을 확인할 만한 첩보가 없다는 것은 사담 후세인이 핵무기를 확보해 이웃 국가나 테러 조직에 넘겨줄 가능성이 있다고 경고한 체니 부통령의 말과 크게 어긋나는 것이다. (중략) 미국 정보기관 관리들은 사담 후세인이 자신의 권력을 더욱 공고히 하고 자신의 두 아들 우다이와 쿠사이에게 권력을 넘겨주기 위해 이라크 국내의 위협 요소들을 제거하는 데 더 큰 관심을 두고 있다고 말했다.

(조너선 랜데이, 나이트 리더 신문 체인, 2002년 9월 6일)

몇 년 뒤, 랜데이 기자는 나이트 리더처럼 소규모 신문 체인이나 군소 언론사들이 부시 행정부의 이라크 대량살상무기 개발 주장에 대해 보다 객관적이고 사실에 근접한 보도를 했지만, 당시 이라크 침공을 위한 여론 조성에 박차를 가하고 있던 미국 공화당 정권과 대규모 언론사들의 호전적인 뉴스 보도를 막기에는 힘에 부칠 수밖에 없었다고 말했다(Hughes, 2007). 이라크의 대량살상무기 개발 의혹에 회의적이던 중동 주재 미국 언론사 특파원들도 당시 미국 내에서 거세게 불었던 반이슬람, 반테러 분위기에 짓눌려 스스로 입을 닫아 버리는 이른바 '자기 검열self censorship'에 빠져 있었다. 일례로 CBS 방송의 중동 주재 특파원 밥 사이먼 기자는 부시 대통령이 이라크 침공을 정당화시키기 위해 국민과 의회를 상대로 근거가 희박한 이라크와 알카에다의 연계설을 퍼뜨리고 있다는 내용을 시사 뉴스 프로그램 〈60분60 Minutes〉을 통해 방송하려 했지만, 방송사 고위층의 만류와 테러와의 전쟁 와중에서 자국 대통령을 폄훼한다는 비난이 두려워 비판의 강도를 크게 낮추어 방영할 수밖에 없었다고 고백했다 (Hughes, 2007).

미국 정부가 악의 축으로 함께 지칭한 이란과 북한을 제치고 왜 이라크가 유독 미국의 제거 대상으로 지목되었을까? 이라크는 1980년부터 8년간 이웃 국가 이란과 전쟁을 벌인 적이 있다. 샤트 알 아랍Shatt Al-Arab 수로 통제권을 둘러싼 이 전쟁에서 이라크는 아이러니컬하게도 미국 등 서방 국가들의 지원을 받았다. 이란의 이슬람 원리주의가 중동지역에 확산되는 것을 막기 위해 미국이 전략적인 선택을 했던 것이다. 그 후 1990년 이라크는 국경 문제를 빌미로 이웃 국가 쿠웨이트를 침공해 걸프 전쟁을 일으키고 5시간 만에 쿠웨이트를 점령했는데, 이번에는 미국이 주도한 다국적군의 개입으로 쿠웨이트에서 철수해야 했다. 걸프 전쟁이 마무리될 무렵 미국 내에서는 후세인 이라크 대통령을 제거해야 한다는 목소리가 있었지만, 당시 미국 정부는 후세인을 제거할 경우 강경 반미 성향을 띤 이란의 세력이 커져 중동지역에 혼란이 초래될 것이라며 후세인 정권을 그 뒤 10여 년간 그대로 존속시켰다. 그러나 2001년 9·11 테러를 계기로 미국은 다시 이라크 후세인 정권을 제거하고자 마음먹게 되었다. 9·11 테러에 대한 사전 대비를 하지 못한 정부의 무능함을 은폐하고 미국인들의 울분과 분노를 배출시키기 위한 일종의 복수 대상으로 이라크를 지목한 것이라고 볼 수 있다. 더군다나 당시 부시 행정부 내에는 1990년 걸프 전쟁 때 후세인을 제거하지 않은 것에 대해 비판적이던 체니 부통령과 럼스펠드 국방장관 등 보수 성향의 고위 관리들이 있었는데, 이들은 테러와의 전쟁을 활용해 후세인 정권을 전복시킬 것을 강력히 주장했다. 한편 미국이 이라크를 침공할 경우 또 다른 부수적인 혜택을 기대할 수 있었다. 그것은 바로 세계 제3위의 매장량을 지닌 이라크의 석유자원을 안정적으로 확보할 수 있다는 것이었다.

유엔은 이라크 내 무기 사찰단 파견을 의결한 결의안 1441호를 통과시킨 이후로는 미국이 일방적으로 이라크 내 대량살상무기 의혹을 제기할 때마다 제동을 걸었고 프랑스와 독일 등 유럽 국가들도 미국의 이라크 침공에 반대하는 입장이었다. 그러나 이런 국제 여론과는 상관없이 미국은 2002년 말부터 이라크의 남쪽 국경과 맞닿아 있는 쿠웨이트에 대규모 미군 전투부대들을 파견해 침공 준비를 하기 시작했다. 또 아프가니스탄에 파견되어 있던 미군 병력들도 이라크 침공 작전을 위해 속속 쿠웨이트에 집결했다. 유엔으로부터 이라크에 대한 무력 사용 승인을 받는 것이 불가능해지자 미국은 2003년 3월 20일 유엔 결의 없이 영국과 합세해 이라크를 침공했다.

이라크 전쟁과 종군 취재 방식의 탄생

2001년 말 워싱턴 D.C.에서는 미국 주요 언론사 취재 보도 책임자들이 미국 국방부 관리들과 한자리에 모여 향후 미군이 벌이게 될 테러와의 전쟁 관련 취재를 어떻게 할 것인가에 대해 열띤 토론을 벌였다. 언론사 관계자들은 불과 한 달 전 아프가니스탄에서 전쟁특파원들이 군 당국의 지나친 보도 통제와 기밀 유지로 인해 제대로 전쟁 취재를 하지 못했던 것에 대해 거세게 항의했다. 이들은 또한 앞으로 계속될 미군의 해외 원정 군사 작전에서 전쟁특파원들이 미군 부대를 따라다니며 취재할 수 있는 방안을 마련해 달라고 요구했다. 이 과정에서 국방부 관리들은 전쟁특파원들을 전장에서 소외시키지 않고 미군 부대에 배속시켜 근접 취재할 수 있는 새로운 전쟁 보도 방식을 마련할 것을 약속했다(Katovsky & Carlson, 2003; Pfau et al., 2004; Sweeney, 2006). 국방부 관리들은 궁리 끝에 베트남 전쟁 이후 언론을 전장에서 격리시키고 엄격한 보도 통제를 가해 온 과거 30년간의 원칙을 완화하기로 결정했다(Pfau et al., 2004; Tumber, 2004; Whitman, 2003). 하지만 전쟁특파원들이 베트남 전쟁에서처럼 마음대로 이곳저곳을 옮겨 다니지 못하도록 통제하면서도 미군 부대와 장병들에게만 초점을 맞춘 전쟁 보도를 하도록 유도하기로 했다. 미국 국방부는 이 같은 새로운 전쟁 보도 방식을 임베딩 embedding이라고 불렀는데, 이는 언론사 전쟁특파원들이 미군 부대에 배속되어embedded 장병들과 함께 이동하면서 전투를 취재 보도하는 것을 말한다. 엄밀히 말해 임베딩 보도 방식은 제2차 세계대전이나 한국 전쟁, 베트남 전쟁 등에서 전쟁특파원들이 최전선 전투 부대를 오가며 취재하던 전쟁 보도 방식과 크게 다른 점이 없었다(Kim, 2012). 종군기자들은 자신이 배속된 부대에서 차량, 음식, 숙영 등 각종 편의와 무엇보다도 무장한 장병들의 24시간 보호를 기대할 수 있었다(Knightley, 2004). 다만 이 같은 종군 취재에서는 기자 본인의 자유의사에 따라 마음대로 부대를 옮겨 다니며 취재할 수 있었던 과거 베트남 전쟁과는 달리 일단 전쟁특파원들이 특정 부대에 배속되면 일정 기간(구체적으로는 이라크 침공 작전 기간 동안) 부대원들과 동고동락하면서 취재 보도를 해야 했다(Kim, 2012). 만일 전쟁특파원이 배속된 부대를 떠나 다른 곳으로 옮겨 가 취재하고자 한다면 시간적으로나 절차적으로 따져 볼 때 또 다른 배속부대를 찾기가 쉽지 않았다. 실제로 배속된 부대를 이런저런 이유로 옮기는 데 성공한 몇몇 특파원이 있었지만 대부분의 종군기자는 일단 배속부대를 떠나면 또 다른 부대를 찾지 못해 종군 취재를 포기하는 경우가 많았다. 종군 취재를 하기 전에 전쟁특파원들이 미국 국방부에 제출하도록 되어 있는 임베딩 서약서에 명시된 몇 가지 조항을 살펴보자(Combined Joint Task Force 7, 2003).

5. 어떤 경우에라도 종군기자들은 포로나 구금자들의 모습이나 수용시설을 촬영할 수 없다. 포로나 구금자에 대한 언론 인터뷰는 금지한다.

8. 종군기자들은 연합군 소속 장병의 사망이나 부상 장면을 목격할 경우 군 당국이 해당 장병의 가족에게 이 같은 사실을 적절하게 통보하기 이전에 비디오, 사진, 기사나 방송을 통해 일절 보도하지 못한다. 장병들은 종군기자들이 이 같은 영상을 촬영하거나 재생해 보는 것을 제지하지 않는다. 장병들의 사망 또는 부상 장면을 담은 사진은 얼굴이나 군번 또는 기타 개인 신원 확인이 가능할 만한 소품을 보여 주어서는 안 된다.

10. 현장 전술 지휘관의 허락 없이 현재 진행 중인 작전에 대한 정보를 보도해서는 안 된다. 작전 보안과 인명을 위태롭게 할 수 있는 구체적인 아군 부대의 이동 상황이나 전술 전개 및 배치 상황을 보도해서는 안 된다.

표면적으로 볼 때 적군에게 이로울 만한 군사 정보를 누설하지 않는다는 작전 보안 준수 서약과 장병들의 안전과 전사하거나 부상당한 장병들의 인권 보호를 위해 보도 제한을 가할 뿐 종군기자들의 자유로운 취재 활동을 보장한다는 내용을 담고 있다. 전쟁특파원들은 이 정도 활동 제약이라면 기꺼이 감수할 수 있다며 대부분 망설임 없이 서약서에 서명했다.

종군 취재는 여러 면에서 미국 정부와 군부에게는 장점을 지닌 제도였다. 무엇보다도 전쟁특파원들을 각 부대에 배속시킨다는 발상은 아프가니스탄 침공 과정에서 전장 접근이 봉쇄되어 취재 보도에 큰 어려움을 겪었던 언론사들의 요구를 충분히 들어준 것으로써 언론사 경영진의 불만을 잠재울 수 있었다. 둘째로 대규모 종군 취재를 허용함으로써 미국인과 전 세계인이 미국 등 서방 전쟁특파원들의 보도를 손쉽게 접하도록 해 반미 성향을 띤 이라크나 아랍 언론들의 전쟁 보도와 반미 선전을 무력화시키는 효과를 기대할 수 있었다. 셋째로 미국과 외국 전쟁특파원들을 미군과 영국군 부대에 배속시킴으로써 기자들과 군 장병들 간에 동료애를 형성하고 한 팀원이라는 동질감을 느끼도록 해 긍정적인 내용의 전쟁 보도를 유도할 수 있었다.

미국 언론의 시각에서 보더라도 임베딩은 밑질 것이 없는 훌륭한 기회였다. 첫째로 1983년 그레나다 침공 이후 미국 군부의 엄격한 전장 접근 통제로 취재 보도에 엄청난 불편을 겪었던 것에 비하면 전투부대에 배속되어 함께 이동하면서 취재 보도한다는 것은 특권을 부여받은 것이나 다름없었다(Ricchiardi, 2003). 둘째로 전투부대에 배속되어 취재한다는 것은 긴박한 전투와 군 장병들의 모습을 곁에서 지켜보면서 어떤 사소한 전투 상황도 빼놓지 않고 보도할 수 있다는 것을 의미했다. 셋째로 텔레비전 방송 전쟁특파원들은 전투가 벌어질 경우 위성전화나 위성 화상 송신장비를 활용해 실시간으로 생중계를 할 수 있다는 점에서 그 어느 때보다도 생생하고도 긴장감 넘치는 전쟁 보도를 할 수 있었다.

2002년 말 종군 취재 방침이 공식적으로 발표되자 미국과 영국, 그리고

이라크 침공 당시 취재 중인 종군기자의 모습. 위 사진은 미 해병 제2전차대대를 종군 취재 중인 「댈러스 모닝 뉴스Dallas Morning News」 사진기자 셰릴 디아스 마이어Cheryl Diaz Meyer가 해병들이 잠시 진격을 멈춘 사이에 촬영한 사진들을 위성 송출하고 있는 모습이다. 종군기자들은 이처럼 짬짬이 시간을 내 끊임없이 기사나 사진, 비디오 영상 등을 본사로 송출해야 한다. 왼쪽 사진은 마이어 사진기자가 바그다드 인근 사이드 무하마드 Sayyid Muhammad에서 벌어진 전투에서 사로잡힌 이라크인들이 손이 뒤로 묶이고 웃통이 벗겨진 채 심문받기 위해 대기하고 있는 모습을 찍은 것이다. (출처: Cheryl Diaz Meyer)

전 세계 언론사들로부터 종군 취재를 희망하는 요청이 미국 국방부에 밀려들었다. 임베딩을 원하는 전쟁특파원들은 소정의 지원서와 함께 전쟁 취재 도중 부상당하거나 사망할 경우 미국 정부를 상대로 손해배상청구를 하지 않는다는 서약서와, 취재 활동을 하면서 배속부대의 위치와 규모, 이동 상황 등을 밝히지 않으며 전사하거나 부상당한 배속 부대원들의 신상과 얼굴을 담은 영상을 촬영하거나 보도하지 않는다는 내용 등을 담은 종군 취재 동의서를 국방부에 제출했다(Combined Joint Task Force 7, 2003). 미국 국방부는 임베딩을 희망한 8백여 명의 전쟁특파원을 각 부대에 배속시켰고 최종적으로는 6백 명이 조금 넘는 종군기자가 2003년 1월부터 3월 중순까지 속속 쿠웨이트 내 미군 기지에 도착해 전쟁 취재를 시작했다. 이들 종군기자들 가운데 절반가량은 대도시 대형 신문사 소속 기자거나 AP, 로이터 등 통신사 기자, 또는 네트워크 텔레비전 방송 기자들로 해외 취재나 전쟁 취재가 낯설지 않았다. 그러나 나머지 절반가량은 미국 내 여러 소도시의 조그마한 신문사나 방송사 소속 기자들로, 이들은 대부분 해외 취재라든가 전쟁 취재 경험이 거의 없었지만 전투부대에 배속되어 이라크 침공 작전을 취재 보도할 수 있다는 미국 국방부의 종군 취재 제안을 기쁘게 받아들였다.

종군 취재Embedded Reporting와 비종군 취재Unilateral Reporting

종군 취재를 희망한 기자들의 수가 8백 명 넘었지만 임베딩 대신 자유롭게 독립적으로 전쟁 취재를 하겠다는 이른바 비종군unilateral, non-embedded 기자들도 상당수였다. 특히 군부대에 배속되어 자유로운 취재 활동에 제약을 받기보다는 전장 곳곳을 자유롭게 돌아다니며 전쟁 피해 상황과 이라크 시민의 고통 등을 보도하는 것이 보다 가치 있다는 생각을 지닌 전쟁특파원들이 적지 않았다. 당시 이라크 수도 바그다드에는 수백 명의 전쟁특파원이 몰려들어 취재를 하고 있었는데, 침공이 임박해지면서 신변 안전을 이유로 많은 기자가 바그다드를 떠났음에도 불구하고 1백여 명의 비종군 기자들이 끝까지 남아 활동했다(Engel, 2004, 2008). 이외에도 이웃 국가인 요르단과 쿠웨이트에 머물고 있던 비종군기자들의 수가 8백 명에 육박했다.

이라크 침공 작전이 시작되면서 종군기자들은 배속부대의 진격과 전투 상황을 수시로 보도했고 언론사들은 전례 없이 신속하게 전쟁 뉴스를 전달할 수 있었다. 이라크 전쟁은 그 이전의 다른 전쟁들보다 훨씬 더 흥미진진하고 박진감이 넘쳤다는 시청자들의 감탄이 튀어나올 만했다. 그런데 종군기자들은 자신들이 보고 겪은 내용을 비교적 자유롭게 보도할 수 있었지만 독자적으로 배속된 부대를 이탈해 자유롭게 돌아다닐 수 없었다. 또 자신들이 직접 목격한 상황이나 배속부대가 이동하는 과정에서 벌어진 내용만을 보도하기 마련이어서 전체적인 전쟁 상황 보도나 군사 전략 측면의 해설이나 분석은 불가능했다. 따라서 종군기자들은 주로 개인적인 목격담이나 감상문 형식의 현장 보도를 할 수밖에 없었다. 이런 상황에서는 종군기자들이 "우리가 탑승한 아군 차량이 공격당하고 있습니다"라든가 "용맹한 미군 전투부대와 우리 취재진은 이라크 사막지대를 횡단하고 있습니다"라는 식으로 '미군'이나 '영국군' 대신 '우리'라는 표현을 즐겨 사용해 장병들과 전쟁특파원이 같은 팀원이라는 인상을 주기 일쑤였다 (Ricchiardi, 2003). 종군기자들은 특히 자신들이 배속된 미군이나 영국군 장병들을 묘사하면서 '전문가', '효율적인', '인간적인', '용맹한', '멋진', '전문가다운' 등의 긍정적인 표현을 즐겨 사용했다. 전장에서 동고동락하면서 어느새 전쟁특파원과 장병들이 혼연일체가 되어 긍정적인 내용의 보도를 하게 된 것이다. 이는 미국 정부와 군부가 전쟁특파원들의 종군 취재를 허용하면서 기대했던 점이기도 했다. 이라크 침공 작전 당시 종군 취재 방송기자들이 영어의 일인칭 단어 '나(I)' 또는 '우리(we)'를 얼마나 자주 사용했는가 알아보았더니 사용 빈도가 비종군기자들에 비해 훨씬 더 높았다는 연구 결과도 있다(Fox & Park, 2006).

당시 미국 언론의 이라크 침공 작전 보도가 주로 어떤 내용과 논조를 담고 있었는지 알아보려면 이라크 남부 도시 나시리야에서 이라크군에 포로로 붙잡힌 미 육군 여군 병사에 대한 구출 작전을 보도한 「워싱턴 포스트」의 기사 한 편을 살펴볼 필요가 있다.

> 제시카 린치 일병은 화요일 이라크의 한 병원에서 구출되었다. 린치 일병은 미 육군 507 무기 정비 중대에 대한 이라크군의 매복 공격이 시작되자 여러 명의 적군 병사를 향해 사격을 가했고 필사적으로 전투에 임했다고 국방부 관리들이 말했다. (중략) 국방부의 한 관리는 "그녀는 사력을 다해 싸웠습니다. 포로로 사로잡힐 생각은 없었던 거죠"라고 말했다. (중략) 화요일 밤 자정에 이루어진 린치 일병 구출 작전은 전형적인 특수부대 기습 작전으로, 블랙호크 헬리콥터에 탑승한 특공대원들이 병원에 진입하면서 구내에 있던 이라크군과 치열한 교전을 벌였다고 국방부 관리들은 전했다.
>
> (수전 슈미트Susan Schmidt & 버논 러브Vernon Loeb, 「워싱턴 포스트」, 2003년 4월 3일)

이 기사를 읽은 대부분의 미국인과 심지어 한국의 독자들도 할리우드 영화 〈라이언 일병 구하기〉를 떠올리며 가슴 뿌듯해했을 것이다. 그런데 이 구출 작전의 진상은 한 달 뒤 영국 BBC 방송이 나시리야 현지의 병원 의사들과 직원들을 만나 당시 상황을 취재하는 과정에서 낱낱이 밝혀졌다. 이라크 병원 측은 린치 일병을 미군 측에게 넘겨주기 위해 앰뷸런스를 보냈지만 미군이 위협사격을 가해 되돌아올 수밖에 없었으며, 며칠 뒤 미군 헬리콥터가 한밤중에 들이닥쳐 비무장, 무저항 상태인 병원 직원들을 위협하며 린치 일병을 빼내 갔다고 증언했다(Kampfner, 2003). 훗날 미국 의회 청문회에 출석한 린치 일병은 이라크군으로부터 매복 공격을 받은 직후 정신을 잃어 적군을 향해 한 발도 사격한 적이 없다는 증언을 내놓아 미국 국방부와 해당 기사를 쓴 기자들을 멋쩍게 만들었다(Luo, 2007). 한마디로 감동적인 전투 상황을 꾸미고 전쟁 영웅을 만들어 전쟁 지지 여론을 조성하

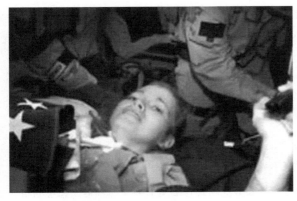

이라크의 한 병원에서 구출된 제시카 린치 일병. 그녀의 몸 한편에 성조기가 놓여 있는 등 언론에 공개하기 위해 주도면밀하게 준비한 흔적이 엿보인다. (출처: U.S. Army)

려던 치졸한 전쟁 홍보 정책의 한 본보기였던 것이다.

종군 취재는 미국 정부와 군부가 당초에 기대했던 것 이상의 긍정적 효과를 가져왔다. 미국 ABC, CBS, NBC, CNN 등 주요 텔레비전 방송 소속 종군기자들과 비종군기자들 간의 이라크 침공 작전에 대한 보도 내용을 비교 분석한 연구들에 따르면, 종군기자들은 비종군기자들에 비해 군부와 장병들에 대해 더 우호적이고 긍정적인 내용을 보도했으며 기자들 자신의 목격담과 개인적 에피소드를 중심으로 보도했다고 한다(Pfau, et al., 2004, 2005, 2006). 종군 취재는 베트남 전쟁 이후 계속된 미국 군부의 언론에 대한 경계와 적개심을 거두게 했으며 미국 언론의 군부에 대한 조소와 비아냥 또한 털어 내게 했는데, 이로써 군과 언론이 우호적인 협력 관계를 회복하게 되었다. 특히 베트남 전쟁 당시 미국 정부와 군부에 대해 의심의 눈길을 보내며 거센 비판을 멈추지 않았던 미국 언론이 처음으로 군부에 대해 긍정적인 보도를 하기 시작했다는 점에서 군 당국으로서는 크게 고무될 수밖에 없었다. 무엇보다도 전쟁특파원들이 이라크 침공 작전과 미·영 연합군의 전투를 긍정적이고 영웅적인 투쟁으로 묘사했다는 점에서 종군 취재는 베트남 전쟁 이후 미국 군부가 거둔 가장 뛰어난 홍보전 성공 사례로 꼽히게 되었다(Bennett, Lawrence & Livingston, 2007). 『내셔널 저널National Journal』의 평론가 조지 윌슨George Wilson은 미국 군부가 종군 취재를 통해 그동안 아랍권에서 열세를 보였던 미국의 대외 홍보전에서 승리했다고 논평하면서 이 과정에서 가장 큰 승리자는 뭐니 뭐니 해도 부시 대통령과 럼스펠드 국방 장관이라고 평가했다.

15
종군 취재냐 비종군 취재냐?

종군 취재가 시작되면서 전쟁특파원들은 긴박한 전황을 거의 실시간으로 보도함으로써 이라크 전쟁을 이전의 다른 어떤 전쟁보다 신속하게 보도할 수 있었다. 신문 독자나 텔레비전 시청자들은 마치 자신들이 전장에 있는 듯한 생각이 들 정도로 생생한 보도 사진과 텔레비전 화면을 지켜볼 수 있었다. 언론사 입장에서는 후방지역을 떠돌며 힘겹게 전쟁 취재 보도를 해야 했던 과거와 비교하면 전투부대와 함께 이동하면서 전쟁을 최전방에서 지켜볼 수 있는 귀빈석을 제공받은 것이나 마찬가지여서 이 같은 특혜를 거부할 언론사나 전쟁특파원들은 거의 없었다. 그러나 언론과 정부 간의 팽팽한 긴장과 대결 관계를 바람직한 덕목으로 생각해 온 언론학계에서는 비판의 목소리가 끊이질 않았다. 언론인들이 자신들의 취재원인 군 당국으로부터 각종 특혜와 편의를 제공받으면서 취재한다면 당연히 기자들은 보도 내용에 호의적인 시각을 담게 된다는 것이다. 특히 전장에서 전쟁

미·영 연합군의 이라크 침공 작전(2003) 진격로

유프라테스 강을 경계로 서쪽 방면에는 대규모 기갑부대와 보병사단 등이 중심이 된 주공·main attack 세력이, 동쪽 방면에는 조공·supporting attack 세력이 각각 수도 바그다드를 목표로 삼아 진격했다. 이라크 북부지역은 인접국 터키의 거부로 미군 침공부대의 진입이 불가능해 소규모 공수부대 투입을 제외하고는 침공 작전이 남쪽 쿠웨이트에서부터 시작되었다. 이라크 남부 바스라에서부터 바그다드까지 잘 정비된 고속도로와 국도가 나 있지만 침공 작전 당시 대다수 전투부대들은 사막과 간선도로들을 따라 진격했다. 이라크 전역을 평정한 미군과는 달리 영국군은 남부 제2의 도시 바스라를 중심으로 전투를 벌였다.

특파원들과 군 장병들이 온갖 위기와 고비를 함께 겪다 보면 그들 사이에는 끈끈한 동료 의식이나 전우애가 생기게 마련이고 전쟁특파원들은 어느새 중립적 관찰자의 위치에서 벗어나 군부를 지지하고 그들의 전쟁 정책을 옹호하는 홍보 요원이 되고 만다는 것이다(Allen & Zelizer, 2004; Kim, 2012; Pfau et al., 2005, 2004; Ravi, 2005; Seib, 2004b, Zeide, 2005).

종군기자들의 주장─병사들의 진솔한 이야기

이 같은 비판에 대해 언론사 경영진이나 종군기자들은 자신들이 미국 정부나 군부를 일방적으로 옹호한 적은 없다고 주장한다(Fahmy & Johnson, 2005). 필자는 이라크 침공 작전 당시 종군기자로 활약한 여러 기자와 대화를 나누었는데, 그들은 취재 대상이 군 부대와 장병들이었던 만큼 자신들은 할당받은 취재 영역에 충실했을 뿐이라고 말했다.

> 저는 전쟁에 참여한 병사들의 이야기를 보도하기로 마음먹었습니다. 병사들의 이야기에 관심이 있었을 뿐, 정치 문제에는 관심이 없었습니다. 전쟁이냐 반전이냐 여부는 제게 중요하지 않았습니다. 저는 전쟁 속 군 장병들의 이야기를 취재 보도했던 것입니다.
>
> (크리스 톰린슨Chris Tomlinson, AP 통신, 전화 인터뷰, 2010년 3월 25일)

> 취재부장은 저에게 "미군 장병들에 초점을 맞추어서 보도해 보게. (제2차 세계대전 때) 종군기자 어니 파일이 했던 것처럼 말야"라며 제안했습니다.
>
> (미구엘 나브로Miguel Navrot, 「앨버커키 저널Albuquerque Journal」, 전화 인터뷰, 2010년 3월 18일)

종군 취재가 군 당국이나 병사들과의 친밀한 유대감 속에서 이루어졌기 때문에 장병들의 일상생활과 고통을 오히려 숨김없이 자세히 들여다볼 수 있었다는 의견도 있다. 미국 CBS 방송 전쟁특파원이었던 커크 스피처Kirk Spitzer의 이야기를 들어보자.

> 이라크 전쟁에서 언론의 보도는 훌륭했습니다. 종군기자들은 병사들과 지휘관들을 언제나 자유롭게 취재할 수 있었습니다. 더구나 취재진이 장병들과 오랜 시간을 함께 보냈기 때문에 취재 환경과 부대 전체의 분위기 등에 익숙

종군 취재 중인 CBS 방송 전쟁특파원 커크 스피처.

위 사진은 스피처 기자가 미 육군 특수부대 그린베레와 함께 팔루자Fallujah 도심으로 이동하고 있는 모습이다. 스피처 기자는 종군 취재를 하면서 기사 작성과 비디오 촬영 등을 혼자 도맡아 하는 이른바 배낭 저널리스트backpack journalist로 활약했다. 아래 사진은 스피처 기자가 팔루자 병원에서 분주하게 기사를 송고하고 있는 모습이다. 전투 장면을 촬영한 비디오 영상과 인터뷰 내용을 확인하고 방송 리포트 원고를 작성해 녹음한 뒤 위성 송출장비를 활용해 뉴욕 CBS 방송 본사로 전송한다. 당시 병원 건물 밖에서는 이라크 수니파 저항세력과 미 해병들 간의 치열한 전투가 벌어지고 있었다. (출처: Kirk Spitzer)

해졌고 어떤 내용을 취재할 것인가에 대해서도 충분히 생각해 볼 여유가 있었습니다. 적어도 침공 작전 기간 중에는 종군 취재를 통해 효율적이고 깊이 있는 내용을 보도할 수 있었습니다. 그러나 침공 작전이 종료된 뒤 비종군 취재를 시작하면서 여러모로 애로를 겪어야 했습니다.

(커크 스피처, 이메일 인터뷰, 2010년 3월)

미국 ABC 방송 전쟁특파원이었던 돈 달러^{Don Dahler} 역시 종군 취재가 가장 안전하면서도 효율적인 전쟁 취재 방식이었으며 심지어 전쟁을 치르는 군 장병들의 솔직한 의견들을 반영할 수 있었다고 주장했다.

비종군기자들의 경우 전장을 돌아다니다 보면 미군이든 이라크군이든 어느 한 쪽 군대로부터 총격을 받아 다치거나 목숨을 잃는 사례가 허다했습니다. 전장은 이처럼 항상 위험이 내재되어 있는 곳이고 따라서 안전한 취재를 하려면 종군 취재를 택하지 않을 수 없는 거죠. 더구나 회사에서 저에게 부여한 취재 임무는 미군 장병들이 침공 작전에서 겪게 되는 각종 에피소드를 보도하는 것이었기 때문에 전쟁에 대한 개인적인 논평이나 이라크 정부의 주장이나 시각 따위는 제가 상관할 바가 아니었습니다. 물론 취재 초기에는 군 당국이 병사들에게 몸가짐을 어떻게 할 것인가, 또는 언론 인터뷰는 어떻게 응해야 하는가 등 구체적인 요령을 하달하는 경우도 있었지만 일단 전쟁이 시작되자 대부분 장병이 솔직하게 자신들의 의견을 말하곤 했습니다. 심지어 침공 작전 도중 병사들이 저희에게 이런저런 불평이나 비판을 솔직히 토로하는 경우도 많았습니다.

(돈 달러, 전화 인터뷰, 2010년 3월 23일)

또 다른 신문기자는 종군 취재가 시작되면서 미국 언론이 군부와의 부정적 관계를 청산하고 비로소 전쟁 보도를 제대로 해낼 수 있었다며 긍정

이라크 아지지야Aziziyah 인근에서 벌어진 미 해병과 이라크군 간의 전투.
우연히 전투에 휘말려 들어 부상을 입은 이라크 민간인을 미 해병대원들이 불타는 차량에서 꺼내
안전지역으로 옮기고 있다. 이날 전투로 미 해병대원 네 명이 전사했고 17명이 부상당했다. 치
열한 전투를 가까이서 포착한 이와 같은 사진은 종군 취재를 통해 촬영할 수 있었다. (출처: Cheryl
Diaz Meyer)

적인 평가를 했다.

제2차 세계대전 이래 사상 처음으로 언론이 군부를 설득해 종군 취재를 성
사시킨 것입니다. 물론 종군 취재가 배속부대를 중심으로 제한적인 광경만
을 볼 수 있고 편협한 시각을 지닐 수밖에 없는 점은 인정합니다. 하지만 저
는 이라크 전쟁을 취재하면서 대량살상무기가 어디에 숨겨져 있는가 또는 이
라크 민간인들의 고통은 어떤 것인가 등을 취재했던 것이 아니었습니다. 그
런 주제들은 「뉴욕 타임스」가 알아서 잘 보도할 수 있겠죠. (자니 에드워즈Johnny
Edwards, 「어거스타 크로니클Augusta Chronicle」, 전화 인터뷰, 2010년 3월 18일)

종군 취재가 미군과 영국군에 우호적인 내용을 많이 다루었다는 일부

미군의 실수로 인한 이라크 민간인 사망 장면.
이라크 침공 작전 도중 미군은 곳곳에 검문소를 설치해 이라크군 병사들과 저항세력을 색출해 내
곤 했다. 그러나 곳곳에서 미군의 정지 신호를 이해하지 못하고 그대로 내달리는 민간 차량들이
적지 않았다. 미군은 정지 신호를 무시하는 차량들을 향해 집중 사격을 가했다. 총알로 벌집이 된
미니버스 내부를 살펴보니 가축을 싣고 장터에 가던 이라크인 일가족의 시신이 뒹굴고 있었다.
어린 이라크 소녀는 눈을 감은 채 바닥에 쓰러져 있고 영문을 모르는 수탉만이 낯선 이들을 맞았
다. (출처: Cheryl Diaz Meyer)

비판에 대해서도 종군기자들은 자신들이 직접 목격한 것을 보도한 것 이
외에는 전쟁 기간 동안 벌어진 다른 어떤 것에 대해서도 개인적 가치 판단
을 섞어 보도한 적이 없었다고 항변했다.

　미 해병에 배속되어 종군 취재를 한 셰릴 디아스 마이어는 종군기자들이
침공 작전 기간 도중 미군의 실수로 인한 이라크 민간인 사망 사건 등을 숨
김없이 사실대로 보도했다고 주장한다. 민간인들에게 실수로 총격을 가한
미군 병사나 지휘관과 인터뷰도 할 수 있었으며 그 내용을 신문 기사로 게
재하기도 했다는 것이다. 특히 논란이 될 수 있는 위와 같은 충격적인 사진
들을 촬영하는 데 배속부대 측으로부터 별다른 제지도 받지 않았다고 밝혔

다(셰릴 디아스 마이어, 이메일 인터뷰, 2011년 4월).

비종군기자들의 주장—객관적 시각 유지

종군 취재 방식에 대해 언론사 입장에서는 대체로 긍정적인 평가를 내리는 경우가 많은 반면 기자들 사이에서는 긍정적 의견과 부정적 의견이 맞서고 있다. 한편 언론학계에서는 종군 취재에 대해 부정적 평가가 우세하다. 종군 취재에 대한 비판적 의견을 정리해 보면 다음과 같다. 첫째, 종군기자들이 배속된 부대 장병들과 생사고락을 함께하다 보면 알게 모르게 동질감을 느끼게 되어 전쟁 보도에 미군과 영국군에 긍정적인 내용을 담게 되고 따라서 객관적 보도를 저해한다는 것이다(Brandenburg, 2007). 실제로 오클라호마대학교의 마이클 포(Pfau et al., 2004, 2005, 2006) 교수가 다른 연구자들과 함께 미국 신문과 방송의 이라크 침공 작전 보도를 내용 분석해 보니 종군기자들이 비종군기자들보다 미국 군부에 대해 보다 우호적인 시각의 기사를 보도했다는 사실이 밝혀졌다. 둘째, 종군 취재가 미군과 영국군의 활동을 주로 취급하다 보니 전쟁 속에서 극심한 고통과 희생을 치른 이라크 시민이나 이라크의 인적 · 물적 피해에 대한 보도가 거의 없었다는 것이다. 셋째, 종군 취재에서 나온 대부분의 보도 내용이 자세히 따져 보면 미국 국방부가 전 세계에 알리고자 한 홍보 선전 메시지를 답습한 데 지나지 않는다는 것이다. 종군 취재에 대한 이 같은 부정적인 시각은 몇몇 전쟁특파원으로 하여금 의도적으로 비종군 취재 방식을 선택하도록 했는데, 30년 취재 경력을 지닌 원로기자 마커스 스턴Marcus Stern(「코플리 뉴스 서비스 Copley News Service」)도 그 같은 비종군기자 가운데 한 명이다.

의도적으로 비종군 취재를 선택했습니다. 종군 취재는 좋아하지 않거든요. 저는 군대보다는 전장, 특히 전쟁 속 민간인들의 삶에 초점을 맞추어 보도했

습니다. (중략) 종군 취재를 한 미국 기자들은 군 당국과 미국인 독자 및 시청
자들로 둘러싸인 울타리 속에서 취재하는 것과 마찬가지였기 때문에 객관적
보도를 하기가 어려울 수밖에 없었습니다. (마커스 스턴, 전화 인터뷰, 2010년 3월 19일)

영국 BBC 방송의 베테랑 전쟁특파원 짐 뮤어도 종군 취재를 전쟁 보도
의 한 유형으로 받아들여야 하지만 종군 취재만으로는 전쟁 전체에 대한
종합적이고도 균형 잡힌 보도가 불가능하다고 지적한다.

종군 취재가 나름대로 가치 있는 것만은 사실입니다. 하지만 기자들이 (군 당
국이 제공하는) 보호막 속에 갇혀 돌아다니다 보면 전쟁 보도에 있어서 어느
한 쪽에만 치우친 시각을 갖게 되기 쉽습니다. 종군 취재는 전쟁 보도의 한
유형일 뿐이며 반드시 비종군 취재 보도와 함께 병행되어야 합니다.

(짐 뮤어, 이메일 인터뷰, 2010년 3월)

미국 공영 라디오 방송 NPR 전쟁특파원으로 이라크 침공 작전 기간 내
내 바그다드에 머물며 비종군기자로 활약했던 앤 개럴스Anne Garrels는 종군
취재가 제한적일 수밖에 없는 이유를 다음과 같이 설명했다.

종군 취재가 지닌 나름대로의 장점이 있겠지만 어떤 부대에 배속되느냐에 따
라 취재 보도 내용이 크게 달라진다는 점을 알아야 합니다. 이런 상황에서는
"저는 지금 용맹스런 미군 장병들과 함께 이라크 사막을 건너 진격하고 있습
니다"라는 식의 의미 없는 보도가 홍수처럼 쏟아질 수밖에 없는 거죠. 부대
를 따라 이동하면서 눈에 보이는 것 외에 별달리 취재할 만한 내용이 없으니
무엇을 보도하겠습니까? 수많은 종군기자가 전투다운 전투를 목격하지 못한
경우가 허다했습니다. 그들은 이라크군은커녕 사막의 모래밖에 보지 못했습

나시리야에서 비종군 취재 중인 필자.
군 병력과 함께 이동하며 전투 상황을 주로 보도하는 종군기자들과는 달리 비종군기자들은 전쟁 속에서 고통을 겪는 이라크인들의 생활을 목격하고 취재할 수 있었다.

니다.   (앤 개럴스, 전화 인터뷰, 2010년 3월 25일)

  종군기자들의 취재 행태와 보도 내용에 대해 수십 년간 전쟁을 취재해 온 베테랑 전쟁특파원들의 비판이 특히 거셌는데, 이들은 세계 곳곳의 전장을 누비며 미국 정부나 미군 당국의 배려 없이 독립적으로 취재하는 방식에 익숙한 기자들이기도 했다. 또 이 고참기자들은 언론이란 정부나 군부에 대한 비판자의 역할을 해야 한다는 확고한 신념을 갖고 있는 인물들이기도 하다. 베트남 전쟁 당시 미군의 밀라이 베트남 양민 학살 사건 보도로 퓰리처상을 받은 시모어 허시 기자는 "종군취재는 지난 15년간 언론계에서 일어난 일 가운데 최악의 사례로 저널리즘을 왜곡시키고 상처를 입힌 것"이라고 비판했다. 허시 기자는 이어 언론인은 궁극적으로 정부의 협력자가 되어서는 안 된다며 9·11 테러 이후 수많은 미국 언론인이 미국 정부의 호전적인 전쟁 정책에 동조하고 야합했다고 비판했다.

비종군 취재 보도와 신변상 위협

종군 취재의 상대 개념인 비종군 취재는 미군이나 영국군의 시각을 반영하기보다는 전쟁특파원이 독자적으로 활동하면서 목격한 이라크 시민의 참상이라든가 전쟁 피해 상황을 전할 수 있다는 점에서 긍정적이기는 하지만 언론사들이 선호하는 방식은 아니다. 그도 그럴 것이 전쟁 보도란 격렬하고 파괴적인 전투와 폭력 위주의 메시지나 영상으로 이루어질수록 독자나 시청자들의 관심을 끌 수 있는데, 비종군 취재 보도물의 경우에는 폭력과 파괴, 죽음과 갈등 등과 같은 통상적인 뉴스 가치가 약해 신문이나 방송 편집 우선순위에서 밀려나는 경우가 허다했다. 이 같은 상황은 전쟁 당사국인 미국 언론사들이 그 정도가 더 심해 이라크 민간인들의 고통이나 전쟁으로 인한 파괴 상황을 집중 조명한 비종군 전쟁특파원들의 보도는 때때로 애국심이 결여된 것으로 간주되기도 했다.

　비종군 보도의 더욱 심각한 문제는 전쟁특파원들이 독자적으로 전장을 이동하다 보니 종군기자들과는 달리 미군이나 영국군의 신변 보호를 받지 못했을 뿐만 아니라, 오히려 이들 군대의 오인 사격이나 위협 사격에 희생되거나 이라크군과 연합군 간의 총격전에 우연히 휩쓸려 목숨을 잃는 사례가 적지 않았다는 점이다. 제6장에서 살펴보았던 이라크 침공 작전 당시 남부 도시 바스라에서 미군의 총격에 목숨을 잃은 전쟁특파원 테리 로이드 기자 등 ITN 방송 취재진의 경우가 대표적인 사례다. 침공 작전 당시 바그다드에서 취재하던 비종군 전쟁특파원들도 유사한 상황에 처했다. 미군의 바그다드 입성 하루 전인 2003년 4월 8일, 팔레스타인 호텔 객실 발코니에서 전투 상황을 보도하던 아랍 위성방송 알자지라 전쟁특파원 타

이라크 침공 작전 동안 미군 사령부가 비종군기자들에게 발급한 신분증.

리크 아유브는 시내 곳곳을 공습하던 미 공군 지상 공격기의 미사일 공격을 받아 현장에서 숨졌다. 같은 호텔 발코니에서 취재 중이던 스페인 텔레비전 카메라맨 호세 쿠소와 로이터 통신 카메라맨 타라스 프로츄크도 미군 탱크의 포격을 받아 현장에서 숨졌다. 당시 ABC 방송 비종군기자로 활약한 존 돈번John Donvan의 말에 따르면, 이라크군은 비종군기자들을 침략군의 일원으로 간주했으며 미·영 연합군 역시 자신들이 돌볼 필요가 없는 귀찮은 존재로 여겨 비종군기자는 어느 누구로부터도 보호받지 못하는 신세였다고 한다(Donvan, 2003; Workman, 2003).

이라크 침공 작전이 마무리된 뒤 대부분의 종군기자가 배속된 부대를 떠나 고국으로 돌아가거나 아니면 바그다드나 바스라 등 이라크 주요 도시에 남아 비종군 취재를 계속했다. 종군 취재는 2003년 여름 이후에는 언론사들이 필요할 경우 미군 당국에 수시로 요청해 명맥이 이어졌으며 2010년 마지막 미군 전투부대가 이라크를 떠날 때까지 계속되었다. 이라크 전쟁을 통해 종군 취재와 비종군 취재를 두루 경험한 전쟁특파원들은 전쟁 취재란 종군과 비종군 취재 두 가지 방식을 병행할 때에만 비로소 균형감 있고 사실에 근접한 보도가 이루어질 수 있다는 점을 강조한다.

특정 부대에 배속될 때에는 현실적인 기대를 해야 합니다. 종군기자가 보도하게 될 내용은 군 부대와 관련된 것, 달리 말해 군 장병들에 관한 것들뿐입니다. 임베딩을 하면서 이라크 민간인들이라든가 전쟁의 파급 효과 등을 논의할 여지는 없습니다. 결국 종군 취재는 총체적인 이라크 전쟁을 보도하는 것이 아니며 단지 한 가지 에피소드만을 전하게 될 뿐입니다. 종군 취재란 전쟁 당사자 어느 한 쪽의 이야기도 아니며 아마 전쟁의 4분의 1 정도를 들려주는 데 불과할 것입니다.   (케빈 사이츠, 전화 인터뷰, 2010년 3월 18일)

KBS 방송의 이라크 전쟁 보도

미국의 이라크 침공이 임박하자 공영 방송 KBS 보도본부 국제부에는 비상이 걸렸다. 먼저 본사 정창준 기자를 요르단을 거쳐 바그다드에 들여보냈다. 모스크바 특파원 조재익 기자는 침공이 시작되면 바그다드로 들어갈 채비를 서두르고 있었다. 런던 특파원 김종진 기자는 쿠웨이트에 급파되었고, 필자는 촬영기자와 함께 미 육군 제1기병사단1st Cavalry Division에 임베딩하기 위해 미국 워싱턴 D.C.로 향했다. 워싱턴 D.C.에 도착해 국방부에 전화하니 종군 취재를 하게 될 배속부대가 텍사스 포트후드Fort Hood라는 곳에 주둔하고 있으니 그곳으로 갈 채비를 갖추라고 했다. 그런데 텍사스 주둔 제1기병사단 사령부 공보처에서는 파병 일자가 두 달 뒤로 예정되어 있으니 그때까지 기다리라는 것이 아닌가? 이라크 침공 작전 개시가 며칠 뒤로 임박한 상황에서 한가하게 두 달씩이나 기다릴 수는 없었다. 결국 종군 취재를 포기하고 쿠웨이트로 향했다.

24시간 뒤 전쟁의 여파가 닥치게 될 쿠웨이트에는 이미 관광객들의 입국이 금지되어 쿠웨이트로 향하는 항공편은 거의 텅텅 빈 채 운항하고 있었다. 여객기 탑승객들은 대부분 전쟁 취재에 나선 미국 등 서방 언론사 소속 전쟁특파원들이었다. 쿠웨이트 공항에 도착하고 몇 시간 지나지 않아 미국의 이라크 침공이 시작되었다. 쿠웨이트에는 이라크군이 발사한 스커드 미사일이 하루에도 여러 번 날아들었다. 공습경보와 함께 건물 지하의 방공호로 몇 번씩이나 대피해야 했다.

4월 초, 바그다드와 바스라에 대한 압박을 계속하던 미·영 연합군이 비로소 두 도시에 대한 포위망을 좁혀 가고 있었다. 필자는 이라크-쿠웨이트 국경을 넘어 이라크 제2의 도시 바스라에서 벌어지는 전투를 취재했다. 시내 중심부로 향하는 도로에는 도시를 빠져 나오는 피란민과 차량들의 행렬이 이어지고 있었다. 취재진 2~3백 미터 앞에서는 영국군 탱크가 시내 주요 목표물들을 향해 포격을 가하고 있었고 여기저기에서 총성이 끊임없이 들려왔다. 도로를 따라 영국군 공수부대가 도심부를 향해 진격하고 있었다. 필자와 KBS 방송 취재진은 비록 종군기자는 아니었지만 신변 안전을 위해 영국군 전투부대를 따라 이동했다. 영국군이 입성하기 직전에 이라크군이 퇴각한 바스라 시내는 이미 혼란 상태에 빠져 있었고 이곳저곳에서 약탈이 자행되고 있었다. 영국군 탱크 옆에 서서 밤 〈9시 뉴스〉에 방송될 스탠드업 멘트를 녹화했다.

시내 중심부에서는 총성과 포성이 간간이 이어집니다. 영국군은 바스라를 완전 장악하기 위해 제3공수연대 등 증원군을 대거 투입했습니다.

영국군 병사 인터뷰: 바스라 평정이 늦어진 것은 우리 부대를 빨리 투입하지 않았기 때문입니다. 앞으로 2~3일 안에 도시를 완전 장악할 것입니다.

시내 곳곳에 세워진 사담 후세인 대통령의 동상들은 남김없이 허물어졌습니다. 주인이 사라진 관공서 건물들은 일부 시민의 약탈 대상입니다. 폐허 속 무법천지로 변해 가는 바스라시. 시민은 하루 속히 전쟁이 끝나고 평화가 찾아오길 바랄 뿐입니다.

클로징 멘트: 영국군이 이라크 남부 바스라를 완전 장악함에 따라 미·영 연합군은 이제 바그다드 입성을 위한 최후 결전만을 남겨 놓게 됐습니다. 바스라에서 KBS 뉴스 김헌식입니다. (KBS 〈9시 뉴스〉, 2003년 4월 5일)

당초 바그다드에 머물고 있던 정창준 기자는 침공 작전이 개시되기 직전 보도본부 간부진의 강력한 권유로 요르단으로 철수했다. 전쟁특파원

이라크 나시리야에서 종군 취재 중인 필자.
미 공군의 폭격으로 파괴된 건물 안에서 KBS 〈9시 뉴스〉 리포트에 담을 장면을 촬영하고 있다.
KBS 방송 취재진 옆에서 당시 이곳에 파병된 한국군 병사가 주변을 경계하고 있다.

이라 할지라도 미 공군의 대공습이 예상되므로 신변 안전을 위해 잠시 피하라는 배려였다. 그러나 경쟁사 MBC 방송의 이진숙 기자가 바그다드 현지에서 한발 앞서 보도를 시작하자 정 기자는 간부진으로부터 질책을 받아야 했다. 왜 빨리 바그다드에 되돌아가지 않느냐는 것이었는데, 이미 요르단-이라크 국경이 폐쇄되어 정 기자로서도 어쩔 도리가 없었다. 바그다드에 남아 있겠다는 정 기자를 억지로 대피시켜 놓고서 이제는 빨리 되돌아가지 못한다며 질타하는 경영진의 태도가 한심스러웠다.

　이라크 침공 작전이 끝난 지 다섯 달 만에 필자는 또다시 이라크 취재에 나섰다. 이번에는 이라크 나시리야에 주둔 중인 한국군 서희·제마 부대를 취재하기 위해서였다. 침공 작전 때 무산되었던 이른바 종군 취재를 뒤늦게 경험하게 된 것이다. 숨쉬기가 힘들 정도의 더위 속에서 도로와 시설 복구 등 이라크 재건 사업을 돕고 있는 한국군 장병들을 취재했다. 제시카

바그다드 시내를 취재 중인 필자와 KBS 방송 취재진.
사막의 열풍이 불어오는 가운데 필자의 얼굴이 달아올랐다. 촬영기자는 무더위 속에서도 방탄조끼를 입은 채 일하고 있다.

린치 일병이 억류되었던 나시리야 병원도 둘러보았다. 침공 작전이 한창이던 4월에도 나시리야에 잠시 와 본 적이 있었는데, 유프라테스 강 근처 나시리야 시내 곳곳에는 다국적군의 공습에 파괴된 건물들이 반년이 지나도록 그대로 방치되어 있었다.

서희·제마 부대 종군 취재를 마친 뒤에는 수도 바그다드로 향했다. 사막 한가운데 뚫린 고속도로를 여덟 시간이 넘도록 달려 마침내 바그다드에 도착했다. 전쟁 통에 시설 관리가 허술하기 그지없는 바그다드 쉐라톤 호텔에 여정을 풀고 다음 날부터 시내 곳곳을 누비며 취재를 시작했다. 미국 등 서방 전쟁특파원들이 자동소총을 휴대한 민간업체 경호원들과 함께 이동하며 취재하는 것을 목격했지만 우리는 아랑곳하지 않았다. 필자와 동행한 촬영기자들은 이라크 취재가 처음인지라 방탄조끼를 걸치는 등 긴장하는 표정이 역력했다.

함락 이후 혼란이 지속되고 있던 바그다드에서는 상거래를 할 때 신용
카드를 사용하는 것이 불가능해 필자는 항상 현금 미화 2만 달러 이상을
주머니에 넣고 다녀야 했다. 바그다드 거리를 활보하면서 혹시 무장단체
조직원이나 노상강도를 맞닥뜨릴 경우 돈은 잃더라도 목숨은 건져야 한다
는 강박감에 사로잡혔다. 이미 이라크 전역에서는 외국인들과 부유한 이
라크인들을 상대로 한 납치와 살해가 극에 달하고 있었고 유엔 사무소와
정부 시설물들을 노린 자살 폭탄 테러가 하루가 멀다 하고 이어지고 있었
다. 밤늦도록 불야성을 이루던 바그다드 시내 곳곳의 시장과 상점들도 폭
탄 테러나 총격전이 두려워 초저녁이면 문을 닫았고 시민도 납치나 살해
위협에 떨면서 치안 부재 현실을 한탄하고 있었다.

바그다드 주요 길목마다 미군들은 차량을 통제한 채 철저한 검문검색을 펼쳤
습니다. 테러 위협과 치안 불안은 이라크인들에게도 고민거리입니다. 총기
강도와 절도는 보통이고 납치 유괴 사건도 기승을 부립니다.
바그다드 시민 인터뷰: 밤 10시 이후로는 누구도 안심하고 돌아다닐 수가 없
습니다. 전기와 물도 공급되지 않습니다.
그러다 보니 상점과 주유소마다 강도와 절도를 막기 위해 자동소총을 지닌
경비원까지 둡니다.
바그다드 시민 인터뷰: 이런 혼란은 미군이 치안 활동을 제대로 못 했기 때문
입니다.
미국은 앞으로 테러 위협 해소와 이라크 내 치안 유지를 위해 동맹국 정부
들에게 더 많은 군 병력을 파견해 주도록 설득하고 있습니다. 바그다드에서
KBS 뉴스 김헌식입니다.   (KBS 〈9시 뉴스〉, 2003년 9월 11일)

이라크 바그다드 취재 때 KBS 방송 취재진이 고용한 현지 가이드 무하마드.
미국 기자들과 일하다가 사담 후세인 추종자로부터 총격을 당해 죽음 일보 직전까지 갔었던 그의
에피소드는 전쟁의 와중에 민간인들의 목숨조차 위태로웠던 당시 상황을 생생히 증언한다.

　당시 KBS 방송 취재진을 안내한 이라크인 통역 무하마드는 바그다드
함락 직후에 미국 기자들과 함께 일하다가 반역자로 몰려 총격을 당한 적
이 있다고 털어 놓았다. 저격수가 쏜 총알이 그의 턱을 관통하는 중상을
입어 반년간 병원 신세를 진 뒤 간신히 목숨을 건질 수 있었다는 것이다.
무하마드는 그 뒤로 이라크인들의 증오 대상인 미국 등 서방기자들과 일
하지 않고 한국 등 아시아권 기자들과 일하고 있다고 했다.

　KBS 방송은 그 뒤에도 여러 차례 전쟁특파원들을 바그다드에 몇 주일
씩 파견해 기획 취재를 했지만 미국 등 서방 언론사들처럼 상설 뉴스 지국
을 개설하거나 주재 특파원을 두지는 않았다. 우리가 주도한 전쟁이 아닌
데다가 파병된 군부대의 규모도 적어 뉴스 가치가 예전 같지 않았으며, 취
재기자들에 대한 신변 안전 보장과 엄청난 취재 비용 등 여러 면에서 비현
실적이라고 판단한 것으로 보인다.

위성전화와 위성 송출장비

21세기 통신기술의 발달은 전쟁특파원들에게 이라크 전쟁을 그 이전의 다른 전쟁들보다 생생하고 신속하게 보도할 수 있는 환경을 제공했다. 대표적인 것으로 위성통신을 활용한 위성전화satellite phone와 위성 송출장비 video satellite uplink equipment를 들 수 있다. 이라크 침공 당시 대부분의 전쟁특파원은 위성전화나 위성 송출장비를 휴대하고 있었다. 이 같은 장비를 활용하면 전장에서 곧바로 실시간으로 전쟁 보도를 할 수 있다는 장점이 있다. 위성전화의 경우 크기가 일반 휴대전화의 두 배가량에 불과했는데, 이는 12년 전 걸프 전쟁 당시 소수의 전쟁특파원이 여행 가방 크기의 큼직하고 무거운 1세대 위성전화를 사용했던 것에 비하면 놀랄 만한 기술적 진보가 아닐 수 없었다.

대부분의 전쟁특파원은 취재수첩과 펜 대신 노트북 컴퓨터를 사용했다. 전장에서 취재한 내용을 노트북 컴퓨터로 작성한 뒤 위성전화에 연결해 각자 언론사로 기사 내용을 송출할 수 있었다. 기사 송출을 마칠 때까지의 시간은 불과 5분을 넘지 않았다. 촬영한 사진들도 노트북 컴퓨터에 일단 내려받은 뒤 사진 편집 소프트웨어를 사용해 대충 정리한 다음 위성전화에 연결해 송출하면 되었다. 방송기자들의 경우에는 방송 원고와 리포트 내레이션 음성 녹음은 노트북 컴퓨터를 통해 위성전화로 송출하고, 촬영한 비디오 영상은 노트북 컴퓨터에 탑재된 비디오 편집 소프트웨어를 사용해 초벌 편집한 뒤 위성전화로 송출하는 식이었다. 과거 비디오 영상이나 내레이션 녹음을 후방지역까지 운반한 뒤 위성 송출국이나 현지 방송국을 찾아가야 하던 것에 비교하면 하늘과 땅만큼의 차이라 할만 했다. 텔레비전 방송사 비디오 카메라맨들의 경우에도 예전의 무거운 방송용 비디오카메라 대신에 그 절반도 안 되는 크기와 무게의 조그마한 DV(digital video) 캠코더를 휴대하게 되어 전쟁 보도가 훨씬 더 간단하고 편리해졌다. NBC,

2003년 이라크 침공 작전 때 CBS 방송 취재진이 사용한 험비 차량.
민간용 험비 트럭 내부에 위성 송출장비를 설치해 이동 중에도 생방송을 할 수 있었다. 지붕에 큼지막한 짐칸이 있었으며, 지붕 전면에는 위성 송출용 돔 안테나가 장착되어 있다. (출처: Kirk Spitzer)

CBS, CNN 등 텔레비전 방송사들은 위성 송출장비가 갖추어진 취재 차량을 이라크 현지에서 직접 운용해 생방송으로 전쟁 보도를 내보냈다. 이 모든 기술적 진보는 1960년대 베트남 전쟁 당시 미국 전쟁특파원들이 기사를 국제 전화를 연결해 고래고래 소리치며 본사 기자들에게 불러 주거나 촬영한 뉴스 영상을 항공편으로 도쿄를 거쳐 미국 본토에 공수하기까지 적어도 24시간이 걸렸던 시절을 되돌아본다면 실로 격세지감을 느끼게 한다.

이라크 침공 당시 위성전화와 관련된 에피소드 한 가지를 소개한다. 당시 종군기자들이 사용한 여러 브랜드의 위성전화 가운데 중동지역의 민간기업이 생산한 투라야Thuraya라는 제품이 있었다. 미군 정보처는 투라야 위성전화에 GPS가 내장되어 있기 때문에 혹시 이라크군이 중동기업이 생산

이라크 침공 당시 전쟁특파원들이 즐겨 사용한
투라야 위성전화.
전 세계 어느 곳에서나 통신위성을 활용해 통화
를 할 수 있고 노트북 컴퓨터에 연결시키면 기사
나 사진 전송도 가능하다.

바그다드 팔레스타인 호텔 내에 설치된
위성 송출 중계국에서 〈9시 뉴스〉 리포트물을 송출하는 필자.
서울 KBS 방송 보도국 국제부 기자와 위성전화로 통화하며 송출이 제대로 이루어지고 있는지 확
인하고 있다.

한 이 위성전화의 위치를 역추적해 종군기자는 물론 그들이 배속된 미군
부대의 위치가 노출될지 모른다면서 이 위성전화를 모두 압수해 버렸다.
종군기자들은 터무니없는 상상이라며 반발했지만 배속부대의 모든 규정
을 따르겠다는 내용의 서약서를 제출했기 때문에 어쩔 수가 없었다. 투라

야 위성전화를 압수당한 종군기자들은 더 이상 기사나 사진을 송출할 수 없게 되었고 결국 대부분 종군 취재를 포기하고 중도에 전장을 떠나야 했다. 당시 미 101공수사단에 배속되어 종군 취재 중이었던 연합뉴스 옥철 기자도 투라야 위성전화를 압수당한 뒤 종군 취재를 포기하고 후방지역인 쿠웨이트로 가 비종군 취재를 해야 했다. 영국 「타임스」 전쟁특파원 크리스 아이리스Chris Ayres는 미군 당국에 자신의 위성전화를 압수당한 뒤 할 수 없이 배속부대를 떠났는데 다른 부대에 배속된 전쟁특파원들은 아무런 제지 없이 투라야 위성전화를 마음대로 사용하고 있었다면서 분통을 터뜨렸다(Ayres, 2005). 그러나 일부 종군기자들은 투라야 위성전화를 갖고 있지 않다며 미군 당국에 천연덕스럽게 거짓말을 한 채 침공 작전이 끝날 때까지 몰래 투라야 위성전화를 사용하기도 했다.

배속부대와 항상 함께 이동하는 종군 방송기자들의 경우 독자적인 위성 송출장비를 갖추어야 했지만 위성 송출장비는 한 세트에 수천만 원이 넘는 고가 장비였다. 따라서 방송기자들의 경우 금전적·기술적 지원이 가능한 대형 방송사일 경우에만 종군 취재가 가능했으며 수많은 방송기자는 비종군 취재를 택할 수밖에 없었다. 위성 송출장비를 갖추지 못한 비종군 방송기자들은 대부분 전투지역으로부터 4~5킬로미터 떨어진 후방지역에서 APTN이나 로이터 TV, 유럽 방송 연맹(European Broadcasting Union; EBU) 등에서 운영하는 위성 송출 중계차와 생중계 방송팀을 쉽게 발견할 수 있었다. 이들 다국적 통신사나 방송 연맹에 사용료만 지불하면 전투지역에서 촬영한 비디오 영상을 불과 5~10분 이내에 세계 어느 곳에 있는 언론사든 곧바로 위성 송출할 수 있었다. 이라크 침공 당시 시가전이 치열했던 바그다드와 바스라 등 주요 도시 주변에서도 위성 중계차들을 쉽게 찾아볼 수 있었다. 전장에서 비디오 영상과 리포트를 신속히 송출해야만 하는 방송기자들에게 이들 위성 송출 중계차는 마치 사막의 오아시스와 같은 존재였다. 다국적 통신사와 방송 연맹에서는 위성 송출 중계차들의 정확한 GPS 좌표를 전 세계 언론사에 수시로 통보해 주요 고객인 전쟁특파원들이 쉽게 찾아올 수 있도록 홍보했다. 바스라와 바그다드에서 잇따라 전쟁을 취재한 필자도 이들 위성 송출 중계차를 발견할 수 있었는데, 이들이 마치 전쟁터에서 위험을 무릅쓰고 돈벌이에 여념이 없는 전쟁상인 같다는 생각이 들었다.

실시간, 생방송 전쟁 보도 시대

위성전화를 활용한 기사 작성과 송출이 가능해지면서 전쟁 보도의 성격은 획기적으로 바뀌게 되었다. 전쟁특파원의 눈앞에서 벌어지는 모든 전투 상황을 그때그때 신속하게 뉴스 수용자들에게 전달할 수 있게 된 것이다. 이러한 첨단 통신기술을 활용한 전쟁 보도는 다음과 같은 장점을 지니고 있다. 첫째, 보다 가볍고 신속하고 강력해진 통신장비 덕분에 전쟁특파원들의 전쟁 보도가 보다 더 손쉽고 빨라졌다는 점이다. 둘째, 원거리 전쟁 보도가 손쉽게 이루어지는 덕분으로 전체 전쟁 보도량이 과거보다 획기적으로 늘어나게 되었다.

그러나 위성전화나 위성 송출장비를 활용한 실시간, 생방송 전쟁 보도가 보편화되면서 실소를 금치 못하게 만드는 상황도 연출되곤 한다. 방송 기자가 치열한 전투 상황을 보도하면서 곧바로 상황을 파악하지 못해 허둥대거나 우물쭈물하는 경우가 생긴 것이다. 예를 들어 뉴욕 본사 스튜디오에 앉아 있는 뉴스 앵커가 전쟁특파원 주변에서 총격전이 시작되고 검은 연기가 치솟는 광경을 생방송 화면으로 지켜보며 현재 어떤 상황이 벌어지고 있는지 묻자 전쟁특파원이 당황스러운 표정으로 자신도 도대체 어떤 일이 벌어지는지 알 길이 없다고 대꾸하는 상황과 같은 것이다.

과거의 전쟁 보도는 전쟁특파원이 취재 내용을 추후에 차근차근 정리해 사실 여부와 세부 내용을 확인한 후 기사를 작성해 송출하는 것이 관행이었다. 전투지역에서 촬영한 사진이나 비디오 영상도 주의 깊게 확인 재생해 본 뒤 가편집해 송출할 수 있었다. 이런 과정에서는 전쟁특파원이 적절한 단어와 표현을 신중히 골라 객관적인 사실을 확인한 다음 균형 잡힌 기사를 보도할 수 있었고 비디오 영상 내용도 상세하게 분석하고 설명할 수 있었다. 그러나 신속하게 이루어지는 21세기 전쟁 보도에서는 전쟁특파원들이 자신의 눈앞에서 벌어지는 상황을 생중계하는 경우도 있기 마련이고, 이런 상황에서는 객관적이고 면밀한 분석 기사를 내놓는다는 것이 사실상 불가능하다. 또 첨단 통신기술에 의존한 전쟁 보도일수록 상세한 심층 보도보다는 충격적이고 자극적인 비디오 영상을 위주로 한 전쟁 보도로 흐를 가능성이 높다.

새로운 전쟁특파원—배낭 저널리스트

이라크 전쟁에서는 기존의 전통적인 신문사, 방송사 소속 전쟁특파원들 외에도 새로운 부류의 전쟁특파원들이 등장했다. 이들은 인터넷 언론사 소속이거나 프리랜서 신분의 방송 카메라맨들로 노트북 컴퓨터와 자그마한 캠코더, DV 테이프 등을 배낭 속에 집어넣고 전장을 누비며 취재 활동을 벌였다. 이들 가운데 일부 기자들은 비종군기자로 활약하며 이라크 전역을 돌아다니기도 했지만 대부분 종군기자 신분으로 미군 부대에 배속되어 전쟁을 취재했다. 이들은 긴박한 전투 상황을 취재하면서 혼자 기사를 작성하고 사진을 찍고 비디오를 촬영, 편집한 뒤 송출하거나 인터넷 웹사이트에 올리는 그야말로 일인 다역을 했다. 이처럼 한 사람이 여러 역할을 해내는 멀티 태스킹multi-tasking이 가능한 새로운 전쟁특파원들을 배낭 저널리스트Backpack Journalist라고 부른다. 배낭 저널리스트들은 혼자서 간편하게 이동할 수 있고 남의 눈에 띄지 않게 조용히 활동하기 때문에 테러 조직이

아프가니스탄 전쟁을 취재 중인 전쟁특파원 케빈 사이츠.
도로 곳곳에 매설된 지뢰나 폭탄 등으로부터 안전하다는 미 육군의 최신 방탄 차량 MRAP 내부
에 앉아 있다. 2010년 7월 칸다하르Kandahar 인근에서 촬영했다. (출처: Kevin Sites)

나 저항세력의 눈에 띄지 않는다는 이점을 갖고 있다. 언론사 입장에서도
여러 명의 기자를 따로 고용하지 않고 한 사람만 고용하면 되기 때문에 인
건비와 취재 비용을 줄일 수 있어서 날이 갈수록 선호되는 직종이다. 이라
크 전쟁을 취재한 배낭 저널리스트들 가운데 대표적인 세 사람을 살펴보자.

케빈 사이츠Kevin Sites

이라크 전쟁과 아프가니스탄 전쟁 등 전 세계 주요 분쟁지역들을 취재한
미국의 프리랜서 저널리스트다. 지난 10여 년간 ABC, NBC, CNN 방송,
그리고 Yahoo News 등에 고용되어 일인 다역의 저널리스트로 여러 곳
의 전쟁과 분쟁을 취재했다. 언론계에서는 사이츠를 '배낭 저널리스트의
원조'로 여기고 있는데, 그는 또한 온라인 저널리즘의 대표 주자이기도 하
다. 2003년 이라크 침공 때에는 사담 후세인에 충성하는 사담 페다인 부

대에 붙잡혀 위기를 겪은 적도 있다. 2007년, 사이츠는 1년 동안 세계 20곳의 전쟁과 분쟁 지역을 취재해 최종 기획 취재물을 비디오 뉴스와 사진, 인터넷 기사로 보도했으며 관련 단행본도 발간했다. 네트워크 텔레비전 방송사의 비디오 편집 요원으로 뉴스 취재에 발을 들여놓은 사이츠는 일인 배낭 저널리즘 방식을 활용한 멀티미디어 보도의 선구자가 되었다.

빌 젠틸Bill Gentile

30년 취재 경력을 지닌 베테랑 전쟁특파원이다. 1980년대에는 남미 각국의 내전을 취재했으며, 2008년에는 아프가니스탄에서 종군기자로 활약하면서 〈Afghanistan: The Forgotten War(잊혀진 전쟁, 아프가니스탄)〉라는 다큐멘터리를 제작하기도 했다. 젠틸은 현재 워싱턴 D.C. 소재 아메리칸대학교에서 저널리즘 교수로 재직하면서 배낭 저널리즘과 보도사진론 등을 강의하며 정기적으로 배낭 저널리즘 워크숍을 열고 있다.

커크 스피처Kirk Spitzer

스피처는 소말리아 내전, 코소보 내전, 걸프 전쟁 등 수많은 전쟁을 취재한 베테랑 기자로, 한때 「USA 투데이USA Today」 신문의 국방 담당 기자로 일한 적도 있다. 2002년부터 2005년까지 3년간 스피처는 CBS 방송의 전쟁특파원, 프로듀서, 카메라맨으로 활약하면서 이라크 전쟁과 아프가니스탄 전쟁을 취재했다. 이라크 전쟁 당시 스피처는 일인 다역을 소화하면서 바그다드, 팔루자Fallujah 등 치열한 전투지역을 취재하다 부상을 입기도 했다. 스피처는 현재 일본 공영 방송 NHKNippon Hoso Kyokai에서 일하고 있는데, 그의 일본인 부인 역시 이라크 전쟁 때 종군 취재 경험이 있는 니혼 텔레비전Nippon Television 방송기자다.

이라크 침공 작전은 한 달도 안 되어 미국과 영국의 손쉬운 승리로 끝났다. 수도 바그다드를 비롯한 이라크 전역이 연합군의 수중에 들어갔고, 4월 9일에는 바그다드 시내 광장의 사담 후세인 대통령 동상이 쇠사슬에 묶여 끌어 내려지는 광경이 텔레비전 화면을 통해 전 세계에 보도되었다. 당시 후세인 동상이 쓰러질 때 주변에서 환호하던 사람들 가운데 바그다드 시민뿐만 아니라 미국 내 이라크 반체제 단체 회원도 많았으며, 동상을 텔레비전 취재진 앞에서 쓰러뜨린 것 또한 미군 당국이 치밀히 준비해 전 세계 언론에 선보인 기획성 행사였다는 사실이 뒤늦게 밝혀졌다. 5월 1일, 조지 W. 부시 미국 대통령은 미 해군 항공모함 에이브러햄 링컨호 함교에서 '임무 완수Mission Accomplished'라는 구호를 배경으로 이라크 전쟁에서의 승리를 공식 선언했다. 당초 어렵고 긴 전쟁을 예상했던 전쟁특파원들에게는 의외의 결과였다.

이라크 침공 작전은 역사상 전 세계 언론의 관심이 가장 많이 집중되었던 단기간의 전쟁이다. 전쟁특파원들은 21세기 통신기술 혁명을 만끽하면서 위성전화, 위성 비디오 송출장비 등을 휴대하고 실시간으로 전쟁 보도를 하는 쾌거를 올렸다. 그러나 전쟁 보도 과정에서 미국을 비롯한 서방 전쟁특파원들은 미국과 영국 등 참전국 정부와 군부의 숨겨진 의도와 야심을 알아채지 못한 채 그들의 홍보 전략에 말려들어 그들의 입장을 대변했다는 비판을 들어야 했다. 전쟁 보도의 역사를 기술한 *The First Casualty*(『첫 번째 사상자』)의 저자 필립 나이틀리Phillip Knightley는 이라크 침공 작전 과정에서 미국 정부와 국방부가 사실을 조작하거나 왜곡해 언론의 전쟁 보도 내용을 특정 방향으로 유도한 사례로 제시카 린치 일병 구출 작전(2003년 4월 1일)과 후세인 동상 끌어 내리기(2003년 4월 9일)를 거론했다. 나이틀리는 이 두 사례는 미국 국방부의 홍보 전문가들이 총동원되어 면밀하게 연출한 홍보성 이벤트였으며, 이를 무비판적으로 보도한 전쟁특파원들이 사실을 왜곡한 데 대해 마땅히 책임을 져야 한다고 주장했다 (Knightley, 2004).

    침공 작전이 한 달 만에 끝나자 종군기자들과 비종군기자들은 대부분 취재 활동을 끝내고 본국으로 돌아갔다. 미국 등 서방 언론사에서는 바그다드에 뉴스 지국을 설치하고 특파원들을 상주시켰다. 침공 과정에서 벌어진 대규모 전투들은 끝났지만 2003년 후반기부터 이라크 내에서는 유엔 사무소와 정부 기관 등지에 대한 자살 폭탄 테러 공격이 잇따랐다. 또 후세인 정권 시절 엘리트층이었던 수니파 이슬람교도들이 중심이 된 무장 저항세력이 미군과 영국군 등 연합군 부대에 산발적인 공격을 가했으며 미국 민간 보안업체 직원들에 대한 납치와 살해도 극성을 부렸다. 미군은 팔루자, 티크리트Tikrit, 모술 등 이라크 곳곳에서 저항세력과 민병대를 상대로 끊임없이 교전을 치러야 했다. 미국의 도움으로 권력을 차지한 시아파 이슬람교도들은 정파 간의 갈등과 투쟁으로 분열되어 이라크 정부 소속 보안군과 시아파 지도자 무크타다 알사드르를 추종하는 민병대 간의 전투가 벌어지는 등 이라크는 내전 일보 직전의 상황으로 치달았다.

16
여론의 향방과 전쟁 정책의 변화

2003년 봄, 전광석화와 같았던 이라크 침공 작전을 성공적으로 완수한 미국은 사담 후세인 정권을 붕괴시킨 여세를 몰아 중동지역에서의 영향력을 확대하기 위해 지속적인 테러와의 전쟁을 외치며 주변 국가들에게까지 은근한 위협을 가하고 있었다. 미국 언론과 전쟁특파원들 역시 바그다드 함락과 후세인 체포 등 침공 작전이 종료된 이후에도 전쟁 보도를 계속했지만 점령 이후 이라크를 어떻게 관리하고 재건할 것인가에 대해서는 별다른 관심을 기울이지 않았다.

반전 여론의 대두—밀라이에서 아부 그라이브까지
날이 갈수록 이라크 침공의 구실이었던 이라크 내 대량살상무기의 존재여부에 대한 의문이 커져 갔다. 이는 미국 정부와 중앙정보국(CIA)이 줄곧주장하고 언론이 가세해 부풀려졌던 대량살상무기가 어느 곳에서도 발견되지 않았기 때문이었다. 침공 이전인 2002년, 유엔은 한스 블릭스와 모하메드 엘바라데이를 중심으로 한 무기 사찰단을 이라크에 파견해 조사 활동을 벌였지만 대량살상무기의 존재를 확인하지 못했다. 또 이라크 점령이 시작되자마자 미국에서는 대량살상무기를 찾기 위해 데이비드 케이David Kay를 단장으로 한 무기 사찰단 '이라크 서베이 그룹Iraq Survey Group'을 가동했다. 그러나 2004년 케이 단장이 대량살상무기를 결국 찾지 못했다고 발표한 뒤 사임하면서 대량살상무기 보유설은 침공을 위한 구실에 불과했음이 드러났다.

애초부터 이라크에 대량살상무기가 없었다는 사실이 뚜렷해지자 미국에서는 이라크 전쟁에 대한 반대 여론이 뒤늦게 불붙기 시작했다. 메릴랜드대학교의 수잔 뮬러Susan Moeller 교수는 이라크의 대량살상무기 위협을 줄기차게 보도한 미국 언론의 실책을 다음과 같이 들고 있다. 첫째, 언론이 대량살상무기가 구체적으로 어떤 것인지 알지도 못한 채 무기 개발 노력과 무기의 존재 자체를 착각했으며, 둘째, 대부분의 기자가 테러와의 전쟁이란 대량살상무기를 찾아내려는 것이라고 해석하고 있었으며, 셋째, 미국 정부가 어떤 의도에서 대량살상무기 위협을 거론했는지 또 어떤 정책을 추구하고 있는지를 제대로 보도하지 못했다는 것이다(Moeller, 2004).

이라크 전쟁에 대한 비판이 거세질 무렵, 전쟁과 관련된 또 다른 스캔들이 터졌다. 이라크 주둔 미군이 관할하는 바그다드 교외 아부 그라이브 교도소에서 미군 헌병들과 CIA 요원들, 그리고 민간인 용역업자들이 이라크 재소자들을 상대로 다양한 형태의 고문과 성폭행, 성추행 등 가혹 행위를 저질렀다는 폭로가 터져 나온 것이었다. 2004년 4월 28일 CBS 방송의 심층 뉴스 프로그램 〈60분〉에서 처음으로 가혹 행위 관련 내용을 폭로했다. 그리고 이틀 뒤 『뉴요커』의 온라인판에 시모어 허시 기자가 "아부 그라이브에서의 고문"이라는 제목의 기획 기사를 게재하면서 그 여파가 더욱더 커졌다. 다음은 허시 기자의 기사 가운데 일부다.

(미군 헌병들이 이라크인) 재소자들에게 인분을 끼얹거나 벌거벗은 재소자들에게 찬물을 끼얹는 일도 있었으며 빗자루나 의자로 재소자들을 구타했다. 남성 재소자들을 성폭행하겠다고 위협하는가 하면 재소자를 감방 벽에 내던져 상처가 나면 헌병 간수가 상처 부위를 바늘로 마구 꿰매기도 했다. 또 이물질이나 빗자루를 재소자들의 항문에 쑤셔 넣거나 군견을 동원해 재소자들을 위협하고 실제로 물게 했다. (중략) 이 같은 비인간적 대우는 어떤 문화권에서도 용납될 수 없는 것으로 특히 아랍 세계에서는 말할 필요도 없다.

허시 기자의 폭로 기사는 계속해서 테러 용의자들을 아부 그라이브 교도소 주둔 헌병대에 인계하려고 이곳에 들렀다가 이라크인 재소자들에게 가해지는 가혹 행위를 목격한 미군 헌병 매튜 위즈덤의 증언을 소개하고 있다.

"두 명의 벌거벗은 재소자들이 눈에 띄었습니다. 재소자 한 명이 또 다른 재소자의 성기를 붙잡고 자위행위를 강요받고 있었습니다. 저는 이곳에서 당장 뛰쳐나가고 싶었습니다. (재소자들에게) 이런 행위를 시키는 것은 잘못된 일이었습니다. (교도소 주둔 헌병인) 프레더릭 하사가 저에게 다가오면서 '잠시라도 감시가 소홀하면 이 짐승 같은 놈들이 어떤 짓을 하는지 한번 지켜봐'라고 말했습니다. 곁에 있던 잉글랜드 상병은 '저놈 빳빳해지네'라고 외쳤습니다." 위즈덤은 자신이 목격한 가혹 행위를 상급자들에게 보고했으며 적절한 조치가 이루어질 것으로 생각했다고 증언했다. 그는 범죄 행위로 비추어질 만한 어떤 행위에도 자신은 가담하길 원치 않았다고 말했다.

(시모어 허시, 『뉴요커』, 2004년 4월 30일)

아부 그라이브 교도소에서 미군 헌병에 의해 벌어진 가혹 행위.
위 사진은 아부 그라이브 교도소에 근무하는 헌병들 가운데 한 명인 린디 잉글랜드 상병이 이라크인 재소자의 목에 줄을 묶어 끌어당기며 가혹 행위를 하고 있는 모습이다. 왼쪽 사진은 찰스 그래이너 상병과 잉글랜드 상병이 벌거벗은 이라크 재소자들에게 피라미드를 쌓도록 한 뒤 미소를 지으며 엄지손가락을 치켜들고 있는 모습이다. (출처: U.S. Army)

　아부 그라이브 교도소에서의 이라크인 재소자 가혹 행위 스캔들은 언론 보도를 통해 전 세계로 퍼져 나갔고 미국의 신뢰성과 대외 이미지에 치명적인 타격을 입혔다. 특히 후세인 독재 정권을 타도하고 이라크인들에게 자유를 안겨 주었다고 떠들썩하게 선전했던 미국이 실제로는 이라크인들의 인권을 유린하고 가혹 행위를 저질렀다는 사실에 이라크인들을 비롯한 아랍 이슬람권 사람들이 크게 분노했다. 미국을 비롯한 서방 언론들도 관련자들의 처벌과 미 국방장관 도널드 럼스펠드의 사퇴를 요구했다. 그러나 미군 사법 당국은 아부 그라이브 주둔 헌병대의 총책임자인 제니스 카핀스키 준장을 해임하고 가혹 행위에 가담한 미군 병사 11명을 군법회의에 회부하는 선에서 파문을 덮었다. 주동자로 지목된 찰스 그래이너 상병은 징역 10년 형을 선고받았지만 2011년 8월 6년 반 만에 출소했다. 한편 아부 그라이브 스캔들이 터진 두 달 뒤인 2004년 6월에는 이라크 내 대량 살상무기 보유설을 최초로 거론한 인물로 알려진 CIA 국장 조지 테닛이 사임했고, 2년 뒤인 2006년 11월에는 야당인 민주당이 다수당으로 의회를 장악하게 되자 국방장관 럼스펠드마저 사임하게 되었다.

이라크 전역의 혼란과 가중되는 신변상 위협

침공 작전 이후 이라크 전쟁을 취재하던 전쟁특파원들은 침공 당시의 통쾌하면서도 치열했던 전투와 승리의 순간이 지나자마자 이라크 저항세력의 자살 테러 공격, 이슬람 수니파와 시아파 간의 종파 갈등, 그리고 혼란이 거듭되는 이라크 정국을 취재 보도해야 했다. 특히 2004년 봄 이후 팔루자와 모술, 나자프Najaf 등지를 중심으로 수니파 저항세력과 시아파 민병대의 도전이 거세지면서 미군은 이들을 상대로 시가전을 벌여야 했다. 미군의 점령이 계속되면서 권력 공백 상태에 빠진 이라크에는 혼란이 가중되고 있었다. 연쇄 납치와 살인, 총격전 등 이라크 내 치안 상태는 극도로 열악해졌다. 이 과정에서 서방 전쟁특파원들을 포함한 외국인들을 노린 인질 납치극이 잇따라 전쟁특파원들은 더 이상 마음껏 시내를 활보하거나 취재원들을 만날 수 없었다(Kim, 2010; Kim & Hama-Saeed, 2008).

2006년 1월에는 미국 ABC 방송 뉴스 앵커 밥 우드러프가 취재 도중 도

미군이 점령한 바그다드 시가지를 취재 중인 필자.

전 세계 전쟁특파원들이 머물고 있던 팔레스타인 호텔 앞에는 육중한 미군 M-1 전차, 일명 에이브람스가 버티고 서서 자살 폭탄 테러 공격 등에 대비하고 있다.

로변 폭탄(IED)이 터져 중상을 입었고(Oppel Jr. & Steinberg, 2006), 5월에는 CBS 방송 킴벌리 도지어 기자가 차량 폭탄이 터져 중상을 입는 등 전쟁특파원들의 수난이 잇따랐다. 당시 바그다드에 뉴스 지국을 개설했던 미국 3대 네트워크 방송사 전쟁특파원들은 미군이나 영국군 부대를 취재할 때에는 종군 취재가 가능했지만 평상시 바그다드 거리 취재 등을 할 때에는 자동소총 등으로 무장한 민간 경호원들을 대동해야만 했다. 밥 우드러프와 함께 취재하다 도로변 폭탄이 터져 중상을 입었던 ABC 방송 카메라맨 더그 보트는 당시 이라크 내 치안 상황과 취재 여건을 다음과 같이 설명했다.

2004년 이후 이라크 취재는 민간 경호원들과 함께 다녀야만 했습니다. 취재에 나설 때에는 어느 곳을 방문할 것인지, 누구를 인터뷰할지 사전에 면밀히 계획해야 했습니다. 거리에서 텔레비전 인터뷰를 하면 쉽게 눈에 띄게 되죠.

292
293

이라크 취재원 집에서 인터뷰를 하게 되면 시아파 민병대가 인근 지역을 통제하고 있지는 않은지 조심스럽게 살펴야 했습니다. (중략) 차량 폭탄이나 도로 주변에 숨겨진 폭탄들을 찾아내기는 어렵습니다. 취재 중에도 항상 주변을 눈여겨 살펴야 하죠.　　　　　　　　　（더그 보트, 전화 인터뷰, 2010년 3월 18일）

밥 우드러프는 이라크에서 전쟁특파원의 취재 활동이 얼마나 위험했는지를 다음과 같이 설명했다.

코소보 내전을 취재할 때만 하더라도 전쟁특파원들에 대한 납치나 살해 위협은 없었습니다. 그러나 이라크 전쟁은 과거와는 전혀 다른 새로운 위험을 전쟁특파원들에게 안겨 줬습니다. 테러 단체 알카에다 요원들이 언론인들을 납치하거나 살해하는 사례가 잇따르자 전쟁 보도에 어떤 신변상 위험 요소가 있는지 더욱 선명해졌습니다. 언론인들에 대한 납치와 살해가 늘면서 이라크 전쟁특파원들 사이에는 비종군 취재보다는 군 부대와 함께 이동하며 종군 취재를 하는 것이 더 안전하다는 인식이 넓게 퍼졌습니다. 비록 취재 범위나 대상을 제한받더라도 종군 취재를 하는 것이 비종군 취재를 하다가 목숨을 잃는 것보다는 낫다는 거죠.　　　　　（밥 우드러프, 전화 인터뷰, 2011년 10월 19일）

우드러프 기자는 당시 도로변 폭탄이 폭발하면서 머리를 크게 다쳐 대수술을 받았지만 결국 부상 후유증을 안은 채 지내고 있다고 밝혔다. 그는 필자와의 전화 인터뷰 도중 때때로 적절한 단어가 생각나지 않는 듯 한동안 말을 멈추고 기억을 되살리느라 애를 먹기도 했다. 이라크 전쟁 취재 때 입은 부상으로 ABC 방송 메인 뉴스의 앵커직을 다른 기자에게 물려주고 현재 특집 프로그램 제작부서에서 일하고 있다고 우드러프 기자는 덧붙였다.

이처럼 전쟁특파원들에 대한 납치와 살해 위협, 그리고 폭탄 테러가 잇따르자 미국 등 서방 언론사의 바그다드 주재 특파원들은 신변 보호를 위해 외부 취재 활동을 줄일 수밖에 없었다. 대신 아랍어와 영어를 함께 구사하는 이라크 현지인들을 고용해 이들이 시내 곳곳에서 취재해 온 내용들을 좀 더 세련되게 다듬고 분석하는 방식으로 전쟁 보도를 이어 나갔다 (Palmer & Fontan, 2007). 영국 출신의 베테랑 전쟁특파원이자 저술가인 로버트 피스크Robert Fisk는 이처럼 서방 전쟁특파원들이 신변상 위협을 우려해 주로 호텔에만 머물며 이라크 고용인들이 취재해 온 내용을 재가공하여 보도하는 것을 '호텔 저널리즘'이라고 부르며 혹평했다(Fisk, 2005).

서방 언론의 귀와 눈 역할을 한 현지인들도 이라크인이라고 해서 안전을 보장받을 수는 없었다. 수니와 시아 이슬람 종파 간의 갈등과 대립이 절정에 이르렀던 2006년과 2007년 각각 32명의 이라크 언론인들이 살해되었으며, 2003년 이라크 침공 작전 때부터 2008년 말까지 이라크에서 취재 도중 숨진 언론인들은 무려 139명이었으며, 이 가운데 이라크인 언론인들은 117명이었다(Kim, 2010). 뉴욕에 본부를 둔 민간 언론단체 '언론인 보호 위원회Committee to Protect Journalists'는 전쟁이 계속된 2003년부터 2008년까지 한 해도 빼놓지 않고 이라크를 '기자들에게 가장 위험한 나라'로 선정했다(Committee to Protect Journalists, 2008). 미군 전사자 수도 지속적으로 늘어나 2008년에 이르러서는 4천 명을 돌파했다.

이라크에서 아프가니스탄으로—경제 불황과 전쟁 종결 정책

2006년 11월, 미국 원로 정치인들과 정책 전문가들로 구성된 '이라크 연구 그룹Iraq Study Group'은 이라크에 주둔 중인 미군 전투 병력을 점진적으로 철수시켜야 한다는 내용의 건의문을 조지 W. 부시 대통령에게 전달했다. 이 그룹은 또 중동지역의 평화 정착을 위해 미국이 군사 대결 국면에서 벗어나 이란과 시리아 등 미국의 적성 국가들에 대해 외교적 노력을 기울일 것도 당부했다. 이라크 전쟁에 대한 미국인들의 여론도 해가 갈수록 악화되었다. 미국의 퓨 리서치센터(Pew Research Center, 2008)가 실시한 여론조사에 따르면 2003년 3월 72퍼센트였던 이라크 전쟁 지지율은 2006년 3월에는 49퍼센트, 2008년 3월에는 38퍼센트로 점점 더 하락했다. 한국 전쟁이나 베트남 전쟁 때와 마찬가지로 미국이 해외에서 벌인 전쟁들의 경우 첫 한두 해 동안 가시적인 결말을 내지 못하고 분쟁이 계속되면 결국은 미국인들의 지지를 잃게 된다는 사실을 보여 준다.

이라크 전쟁에 대한 미국인들의 여론 악화는 침공 작전이 끝난 뒤 미군 점령 아래서 평화가 정착되지 못한 채 오히려 테러 공격이 급증하고 이라크 내 종파 갈등이 내전 상태에까지 이르면서 전쟁이 장기화된 데에서 근본적인 원인을 찾을 수 있다. 여기에다 2007년 말 미국에서 시작되어 전 세계로 확산된 금융 위기와 경제 불황으로 인해 미국인들이 해외에서 벌어지는 전쟁에 대해 심리적 부담을 느낀 것도 또 하나의 원인이다. 또 미국 대통령 선거가 치러진 2008년 말에는 대중의 관심이 국내 정치와 경제 문제에 쏠리면서 해외에서 벌어지고 있던 이라크 전쟁에 대한 관심이 상대적으로 줄어들었기 때문이기도 하다. 당시 제44대 미국 대통령 선거에서 아프가니스탄 전쟁과 이라크 전쟁을 주도한 공화당 정권이 물러나고 이라크 전쟁을 반대해 온 민주당의 버락 오바마가 대통령에 당선되면서 전쟁에 대한 전면적인 전략 수정이 불가피해졌다(Kim, 2012; Ricchiardi, 2008). 오랫동안 계속된 전쟁이 고착 상태에 빠지면서 이라크 전쟁에 대한 지지 여론은 점차 사그라졌고 언론의 이라크 전쟁 보도량도 급속히 줄어들었다. 「뉴욕 타임스」의 경우 이라크 전쟁 관련 기사가 2003년 한 해 9천 건을 넘었지만 2005년에는 5천 건, 2007년에는 5천 건, 2009년에는 3천 건 이하로 줄어들었다(Jamail, 2010). 방송의 경우도 마찬가지였다. 2007년 1월과 3월 사이 이라크 전쟁 관련 기사는 전체 뉴스의 23퍼센트였지만, 2008년 같은 기간 동안 이라크 전쟁 관련 기사는 전체 뉴스의 3퍼센트에 불과했다 (Ricchiardi, 2008). 이라크 전쟁에 대한 관심이 사그라지면서 이라크에서 취재하는 종군기자들의 수도 급속도로 줄어들었다. 2003년 이라크 침공 작전 당시 600명이 넘었던 종군기자는 2007년 9월에는 219명, 2008년 9월에는 39명으로 해가 갈수록 급속도로 줄었다(Mooney, 2008). 이는 베트남 전쟁에서 전쟁이 절정에 이르렀던 1968년을 기점으로 해가 갈수록 종군기자들의 수가 감소했던 것과 마찬가지였다. 여기에다 2009년 9월에는 아프가니스탄 주둔 미군 사령관 스탠리 매크리스털Stanley A. McChrystal 대장이 점차 거세지는 탈레반 저항세력을 소탕하기 위해 대규모 미군 병력의 증원이 필요하다고 주장함에 따라 오바마 민주당 행정부는 이라크 전쟁을 서둘러 종결하고 아프가니스탄 전쟁에 미군 병력을 증파하는 방안을 고려해야 했다.

이처럼 전쟁에 대한 관심이 사그라지고 경제 불황의 그늘이 점차 깊어가자 이라크 전쟁을 취재하던 미국 대형 신문사들과 텔레비전 방송사들도 바그다드 뉴스 지국을 폐쇄하거나 특파원들의 숫자를 줄이기 시작했다. 2007년 말에는 ABC, CBS, NBC, CNN, 폭스 뉴스Fox News 등 5대 방송사들이 바그다드 뉴스 지국들을 통합해 미디어 풀 방식으로 전환하는 방안을 논의하기도 했다. 현재 바그다드에는 미국 방송사들의 전쟁특파원들이 모두 철수한 상태이며, 급박한 상황 변화나 돌발 사태가 생길 경우에는 바그다드 주재 영국 BBC 방송 특파원이 보도하는 내용을 미국 방송사들이 그대로 받아 사용하는 것으로 양해가 이루어져 있다. 미국 언론의 이라크 전쟁 취재 보도가 급격히 감소한 것에 대해 이라크 전쟁과 아프가니스탄 전쟁을 여러 차례 보도한 「샌안토니오 익스프레스 뉴스San Antonio Express-News」의 시그 크리스턴슨Sig Christenson은 경제 불황과 이에 따른 언론사들의 긴축 경영이 결정적인 원인이라고 지적했다.

전쟁 초기 언론사들은 재원이 풍족했습니다. 이라크 전쟁은 뉴스 가치가 아주 높았죠. 제가 재직 중인 언론사도 지난번 아프가니스탄 전쟁 취재에 많은 비용을 지출했습니다. 하지만 이젠 경제 사정이 완전히 달라졌습니다. 언론사들은 더 이상 전쟁특파원들을 이라크나 아프가니스탄에 보내려 하지 않을 뿐더러 더 이상 쓸 돈도 없습니다. 9·11 테러 직후에는 서로 앞다투어 전쟁 취재에 나섰지만 다른 뉴스 소재들과 마찬가지로 이제 전쟁 보도는 뉴스의 우선순위에서 밀려났습니다.　　　　(시그 크리스턴슨, 전화 인터뷰, 2010년 4월 9일)

2004년과 2009년 두 차례 이라크 바그다드에서 취재한 한 전쟁특파원은 불과 5년 사이에 이라크 전쟁에 대한 언론사들의 관심이 얼마나 줄었고 그들의 재정 상태가 얼마나 나빠졌는지를 직접 목격할 수 있었다.

2004년 취재 당시, 미군 사령부에서 전쟁특파원들을 상대로 연 뉴스 브리핑의 규모가 어느 정도였는지 아세요? 사령부 내 커다란 홀에서 브리핑이 있었고 참석한 특파원들과 군 당국자들의 수가 수백 명이었습니다. 제가 마지막으로 이라크 취재를 했던 2009년에는 현지에 남아 있던 기자들을 모두 불러 모았는데도 식당 큰 테이블에 둘러 앉아 간담회를 할 정도로 규모가 줄었더군요. (중략) 미국 언론사들은 이제 더 이상 재정적 여력이 남아 있지 않습니다. 이라크에는 보도할 만한 기사거리가 아직 많지만 더 이상 그곳에 상주하는 전쟁특파원들은 찾아볼 수 없습니다.

(매튜 스코필드Matthew Schofield, 맥클라치McClatchy 신문 체인, 전화 인터뷰, 2010년 3월 23일)

2008년부터 미국 네트워크 방송사들은 이라크 현지인 직원 한두 명을 지국 관리 요원으로 남겨 놓은 채 전쟁특파원들을 바그다드에서 철수시켰다. 이 같은 미국 방송사들의 이라크 전쟁 보도 행태는 바그다드에 계속 남기로 한 다른 서방 언론 전쟁특파원들에게 충격을 안겨 주었다. 영국 BBC 방송 짐 뮤어 특파원의 말을 들어 보자.

아직 미군 병력이 10만 명이나 주둔하고 있고 뉴스거리도 계속 나오고 있는데 미국의 주요 방송사들은 뉴스 지국을 대폭 축소하고 이라크 현지 고용인들만 남겨 둔 채 어쩌다 한번씩 들러 이라크 전황을 보도했습니다. 물론 계속된 전쟁에 대한 피로감이 누적된 데다가 언론사 경영 여건 악화도 이유였겠지만 충격적인 일이 아닐 수 없었습니다. 반면에 「뉴욕 타임스」, 「워싱턴 포스트」, 「엘에이 타임스LA Times」, 「크리스천 사이언스 모니터」, 미국 공영 라디오 방송 NPR 등은 전쟁특파원들을 계속 상주시키면서 이라크 전쟁 보도를 훌륭히 해냈습니다.   (짐 뮤어, 이메일 인터뷰, 2010년 3월)

이외에도 필자가 인터뷰한 전쟁특파원들은 오랫동안 계속되는 전쟁을 보도할 경우 엄청난 규모의 사상자가 생기지 않는 이상 '반복되는 전투'나 '몇 명의 사상자'가 나오는 평범한 전쟁 뉴스는 본사 뉴스 편집자들의 관심에서 밀려날 수밖에 없다고 말했다. 이처럼 대중의 관심에서 멀어진 이라크 전쟁은 미군 지상 전투부대의 최종 철수가 이루어진 2010년 여름에 가서는 그야말로 '잊힌 전쟁'이 되어 버렸다. 2011년 10월 오바마 대통령은 이라크 전쟁 공식 종료를 선언하고 잔류 미군 4만여 명을 두 달 뒤인 2011년 12월 말까지 철수시켰다(Shanker, Schmidt & Worth, 2011). 미국인의 78퍼센트가 이라크 전쟁 종료를 선언한 오바마 대통령의 결정을 지지했다. 현재 이라크에는 수천 명의 미국 민간 경비업체 직원들과 외교관, 그리고 대사관 경비를 맡고 있는 미군 병력 등이 남아 있을 뿐이다. 이로써 지난 8년간 미군 전사자 4천5백여 명, 미군 부상자 3만 2천여 명, 이라크인 사망자 10만여 명, 언론인 사망자 140여 명을 기록한 이라크 전쟁은 막을 내렸다.

그러나 이라크에서는 여전히 테러 단체들이 주도하는 자살 폭탄 테러가 잇따르고 수니와 시아 이슬람 종파 간의 갈등과 알력이 계속되고 있어서 국가 재건을 위한 융합과 화해는 요원하기만 하다. 미국의 전폭적 지원으로 세워진 이라크 정부는 아직 외부로부터의 테러 위협에 대처할 만한 능력을 입증하지 못했으며 새로 결성된 이라크군 역시 훈련 면에서나 장비 면에서 미흡하다는 평가를 받고 있다(Shanker, Schmidt & Worth, 2011). 그러나 미국과 영국이 주도한 이라크 전쟁이 마무리되기도 전에 전 세계에서 몰려들었던 전쟁특파원들은 이미 바그다드를 떠난 지 오래다.

미군 증파, 아니면 임무 실패?

2001년 9·11 테러 이후 이루어진 미국의 아프가니스탄 침공은 오사마 빈라덴을 비호한 탈레반 정권을 전복시키는 성과를 거두었지만 2003년 이라크 침공을 전후해 대중의 기억 속에서 거의 사라지고 말았다. 그런데 2009년 9월 아프가니스탄 주둔 미군 사령관인 스탠리 매크리스털 대장이 점차 강력해지는 탈레반 세력을 소탕하기 위해서는 미군 병력의 대규모 증원Troop Surge이 절실하다고 주장하면서 아프가니스탄 전쟁은 다시 대중의 관심을 끌게 되었다. 당시 아프가니스탄에서의 급박한 사정을 「워싱턴 포스트」 밥 우드워드Bob Woodward 편집장은 다음과 같이 전하고 있다.

> 아프가니스탄 주둔 미군 및 나토군 사령관은 자신이 내년에 더 많은 병력이 필요하며 이 같은 지원이 이루어지지 않을 경우 지난 8년간 끌어온 전쟁에서 패할 수도 있다고 「워싱턴 포스트」가 입수한 66쪽 분량의 긴급 비밀 판단 보고서에서 밝혔다. (중략) 국방부 관리들은 매크리스털 사령관이 추가 병력과 기타 자원에 대한 별도의 상세한 요청을 준비해 놓았지만 국방부로 이 문서를 발송하기 전에 상급자들의 지시를 기다리고 있다고 전했다.
> (밥 우드워드, 「워싱턴 포스트」, 2009년 9월 21일)

매크리스털 사령관의 요청과 더불어 이라크 전쟁을 하루속히 마무리 짓고 아프가니스탄에서 알카에다와 오사마 빈라덴을 추적해야 한다는 오바마 대통령의 지시로 미군 병력 2만 6천여 명이 증원되면서 아프가니스탄 전쟁은 새로운 국면을 맞게 되었다. 이에 2010년 한 해 동안 테러 단체 조직원들과 탈레반에 대한 대규모 군사 작전이 감행되었고 미군의 전과가 늘어나는 만큼 사상자의 수도 늘어났다. 미국은 대규모 병력 증강과 더불어 수니파 이슬람 저항세력을 회유하는 데 성공한 이라크에서의 경험을 살려 아프가니스탄에서도 탈레반 세력과의 막후교섭과 타협을 모색하기 시작했다. 미국 등 서방 언론은 또다시 아프가니스탄 전쟁에 관심을 보였고 수많은 전쟁특파원이 수도 카불에 몰려들었다. 그러나 이라크 침공 작전 때와 같이 대규모의 전쟁특파원이 전장을 누비는 일은 없었다. 당시에는 아프가니스탄 전쟁을 취재하는 전쟁특파원들이 이라크 전쟁도 함께 취재하는 경우가 많아서 대부분 두 나라를 오가며 낙하산 저널리스트로 보도하는 것이 일반적이었다.

한편 아프가니스탄 전쟁에 대한 여론 지지도는 해가 갈수록 낮아져 2009년 12월 퓨 리서치센터의 여론조사에 따르면 미국인 응답자의 32퍼센트만이 아프가니스탄에서의 미군 병력 증원 정책을 지지하고 40퍼센트는 병력 축소 정책을 지지했다. 2011년 4월에 실시된 또 다른 퓨 리서치센터 여론조사에서는 응답자의 절반이 미군과 나토 연합군International Security Assistance Forces 병력이 아프가니스탄에서 철수해야 한다고 응답했다.

2011년 5월 2일, 미 해군 특수부대가 아프가니스탄의 이웃 국가인 파키스탄의 아보타바드Abbottabad에 숨어 있던 알카에다 지도자 오사마 빈라덴을 찾아내 사살했다. 빈라덴 사살을 계기로 미국은 10년이 넘게 계속되어 온 최장기 분쟁 아프가니스탄 전쟁을 조만간 마무리 지으려 노력하고 있다. 미국 정부는 국내 경제 불황 등을 고려해 아프가니스탄에서도 이라크

아프가니스탄 동부 지역에서 정찰 활동 중인 미 육군 101공수사단 병사들. (출처: U.S. Army)

의 경우와 마찬가지로 조속히 미군 병력을 철수시키고 싶어하나, 아직 아프가니스탄 정부와 신생 방위군이 테러 집단이나 탈레반의 기습 공격에 취약한 상태라는 점을 고려해 미군 전투 병력을 오는 2014년까지 아프가니스탄에 주둔시킬 계획이다. 아프가니스탄에는 아직 전쟁특파원들이 남아 있기는 하지만 프리랜서이거나 아프가니스탄 현지 고용 특파원인 경우가 많다. 미국 언론사들은 카불 상주 전쟁특파원을 두기에는 전황이 그리 급박하지 않다며 필요한 경우에 낙하산 저널리스트들을 파견한다는 방침을 고수하고 있다. 단적인 예로 2011년 초 튀니지와 이집트, 리비아 등에서 잇따라 반독재 민주화 시민 시위가 벌어지자 아프가니스탄 카불에서 취재 중이던 전쟁특파원들 가운데 일부가 곧바로 짐을 싸 시민혁명 현장으로 달려갔다. 이 과정에서 '아랍의 봄'과 시민혁명을 다룬 뉴스가 폭증한 대신에 아프가니스탄 전쟁 관련 뉴스량은 급격히 줄었다. 결국 분쟁과 전쟁을 포함한 국제뉴스는 어느 한 나라에서 벌어진 뉴스에 초점이 모아지면 다른 나라에서 진행되고 있던 오래된 분쟁이나 전쟁은 이내 잊히고 만다는 사실을 입증한 것이다.

제2차 세계대전 당시 연합국들은 독일과 일본의 항복을 받아내고 점령 지역을 해방시키는 등 전쟁 승리라는 벅찬 감격을 만끽할 수 있었다. 이에 연합국 전쟁특파원들은 처절한 전투 끝에 승리와 해방의 기쁨을 다룬 기사들을 줄기차게 써내려 갈 수 있었다. 전쟁특파원들이 기억하는 이 같은 승리와 패배가 뚜렷하게 드러나는 전쟁은 아마 1991년 걸프 전쟁이 마지막이었을 것이다. 한국 전쟁과 베트남 전쟁, 그리고 최근의 이라크 전쟁과 아프가니스탄 전쟁에서는 연합국들이 패배한 적군으로부터 공식적인 항복 선언을 받아내지 못했다. 또 어느 한 국가를 무력으로 점령했다고 하더라도 그 뒤로 산발적인 전투와 테러 공격이 이어지는 등 전쟁특파원들로서는 승리와 해방의 기쁨을 다룬 전쟁 기사를 보도하는 것이 더욱 어려워졌다. 오늘날 21세기의 국제분쟁과 전쟁은 어느 특정 참전국의 승리나 전투 종료 선언을 바탕으로 전쟁이 끝난다기보다는 전쟁 당사국의 정치, 경제적 여건 변화에 따른 국민 여론의 악화 등으로 어쩔 수 없이 전쟁을 서둘러 끝내거나 '쌍방이 적당히 비기는 선에서' 마무리 짓는 경우가 많다. 달리 말하자면 정규군 대 정규군의 대결이었던 제1, 2차 세계대전과 걸프 전쟁과는 달리 게릴라 저항세력, 민병대, 테러 단체 요원 등 비정규 게릴라들과 정규군의 길고도 처절한 전쟁이 일반화되고 있다. 이는 개전에서 종전에 이르기까지 '역사의 목격자와 기록자'라는 전쟁특파원의 역할이 점차 바뀌어 가고 있다는 것을 의미한다. 또 언론사들도 전쟁을 마지막 순간까지 보도하기보다는 전쟁이 독자와 시청자, 청취자들의 관심에서 사라질 때쯤이면 보도를 접고 또 다른 국제뉴스의 현장을 찾아나서는 일을 반복하고 있다.

17
군과 언론

전쟁이나 분쟁이 발생할 경우 무력 충돌의 주체는 군부이며, 이들이 벌이는 무력 행사와 교전 행위는 전쟁특파원이 놓쳐서는 안 되는 중요한 뉴스거리다. 전투 상황을 취재 보도하는 것이 주 임무인 전쟁특파원은 군과 밀접한 관계를 유지하거나 아예 군 전투부대와 함께 전장을 이동하면서 취재하는 경우가 허다하다. 19세기 중반 미국과 멕시코 간의 전쟁에서부터 시작된 군과 전쟁특파원의 관계는 뉴스 기사를 매개체로 하는 취재원과 기자 간의 끊으려야 끊을 수 없는 관계를 의미한다. 지난 160여 년 동안 군과 전쟁특파원 간의 관계는 때로는 우호적이었지만 때로는 소원했으며 심지어 적대 관계로 치닫기도 했다. 군과 전쟁특파원들 간에 일어나는 갈등은 민간인인 전쟁특파원이 전투지역에 접근할 수 있도록 허용할 것인지, 또 그들이 취재한 내용을 어느 선까지 보도할 수 있도록 허용할 것인지 등 군과 전쟁특파원들 간의 시각 차이에서 비롯된 것이 대부분이다. 달리 말해 전쟁이나 분쟁을 치르는 군은 국익 수호와 군사 기밀 보호를 이유로 대부분의 정보를 통제하려 들지만, 언론은 국민의 알 권리를 내세워 이를 거부하고 독자와 시청자, 청취자들에게 전쟁이나 분쟁에 대한 사실을 널리 알려야 한다는 생각을 지니고 있다.

제2차 세계대전과 한국 전쟁, 베트남 전쟁을 두루 취재한 「시카고 데일리 뉴스」의 전쟁특파원 키이스 비치는 전쟁에서 군과 전쟁특파원들 간의 관계를 '상호 불신mutual distrust'이라는 단어로 간략히 표현했다. 군은 전쟁특파원들을 좀처럼 신뢰하지 않고 가능하면 통제하려고 하며, 전쟁특파원들 역시 군이나 군사 작전의 약점이나 실수를 찾아내 폭로하는 것이 다반사라는 것이다. 그런데 따져 보면 전쟁이나 분쟁을 취재하는 전쟁특파원이 전장을 오가며 각종 편의와 도움을 제공받고 안전하게 의지할 곳은 군밖에 없다는 사실은 아이러니가 아닐 수 없다. 이 단원에서는 군과 전쟁특파원 간의 복잡 미묘한 관계가 지난 160여 년간 어떻게 변화해 왔는지를 미국 군부와 언론 간의 여러 사례를 중심으로 살펴보고, 오늘날 전쟁이나 분쟁 취재에 있어서 둘 사이의 바람직한 관계는 어떤 것인지를 알아보고자 한다.

전쟁특파원과 군 공보장교

전쟁특파원은 군 고위층과 만날 기회가 많다. 영관급 또는 장성급을 비롯한 군 지휘관들과 수시로 대화를 나누거나 인터뷰를 하는 것은 말할 것도 없다. 그러나 후방지역에서 군 수뇌부의 일거수일투족을 취재하는 것은 전쟁특파원의 임무가 아니라 정치 담당 기자나 국방부 출입 기자의 영역에 속한다. 전쟁과 분쟁을 취재하는 대부분의 전쟁특파원은 군 홍보 담당자인 공보장교public affairs officer를 가장 먼저 마주치게 된다. 이들은 미군에서는 공보장교, 한국군에서는 정훈 공보장교라는 명칭으로 불린다. 공보장교는 전시나 평상시 국민이 군을 신뢰할 수 있도록 다양한 홍보 활동을 펼칠 뿐만 아니라 언론과의 접촉을 담당한다(U.S. Department of the Army, 2000). 공보장교의 임무는 일반 기업체 홍보 담당자의 업무와 흡사하다. 구체적으로 살펴보면 공보장교는 전쟁이나 분쟁 기간 동안 전쟁이나 분쟁 취재를 희망하는 전쟁특파원에게 신분증이나 증명서를 발급하고, 전쟁특파원들을 상대로 정기적으로 뉴스 브리핑(기자회견)을 실시하며, 주요 전투지역이나 기타 관심지역으로 전쟁특파원들을 인솔해 현장 취재를 할 수 있도록 주선하고, 전쟁특파원들의 다양한 질문에 적절히 답변하는 역할을 맡는다. 이 밖에도 군 장병으로 구성된 자체 취재 보도팀을 운영하기도 하는데, 이럴 경우 공보장교는 언론사 뉴스 편집인과 비슷한 역할을 맡는다. 한마디로 군 공보장교는 군 내부적으로는 홍보와 취재 보도 업무를 총괄하고 대외적으로는 언론사 전쟁특파원들을 상대하면서 최대한 군에 호의적이고 긍정적인 보도가 이루어지도록 조정하는 역할을 맡고 있다.

간혹 전쟁특파원들이 이런저런 이유로 중요한 전투를 취재하지 못하는 경우가 있을 수 있다. 이때 군 취재 보도팀이 촬영한 전투지역 기록 사진이나 비디오 영상이 있을 경우 공보장교는 뉴스 기사 형식으로 준비된 보도자료와 함께 이를 언론사에 무료로 배포한다. 물론 군 취재 보도팀이 촬영한 사진이나 비디오 영상은 용맹무쌍한 장병들의 모습이나 전투에서의 승리 등 긍정적인 메시지를 담고 있는 것이 대부분이다. 한편 이라크나 아프가니스탄에 주둔했던 미군 전투부대의 일부 공보장교는 방송사 전쟁특파원들이 방송 리포트를 신속히 송출할 수 있도록 군 통신장비나 위성 송출장비 사용을 허용하기도 했다.

미군의 경우, 공보장교와 군 취재 보도 요원을 국방부 산하의 국방정보학교(Defense Information School, 약어로 '딘포스DINFOS')에서 양성한다. 이곳에서는 미군의 공보 업무를 담당할 장병들을 위탁 교육하는데 장교와 하사관, 군무

미국 국방부에서 공보장교가 뉴스 브리핑을 주관하고 있는 모습. (출처: U.S. Department of Defense)

미군 공보처에서 배포한 사진.
이라크 저항세력에 맞서 치열한 전투를 벌이는 미군 병사들의 모습을 담고 있다. 당시 전투 현장을 취재하지 못한 『뉴스 위크』를 비롯해 여러 신문에 게재되었다. (출처: U.S. Department of Defense)

원, 심지어 군 관련 업무를 취급하는 민간인들도 교육한다. 이곳에서는 군 취재 보도 요원들에게 신문 및 방송 기사 작성, 방송 프로그램 제작, 방송 설비 관리 및 보수, 사진 및 비디오 촬영, 멀티미디어 보도, 군 홍보 활동에 이르기까지 언론 활동 전반에 대한 교육 훈련과 함께 취재 및 장비 관리법까지 가르치는데, 미국 내 웬만한 대학의 신문방송, 뉴미디어학과에 뒤지지 않는 전문 실습 교육과정을 갖추고 있다. 국방정보학교를 졸업한 미군 공보장교와 취재 보도 요원들은 미국 국방부가 운영하는 방송매체 '미군 방송 네트워크(American Forces Network; AFN)'나 신문매체 「스타스 앤드 스트라이

국방정보학교 교육과정을 이수한 미군 취재 보도 요원이 이라크에서 비디오 취재를 하고 있는 모습. 자동소총을 어깨에 맨 채 비디오카메라를 든 모습이 이채롭다. (출처: U.S. Department of Defense)

프스Stars and Stripes」 등에 배치되어 근무하게 된다.

한국군의 정훈 공보장교

한국군의 공보 업무는 정훈 공보장교가 맡는다. 정훈 공보장교는 군 장병에 대한 교육과 문화 활동, 그리고 대내외 공보 활동을 총괄한다. '정훈政訓'이란 용어는 영어로는 'Troop Information & Education'으로 표기하는데, 원래 '정치 훈련', 즉 이념 무장을 군건히 하고 국가 정체성을 드높이며 정신전력을 강화하는 데 역점을 둔다. 정훈이란 단어가 이처럼 다소 경직된 개념을 지니게 것은 20세기 초반 중국의 국공내전 당시 국민당이나 공산당 모두 자신들의 이념 선전을 위해 군 장병에게 정치 훈련을 강조한 데서 비롯되었다(유용원, 2010). 이러한 시각에 따른다면 과거 중국군과 소련군에서 이념 무장과 사상 교육을 전담한 정치 장교라는 직책과 흡사하다. 한편 정훈을 영어의 'Command information', 즉 지휘관과 부대원들 사이의 원활한 소통 내지 커뮤니케이션으로 간주하고 정훈, 보도, 섭외(홍보)라는 세 영역을 통합해 이를 군 공보 업무로 정의하기도 한다(한미연합군사령부, 1994).

오늘날 한국군의 정훈 공보장교는 군 장병의 정신교육, 문화 활동 외에도 미군처럼 대외 홍보와 보도 업무를 담당하는 직책으로 간주되고 있으며, 그 역할과 중요성이 점차 커지고 있다. 한국군 정훈 공보장교는 충북 영동에 있는 육군종합행정학교에서 교육받는다. 이곳에서 안보와 이념 관련 과목들을 기초로 배우고 문장론과 화법, 장병 정신 교육법, 보도문 작성법 등을 익힌 뒤 각 일선부대에 배치된다. 한국군에도 대내외 공보 업무와 홍보 업무를 전담하는 신문, 방송 매체가 있다. 국방부 산하 국방홍보원에서 「국방일보」, 『국방저널』, 『국방화보』, 국방 TV, 국방 FM 등 신문과 방송 매체를 운영하고 있다.

국내에서 군부대를 방문해 장병들과 인터뷰를 하려면 일선부대 지휘관이나 정훈 공보장교와 접촉해 비교적 수월하게 취재할 수 있다. 그렇다면 국제분쟁이나 전쟁에 참여한 한국군을 취재하려면 어떤 절차를 거쳐야 할까? 우선 국방부 내 합동참모본부의 담당 장교를 접촉해야 하는데 이들은 대체로 정훈 공보장교일 가능성이 높다. 이들에게 취재 목적과 체류 기간, 전쟁특파원의 인적 사항 등을 알려 주면 얼마 뒤 취재 허가가 나온다. 물론 영향력이 크거나 대형 언론사일 경우 군 취재 허가가 비교적 빨리 나오지만 프리랜서라든가 소규모 언론사의 경우 간혹 취재 허가가 나오지 않을 때도 있다. 일단 취재 허가를 받은 다음 한국군이 배치되어 있는 인근 지역에 도착하면 해당 부대 정훈 공보장교가 마중을 나오거나 호위 병력이 따라붙어 취재 편의를 제공한다.

필자는 오래전 육군 정훈 공보장교로 근무한 경험이 있다. 수많은 언론인을 상대하면서 이들을 여러 군부대나 작전지역으로 인솔하거나 이들에게 취재에 필요한 각종 편의를 제공하는 것이 당시 필자의 업무였다. 물론 언론인들을 환대하고 돌봐 주면서 그들이 군에 대해 긍정적이고 우호적인 신문, 방송 기사를 써 주기를 기대한 것은 당연한 일이었다. 군에서 전역하고 10여 년 뒤인 2003년 9월 KBS 방송의 전쟁특파원 신분으로 이라크 전쟁 취재에 나섰다. 쿠웨이트에 도착해 취재 준비를 마치고 차량을 대여해 쿠웨이트-이라크 국경검문소에 다다르니 어김없이 한국군 정훈 공보 장교가 취재진을 마중 나와 있었다. 차체에 태극기가 그려진 한국군 차량을 앞세운 채 국경을 넘어 이라크 나시리야에 도착해 당시 그곳에 파병되어 있던 한국군 공병·의무 부대인 서희·제마 부대 장병들의 이라크 재건 임무와 대민 봉사활동을 취재했다. 추석을 맞아 중동 땅에서 땀 흘리며 고생하는 한국군 장병들을 소개한다는 기획 의도를 띤 취재였다. 한국군 부대에 배속되는 종군 취재였던 셈이다. 취재진에게는 에어컨이 설치된 야전텐트가 제공되었고 무료로 부대식당에서 매 끼니를 해결할 수 있었다. 게다가 치안 상태가 불안정한 나시리야 시내를 취재할 때는 믿음직한 한국군 호위 병력까지 따라붙었다. K-1 자동소총으로 무장한 한국군에 도전할 만한 이라크 저항세력은 없었다. 섭씨 40도가 넘는 무더위 속에서 비지땀을 흘리며 도로 보수와 건물 신축 등 이라크 재건 임무를 수행하는 장병들을 지켜보면서 눈시울이 뜨거워질 때도 있었다. 이런 상황에서 평소 지니고 있던 이라크 전쟁에 대한 비판적 견해나 한국군 파병에 대한 회의적 시각을 담은 보도가 나올 여지는 없었다. 결국 종군 취재란 이처럼 장병들과 동고동락하면서 이루어지는 것으로 군에 우호적인 기사가 나올 수밖에 없다.

KBS 방송 취재진은 이라크 사막의 열기 속에서 분투하는 한국군의 활약상을 일주일간 취재한 뒤 수도 바그다드로 향했다. 바그다드에서는 믿음직한 한국군의 경호 없이 비종군 취재를 해야 했다. 무엇보다 300킬로미터가 넘는 거리를 차량으로 내달려야 했는데, 종종 출몰한다는 노상강도나 무장세력의 공격을 받지나 않을지 걱정되었다. 가슴을 졸이며 바그다드를 향해 시속 140킬로미터로 고속도로를 달려가면서 군의 보호 아래

이라크 나시리야에 파병된 한국군 장병들의 활약상을 취재하고 있는 필자.
나시리야 시내를 돌아다닐 때 KBS 방송 취재진을 밀착 경호해 준 한국군 장병들과 함께했다. 필자 오른쪽에 서 있는 사람이 정훈 공보장교다. 취재진 뒤에는 이곳에 파병된 이탈리아군 장갑차가 서 있다.

여유 있게 취재할 수 있는 종군 취재가 얼마나 좋은 것인가를 새삼 실감할수 있었다.

대중적 인기를 누린 전쟁특파원

앞서 언급한 대로 전쟁을 치르는 군과 이를 취재하는 전쟁특파원들 사이에는 협조와 편의 제공이라는 우호적 관계 외에도 일종의 긴장 관계가 유지되는 것이 보통이다. 1846년 미국과 멕시코의 전쟁(Mexican-American War, 1846~1848) 당시 전쟁특파원들은 마차와 증기선, 철도, 전신 등을 이용해 전쟁 상황을 보도했다. 그런데 종종 이들의 보도가 군 우편통신을 통한 공식 전황 보고보다 훨씬 빨라 워싱턴 D.C.의 정치인들은 신문 보도를 통해 전황을 파악하곤 했다. 미군 고위층은 이 같은 언론의 신속한 보도에 당황한 나머지 언론 길들이기 차원에서 신문사 편집인 몇 명을 우편법 위반 혐의로

영국 「타임스」의 전쟁특파원
윌리엄 하워드 러셀.

체포하기도 했다. 크림반도에서 전쟁이 터지자 영국 신문 「타임스」는 전쟁특파원 윌리엄 하워드 러셀을 1854년 전선에 파견해 본격적인 전쟁 취재에 나섰다. 그런데 러셀은 영국군 지휘부에 대한 비판과 함께 영국군 장병의 열악한 보급 상황과 건강 상태를 질책하는 내용을 보도하기도 했다. 또 자신을 푸대접한 영국군 지휘관 래글런 경이 부대를 지휘하기에 너무 무능하다고 묘사하는가 하면 수많은 영국군 장병이 콜레라로 쓰러져 제대로 전투를 치르지 못하고 있다고 폭로했다. 러셀의 전쟁 기사를 읽은 영국 국민의 분노가 커지자 빅토리아 여왕은 러셀의 전쟁 보도는 대영제국 군대에 대한 모함이라면서 언론의 자제를 촉구했다. 영국군 고위층에서는 이 같은 보도 내용이 적군에게 악용될 수 있는 군사 기밀에 해당한다며 불만을 토로했고 러셀을 전선에서 추방할 것을 검토하기도 했다. 그러나 영국군 병사들이 콜레라에 감염되어 죽어 간다는 기사는 영국 내에서 큰 반향을 일으켜 플로렌스 나이팅게일이 38명의 간호사를 이끌고 영국군 장병들을 간호하기 위해 크림 전쟁에 종군하는 계기가 되기도 했다. 크림 전쟁 취재를 마치고 영국에 돌아온 러셀은 일약 저명인사로 떠올랐고 수많은 강연과 저술을 통해 부를 쌓았다. 러셀은 1861년에 미국에서 남북 전쟁이 일어나자 또다시 전쟁특파원으로 나섰다. 그러나 북군Union Army 수뇌부의 전술을 비판한 그의 기사에 분노한 북군 고위층이 러셀의 전쟁 취재를 거부했다. 최초로 군 당국이 특정 전쟁특파원에게 취재 거부와 함께 추방 조치를 내린 것이다. 더 이상 전쟁 취재를 할 수 없게 된 러셀은 영국으로 돌아가야 했다.

남북 전쟁(American Civil War, 1861~1865)은 미국 언론이 본격적으로 전쟁 보도에 나서는 계기가 되었다. 뉴욕에서 발간되는 신문 지면의 3분의 1 이상이 남북 전쟁 관련 기사들이었다. 특히 남북 전쟁 기간 동안 전신과 철도 등 통신수단이 더욱 발달하면서 전쟁 기사를 보다 신속하게 뉴욕으로 보낼 수 있었다. 그러나 군사 작전의 성패에 결정적 영향을 미치는 기밀 보안 문제가 대두되면서 군 당국과 전쟁특파원들 간에 마찰이 빚어지곤 했다. 예를 들어 특종 경쟁에 나선 전쟁특파원들은 예정된 군사 작전에 대한 상세한 내용을 군 당국의 허락 없이 미리 기사로 게재해 군 수뇌부의 원성을 샀다. 다른 신문사보다 먼저 기사를 전송하기 위해 아직 채 끝나지도 않은 전투의 결과를 상상력을 동원해 미리 작성해 보내는 등 부정확하거나 허무맹랑한 기사도 많았다(Knightley, 2004). 전쟁특파원들은 또 취재 기간 동안 군 당국으로부터 음식과 음료수, 말 사료와 건초 등을 얻고 전신 사용 등에 있어서 편의를 제공받기 위해 몇몇 고위 장성이나 지휘관에 대해 호의적으로 보도하거나 그들의 전과를 크게 부풀린 기사를 쓰는가 하면, 자신들을 푸대접하는 지휘관들에 대해서는 무능과 부패 등의 단어를 사용해

미국 최초의 종군 사진기자 매튜 브래디와 그가 촬영한 사진. 왼쪽 사진은 매튜 브래디의 모습이다. 가운데 사진은 게티스버그 전투 직후 평원에 널린 전사자들의 모습으로, 브래디의 촬영기사 티머시 오설리번Timothy H. O'Sullivan이 촬영했다. 아래 사진은 브래디와 그의 촬영기사가 함께 촬영한 북군 포병 병사들의 모습이다.

비난하는 기사를 썼다. 전쟁특파원들의 악의적인 기사에 질린 일부 지휘관들은 전쟁특파원들이 전장에 접근하는 것을 막기도 했다.

　남북 전쟁 기간 중 가장 치열했던 게티스버그Gettysburg 전투에서는 30여 명의 전쟁특파원이 3마일에 걸친 전선에 흩어져 취재했다. 이들이 작성한 기사가 「뉴욕 트리뷴New York Tribune」 신문 사무실에 하루 만에 도착하는 등 보다 신속한 전쟁 보도가 가능해졌다. 한편 남북 전쟁에서는 종군 사진기자가 최초로 등장했다. 가장 유명한 사람은 매튜 브래디Matthew Brady로, 그는 자신이 고용한 세 명의 촬영기사들과 함께 암실을 갖춘 마차를 몰면서 전장을 누볐다. 그는 미국 의회의 승인을 받고 주요 전투지역을 돌아다니며 3,500여 장의 사진을 촬영했다. 브래디는 의회의 승인 아래 사진 촬영을 했기 때문에 군 당국으로부터 숙소와 음식 등 편의를 제공받을 수 있었다(Knightley, 2004).

　1898년에 발발한 미국과 스페인 간의 전쟁은 미국 내 상업 언론이 부추긴 것이나 다름없었다. 언론사 사주들은 쿠바 사태를 흥미로운 기사거리로 부각시키면서 미국의 참전을 유도했다. 아바나 항구에 정박한 메인호 폭발 사고를 계기로 전쟁이 시작되자 미국 신문사들은 한때 500여 명에 가까운 기자와 사진기자, 삽화가를 쿠바와 푸에르토리코 등지로 급파했다. 전쟁특파원들은 애국심에 사로잡힌 나머지 미군과 함께 전투에 참여하기도 했는데, 「뉴욕 헤럴드New York Herald」의 전쟁특파원 리처드 하딩 데이비스는 스페인군에 대항해 미군의 사기를 진작시켰다는 공로로 미군 수뇌부로부터 표창을 받기도 했다(Sweeney, 2006). 데이비스는 여러 편의 기사에서 쿠바 전투에 참가한 미국 의용군Rough Riders 중령 시어도어 루스벨트를 용맹무쌍하고 과감한 지휘관으로 묘사해 국민적 영웅으로 만들었다. 결국 전쟁특파원 데이비스의 호의적인 보도에 힘입어 루스벨트는 전쟁이 끝난 뒤 뉴욕 주지사에 선출되었고 3년 뒤에는 미국 부통령이 되었다. 그

미국-스페인 전쟁을 취재 보도한 「뉴욕 헤럴드」의 전쟁특파원 리처드 하딩 데이비스.
왼쪽 사진의 권총을 차고 있는 모습이 이채롭다. 그는 취재 도중 미군을 돕기 위해 스페인군과의
전투에 참여하기도 했는데 이런 일화를 바탕으로 더욱 큰 대중적 인기를 얻을 수 있었다. 오른쪽
사진은 데이비스와 미국 의용군 지휘관 시어도어 루스벨트가 함께 서 있는 모습이다.

리고 1901년 윌리엄 매킨리 대통령이 암살되자 제26대 미국 대통령에 취
임하기에 이르렀다. 미국 군부와 언론은 미국-스페인 전쟁 동안 협조적인
관계를 맺으며 군부는 영토 확장의 실익을, 언론은 전쟁 기사를 통해 신
문 판매부수를 획기적으로 늘리는 상업적 이득을 거두었다. 그러나 판매
부수가 크게 늘어났음에도 불구하고 대부분 신문사의 실제 총수익은 예상
보다 저조했는데, 쿠바나 푸에르토리코 등으로부터 전신을 이용해 기사를
전송하는 데 막대한 비용이 들었기 때문이었다.

군부 통제하의 전쟁특파원

제1차 세계대전을 거치면서 미국 정부와 군은 언론의 전쟁 취재 보도 활동 전반에 깊숙이 개입하여 통제를 가했다. 전쟁 초기인 1915년에는 약 500명의 전쟁특파원이 유럽에 머물고 있었다. 유럽 전선을 취재하려는 미국 기자들은 정부에 1만 달러의 비용을 보증금으로 지불해야 했다. 그러나 막대한 비용을 지불한 뒤 프랑스에 도착하더라도 최전선 접근은 군 당국에 의해 차단되기 일쑤였다. 군은 전쟁특파원들을 후방지역에 머물도록 통제하면서 아군의 승리나 진격 등 긍정적인 정보를 선별해 제공했다. 몇몇 전쟁특파원이 벨기에 등지에서 독일군에 억류되었다가 용케 풀려난 경험을 보도하기도 했지만 이는 극히 드문 경우였다. 전쟁특파원들은 군의 기사 검열을 받아야 했는데 이런 상황에서 수십 년 전 남북 전쟁 때의 신속한 전쟁 보도는 기대할 수 없었다.

1917년 4월 미국이 독일에 전쟁을 선포한 뒤 미국 정부는 언론 자율 심의 법령을 만들어 해군 함정의 항해일지, 지상군 병력의 이동 상황, 기타 군 작전과 관련된 정보를 전쟁특파원들이 보도할 수 없도록 했다. 처음으로 미국 정부가 전시 보도 통제 규정을 만들어 군이 언론을 통제할 수 있도록 한 것이다. 그런데 미군 사령관 존 퍼싱 장군은 전쟁특파원이 군 장교의 인솔 없이 전선을 취재할 수 있도록 통제를 다소 완화했다. 이에 따라 전쟁특파원들은 전투지역과 후방지역을 자유롭게 오갈 수 있었다. 그러나 전쟁이 끝난 1918년까지 군 정보부를 거쳐야 하는 기사 검열은 계속되었으며, 전쟁특파원들의 기사에 특정 전투에 대한 상세한 묘사나 사상자 규모, 특정 부대에 관한 내용이 담겨 있을 경우 모두 삭제되거나 군 당국의 공식 발표가 나온 뒤에야 보도가 가능했다.

제2차 세계대전 동안에는 미국 언론과 군부의 협력 관계가 절정에 이르렀다. 1941년 12월 일본의 진주만 공격을 계기로 전쟁에 뛰어든 미국은 대통령령에 따라 언론 검열을 담당하는 '전쟁정보국'과 '검열국'을 설립했다. 두 기관의 책임자로는 언론인 출신인 엘머 데이비스와 바이런 프라이스가 각각 임명되었다. 전쟁과 관련된 언론 보도는 이 두 기관의 사전 검열을 반드시 거쳐야 했다. 신문사 편집국과 흡사한 이들 기관에서는 미국 각지의 언론사나 관련 기관들에서 몰려드는 전쟁 관련 뉴스 기사들을 읽고 내용을 판단해 기사를 삭제, 수정, 보완하도록 했다. 거의 모든 언론사에서는 전쟁에서 승리하기 위해 어쩔 수 없다는 생각에서 기사 검열을 당연하게 받아들였다(Sweeney, 2000). 당시 NBC와 CBS 등 미국 방송사들은 기술적으로는 충분히 라디오 생방송을 할 수 있었음에도 불구하고 혹시 적에게 역이용당할 수 있다는 우려 때문에 생방송을 자제하거나 분량을 줄여 방송했다.

전쟁특파원들도 이 같은 정부와 군부의 보도 통제 지침을 충실히 따랐다. 제2차 세계대전 당시 유럽과 아프리카, 태평양 전선에 파견된 전쟁특파원들은 항상 군복을 입은 채 군 병력과 함께 이동했으며 군으로부터 텐트와 차량, 음식 등을 제공받았는데, 미군 소령에 상응하는 대우를 받았다. 대부분의 전쟁특파원은 자신들의 취재 활동이 미국의 승리를 위한 전쟁 노력의 일부라고 인식하고 있었다. 따라서 자연히 보도 내용은 애국적이었고 미군과 연합군 장병들을 긍정적이고 영웅적으로 묘사했다. 제2차 세계대전은 이처럼 군부와 언론 사이에 최고조의 협력 관계가 유지된 시기였으며 상호 간의 신뢰 또한 더할 수 없이 두터웠다.

한국 전쟁 초기에는 전쟁특파원들이 군의 간섭 없이 자유로이 취재 보도할 수 있었다. 제1, 2차 세계대전 때와 같은 기사 검열이 없었으며, 전쟁 초기 몇 달 동안 전쟁특파원들은 후퇴하는 미군 군사고문단이나 전투부대와 함께 이동하면서 긴박한 전황을 보도했다. 공식적인 기사 검열이 없었기 때문에 전쟁특파원들은 북한군에 일방적으로 몰려 후퇴하는 한국군과 미군의 빈약한 무장 상태, 저조한 사기, 전투 의지 부족 등을 앞다퉈 보도했다. 이에 유엔군 총사령관 더글러스 맥아더 원수는 전쟁특파원들이 적에게 이로울 만한 내용을 보도해서는 안 된다면서 자제할 것을 촉구했다(Sweeney, 2006). 그러나 전쟁특파원들의 특종 경쟁을 잠재울 수는 없었다. 1950년 9월 15일 새벽, 유엔군의 인천상륙작전이 시작되자마자 AP 통신의 한국인 전쟁특파원 신화봉(미국명 Bill Shinn)은 부산에 머물던 정일권 육군참모총장을 통해 유엔군이 인천에 상륙했다는 사실을 전해 듣고 곧바로 기사를 타전했다(신화봉, 1993; 정일권, 1986). 문제는 이 기사가 도쿄의 맥아더 유엔군 총사령부의 공식 발표보다도 훨씬 앞서 보도되었다는 점이다(Halberstam, 2007a). 신화봉 씨는 자서전 『휴전선이 열리는 날』(1993)에서 당시 자신의 기사가 유엔군 총사령부의 발표보다 몇 시간이나 앞선 특종이었다고 주장했으며, 저술가 필립 나이틀리도 신 기자의 보도가 유엔군 총사령부의 발표보다 9시간 앞섰다고 기술했다. 어쨌든 격분한 유엔군 총사령부는 더 이상 유엔군 작전을 취재할 수 없도록 신 기자의 사령부 내 전화 사용 권한을 박탈했다. 신 기자는 그 뒤에도 1952년 5월 거제도 포로 소요 사건, 1953년 5월 휴전회담 당시의 '유엔 측 반공포로 석방안 철회' 등 특종 기사들을 잇따라 터뜨려 전쟁특파원으로서의 명성을 드높였다.

1950년 가을 중국 공산군의 개입으로 한국 전선 전역에서 유엔군이 후퇴하게 되자 전쟁특파원들의 기사에는 미군과 유엔군의 작전 실패와 장병들의 저조한 사기 등에 관한 내용이 넘쳐났다. 유엔군 총사령부는 군 통제 없이 전쟁특파원들이 취재할 수 없으며 기사 내용에 저조한 사기 등을 묘사하지 못한다는 등 엄격한 보도 지침을 하달했다. 특히 전쟁특파원들이 기사를 작성할 때 미군과 유엔군이 '퇴각retreat'한다는 표현을 쓰지 말고 '작전상 철수withdrawal'한다는 단어를 쓰도록 했다. 유엔군 총사령부는 군 당국의 검열 규정을 어기거나 일정 시점까지 보도를 유예하는 이른바 '엠바고'

를 지키지 않는 전쟁특파원들을 가차 없이 한국 전선에서 내쫓았고, 심지어 필요할 경우 전쟁특파원을 군법회의에 회부하겠다고 으름장을 놓기까지 했다(Sullivan, 2006). 일부 미국 전쟁특파원은 유엔군 총사령부의 기사 검열 때문에 제대로 취재할 수 없다고 불평하며 한국을 떠났다. 1950년 12월, 도쿄 유엔군 총사령부는 전쟁특파원들이 보도한 수많은 기사가 적군에게 이로운 정보가 될 가능성이 있다며 일일 뉴스 브리핑을 잠정 중단했다(Fazio, 2007).

군부를 압도한 전쟁특파원 전성시대

1960년대 초 베트남 전쟁을 취재하던 전쟁특파원들은 아무런 제약 없이 자유롭게 전쟁을 보도할 수 있었다. 미군 군사고문단이 남베트남군에 파견되어 있었지만, 당시 베트남 전쟁은 아직 미국의 전면적 개입이 이루어지기 전이었고 따라서 언론 취재에 대한 미국 군부의 통제도 없었던 것이다. 특히 전쟁 초기에 남베트남군이 비효율적이고 공산반군 섬멸 작전 성과가 지지부진하다는 비판적 논조의 기사가 쏟아졌다. 1962년 『뉴스 위크』 전쟁특파원 프랑수아 쉴리가 남베트남 정부의 부패상을 낱낱이 파헤친 기사를 게재했는데, 이 기사에 격분한 남베트남 정부는 쉴리 기자를 베트남에서 추방했다. 1963년 「뉴욕 타임스」의 데이비드 핼버스텀, UPI 통신의 닐 시핸, AP 통신의 맬컴 브라운은 압박에서 벌어진 남베트남군의 반군 섬멸 작전에서 남베트남군의 실수로 미군 군사고문이 전사하고 베트콩에 패했다는 내용의 기사를 잇따라 송고했다. 이에 사이공 주재 미군 군사고문단은 문제의 기사를 작성한 전쟁특파원들이 젊고 경험이 부족할 뿐만 아니라 무책임하고 선정적인 전쟁 보도를 하고 있다고 비난했다(Knightley, 2004). 미군 고위층은 사이공 주재 미국 전쟁특파원들 가운데 비판적 기사를 많이 쓴 몇 명의 기자를 베트남에서 쫓아내야 한다고 주장하기도 했다. 1965년 미군의 대규모 참전이 이루어진 뒤에도 전쟁특파원들은 별다른 기사 검열 없이 자유로운 취재 활동을 할 수 있었다. 미군 사령부로부터 전쟁특파원 인증을 받는 것은 무척 간단했으며, 일단 특파원 인증만 있으면 원하는 곳 어느 곳이든 갈 수 있었다. 심지어 미군 헬리콥터나 차량에 공짜로 탈 수도 있었다. 당시 전쟁특파원들은 미국 정부와 군 수뇌부에 대한 불신과 비판을 자유롭게 기사에 담았다. 1968년 북베트남군과 베트콩 공산반군의 대대적인 구정 공세와 이듬해 밀라이 베트남 양민 학살 사건 등이 보도되면서 베트남 전쟁에 대한 언론의 비판이 더욱 강해지고 미국인들의 반전 여론도 절정에 다다랐지만, 미국 군부는 전쟁특파원들을 통제하기 위한 어떤 구체적인 조치도 취하지 않았다. 베테랑 전쟁특파원 키이스 비치는 당시 베트남에서 활약한 전쟁특파원들과 군의 갈등 및 대립이 1960년대 혼란스러웠던 미국 내 사회 현실을 그대로 반영한다고 주장했다. 또 비치는 당시 사이공 주재 전쟁특파원들 간에도 세대 차가 존재해 경험이 부족하지만 젊고 혈기 왕성한 기자들은 베트남 전쟁을 지극히 부정적으로 받아들인 반면, 경험이 풍부한 고참기자들은 전쟁을 긍정적으로 평가했다고 말했다. 비치는 그러나 언론의 부정적 보도 때문에 미군이 베트남 전쟁에 패했다는 주장에 대해서는 일고의 가치도 없는 허황된 생각이라면서 전쟁에 패한 원인은 미군 수뇌부와 미국 정부의 제한 전쟁 전략과 무능한 남베트남 정부에 대한 잘못된 신뢰 탓이라고 결론지었다(Strategic Studies Institute, 1979).

베트남 전쟁 동안 군과 언론 간의 갈등과 반목이 최고조에 달한 것은 1971년 「뉴욕 타임스」가 미국 국방부의 기밀 문서인 '펜타곤 문서Pentagon Papers'를 폭로하면서부터다. 이 기밀 문서는 1945년부터 1967년까지 미국이 베트남 전쟁에 어떻게 개입하게 되었는지를 상세히 기록한 방대한 분량의 보고서로, 국방부와 랜드연구소Rand Corporation 소속 연구원이었던 대니얼 엘즈버그Daniel Ellsberg가 몰래 복사해 「뉴욕 타임스」의 전 베트남 주재 전쟁특파원 닐 시핸에게 제공한 것이다. 이 국방부 기밀 문서에는 케네디 행정부가 1963년 응오딘지엠 남베트남 정부를 전복한 군부 쿠데타를 사주했으며 존슨 행정부가 미국인들을 기만한 채 북베트남과의 전쟁에서 치욕적인 패배를 면하기 위해 확전을 거듭했다는 등 민감한 정보가 담겨 있었다. 닐 시핸을 중심으로 한 「뉴욕 타임스」 취재진은 기밀 문서를 6월 13일부터 보도했는데, 미국 군부와 당시 닉슨 행정부는 「뉴욕 타임스」를 상대로 연방대법원까지 가는 소송을 벌였다. 1971년 6월 30일, 미국 연방대법원은 정부는 「뉴욕 타임스」의 기밀 문서 폭로를 가로막을 권리가 없다는 취지의 판결을 내려 전쟁 보도와 관련된 군과 언론, 더 나아가 미국 정부와 언론의 갈등에 있어서 언론의 손을 들어 주었다. 펜타곤 문서 사건을 계기로 군과 언론의 관계는 최악의 상태에 이르렀다.

베트남 전쟁 이후 미국 군부는 언론 통제 없이는 전쟁에 이길 수 없다는 자체 결론을 내리고, 향후 어떤 전쟁이나 분쟁에서든 전쟁특파원들을 전장에서 철저히 격리시키는 방안을 추진하기 시작했다. 첫 시험대는 1983년 그레나다 침공이었으며, 이어 1989년 파나마 침공에서도 이러한 언론 격리 정책은 계속되었다. 미군은 침공 작전 개시 사실을 극비에 부쳤고 전투지역에 접근하려는 전쟁특파원들을 철저히 따돌리거나 군 시설에 억류했다. 한편 불만에 가득 찬 언론을 달래기 위해 사전에 면밀히 선별한 정보를 토대로 겉치레 일일 브리핑을 했다. 결국 미군이 주도한 그레나다 침공과 파나마 침공 작전은 전쟁특파원들이 제대로 취재하지 못한 보기 드문 국제분쟁으로 기록되었다. 두 차례나 군부로부터 따돌림을 당한 언론의 불만은 더욱 고조되었다.

1991년 걸프 전쟁에서는 미디어 풀 취재 시스템에 대한 전쟁특파원들의 불만이 컸다. 미디어 풀 취재에 참여하는 기자들의 수가 극히 제한된 데다가 미디어 풀 취재를 하더라도 선별된 장소만을 공보장교의 인솔 아래 돌아다녀야 하며 심지어 자신의 기사를 다른 전쟁특파원들과 공유해야 한다는 것이 그 이유였다. 극히 제한된 전쟁 취재 여건에 대한 전쟁특파원과 언론사 경영진들의 불만은 극에 달했다.

군과 언론의 동거시대

2001년 9·11 테러 이후 오사마 빈라덴과 알카에다 요원들을 추적하던 미군이 이들이 숨어 지내던 아프가니스탄을 침공하자 수백 명의 전쟁특파원이 현지에 몰려들었다. 그러나 전쟁특파원들은 좀처럼 미군의 군사 작전을 근접 취재하지 못했다. 미군 지휘관들이 작전 기밀 보호를 이유로 언론의 접근을 철저히 차단했기 때문이다. 결국 수많은 전쟁특파원이 전장 주변을 맴돌며 극히 단편적인 뉴스만을 취재할 수밖에 없었다. 2003년 이라크 침공 작전을 앞두고 미국 군부는 언론사 경영진들로부터 거센 압력을 받았다. 언론사 경영진들은 전쟁특파원들이 더 이상 전쟁 취재에서 배제될 수 없다며 향후 미군이 참여하는 모든 군사 작전을 전쟁특파원이 취재할 수 있도록 군으로부터 단단히 다짐을 받으려 했다. 미군 역시 더 이상 전쟁특파원들의 취재를 거부하거나 언론을 통제하기 어렵다는 결론을 내렸다. 왜냐하면 전쟁특파원들의 취재를 거부할 경우, 이들 가운데 상당수가 이라크의 수도 바그다드 등지에 들어가 적국의 영향권 아래서 전쟁 보도를 할 것이기 때문이었다. 또 통신기술의 발달로 기자들이 손쉽게 전 세계 어디에서나 기사와 사진, 비디오 영상 등을 자유롭게 송출할 수 있는 상황에서 수백 명의 전쟁특파원이 쓴 기사를 일일이 검열한다는 것도 현실성이 없었기 때문이다. 여기에다 중동지역에서 폭발적 인기를 얻고 있던 위성방송 알자지라의 반미, 친아랍 성향 보도를 차단하기 위해서라도 미군 전투부대에 전쟁특파원들을 배속시켜 보다 우호적인 보도를 이끌어

내는 것이 필요하다고 판단했다. 미국 국방부는 미국과 전 세계 전쟁특파원들을 미군 부대에 배속시켜 전쟁을 취재하도록 하는 종군 취재 임베딩 프로그램을 만들었다. 이 프로그램을 통해 결국 600명 이상의 종군기자가 침공 작전 기간 동안 미군 및 영국군과 함께 생활하고 이동하며 취재했는데, 이들은 군부에 대해 대체로 우호적이고 긍정적인 보도를 했다. 이는 미군의 대언론 정책에 있어서 큰 성공 사례로 꼽힌다. 이렇듯 미국 군부가 오랜 언론 통제 정책을 접고 언론 참여 정책으로 선회할 수 있었던 데에는 빅토리아 클라크 미국 국방부 공보 담당 차관보의 역할이 컸다. 클라크는 국방부 관리가 되기 전 다국적 홍보대행사 힐 앤 놀튼의 워싱턴 지역 책임자를 지낸 인물로, 홍보의 기본 원칙 가운데 하나는 '고객과의 긍정적 관계 설정'이며 이런 차원에서 전쟁특파원들을 귀찮은 존재로 여겨 따돌리기보다는 미국 군부가 이들을 적극 포용해야 한다고 주장했다(Whitman, 2003).

　이라크 전쟁을 계기로 그동안 경직되었던 군부와 언론 간의 관계는 순식간에 우호적인 것으로 바뀌었다. 미군 전투부대에 배속되어 장병들과 생사고락을 함께하며 이라크 침공 작전을 취재한 전쟁특파원들은 미국 군부와 장병들을 긍정적이고 영웅적으로 묘사했으며 미군의 이라크 침공에 대해서도 긍정적으로 평가했다. 미국 지방 신문의 한 기자는 이라크 전쟁 종군 취재는 제2차 세계대전 이후 계속되어 온 군부와 언론 간의 불신을 마침내 끝내게 된 역사적 계기였다고 평가하기도 했다(Kim, 2012). 이라크 침공 작전은 한국 전쟁과 베트남 전쟁을 거치면서 악화된 미국 군부와 언론 간의 불신 관계를 우호적인 상호 신뢰 관계로 바꾸어 놓았다. 또 전쟁 취재 방식도 전쟁특파원 스스로 위험을 무릅쓰고 전투지역을 옮겨 다니는 것이 아니라 미군과 함께 생활하고 이동하는 제2차 세계대전 때의 방식과 유사하게 바뀌었다. 그러나 이 같은 이라크 전쟁 때의 종군 취재 방식에 대한 비판의 목소리도 높다. 전쟁특파원이 군부와 지나치게 밀착되어

이라크 팔루자 인근에서 벌어진 전투를 종군 취재 중인 케빈 사이츠.
미군 험비 전투 차량의 백미러에 비친 그의 모습이 이채롭다. (출처: Kevin Sites)

우호적인 관계를 유지하다 보니 전쟁에서 진실을 파헤치기보다는 군이 원하는 정보와 뉴스만을 그대로 대중에게 전달하는 앵무새 내지는 치어리더 cheerleader가 되어 버렸다는 것이다(Bennett, Lawrence & Livingston, 2007; Kim, 2012; Pfau et al, 2004, 2005, 2006).

아프가니스탄 전쟁과 이라크 전쟁이 장기화되면서 전쟁특파원들은 미군이나 영국군을 노린 이슬람 저항세력과 극렬 무장단체의 자살 폭탄 테러나 기습 공격 등을 자주 취재하게 되었다. 종군 취재 중인 사진기자들은 부상당하거나 전사한 미군 장병의 모습을 촬영하기도 했는데, 이를 신문에 게재하거나 방송할 경우 거의 예외 없이 해당 부대로부터 취재를 거부당하기 일쑤였다. 심지어 전사자의 사진을 촬영했다는 이유만으로 배속된 부대에서 쫓겨나는 사례도 있었다. 또 미군 전사자들의 유해가 고국에 돌아오는 광경을 촬영하거나 보도할 수 없다는 보도 통제 규정 때문에 미

아프가니스탄 전쟁을 종군 취재 중인 CBS 방송 전쟁특파원 커크 스피처.
미 육군 특수부대와 함께 작전 중인 아프가니스탄 병사들을 인터뷰하고 있다. (출처: Kirk Spitzer)

국인들에게 전쟁이 불러온 희생과 손실이 어떤 것인지 알릴 수 없었다. 군
당국이 오랫동안 계속되는 전쟁에 대한 국민의 지지가 낮아질 것을 우려
했기 때문이다. 이런 보도 통제 지침에 대해 전쟁특파원이 항의할 경우 군
은 곧바로 이들의 취재 권한을 박탈했다. 이 보도 통제 규정은 2009년 오
바마 대통령의 민주당 정부가 출범한 뒤 폐지되었다.

지금까지 살펴본 지난 160여 년간의 전쟁 취재를 둘러싼 미국 군부와
언론 간의 굴곡진 상호 관계를 도표로 정리해 볼 수 있을까? 대체로 도표
17-1과 같은 모습을 띠지 않을까 생각된다.

여기서 또 한 가지 살펴볼 것은 과연 군 당국이 전쟁특파원들에게 기사
검열이나 보도 통제 등 전쟁 취재에 대해 어떤 제약을 가했는가 하는 것이
다. 다소 강도는 달랐으나 전쟁이나 분쟁이 일어날 때마다 미국 군부는 어
떤 형태로든 기사 검열 또는 보도 통제 지침을 마련하는 등 전쟁특파원들

도표 17-1 전쟁 기간 중 미국 군부와 언론 간의 상호 관계

	적대적	중립적	우호적
19세기		미국-멕시코 전쟁(1846)	
		남북 전쟁(1861)	
			미국-스페인 전쟁(1898)
20세기		제1차 세계대전(1917)	
			제2차 세계대전(1941)
		한국 전쟁(1950)	
	베트남 전쟁(1965)		
		그레나다 침공(1983)	
		걸프 전쟁(1991)	
21세기		아프가니스탄 전쟁(2001)	
			이라크 전쟁(2003)

주: 괄호 안 연도는 미군 참전 개시 시점

도표 17-2 전쟁 기간 중 미국 군부의 언론에 대한 기사 검열 및 보도 통제 수준

	통제 없음	다소 통제	극심한 통제
19세기	미국-멕시코 전쟁(1846)		
		남북 전쟁(1861)	
	미국-스페인 전쟁(1898)		
20세기		제1차 세계대전(1917)	
			제2차 세계대전(1941)
		한국 전쟁(1950)	
	베트남 전쟁(1965)		
			그레나다 침공(1983)
		걸프 전쟁(1991)	
21세기		아프가니스탄 전쟁(2001)	
		이라크 전쟁(2003)	

주: 괄호 안 연도는 미군 참전 개시 시점

을 직간접적으로 통제해 왔다. 지금까지 제시된 역사적 자료를 종합해 볼 때 대략 도표 17-2와 같은 모습으로 전쟁특파원에 대한 보도 통제와 취재 제약이 가해졌다고 분석할 수 있겠다.

군과 언론 간의 상호 관계를 마지막으로 정리해 보면, 제1, 2차 세계대전 중에는 군이 언론에 대해 엄격한 통제를 가했지만 전쟁특파원들은 대부분 자발적으로 이를 수용했으며 자신들의 전쟁 보도가 아군의 승리를 위한 수단이 된다는 인식을 갖고 있었다. 베트남 전쟁을 거치면서 군은 언론에 대한 통제권을 사실상 잃게 되었으며 쌍방 간의 관계는 비우호적·적대적 관계로 바뀌었다. 역설적으로 전쟁특파원들의 언론 자유는 가장 크게 확대된 시기였다. 그레나다 침공과 걸프 전쟁을 거치면서 군부와 언론의 관계는 악화되었는데, 이는 군부가 전쟁특파원들의 전장 접근을 차단하거나 취재를 제한하는 등 언론 통제를 가했기 때문이었다. 아프가니스탄과 이라크 전쟁 때에는 군부가 다시 언론에 대해 유연한 자세로 돌아서 전쟁특파원의 종군 취재를 허용하는 등 융통성을 발휘함으로써 쌍방 간의 관계는 또다시 우호적으로 바뀌었다.

여기서 한 가지 주목할 것은 제1, 2차 세계대전의 예에서 보는 것처럼, 군이 언론에 대한 통제권을 극도로 강화하고 전쟁특파원들의 취재 보도에 많은 제약을 가할 경우 전쟁특파원들이 크게 반발해 관계가 악화될 것이라는 예상과는 달리 군과 언론 간의 관계는 매우 우호적인 것으로 나타났다는 점이다. 이는 전쟁특파원들이 기사 검열이나 취재 통제 지침에 반발해 언론 자유 보장을 요구하기보다는 군의 요구에 순응하면서 전쟁 취재에 임했기 때문이라고 볼 수 있다. 반대로 베트남 전쟁의 경우에서처럼 군의 언론에 대한 통제가 느슨해졌을 경우에는 전쟁특파원들이 오히려 전쟁이나 분쟁에 대한 비판적인 견해를 더 많이 보도해 쌍방 간의 관계가 크게 악화되는 경향을 보였다. 역설적이기는 하지만 이 같은 역사적 사실을 주지한다면 군으로서는 앞으로도 지속적으로 언론을 통제해야 한다는 욕구를 갖지 않을 수 없을 것이다. 전쟁특파원들에게 적절한 수준의 보도 통제와 취재 제약을 가해야만 언론으로부터 전쟁과 군에 대한 보다 긍정적인 보도를 기대할 수 있을 것이기 때문이다. 마찬가지로 전쟁특파원들은 군의 통제와 압력이 있더라도 꾹 참고 전쟁 보도를 계속하는 것이 보도 통제에 반발하다 취재를 거부당하거나 전장에서 쫓겨나는 것보다는 낫다고 위안을 삼을지 모른다. 최근 아프가니스탄 전쟁과 이라크 전쟁을 계기로 미국 군부와 언론은 모처럼 우호적인 관계를 회복한 듯하다. 이렇듯 군과 전쟁특파원이 원만한 관계를 회복하게 된 것은, 반세기 전 베트남 전쟁 때 정부를 의심하고 국가 권력에 도전하던 젊은 전쟁특파원들과는 달리 별다른 사회적 갈등 없이 성장한 21세기 신세대 전쟁특파원들은 군과 정부 또는 국가 공권력을 훨씬 더 신뢰하기 때문이라는 분석도 있다(Weaver, Beam, Brownlee, Voakes & Wilhoit, 2007). 그러나 이 같은 표면적인 우호 관계는 앞으로 어떻게 변화될지 알 수 없다. 따라서 군과 언론의 관계는 항상 '불안한 휴전' 상태에 머물러 있다고 볼 수 있다.

●●●

군 공보 업무의 기본 원칙(U.S. Department of the Army, 1997)

군 공보장교들이 전시와 평상시에 전쟁특파원들을 상대하면서 숙지해야 할 기본 원칙들이 있다. 미 육군의 야전교범field manual에 수록된 군 공보 업무의 기본 원칙들을 살펴보자.

- 장병과 그들의 가족을 중시하라. 군인 가족들은 군의 가장 중요한 홍보 자산이며 군무원과 퇴역 군인들도 군 홍보를 돕는 데 도움이 된다.
- 진실은 가장 중요한 자산이다. 국민에게 진실을 알려라. 국민의 신뢰를 잃게 되면 회복하기 어렵다.
- 일단 국민에게 알려진 정보나 뉴스를 애써 부인하거나 숨기려 하지 마라.
- 모든 뉴스가 좋은 뉴스는 아니다. 군의 정책, 결정, 활동 또는 작전에 대한 언론 보도는 긍정적일 수도 부정적일 수도 있다.
- 군사 작전에 관한 정확하고 신속한 정보를 제공하는 것은 군의 임무를 완수하는 데 도움이 된다.
- 국내외 언론의 주목을 끄는 군 작전이 전개될 경우 공보 요원은 지휘관을 보좌해 작전 개시 초기에 대언론 접촉을 담당해야 한다.
- 언론은 군의 적이 아니다. 필요한 정보를 기자들에게 제공하고 그들이 군 작전과 활동을 이해할 수 있도록 도와라.
- 오늘날 야전 기사 검열은 점차 비현실적이며 불가능해지고 있다. 기자와 인터뷰를 하거나 배우자나 가족, 친구들과 대화를 나눌 때에는 군사 기밀을 누설하지 않도록 유의하라.

18
21세기 국제분쟁과 전쟁특파원의 역할

20세기는 대규모 전쟁이 풍미한 시대였다. 20세기 들어 첫 반세기 동안 제1, 2차 세계대전이 발발했고, 전쟁특파원들은 유럽과 아시아, 아프리카를 넘나들며 고국의 독자들을 위해 전쟁 보도에 뛰어들었다. 두 차례의 세계대전은 엄청난 인적·물적 손실을 초래했는데, 예를 들어 제1차 세계대전 때 희생된 사망자 수는 1천만 명, 부상자 수는 2천만 명이나 되었다. 제2차 세계대전 때 인명 피해는 더욱 크게 늘어 사망자 수가 무려 5천5백만 명에 달했다(Carruthers, 2011). 20세기 후반에는 세계 곳곳에서 분쟁이 잇따랐다. 아시아에서는 한국 전쟁과 베트남 전쟁을 비롯한 국지전들이, 중남미에서는 엘살바도르, 니카라과 등 여러 나라에서 내전이 이어졌다. 아프리카에서는 신생 독립국들 간의 영토, 종족 분쟁이 거의 한 해도 빠짐없이 계속되었고, 중동에서는 종교와 영토를 둘러싼 지역 분쟁이, 서유럽과 남유럽에서는 아일랜드, 스페인 등지의 분리 독립 운동주의자들의 테러 공격이 이어졌으며, 동유럽에서는 이데올로기의 대립과 국가 간의 이해 충돌로 인한 내전이 발발했다. 전쟁특파원들은 이런 정치 군사적 격변이 일어날 때마다 한 분쟁지역에서 또 다른 분쟁지역으로 무대를 옮겨 다니며 전투에서의 승리와 패배, 그리고 비극적이거나 감동적인 인간 드라마 등을 취재했다.

　제1, 2차 세계대전과 중동 전쟁, 베트남 전쟁 등 대규모 전쟁들로 얼룩진 20세기를 마무리하면서 정치가들과 사회과학자들은 21세기에는 통신기술 혁명과 신속한 항공 여행 등으로 전 세계가 더욱 긴밀하게 연결되는 범세계화가 본격적으로 진전되면서 국가 간, 민족 간 분쟁과 전쟁이 일어날 가능성이 점차 사라질 것이라고 예상했다. 그러나 미국 뉴욕과 워싱턴 D.C.에 가해진 9·11 테러 공격으로 21세기가 시작된 이래 지난 10년간 세계인들은 테러와의 전쟁을 기치로 내세운 미국의 아프가니스탄과 이라크 침공을 목격하면서 국제분쟁은 앞으로도 결코 사라지지 않을 것임을 재확인하게 되었다.

통신기술의 발달과 전쟁 보도

통신기술의 진보는 세계인들에게 전쟁을 좀 더 자세히, 그리고 가까이 들려주고 보여 주는 데 기여했다. 20세기 전반, 신속한 전쟁 보도를 가능케 한 것은 대서양을 가로지르는 해저 케이블 전신망이었다. 전신망을 통해 유럽 대륙에서의 전쟁과 분쟁 뉴스는 북미 대륙에 곧바로 전달되어 24시간 이내에 북미 대륙의 독자들에게 신문을 통해 전달되었다. 또 항공편을 이용해 전쟁 관련 사진과 영상이 2~3일 이내에 북미 대륙에 전달되었다. 20세기 중반부터는 라디오를 활용한 전쟁 보도 생방송이 시작되었으며, 1990년에는 텔레비전의 전쟁 보도 생방송이 이루어졌다. 텔레비전의 전쟁 보도는 자극적이고 충격적인 영상을 무기로 삼아 커다란 영향력을 발

바그다드 인근 사드르 시티Sadre City에서
미군과 이라크 저항세력 간의 전투를 취재 중인 CBS 방송 전쟁특파원 커크 스피처.
노트북 컴퓨터로 기사를 작성하고 비디오 영상도 손수 편집해 송출한다. 사용하는 모든 방송 취
재 장비는 두 개의 상자에 들어갈 정도로 간편화되었다. (출처: Kirk Spitzer)

휘했다. 1990년대 중반 이후에는 인터넷과 디지털 사진을 활용한 전쟁 보
도가 가능해져 이제는 누구라도 온라인상의 공간을 확보할 수 있는 최소
한의 기술적 기반만 갖춘다면 언제 어디에서라도 전쟁 보도를 할 수 있는
언론 환경이 마련되었다(Marr, 2005; Owen & Purdey, 2009). 한마디로 전 세계에서
벌어지는 국제분쟁을 언제든 거의 빠짐없이 보도할 수 있게 된 것이다. 여
기에다 21세기에 접어들면서 이라크 전쟁을 시작으로 위성 송출 생중계
를 통해 전쟁을 실시간으로 각 가정에 보도하는, 말 그대로 24시간 전쟁
보도가 보편화되었다. 이제 방송사 전쟁특파원들이 위성 송출장비 앞에
서 자신들의 눈앞에 펼쳐지는 전장의 모습과 전투 전개 과정을 마치 스포
츠 중계하듯 생중계하는 시대가 열린 것이다.

그동안 끊임없이 계속된 국제분쟁과 전쟁을 취재하면서 서방 세계의 상업 언론이 터득한 사실은 "전쟁 보도는 모든 사람의 이목을 끌 수 있는 이윤이 남는 사업"이라는 것이다. 미국 등 서방 언론사들은 전쟁 보도를 통해 신문 판매부수가 비약적으로 증가하고 텔레비전 시청률이 몇 배씩 치솟는 것을 목격한 바 있다. 구체적인 사례로 1991년 걸프 전쟁 때 신생 케이블 방송사였던 CNN의 시청률은 전쟁이 시작된 이후 전쟁 전보다 무려 열 배나 치솟았다(Hallin & Gitlin, 1994). 또 2001년 9·11 테러가 발생하고 2003년 이라크 전쟁이 시작되면서 미국 내에서는 애국심을 강조하고 보수 성향의 논평으로 유명한 폭스 뉴스의 시청률이 크게 올라 방송사 영업 이익이 두 배나 껑충 뛰었다.

전쟁특파원 프로필의 시대적 변천

전쟁특파원의 활동 모습은 국제뉴스 유통량의 증가나 감소, 언론사의 경영 수지, 첨단 통신기술 운용 능력, 언론사가 자리 잡은 해당 국가 정부의 국제분쟁 개입이나 전쟁 참전 여부에 따라 달라진다. 이러한 기준에 따라 미국 등 서방 언론사들을 대상으로 할 때, 전쟁특파원의 활동 모습과 성격은 아래와 같이 각각의 시기별로 특징적인 모습을 띠며 오늘에 이르렀다.

전쟁특파원의 특성 변화와 시기별 주요 보도매체

시기	특성	대표적 보도매체
1854~1900년	대중적 추앙을 받던 전쟁특파원의 시대	신문
1900~1930년	조직화된 전쟁특파원의 시대	신문
1930~1980년	전쟁특파원의 황금기	신문, 라디오, 텔레비전
1980~2005년	기업형 전쟁특파원의 시대	신문, 텔레비전
2005년~현재	다양화된 전쟁특파원의 시대	텔레비전, 인터넷

해외 주재 특파원들에 관한 학술 연구들을 분석해 보면 전쟁특파원들

이 어떤 부류의 언론인인지 좀 더 자세히 파악해 볼 수 있다. 먼저 1950년 대에 이루어진 맥스웰(Maxwell, 1956)의 연구에 따르면, 해외에 주재하는 미국 특파원들의 평균 연령은 25~30세였다. 그러나 40여 년 뒤인 1992년에 이루어진 헤스(Hess, 1996)의 연구에서는 해외 주재 특파원들의 평균 연령이 43세로 훨씬 더 높아진 것으로 드러났다. 특히 헤스의 연구에서 특파원의 연령은 거의 30대 중후반이었으며 대부분 특파원이 되기 이전에 외국에 서 생활한 경험이 있었다. 해외 특파원들은 남성이 압도적 다수를 이루고 있지만 남녀 비율을 따져 보면, 1960년대 95퍼센트 대 5퍼센트, 1970년대 84퍼센트 대 16퍼센트, 1980년대 67퍼센트 대 33퍼센트, 1990년대 63.5 퍼센트 대 36.5퍼센트 등 점차 여성 특파원의 수가 증가하고 있음을 알 수 있다(Hess, 1996). 미국 워싱턴 D.C.에 주재하는 각국 특파원들을 기준으로 살펴보면 평균 연령은 41.7세, 언론계 재직 경력은 17.5년이고 전체의 75 퍼센트 정도가 남성이며, 이들의 미국 체류 기간은 짧게는 2년에서 길게 는 5년인 것으로 밝혀졌다(Chen, 1995; Hess, 2006). 이 밖에도 354명의 미국 해 외 특파원들을 상대로 한 우와 해밀턴(Wu & Hamilton, 2009)의 연구에서는 특파 원들의 평균 연령이 44.4세, 언론계 재직 경력이 18.8년인 것으로 드러나 점차 해외 특파원들의 평균 연령이 높아지고 언론계 재직 기간이 길어지 고 있는 것으로 밝혀졌다. 국적을 불문하고 해외 특파원은 기자들 중에서 도 엘리트 집단에 속하며 외국을 빈번히 드나들며 다양한 문화를 이해하는 것으로 알려져 있다. 예를 들어 해외 특파원들은 모국어 외에 최소한 한두 개의 외국어를 일정 수준 이상 구사한다고 응답했다(Hess, 1996).

전쟁특파원들의 연령대에 대해 좀 더 살펴보면, 1936년에 일어난 스페 인 내란을 취재한 미국 전쟁특파원 가운데는 20대의 혈기 왕성한 청년이 많았다. 1960년대 베트남 전쟁 때에도 전쟁특파원들의 연령은 20대 후 반에서 30대 초반이 대부분이었다. 이처럼 전쟁특파원들의 연령대가 대체로 낮았던 것은 언론사 경영진이 전쟁이라는 위험하고 급박한 상황에서 보다 능동적이고 열정적인 취재 보도를 할 만한 젊은 기자들을 선호했기 때문일 수도 있고, 혈기 왕성한 젊은 기자들이 보다 능동적이고 모험성을 띤 전쟁 보도에 자원했기 때문일 수도 있다. 한편 전쟁특파원들은 다양한 문화와 정치 환경에 노출되면서 범세계인으로서의 자질을 발휘하기도 하지만, 본질적으로는 자신이 속한 문화권과 국가 체제, 그리고 자국 정부의 공식적 외교 노선에서 벗어나지 않는 선에서 보도를 하기 마련이다. 수많은 정치, 언론학 연구에서 국제분쟁을 취재하는 전쟁특파원들은 대체로 국익에 대한 고려를 바탕으로 분쟁 상대 국가에 대한 의심과 비난을 담은 보도를 하기 일쑤며 자국 정부의 입장을 지지하고 옹호한다는 결론을 내리고 있다(Bennett, Lawrence & Livingston, 2007; Entman, 1991; Graber, 2010; Kim, 2011).

해외 특파원들이 주로 상주하는 곳을 살펴보면 워싱턴 D.C., 뉴욕, 런던, 파리, 로마, 베를린, 모스크바 등 북미와 유럽 지역이 절반가량을 차지하며, 이어서 도쿄, 베이징, 방콕, 자카르타 등 아시아지역, 카이로, 두바이, 베이루트, 예루살렘 등 중동지역, 나이로비, 요하네스버그 등 아프리카지역, 그리고 마지막으로 남미 대륙의 상파울루와 부에노스아이레스 순으로 순위를 매길 수 있다. 국제분쟁이나 전쟁이 일어날 경우, 각국 언론사들은 해당 분쟁지역에서 가장 가까운 곳에 상주하는 특파원들을 차례로 분쟁지역으로 파견한다. 특히 최근에는 중동과 북아프리카 지역에서 국제분쟁이 잇따르면서 카이로, 두바이, 베이루트, 예루살렘 등 중동 주재 해외 특파원들의 역할이 더욱 부각되고 있다.

전통적으로 전쟁특파원은 분쟁이나 전쟁 위험이 고조되는 국가나 인근 국가에 상주하다가 위기 상황이 발생하면 분쟁이나 전쟁 지역에 들어가 취재하는 것이 관행이었다. 일례로 베트남 전쟁 당시 미국 언론의 전쟁특파원들은 대부분 사이공에서 몇 년간 머물며 전쟁을 취재했다. 중동 분쟁의 경우, 이스라엘이나 이집트, 레바논 등지에 주재하는 특파원들이 위기 상황이 닥칠 때마다 이웃 분쟁지역에 신속히 들어가 기사를 작성하거나 방송 리포트를 제작해 보도한다. 이런 취재 보도 방식에서는 전쟁특파원들이 분쟁지역이나 인근 국가에 오랫동안 상주하면서 현지 사정을 두루 익혔고 그곳의 취재원들을 잘 알고 있기 때문에 보도 내용에 전문성이 있고 정확한 보도와 해설이 가능하다.

낙하산 전쟁 보도 시대

그러나 이 같은 해외 상주 전쟁특파원의 성격은 21세기에 들어와 점차 바뀌고 있다. 아프가니스탄 전쟁과 이라크 전쟁을 취재한 종군기자나 비종군기자의 대부분은 미국, 영국, 한국, 일본 등 각국에서 전쟁 발발 전후에 몰려든 이른바 '낙하산 저널리스트'들이었다. 이렇듯 분쟁이나 전쟁 보도를 하기 위해 특파원들을 해당 지역 또는 인접 국가에 상주시키지 않아도 된다는 것은 그만큼 국제분쟁 취재에 임하는 속도가 예전보다 빨라졌다는 의미이기도 하다. 전 세계 어느 곳이나 24시간 이내에 닿을 수 있는 신속한 항공편, 그리고 현지에 도착해서는 곧바로 기사 송출과 생방송 중계가 가능한 인터넷망과 위성 통신 기술 덕분에 더 이상 해외 상주 전쟁특파원에 대한 수요가 높지 않다는 것이다. 여기에다가 전 세계적인 경제 불황에 따른 언론사들의 긴축 경영으로 구조 조정과 정리 해고가 확산되면서 많은 언론사가 앞다퉈 해외 뉴스 지국을 폐쇄하기 시작했다. 이 같은 경제적 여건 변화에 따른 구조 조정은 상업 언론이 압도적 다수를 차지하는 미국의 경우 특히 심하다. 예를 들어 2010년 현재 미국 신문업계는 10개 신문사와 1개 신문 체인이 234명의 해외 주재 특파원을 두고 있는 것으로 밝혀졌는데, 이는 7년 전인 2003년에 집계된 총 해외 특파원 수 307명보다 크게 줄어든 것이다(Kumar, 2011). 참고로 「뉴욕 타임스」는 전 세계 24개 해

이스라엘의 레바논 공습을 취재 중인 케빈 사이츠.
이스라엘군 공습으로 무너져 내린 교량 앞에서 텔레비전 리포트용 스탠드업 화면을 촬영하고 있
다. (출처: Kevin Sites)

외 지국에 27명의 특파원을 두고 있다. 「엘에이 타임스」는 17개 해외 지국
에 24명의 특파원, 「월스트리트 저널Wall Street Journal」은 35개 해외 지국에
36명의 특파원, 「워싱턴 포스트」는 17개 해외 지국에 20명의 특파원을 두
고 있다. 방송의 경우 가장 규모가 큰 NBC 방송이 10개 해외 지국을 두고
있으며 공영 라디오 방송 NPR가 17개 해외 지국을 두고 있다.

프리랜서 전쟁특파원의 대두

최근의 또 다른 국제뉴스 취재 경향은 언론사 자체 특파원을 보내기 어렵
거나 취재 비용을 절약하기 위해서 분쟁지역에 상주하거나 인근 국가에서
활약 중인 프리랜서 저널리스트들을 수시로 고용해 뉴스를 공급받는 사례
가 늘어난다는 점이다. 이라크와 아프가니스탄에는 유럽과 중동 출신의
젊고 모험심 많은 프리랜서 전쟁특파원이 다수 활약하고 있다. 이들은 남

이 발을 들여놓기를 꺼리는 전쟁이나 분쟁 지역에 머물며 여러 언론사와 수시로 기사 공급 계약을 맺어 취재 활동을 한다. 소말리아, 이라크, 아프가니스탄 등 분쟁지역을 두루 돌아다니며 다큐멘터리 제작을 해온 우리나라의 김영미 프로듀서도 프리랜서 전쟁특파원의 대표적인 예다. 이러한 프리랜서 전쟁특파원들의 문제점이라면 언론사로부터 월급이나 취재 비용 등을 정기적으로 지급받기 힘들기 때문에 장기간에 걸친 심층 취재를 할 만한 재정적 여력이 없다는 것이다. 또 다른 문제는 젊고 열정이 넘치기는 하지만 취재 경력이 상대적으로 부족하고 판단력이 완전히 확립되지 못한 탓에 이들 프리랜서 전쟁특파원에게는 자신들이 전장에서 목격한 모든 것이 "놀랍고, 피가 거꾸로 솟구칠 정도의 분노를 자아내는 엄청난 파괴와 참상"을 담고 있는 것으로 여겨지고, 따라서 지나치게 감상적이거나 과장해 보도하기 일쑤라는 것이다. 또 프리랜서 전쟁특파원들의 경우 현지 사정에 밝고 뉴스 취재원을 다수 확보하고 있다는 장점이 있지만, 분쟁 당사자 어느 한 쪽 노선에 동조하거나 정치적 편향성을 갖고 있는 경우가 적지 않아 공정하고 객관적인 보도를 기대하기 힘들다는 것도 약점이다.

　전쟁특파원들의 활동을 대체하거나 변화시키는 또 다른 존재들로는 분쟁지역에서 구호 활동을 벌이거나 국제 평화를 위해 노력하고 있는 비정부 기구(NGO) 관계자들을 들 수 있다. NGO 관계자들은 지속적인 지원을 받기 위해 전 세계 언론사나 정부들을 상대로 적극적인 홍보 활동을 벌이고 있는데, 이 과정에서 사진이나 동영상을 첨부한 분쟁 관련 홍보 기사를 다수 배포하게 된다. 이러한 홍보 기사는 일반적으로 언론사들이 관심을 보이지 않는 외딴 나라의 분쟁에 대한 설명과 함께 구체적으로 어느 정도의 파괴와 참상이 벌어지고 있는지를 보여 주는 사진, 동영상 등을 담고 있다. 이 과정에서 전쟁특파원과 다를 바 없을 정도로 상세한 분석 기사를 제공하는 경우가 많다. NGO의 이와 같은 활동은 언론사가 미처 취재 보도하지 않는 세계 곳곳의 분쟁을 전 세계인에게 널리 알린다는 긍정적 효과가 있는 반면에 자신들의 활동과 관련하여 지원을 더 많이 받기 위해 분쟁의 규모나 피해 상황을 사실 이상으로 과장해 부풀린다는 취약점을 안고 있다. 아프리카 수단의 다르푸르에서 일어난 아랍계 잔자위드 민병대의 무차별 살륙 행위와 집단학살 논란이 세계 언론에 알려지게 것도, 언론사에서 파견한 전쟁특파원들에 의해서가 아니라 그곳에서 구호 활동을 펴고 있던 NGO 관계자들이 자신들의 목격담과 촬영한 사진을 언론에 제공하면서부터였다.

전쟁 보도는 누구나 할 수 있다?

이 밖에도 이라크 전쟁과 아프가니스탄 전쟁에서 목격할 수 있었던 것은, 자그마한 비디오 캠코더를 소지한 군 장병들이 전투 상황이나 전장에서의 일상생활을 직접 찍은 동영상을 유튜브 등 인터넷 사이트에 올려 공유하는 사례가 크게 늘었다는 것이다. 이들의 동영상은 방송사 소속 전쟁특파원들이 감히 접근할 수 없는 생생한 전투 상황을 담은 것이 있는가 하면 군 장병들이 자신의 견해나 해설을 함께 담고 있는 경우도 많아서 전통적인 전쟁특파원들의 영역을 재정립해야 할 단계에 이르렀다. 일례로 2006년에 발표된 다큐멘터리 〈War Tapes(전쟁 테잎)〉는 미군의 한 육군부대가 이라크에 파병되면서 병사들에게 비디오 캠코더로 자신들의 생활을 기록하게 한 뒤에 모은 영상들을 편집하여 제작한 것으로서, 어느 방송이나 다큐멘터리에서도 볼 수 없는 생생한 전장 영상이 담겨 있다. 전쟁특파원이나 다큐멘터리 감독이 없는 상태에서 군 장병들이 스스로 촬영한 전쟁 보도물을 적절히 편집해 대중에게 전달한 사례다.

전쟁특파원들을 대체할 만한 새로운 전쟁 보도 주역의 등장과 인터넷, 소셜 네트워크 미디어 등 통신기술의 발달에 따른 다원화된 뉴미디어의

노트북 컴퓨터

비디오 캠코더

디지털 카메라

위성전화

21세기 전쟁 보도에 필요한 장비.
무겁고 복잡한 취재 장비를 필요로 했던 과거의 전쟁 보도와는 달리 21세기 전쟁 보도는 간단한 몇 가지 장비만 갖추면 가능하다. 예를 들어 비디오 캠코더나 디지털 카메라로 사진과 영상을 촬영한 뒤 노트북 컴퓨터로 기사를 작성하고 이를 위성전화에 연결해 기사와 사진, 영상을 전송하면 전 세계 어디에서든 전쟁 보도를 할 수 있게 되었다. 방송기자들의 경우, 노트북 컴퓨터에 내장된 비디오 편집 소프트웨어를 활용하면 음성 녹음과 비디오 편집 등 방송용 리포트를 손쉽게 제작할 수 있다. 그야말로 1인 배낭 저널리스트의 시대가 열린 것이다.

도전 때문에 언론사에 고용된 전쟁특파원은 날이 갈수록 그 역할과 지위를 위협받고 있다. 또 최근에는 구조 조정 등 긴축 경영에 나서고 있는 언론사 경영진들이 전쟁 보도의 규모와 빈도를 줄여 비용 절감을 하는 것이 더 낫다는 생각을 갖게 된 것도 사실이다. 전통적으로 국제뉴스를 중요하게 여기고 해외 곳곳에 영연방 국가들을 거느린 영국은 그나마 사정이 나은 편으로, 공영방송 BBC는 BBC World 채널을 통해 국제뉴스를 적극적으로 취재 보도하고 있다. 그러나 미국을 비롯한 다른 나라 언론사들에게는 국제분쟁과 전쟁 취재는 값비싼 투자인 것이 틀림없다. 이 같은 언론사 내부의 경제적 고려는 이라크 내 종군기자들의 규모를 살펴보더라도 쉽게 알 수 있다. 2003년 이라크 침공 작전 당시에는 600명 이상의 종군기자가 활약했다. 그러나 4년 뒤인 2007년에 종군기자들의 수는 219명으로 줄어들었고, 2008년에는 39명에 불과했다(Mooney, 2008). 경영진의 경제적·재정적 고려에 따라 각 언론사들이 바그다드 뉴스 지국을 폐쇄하거나 상주 특파원을 철수시킨 것이다. 이 같은 전쟁특파원 수의 급격한 감소에 대해 미국 ABC 방송 카메라맨인 더그 보트는 다음과 같이 논평했다.

> (이라크에서 단기간의) 종군 취재를 하는 것은 이라크 내에 뉴스 지국을 설치하고 상주 특파원을 두면서 민간 경호원을 고용하는 것보다 재정적 부담을 크게 덜 수 있는 방법입니다. 따라서 최근 들어 많은 전쟁특파원이 미군 부대에 배속되어 종군 취재하는 것을 더 선호하고 있습니다.
>
> (더그 보트, 전화 인터뷰, 2011년 3월 18일)

20세기 중, 후반을 풍미했던 해외 상주 전쟁특파원의 시대는 저물어 가고 있다. 하지만 많은 언론인과 언론학자는 해외 뉴스 지국의 폐쇄와 해외 특파원의 감소를 너무 비관적으로 받아들이지 말라고 충고한다. 왜냐하면 언론사 편집자들과 전쟁특파원들은 인터넷과 프리랜서 통신원들을 활용해 분쟁이나 전쟁 관련 뉴스를 수집, 보도하는 데 익숙해졌기 때문이다 (Sambrook, 2010). 또 그들은 세계 곳곳의 분쟁이나 전쟁 지역 또는 인접 국가에 거주하는 인터넷 블로거들의 이야기를 토대로 기사를 작성하거나 페이스북이나 트위터 등 소셜 네트워크 미디어에 수시로 올라오는 에피소드나 사건을 추적해 분쟁의 전체적인 윤곽이나 방향을 예측하기도 한다. 여기에다 캠코더나 스마트폰 카메라로 촬영한 동영상이 유튜브 등에 속속 올라오기 때문에 텔레비전 방송사들도 이 같은 해외 분쟁이나 전쟁 지역에서 벌어지는 단편적인 뉴스나 에피소드를 수집하기 위해 애쓰고 있다. 이런 점에서 보자면 전쟁특파원들의 역할이 과거 분쟁지역을 누비며 자신들이 직접 목격한 광경을 하나둘 끌어 모아 종합 분석 해설기사나 리포트를 하는 것에서 벗어나 특정 국제분쟁에 관련된 다양한 뉴스를 폭넓게 수집 정리해 재가공 처리하는 것으로 바뀌어 가고 있다. 실제로 2009년 이란 전역에서 벌어진 반정부 시위나 2011년 이집트에서 일어난 '아랍의 봄'

시민혁명은 전쟁특파원들이 미국이나 영국 등 서방 각지에서 현지로 출발하기도 전에 테헤란 시내 곳곳에, 또는 카이로 타르히르 광장에 모인 시위 참가자들이 직접 촬영한 동영상을 유튜브에 올리거나 페이스북, 트위터 등으로 단편적인 소식들을 계속 업데이트하면서 전 세계 언론에 전파되었다. 이집트 시민혁명의 경우, 24시간이 지나 허겁지겁 카이로에 도착한 전쟁특파원들은 이집트 정부와 군 당국의 통제로 거리 취재가 여의치 않았으며, CNN 등 일부 방송사 특파원들은 건물 옥상이나 발코니에 서서 시위 군중을 내려다보며 눈앞에 보이는 광경을 피상적으로 전하는 데 만족해야 했다.

인터넷이나 페이스북, 트위터 등이 보편화되면서 국제분쟁이나 전쟁을 취재하는 전쟁특파원들은 보다 신속한 뉴스 전달을 위해 고민하게 되었다. 이제 국제분쟁이나 전쟁 관련 보도는 전쟁특파원이 시간을 두고 신중히 생각하고 분석해 기사를 쓸 만큼 한가한 아이템이 아니기 때문이다. 신문이든 방송이든 전쟁특파원들은 자신들에게 전해지는 단편적 정보와 개인적 에피소드에 즉각 반응하고 임기응변식으로라도 해설과 분석을 내놓아야 한다. 따라서 전쟁특파원들은 치열한 전투나 심각한 분쟁 상황을 취재한 뒤 곧바로 기사 작성이나 방송 리포트를 해야 하며, 예전처럼 또 다른 지역 취재를 위한 사전 준비로 며칠간 휴식을 취할 여유조차 없어졌다.

종군 취재와 전쟁 보도의 미래

미국과 영국 등 참전국들이 이라크 침공 작전을 계기로 이라크와 아프가니스탄 등 전쟁지역에서 공식 채택한 종군 취재 방식은 전쟁특파원들의 활동을 과거 어느 때보다 제약하는 데 결정적인 역할을 했다. 전장을 자유롭게 이동하면서 군과 민간지역을 함께 취재할 수 있었던 전쟁특파원들은 이제 분쟁 당사국과 참전국의 군 부대에 배속되어 일정 기간 함께 이동하면서 장병들의 일거수일투족을 취재하는, 어찌 보면 폐쇄된 환경 속에서 홍보 요원으로서의 역할을 수행하게 된 것이다. 나이틀리(Knightley, 2004)는 종군 취재야말로 전쟁특파원들의 손발을 꽁꽁 묶어 버릴 수 있는 효율적인 통제 수단으로서 군부가 거둔 가장 큰 승리라고 주장한다. 또 종군기자가 아무리 중립적이고 객관적 위치에 서서 보도하려고 하더라도 일단 전투가 개시되면 자신이 배속된 부대와 장병들의 입장에 서서 보도하기 마련이라고 주장한다. 전쟁특파원이 자신이 배속된 부대 장병들과 혼연일체가 되어 그들을 따뜻하고 인간적인 시각으로 조명하게 되었으며, 이런 여건 속에서는 보다 전체적인 측면에서 바라본 전쟁의 모습을 보도하거나 해설이나 분석을 해낸다는 것이 사실상 불가능해졌다는 것이다. 종군 취재는 이라크 전쟁과 아프가니스탄 전쟁에서 그 효율성이 명백히 입증되었기 때문에, 앞으로 일어날 미래의 전쟁에서도 정부와 군 당국이 또다시 활용할 가능성이 매우 높다. 나이틀리는 정부와 군 당국의 전쟁 보도 통제와 조작, 그리고 일부이긴 하지만 군 장병들이 직접 동영상을 찍고 해설을 붙이는 등 전쟁특파원의 활동 영역을 넘나드는 사례에 비추어 볼 때, 과거 전장을 누비며 대중적 인기와 함께 영웅으로까지 추앙받았던 전쟁특파원의 전성시대는 서서히 작별을 고하고 있다고 주장한다.

전쟁 보도는 통신기술의 진보에 따라 다양한 개인과 집단이 간편히 뛰어들 수 있는 영역으로 바뀌어 가고 있다. 개인이 특정 분쟁이나 전쟁 지역에 거주하거나 머물고 있는 상태라면, 인터넷을 활용한 블로깅 형식으로 분쟁이나 전쟁 보도를 하거나 자신이 촬영한 사진이나 영상을 인터넷 웹사이트에 올려 전 세계인들과 공유할 수 있다(Matheson & Allen, 2009). 국제뉴스나 글로벌 이슈에 관심을 가진 젊은이라면 경찰서를 기웃거리고 사소한 범죄나 화재 현장 또는 사고 현장들을 쫓아다니는 신참 사회부 기자들의 쳇바퀴 도는 듯한 생활을 동경하기보다는, 국경을 넘나들며 흥미진진

한 모험을 즐기고 때로는 신변상의 위험도 감수해야 하는 국제분쟁과 전쟁 보도가 매력적인 분야로 여겨질 것이다. 그러나 오늘날 다양화된 멀티미디어 환경 속에서는 과거 분쟁이나 전쟁 지역에서 몇 년씩 생활하며 분쟁과 전쟁을 전문적으로 보도해 온 전쟁특파원들의 깊이 있는 해설과 분석 기사를 기대하기는 힘들다. 대부분의 분쟁이나 전쟁 지역 뉴스는 자살폭탄 테러나 대규모 사상자 발생 등 단편적이고 피상적인 국제분쟁이나 전쟁의 일부분만을 전달하는 데 그치고 있다. 특히 분쟁이나 전쟁 취재 경험이 부족한 아마추어 프리랜서 전쟁특파원들이 보도하는 분쟁이나 전쟁 뉴스는 종종 뉴스의 정확한 출처와 의도를 간파하기 어려울 때가 적지 않다. 따라서 앞으로의 전쟁 보도에서는 이처럼 다양화되고 어찌 보면 난립된 형태의 전쟁 보도물을 보다 균형감 있게 객관적으로 정리하고 분석하는 능력을 지닌 전쟁특파원들의 존재가 더욱 절실해졌다고 할 수 있다. 이들 21세기 전쟁특파원들은 과거와는 달리 보다 간편하고 효율적인 통신 기술을 활용해 세계 곳곳을 종횡무진 하며 낙하산 저널리스트로서 전쟁 보도를 하게 될 것이다.

　가장 최근의 국제분쟁인 이라크 전쟁과 아프가니스탄 전쟁은, 전통적인 신문과 방송 매체 이외에 뉴미디어인 인터넷의 눈부신 성장으로 어느 누구라도 손쉽게 전쟁 보도를 할 수 있다는 인식이 확산되는 가운데서도 전투지역에서 전황을 신속히 보도하는 전쟁특파원들의 중요성을 다시 확인시켜 주었다. 이라크와 주변국을 중심으로 페이스북과 트위터, 인터넷 블로그를 활용하는 이른바 시민 기자들이나 블로거들이 전쟁 보도에 일정 부분 기여하기도 했고, 참전 군인들이 직접 촬영한 비디오 영상이 인터넷에 올려져 확산되기도 했지만, 이들이 전하는 전쟁 소식은 극히 단편적인 에피소드거나 사실 여부가 불명확하거나 개인적 이해관계에 따라 상이한 시각을 지닌 것이 많았다. 이런 상황에서 전장을 돌아다니며 직접 목격한 사실을 객관적 시각에서 보도하는 전쟁특파원의 존재는 더더욱 중요할 수밖에 없다.

　이라크 전쟁은 공식적인 승리 선언이나 항복 조인식 없이 2010년 8월 전투부대들이 떠나면서 사실상 종료되었다. 이라크에 남아 있던 4만여 명의 미군 병력은 2011년 12월 말까지 전원 철수했다. 미국 역사상 가장 긴 전쟁으로 기록된 아프가니스탄 전쟁 또한 2014년 전면 철수를 목표로 미군 병력의 규모가 해마다 줄어들고 있다. 전쟁특파원들은 이미 2~3년 전부터 이라크와 아프가니스탄을 떠나 또 다른 국제분쟁 지역으로 차례로 옮겨 갔는데, 2011년 튀니지와 이집트에서 시민혁명이 일어나고 리비아에서 내전이 벌어지자 불과 몇 해 전 이라크와 아프가니스탄을 취재한 전쟁특파원들은 이곳에서 또 다시 어깨를 나란히 한 채 분쟁지역 현장 취재에 나섰다. 경제 불황 속에서 허덕이며 해외 지국 폐쇄와 국제뉴스 취재 활동 축소 등으로 잔뜩 움츠렸던 언론사들도 모처럼 벌어진 중동지역의 전쟁과 분쟁 취재에 베테랑 전쟁특파원들을 포함한 인력과 장비를 아낌없이 쏟아부었다. 신문 1면의 헤드라인과 방송 뉴스의 톱뉴스는 또다시 전쟁과 분쟁 관련 뉴스로 장식되었다. 이처럼 세계 어느 곳에서든 국제분쟁과 전쟁이 이어지는 한 전 세계인에게 이들 지역의 위기 상황을 취재 보도하는 전쟁특파원들의 활약은 계속될 것이다.

참고문헌

구동회, 이정록, 노혜정, 임수진. 『세계의 분쟁』. 서울: 푸른길, 2010.

김재명. 『오늘의 세계 분쟁』. 서울: 미지북스, 2011.

백선엽. 『軍과 나』. 서울: 대륙연구소, 1989.

서근구. 『미국의 세계 전략과 분쟁 개입』. 서울: 현음사, 2008.

성인현. "중동 취재 일지". 2011. *미간행 리비아 내전 취재 기록.

신윤진. 「이라크 파병과 종군 취재: BBC는 의무화, 전문기관에 위탁」, 『신문과 방송』
    제398호 (2004), 26-31.

신화봉. 『휴전선이 열리는 날: AP 기자가 본 동경, 서울, 평양』. 최태순 역. 서울: 한국
    논단, 1993.

안병찬. 『사이공 최후의 새벽』. 서울: 문조사, 1975.

양호근, 진희정, 임종헌. "리비아, 총성 울릴 때마다 두려웠다". 단비 뉴스, 2011.
    http://www.danbinews.com/news/articleView.html?idxno=1200.

오동룡. "인터뷰, 6·25전쟁 종군기자 1기생 이혜복 대한 언론인회 고문: 평양 대동교
    앞 백선엽-게이 장군 악수장면 잊을 수 없어". 『월간조선』 2010년 6월호.
    http://monthly.chosun.com/client/news/viw_contentA.asp?nNewsNumb=20
    1006100092&ctcd=&cPage=1.

유용원. "육군 병과와 만나다: 정훈공보". 2010. 유용원의 군사세계.
    http://news.bemil.chosun.com/bbs/view.html?b_bbs_id=10003&num=86.

윤창현. "내전 현장에서 기자들이 사는 법: 리비아 트리폴리에서 살아남기". 2011.
    http://news.sbs.co.kr/section_news/news_read.jsp?news_id=N1000979608.

이정옥. 『여자 특파원 국경을 넘다』. 서울: 행간, 2010.

이진숙. 「이라크 파병과 종군 취재: 사제폭탄에 각별한 주의, 기본적 언어·문화 숙지
    를」, 『신문과 방송』 제398호 (2004), 15-18.

이창호, 이영미, 정종석, 김용길. 「한국 언론의 전쟁취재 여건과 문제점 및 개선 방안
    연구」, 『한국언론정보학보』 제40호 (2007), 80-113.

이혜복. 「6·25 남침과 종군보도」, 『관훈저널』 제87호 (2003), 30-40.

정문태. 『전선기자 정문태: 전쟁취재 16년의 기록』. 서울: 한겨레신문사, 2004.

정일권. 『전쟁과 휴전』. 서울: 동아일보사, 1986.

조정. "2003 이라크의 추억, 그리고 지금". 2011.
http://www.journalist.or.kr/news/articleView.html?idxno=25284.

최규장. 『언론인의 사계』. 서울: 을유문화사, 1998.

한미연합군사령부. 『공보업무』. 제6지구인쇄소. 1994.

Adler, M. "The Vietnam War, through Eddie Adams' lens". *All Things Considered*,
National Public Radio. (March 24, 2009). Retrieved December 27, 2011 from
http://www.npr.org/templates/story/story.php?storyId=102112403.

Allen, S. & Zelizer, B. *Reporting war: Journalism in wartime*. New York:
Routledge, 2004.

Allen, T. & Seaton, J. *The media of conflict: War reporting and representations of
ethnic violence*. Long: Zed Books, 1999.

Arlen, M. J. *The living-room war*. New York: Viking press, 1969.

Arnett, P. *Live from the battlefield: From Vietnam to Baghdad, 35years in the
world's warzones*. New York: Simon & Schuster, 1994.

──────. "State of the American newspaper: Goodbye world". *American
Journalism Review* (November, 1998), 50-67.

Ayres, C. *War reporting for cowards*. New York: Atlantic Monthly Press, 2005.

Bailey, G. A. & Lichty, L. W. "Rough justice on a Saigon street: A gatekeeper
study of NBC's Tet execution film". *Journalism Quarterly* 49: 2 (1972), 221-
229.

Bennett, W. L., Lawrence, R. G. & Livingston, S. "None dare call it torture:
Indexing and the limits of press independence in the Abu Ghraib scandal".
Journal of Communication 56 (2006), 467-485.

──────. *When the press fails: Political power and the news media from
Iraq to Katrina*. Chicago, IL: University of Chicago Press, 2007.

Brandenburg, H. "Security at the source: Embedding journalists as a superior
strategy to military censorship". *Journalism Studies* 8: 6 (2007), 948-963.

Buell, H. *Moments: The Pulitzer Prize-winning photographs-A visual chronicle of
our time*. New York: Tess Press, 2010.

Carruthers, S. L. *The media at war*. 2nd ed. New York: Palgrave, 2011.

Caruso, D. B. "AP apologizes for firing reporter over WWII scoop". *Associated*

Press. (May 4, 2012). Retrieved from http://abcnews.go.com/US/wireStory/ap-apologizes-firing-reporter-wwii-scoop-16275637#.T6f3OMW8VvA.

Chen, W. *A socio-professional portrait of the Washington foreign correspondents*. Unpublished doctoral dissertation. University of Missouri, Columbia, Missouri, 1995.

Combined Joint Task Force 7. "Media ground rules". Document obtained unofficially by the author. 2003.

Committee to Protect Journalists. "For sixth straight year, Iraq deadliest nation for press" (2008). Retrieved from http://cpj.org/reports/2008/12/for-sixth-straight-year-iraq-deadliest-nation-for.php.

—————————————————————. "141 journalists killed since 1992: Motive confirmed" (2010). Retrieved from http://cpj.org/killed/mideast/iraq/.

—————————————————————. "Attacks on media continue across Middle East" (2011). Retrieved from http://www.cpj.org/2011/02/attacks-on-media-continue-across-middle-east.php.

—————————————————————. "Six journalists killed in Libya since 1992: Motive confirmed" (2012). Retrieved from http://cpj.org/killed/mideast/libya/.

Donvan, J. "Dispatches: Slices of the war". *Columbia Journalism Review* (May/June 2003), 32–44.

Doyle, L. "Iraqi baby atrocity is revealed as myth". The Independent (January 12, 1992).

Dozier, K. "What I Faced After Iraq". Washington Post (September 30, 2007). Retrieved from http://www.washingtonpost.com/wp-dyn/content/article/2007/09/28/AR2007092801337.

Edwards, B. *Edward R. Murrow and the birth of broadcast journalism*. Hoboken, NJ: John Wiley & Sons, 2004.

Elliott, M. "Why they fight and why it's different this time". *Time* (July 24, 2006), 22–29.

Engel, R. *A fist in the hornet's nest: On the ground in Baghdad before, during & after the war*. New York: Hyperion, 2004.

—————. *War journal: My five years in Iraq*. New York: Simon & Schuster, 2008.

Entman, R. M. "Framing U.S. coverage of international news: Contrasts in narratives of the KAL and Iran Air incidents". *Journal of Communication* 41: 4

(1991), 6–27.

Entman, R. M. & Page. B. I. "The news before the storm: The Iraq War debate and the limits to media independence". in *Taken by storm: The media, public opinion, and U.S. foreign policy in the Gulf War*. Bennet, W. and Paletz, D. L. eds. Chicago: University of Chicago Press, 1994, 82–104.

Faas, H. & Page, T. *Requiem: By the photographers who died in Vietnam and Indochina*. New York: Random House, 1997.

Fahmy, S. & Johnson, T. J. "How we performed: Embedded journalists' attitudes and perceptions towards covering the Iraq War". *Journalism & Mass Communication Quarterly* 82: 2 (2005), 301–317.

————. "Embedded versus unilateral perspectives on Iraq War". *Newspaper Research Journal* 28: 3 (2007), 98–114.

Fazio, D. "Censorship in the Korean War: Press-military relations, June 1950– January 1951". *Australasian Journal of American Studies* 26: 2 (2007), 1–19.

Ferrari, M. *Reporting American at war: An oral history*. New York: Hyperion, 2003.

Fialka, J. J. *Hotel warriors: Covering the Gulf War*. Washington, D.C.: The Woodrow Wilson Center Press, 1991.

Fisk, R. *The great war for civilization: The conquest of the Middle East*. New York: Alfred Knopf, 2005.

Foreign Press Association in Israel. About the FPA. (2012). Retrieved from http://www.fpa.org.il/?categoryId=73837.

Fox, J. R. & Park, B. "The "I" of embedded reporting: An analysis of CNN coverage of the "Shock and Awe" campaign". *Journal of Broadcasting & Electronic Media* 50: 1 (2006), 36–51.

Galtung, J. "Peace journalism: What, why, who, how, when, where". Paper presented in the workshop, "What are journalists for?" TRANSCEND, Taplow Court, UK, (September 3–6, 1998).

Goodman, W. "CNN in Baghdad: Danger of propaganda vs. virtue of reporting". The New York Times (January 29, 1991) B1.

Graber, D. A. *Mass media and American politics*. 8th Ed. Washington, DC: CQ Press, 2010.

Hachten, W. A. *World news prism: Changing media of international communication*. Ames, IA: University of Iowa Press, 1999.

참고문헌

—————— & Scotton, J. F. *The world news prism: Global information in a satellite age*. 7th ed. Boston: Blackwell, 2006.

—————— & Scotton, J. F. *World news prism: Challenges in digital communication*. 8th ed. Malden, MA: Wiley-Blackwell, 2011.

Halberstam, D. *The best and the brightest*. New York: Ballantine Books, 1969.

——————. *Breaking news: How the Associated Press has covered war, peace, and everything else*. New York: Princeton Architectural Press, 2007a.

——————. *The coldest winter: America and the Korean War*. New York: Hyperion, 2007b.

Hallin, D. C. *The "uncensored war": The media and Vietnam*. Berkeley, CA: University of California Press, 1989.

Hallin, D. Y. & Gitlin, T. "The Gulf War as popular culture and television drama". In *Taken by storm: The media, public opinion and US foreign policy in the Gulf War*. Bennett, W., and Paletz, D. eds. Chicago: University of Chicago Press, 1994.

Hammond, W. M. *Reporting Vietnam: Media & military at war*. Lawrence, KS: University Press of Kansas, 1998.

Hannerz, U. *Foreign News: Exploring the World of Foreign Correspondents*. Chicago, IL: University of Chicago Press, 2004.

Hess, S. *International news & foreign correspondents*. Washington, D.C.: Brookings Institution, 1996.

——————. *Through their eyes: Foreign correspondents in the United States*. Washington, D.C.: Brookings Institution, 2006.

Heybour, K. "Guns under fire". *American Journalism Review* (April/May 2004).

Higgins, M. *War in Korea: The report of a woman combat correspondent*. Garden City, NY: Doubleday, 1951.

Hoffman, J. *On their own: Women journalists and the American experience in Vietnam*. Cambridge, MA: Da Capo Press, 2008.

Hoge, J. F. "Media pervasiveness". *Foreign Affairs* 73 (1994), 136–144.

Hughes, K. Bill Moyer's journal: Buying the war [Television documentary]. Arlington, VA: Public Broadcasting Service, 2007.

Jakobsen, P. V. "Focus on the CNN effect misses the point: The real media impact on conflict management is invisible and indirect". *Journal of Peace Research* 37: 2 (2000), 131–143.

Jamail, D. "The new 'forgotten' war". *Extra!* (March 6–7, 2010).

Kampfner, J. "Truth about Jessica". The Guardian (May 15, 2003). Retrieved from http://www.guardian.co.uk/world/2003/may/15/iraq.usa2.

Katovsky, B. & Carlson, T. *Embedded: The media at war in Iraq, an oral history*. Guilford, CT: Lyons Press, 2003.

Kim, H. S. "Gatekeeping international news: An attitudinal profile of U.S. television journalists". *Journal of Broadcasting & Electronic Media* 46: 3 (2002), 431–452.

―――――. "Forces of gatekeeping and journalists' perceptions of physical danger in post-Saddam Hussein's Iraq". *Journalism & Mass Communication Quarterly* 87: 3/4 (2010), 484–500.

―――――. "Redefining press freedom: A survey of Iraqi broadcasters in political transitionand conflict". *Journal of Broadcasting & Electronic Media* 55: 4 (2011), 431–447.

―――――. "War journalists and forces of gatekeeping during the escalation and the de-escalation periods of the Iraq War". *International Communication Gazette* 74: 4 (2012), 323–341.

―――――. & Hama-Saeed, M. "Emerging media in peril: Iraqi journalism in the post-Saddam Hussein era". *Journalism Studies* 9: 4 (2008), 578–594.

―――――. & Lee, S. T. "National interest, selective sourcing, and attribution in air disaster reporting". *Journal of International Communication* 14: 1 (2008), 85–103.

―――――. Lee, S. T. & Maslog, C. C. "Peacemakers or warmongers? Asian news media coverage of conflicts". *Journal of Global Mass Communication* 1: 3/4 (2008), 251–270.

―――――., Mody, B., Ingersoll, A. M. & Leaver, A. B. "Comparing the UK's Guardian with France's Le Monde". In *The geopolitics of representation in foreign news: Explaining Darfur*. Bella Mody. New York: Lexington Books, 2010.

―――――― & Smith, C. Z. "Sixty years of showing the world to America: Pulitzer prize-winning photographs, 1942–2002". *International Communication Gazette* 67: 4 (2005), 307–323.

Knightley, P. *The first casualty: The war correspondent as hero and myth-maker from the Crimea to Iraq*. Baltimore, MD: Johns Hopkins University Press,

2004.

Kumar, P. "Foreign correspondents: Who covers what". *American Journalism Review* (December/January 2011). Retrieved from http://www.ajr.org/article.asp?id=4997.

Landay, J. "Lack of hard evidence of Iraqi weapons worries top U.S. officials". Knight Ridder Newspapaers. (September 6, 2002). Retrieved from http://www.mcclatchydc.com/2002/09/06/8546/lack-of-hard-evidence-of-iraqi.html.

Lee, C. C. & Yang, J. H. "Foreign news and national interest: comparing U.S. and Japanese coverage of a Chinese student movement". *Gazette* 56 (1995), 1–18.

Lee, S. T. "Peace journalism". In *The handbook of mass media ethics*. Wilkins. L. & Christians, C. G. Eds. New York: Routledge, 2009.

————. "Peace journalism: Principles and structural limitations in the news coverage of three conflicts. *Mass Communication and Society* 13 (2010), 361–384.

————. & Maslog, C. C. "War or peace journalism? Asian newspaper coverage of conflicts". *Journal of Communication* 55: 2 (2005) 311–329.

————., Maslog, C. C. & Kim, H. S. "Asian conflicts and the Iraq War: A Comparative framing analysis". *International Communication Gazette* 68: 5/6 (2006), 499–518.

Louw, P. E. "Reporting foreign places". In *Global Journalism: Topical Issues and Media Systems* 5th Ed. de Beer, A. S. & Merrill, J. C. Eds. Boston, MA: Allyn and Bacon, 2009.

Luo, M. "Government challenged on Lynch and Tillman". New York Times (April 24, 2007), Retrieved from http://www.nytimes.com/2007/04/24/washington/24cnd-cong.html.

Lynch, J. & McGoldrick, A. *Peace journalism*. London: Hawthorn Press, 2006.

Marr, A. *My trade: A short history of British journalism*. London: Macmillan, 2005.

Maslog, C. C., Lee, S. T. & Kim, H. S. "Framing analysis of a conflict: How newspapers in five Asian countries covered the Iraq War". *Asian Journal of Communication* 16: 1 (2006), 19–39.

Matheson, D. & Allen, S. *Digital war reporting*. Cambridge, UK: Polity Press, 2009.

Maxwell, J. W. "U.S.correspondents abroad: A study of backgrounds". *Journalism Quarterly* 33 (1956), 346-348.

McGirk, T. "Can Israel survive?". *Time* (January 19, 2009), 27-30.

McPhail, T. L. *Global communication: Theories, stakeholders, and trends* 3rd ed. Malden, MA: Wiley-Blackwell, 2010.

Metzel, M. N. *Media and military relations during the Mexican War*. Unpublished M.A. thesis. U.S. Army Command and General Staff College. Fort Leavenworth, Kansas, 2011.

Moeller, S. D. *Shooting war: Photography and the American experience of combat*. New York: Basic Books, 1989.

――――――――. "Media coverage of weapons of mass destruction". *CISSM monograph*. College Park, MD: Center for International and Security Studies at Maryland, 2004.

Mooney, K. "Number of embedded reporters in Iraq falls to all-time low since start of surge". CNC News. com. (October 14, 2008). Retrieved from http://www.cnsnews.com/news/article/37513.

Mordan, J. "Press pools, prior restraint and the Persian Gulf War". *Air & Space Power Journal* 1999.

Oppel Jr. R. & Steinberg, J. "ABC news anchor is badly injured by bomb in Iraq". New York Times (2006). Retrieved from http://www.nytimes.com/2006/01/30/international/middleeast/30woodruff.html.

Owen, J. & Purdey, H. *International news reporting: Frontlines and deadlines*. Malden, MA: Wiley-Blackwell, 2009.

Palmer, J. & Fontan, V. "'Our ears and our eyes': Journalists and fixers in Iraq". *Journalism* 8: 1 (2007), 5-24.

PBS News Hour. "Two journalists killed in car crash near Baghdad". Online NewsHour. (April 15, 2003). Retrieved from http://www.pbs.org/newshour/media/media_watch/jan-june03/argentines_04-15-03.html.

Perlmutter, D. D. *Photojournalism and foreign policy: Icons of outrage in international crises*. Westport, CT: Praeger, 1998.

Pew Research Center. "Public attitudes toward the war in Iraq: 2003-2008" (2008). Retrieved from http://pewresearch.org/pubs/770/iraq-war-five-year-anniversary.

Pfau, M., Haigh, M., Fifrick, A., Holl, D., Tedesco, A., Cope, J., Nunnally,

D., Schiess, A., Preston, D., Roszkowski, P. & Martin, M. "The effects of print news photographs of the casualties of war". *Journalism & Mass Communication Quarterly* 83: 1 (2006), 150–168.

——————, Haigh, M., Gettle, M., Donnelly, M., Scott, G., Warr, D. & Wittenberg, E. "Embedding journalists in military combat units: Impact on newspapers story frames and tone". *Journalism & Mass Communication Quarterly* 81: 1 (2004), 74–88.

——————, Haigh, M., Logsdon, L., Perrine, C., Baldwin, J., Breitenfeldt, R., Cesar, J., Dearden, D., Kuntz, G., Montalvo, E., Roberts, D. & Romero, R. "Embedded reporting during the invasion and occupation of Iraq: How the embedding of journalists affects television news reports". *Journal of Broadcasting & Electronic Media* 49: 4 (2005), 468–487.

Pilger, J. *Heroes*. London: Vintage Books, 1986.

Pyle, E. *Brave men*. New York: H. Holt and Company, 1944.

Pyle, R. & Faas, H. *Lost Over Laos: A true story of tragedy, mystery, and friendship*. Cambrideg, MA: Da Capo Press, 2003.

Ravi, N. "Looking beyong flawed journalism: How national interests, patriotism, and cultural values shaped the coverage of the Iraq War". *International Journal of Press/Politics* 10: 1 (2005), 45–62.

Reese, S. D. "Militarized journalism: Framing dissent in the Persian Gulf wars". In *Reporting war: Journalism in wartime*. Allen, S. & Zelizer, B. Eds. New York: Routledge, 2004.

Reporters without Borders. "Release of three journalists held hostage in Gaza City" (March 15, 2006). Retrieved April 20, 2012 from http://en.rsf.org/palestinian-territories-release-of-three-journalists-held-15-03-2006,16753.html.

Ricchiardi, S. "Close to the action". *American Journalism Review* (May 2003), 28–35.

——————. "Gun-toting journalists". *American Journalism Review* (September/October 2005).

——————. "The limits of the parachute". *American Journalism Review* (October/November 2006), 40–47.

——————. "Whatever happened to Iraq? How the media lost interest in a long-running war with no end in sight". *American Journalism Review* (June/July

2008), 20–27.

Rid, T. *War and media operations: The U.S. military and the press from Vietnam to Iraq*. New York: Routledge, 2007.

Robinson, J. P. "The CNN effect: Can the news media drive foreign policy?" *Review of International Studies* 25 (1999), 310–309.

─────────. "Theorizing the influence of media on world politics: Models of media influence on foreign policy". *European Journal of Communication* 16: 4 (2001), 523–544.

Rosenblum, M. *Coups and Earthquakes: Reporting the world for America*. New York: Harper & Row, 1979.

─────────. *Little bunch of madmen: elements of global reporting*. Millbrook, NY: de. MO Design, 2010.

Sambrook, R. *Are foreign correspondents redundant?: The changing face of international news*. Oxford: Reuters Institute for the Study of Journalism, 2010.

Seib, P. *Broadcasts from the blitz: How Edward R. Murrow helped lead America into war*. Washington, D.C.: Potomac Books, 2004a.

─────. *Beyond the front lines: How the news media cover a world shaped by war*. New York: Palgrave, 2004b.

─────. *The Al Jazeera effect: How the new global media are reshaping world politics*. Washington, D.C.: Potomac Books, 2008.

Shanker, T., Schmidt, S. & Worth, R. F. "In Baghdad, Panetta leads uneasy moment of closure". New York Times (December 15, 2011). Retrieved from http://www.nytimes.com/2011/12/16/world/middleeast/panetta-in-baghdad-for-iraq-military-handover-ceremony.html?_r=1&scp=5&sq=iraq&st=cse.

Simpson, J. "War reporting: The new vulnerability". Speech presented at the Reuters Memorial Lecture, St. Catherine's College, Oxford. June 27, 2003.

Sites, K. *In the hot zone: One man, one year, twenty wars*. New York: Harper Perennial, 2007.

Sonwalkar, P. "Out of sight, out of mind: The non-reporting of small wars and insurgencies". In *Reporting war: Journalism in wartime*. Allen, S. & Zelizer, B. Eds. London: Routledge, 2004, 206–223.

Sterling, C. & Kittross, J. M. *Stay Tuned: A History of American Broadcasting* 3rd ed. Mahwah, NJ: Lawrence Erlbaum Associates, 2002.

참고문헌

Strategic Studies Institute. *Press coverage of the Vietnam War: The third view*. Unpublished draft report of the study group. U.S. Army War College. Carlisle Barracks, Pennsylvania, 1979.

Sullivan, G. *Journalists at risk: Reporting America's wars*. Minneapolis, MN: Twenty-First Century Books, 2006.

Sweeney, M. S. *Secrets of victory: The Office of Censorship and the American press and radio in World War II*. Chapel Hill, NC: University of North Carolina Press, 2000.

—————————. *The military and the press: An uneasy truce*. Evanston, IL: Northwestern University Press, 2006.

Thottam, J. "The tigers' last days". *Time* (March 2, 2009), 32–35.

—————. "Kashmir's new warriors". *Time* (September 20, 2010), 64–67.

Time Life Books. *LIFE at War*. New York: Time Life Books, 1975.

Toffler, A. & Toffler, H. *War and anti-war: Survival at the dawn of the 21st century*. Boston: Little, Brown& Company, 1993.

Tuchman, G. *Making news: A study of the construction of reality*. New York: Free Press, 1978.

Tumber, H. "Prisoners of news values? Journalists, professionalism, and identification in times of war". In *Reporting war: Journalism in wartime*. Allen, S. and Zelizer, B. Eds. London: Routledge, 2004, 190–205.

U.S. Department of the Army. "Field manual 46-1: Public affairs operation". 1997.

—————————————. "Army regulation 360-1: Army public affairs program". 2000.

Wade, B. *Forward Positions: The war correspondence of Homer Bigart*. Fayetteville, AK: University of Arkansas Press, 1992.

Weaver, D., Beam, R. A., Brownlee, B. J., Voakes, P. S. & Wilhoit, G. C. *The American journalist in the 21st century: US news, people at the dawn of a new millennium*. Mahwah, NJ: Lawrence Erlbaum, 2007.

Whitman, B. "The birth of embedding as Pentagon war policy". In *Embedded: The media at war in Iraq*. Katovsky, B. and Carlson, T. Eds, Guilford: The Lyons Press, 2003, 203–216.

Workman, P. "Embedded Journalists versus 'Unilateral' Reporters'". 2003. at http://ics.leeds.ac.uk/papers/vp01.cfm?outfit=pmt&folder=34&paper=256 (accessed November 10, 2010).

Wu, H. D. & Hamilton, J. M. "U.S. foreign correspondents: Changes and continuity at the turn of the century". *International Communication Gazette* 66: 6 (2009), 517–532.

Zeide, E. J. "In bed with the military: First Amendment implications of embedded journalism". *New York University Law Review* 80 (2005), 1309–1343.

Zelizer, B. "CNN, the Gulf War, and journalistic practice". *Journal of Communication* 42: 1 (1992), 66–81.

――――& Allen, S. *Journalism after September 11*. New York: Routledge, 2002.

찾아보기

국제분쟁과 **전쟁특파원**

1판 1쇄 펴낸날 2012년 5월 30일

지은이 | 김헌식
펴낸이 | 김시연

펴낸곳 | (주)일조각
등록 | 1953년 9월 3일 제300-1953-1호(구 : 제1-298호)
주소 | 110-062 서울시 종로구 신문로 2가 1-335
전화 | 734-3545 / 733-8811(편집부)
733-5430 / 733-5431(영업부)
팩스 | 735-9994(편집부) / 738-5857(영업부)
이메일 | ilchokak@hanmail.net
홈페이지 | www.ilchokak.co.kr

ISBN 978-89-337-0628-2 03340
값 23,000원

* 지은이와 협의하여 인지를 생략합니다.
* 이 도서의 국립중앙도서관 출판시도서목록(CIP)은
e-CIP홈페이지(http://www.nl.go.kr/ecip)와
국가자료공동목록시스템(http://www.nl.go.kr/kolisnet)에서
이용하실 수 있습니다.
(CIP제어번호 : CIP2012002327)